张文台文丛

领导艺术卷

中央文献出版社

图书在版编目（CIP）数据

张文台文丛·领导艺术卷／张文台著．—北京：中央
文献出版社，2013. 12

ISBN 978－7－5073－3963－5

Ⅰ.①张…　Ⅱ.①张…　Ⅲ.①张文台—文集②军队
—领导学—文集　Ⅳ.①Z427②E07－53

中国版本图书馆 CIP 数据核字（2013）第 282471 号

张文台文丛·领导艺术卷

著　　者／张文台

责任编辑／李庆田

出版发行／中央文献出版社

地　　址／北京西四北大街前毛家湾 1 号

邮　　编／100017

网　　址／www. zywxpress. com

销售热线／010－63097018　66880064

经　　销／新华书店

排　　版／北京方方照排中心

印　　刷／深圳市国际彩印有限公司

710×1000mm　　16 开　　总 159. 75 印张　　总 1700 千字
2014 年 1 月第 1 版　　　　2014 年 1 月第 1 次印刷

ISBN 978－7－5073－3963－5　　总定价：468. 00 元（共 7 卷）

张文台，男，汉族，中共党员，研究生学历，上将军衔。1942年生于山东胶州，1958年入伍。青年时就读于洛阳第八步校和解放军政治学院，中年时就读于国防大学和中央党校，曾担任过团副政委、政委，师副政委、政委，集团军副政委、政委，济南军区副政委、政委和中国人民解放军总后勤部政委等职务。中共第十三大、十六大代表，十六届中央委员。全国人大第八至十一届代表、第十届和十一届环境与资源保护委员会副主任委员。从事过军事、政治、后勤和环境资源保护等工作。

文台将军素有"军中儒将"之美誉，著书十几部、发表重要文章百余篇，多篇被主流媒体转载并被中组部、中宣部、中央党校、军事科学院等有关方面编入重要文献，在军内外产生了一定影响。

将军酷爱书法和诗词，先后三次获得全国全军书法大赛头等奖，并多次担任评委，发表过许多思想性和艺术性完美结合、有独特风格的诗词书法作品，还担任过备受关注的纪录片《毛泽东在1949》、《天下为公》和《绿色大业》顾问。现任中国书画联合会和中国毛泽东书法研究院顾问、北京将军诗书画研究会和北京戎马情怀诗书画院院长等职务。他文化修养扎实，理论功底深厚，实践体会颇多，演讲风格生动幽默、实在管用，涉猎广泛，经常应邀到党政军机关、干部培训学院、科研院所、大型企业、著名大学等单位讲演。演讲富有哲理，贴近实际，可操作性强，很受广大官兵和干部群众的欢迎。

出版说明

  《张文台文丛》是张文台将军在五十多年戎马生涯中著述的精品。张文台将军著述十余部，这次将军事科学出版社出版的《来自实践的领导艺术》、《来自实践的思想政治工作艺术》，中央文献出版社出版的《哲语论修》、《讲堂文思录》，华夏出版社出版的《聊天心语》，中央党校出版社出版的《生态文明建设论——领导干部需要把握的十个基本体系》，中国环境科学出版社出版的《生态文明十论》，人民文学出版社出版的《中国百名书法名家书录张文台将军诗三百首》、《病中抒怀》等著作进行修订，与新作《和谐吟》、《修心养性话健康》汇集一并出版，内容涉及政治、经济、军事、文化、企业、生态等各个方面，反映了他在政治工作、领导艺术、人生修养、企业管理、生态文明建设、健康养生及诗词等方面深厚的理论功底、丰富的实践经验和高尚的人格修养。

本书编委会

二〇一四年元旦

自　序

　　从士兵到上将，从小学到研究生，我军旅生涯半个多世纪，虽无过人之敏，但从不敢懈怠；虽出身贫寒，但从不放弃努力；虽身居要职，但从不主观武断；虽历尽坎坷，但从不怨天尤人；虽干群赞誉，但从不居功自傲。无论驻守海岛，锁钥渤海；还是经略中原，拱卫京津；无论沙场点兵，还是援建维稳；无论抗洪抢险，还是后勤保障；无论是政治理论研究，还是军事思想谋略学习；无论是环境保护、企业文化，还是古今养生、文化历史等，都能认真学习，周密思考；深入实际，调查研究；集思广益，探索规律；点滴积累，或编辑成文，或口头传授群众，共同提高，或写成文章著作，启迪后人。虽然内容形式不同、表达方法各异，但这些书稿都是来自于实践，集中群智，发自于内心，简明易记，操作性强，切实管用，在广大群众中广为流传和称道，也得到各级领导及专家们的一致好评和赞誉。

　　金杯银杯不如群众的口碑。群众的赞誉不是我学富五车、知识渊博，而是肯定我在现实生活中的深切感悟、体会，对实践调查与探索。由于工作忙碌，这些手稿多数形成于飞机上、旅途中以及集体学习讨论时，有的铭记在心，有的作为交流，并随时记录，日积月累，积少成多，便成此书。

　　应大家的邀请，我发表了不少的作品，也出版了一些专著。尽管内容涉猎广泛，也不是一个完整体系和风格，但其精神实质是完全一致的。这就是：一个人不管你职位高低，为人民服务的宗旨是一样的；不管你权力大小，集思广益的领导艺术是一样的；不管你从事什么行业，辩证思考的工作方法是一样的；不管你工作岗位如何变化，求真务实的工作作风是一样的；不管你待遇如何，艰苦奋斗的传统是一样的；不管你官位大小，身先士卒的要求是一样的；不管你工作中困难多少，改革创新的追求是一样的；不管你贫穷还是富贵，向往健康和幸福的目标是一样的；不管你文化高低，提高文化艺术修养的愿望是一样的等等。实践证明，万物一理，大道相通，一通百通。所以我们要努力做到古今贯通、中西贯通、文理贯通、文武贯通。任何人想在短暂的一生中要想干成几件事，做一个毫不利己专门利人的人，做一个有益于国家和人民的人，必须读万卷书，学习古人的知识，继承前人的优良传统，升华自己的思想境界；行万里路，学习实践的知识，不断与时俱进，跟上时代的步伐；拜万名师，学习群众的知识，把个人的经验与群众的智慧结合起来；历万般苦，形成自己的知识，提高自己的能力，指导工作实践。只有这样，才能做到像古人讲得那样："知天下之势，通天下之变，友天下之士，谋天下之策，求天下之利，留天下之名。"

　　愿本书能给您心灵上带来一些启迪，为实现中国梦尽一点微薄之力。

张文台

二〇一三年国庆节于北京

目　　录

第一篇　班子建设

◎保持与群众的血肉联系　努力改进领导作风 …………2

◎牢固树立"四种风气"　加强党委班子建设 ………17

◎班子建设必须坚持高标准 ………………………28

◎密切联系群众　真心服务部队 …………………37

◎新班子建设之"五要" …………………………43

◎适应基层建设需要　着力提高"五种能力" ……48

◎加强班子团结要注意防止四种"主义" …………52

◎端正"三风"　务求实效 ………………………55

◎党委要切实加强对部队的思想政治领导 …………59

◎端正指导思想　提高政治素质 …………………69

◎采取"五个一"的方法　考核旅团党委班子 ……77

◎科技强军是党委工作重中之重 …………………81

第二篇　领导方法

◎用辩证法指导工作应处理好六个关系 ……………90

◎关于实事求是的几点辩证思考 …………………99

◎加强军事训练中政治工作

　需要着力解决的几个问题 …………………… 105

◎基层思想政治工作切忌片面性 …………………… 112

◎领导机关要善于抓住主线开展工作 …………… 119

◎加强教育培养　永葆英模本色 ………………… 122

◎党委要注重发挥共青团组织作用 ……………… 126

第三篇　改革创新

◎增强改革的紧迫感和责任感 …………………… 130

◎军队在大局下行动要强化五种思想 …………… 134

◎把握军队特殊性　积极稳妥搞改革 …………… 138

◎努力拓宽改革思路 ……………………………… 144

◎适应地方深化改革形势　做好部队思想政治工作 …… 149

◎加强和改进新形势下的宣传思想工作 ………… 156

◎在改进中加强　在创新中发展 ………………… 167

◎坚持与时俱进　积极改革创新 ………………… 177

◎深化民兵工作调整改革势在必行 ……………… 194

◎积极开展扶贫帮困活动

　努力为党分忧　为民解难　为军争光 ………… 200

第四篇　基层建设

◎政治工作要贯彻尊重人　理解人　关心人的原则 …… 210

◎抓好"四个基本"　促进基层全面建设

　整体提高 ………………………………………… 232

◎抓好"两个经常"需要把握的几个问题 ⋯⋯⋯⋯⋯ 239

◎基层"三讲"教育要在联系实际解决

　　问题上下功夫 ⋯⋯⋯⋯⋯⋯⋯⋯⋯⋯⋯⋯⋯⋯ 247

◎指导员应具备的"四个能力" ⋯⋯⋯⋯⋯⋯⋯⋯⋯ 252

◎加强政治建设是落实《军队基层建设纲要》

　　的首要任务 ⋯⋯⋯⋯⋯⋯⋯⋯⋯⋯⋯⋯⋯⋯⋯ 257

◎抓基层要注意克服四种认识偏差 ⋯⋯⋯⋯⋯⋯⋯ 262

◎适应新的形势和任务要求

　　努力提高基层后勤建设整体水平 ⋯⋯⋯⋯⋯⋯ 265

◎抓基层三题 ⋯⋯⋯⋯⋯⋯⋯⋯⋯⋯⋯⋯⋯⋯⋯⋯ 270

◎振奋精神抓落实

　　推进省军区系统基层全面建设 ⋯⋯⋯⋯⋯⋯⋯ 273

◎抓基层要从机关抓起 ⋯⋯⋯⋯⋯⋯⋯⋯⋯⋯⋯⋯ 278

第五篇　机关建设

◎学习实践科学理论　提高军区机关干部队伍素质 ⋯ 288

◎加强司令机关建设要大兴"五风" ⋯⋯⋯⋯⋯⋯⋯ 299

◎政治机关干部要善于运用辩证法

　　思考和解决问题 ⋯⋯⋯⋯⋯⋯⋯⋯⋯⋯⋯⋯⋯ 306

◎提高机关干部素质的基本途径 ⋯⋯⋯⋯⋯⋯⋯⋯ 311

◎提高政治干部队伍素质是加强思想

　　政治建设的关键 ⋯⋯⋯⋯⋯⋯⋯⋯⋯⋯⋯⋯⋯ 318

◎如何提高参谋素质 ⋯⋯⋯⋯⋯⋯⋯⋯⋯⋯⋯⋯⋯ 326

◎领导机关在讲政治上要自觉做到"四个带头" ⋯⋯ 332

◎领导机关应做精神文明建设的表率 ⋯⋯⋯⋯⋯⋯ 336

◎改进机关作风必须改进文风 ⋯⋯⋯⋯⋯⋯⋯⋯⋯ 344

第六篇　人才培养

◎人才是科技强军之本 ························· 348
◎着眼军事斗争和部队现代化建设
　　需要大力推进人才队伍建设 ············· 354
◎从四个方面入手提高干部素质 ············· 362
◎下大力提高干部科学文化素质 ············· 370
◎落实《规划》　加强学习　努力提高自身素质 ······ 374
◎青年工作干部大有可为 ················· 382

第七篇　自身修养

◎坚决抵制"酒绿灯红"侵蚀　自觉坚持
　　正确的人生观 ····················· 388
◎加强党性修养　保持政治本色 ············· 400
◎领导干部要牢固树立正确的权力观 ········· 416
◎顶住干扰　秉公用权 ················· 434
◎荐贤者贵自贤 ····················· 438
◎学习姜升立先进事迹　躬行实践党的宗旨 ·········· 441

第八篇　学习研究

◎对邓小平南方谈话的认识和理解 ············ 448
◎邓小平理论对新民主主义革命
　　理论的继承和发展 ················· 455

◎消费不要超可能　需求切莫越阶段 ……………………… 464

◎中国特色的社会主义与科学社会主义

　　是一脉相承的科学体系 …………………………… 473

◎从东欧剧变苏联解体看我们应吸取的教训 ………… 485

◎大力营造积极探索的风气 …………………………… 492

◎编　后 ……………………………………………… 496

◎总后记 ……………………………………………… 498

◎总编后 ……………………………………………… 500

第一篇　班子建设

保持与群众的血肉联系
努力改进领导作风

保持与群众的血肉联系是改进领导作风的核心问题。怎样才能从根本上改进领导作风，更好地适应新的形势和任务的要求，增强领导工作的科学性和有效性，推动部队建设跨越式发展？我认为主要应从三个方面入手。

一、切实强化群众观念，打牢改进领导作风的思想基础

这些年，我们在改进领导作风上下的功夫不小，之所以效果不够理想，根本原因就在于没有很好地从强化群众观念这个核心问题抓起，往往就事论事，致使一些问题得不到根治，甚至"按下葫芦浮起瓢"。群众观念是领导干部应具有的基本观念，是对领导干部的政治要求，也是改进领导作风的重要思想基础。强化群众观念，当前有几个带根本性的问题，需要进一步统一思想，认真加以解决。

一是正确认识对上负责与对下负责的关系问题，牢固树立对群众负责从根本上讲就是对上级负责的思想。坚持对上负责与对下负责的统一，是做好领导工作的根本出发点。这个问题说起来似乎明白，做起来往往错位。有的同志想问题、抓工作不是从部队建设需要出发，而是一味投

领导所好，总琢磨怎样在领导那里留个好印象，"不怕群众不满意，就怕上面不注意"；有的为了赢得上级的赏识，片面追求快出政绩，不惜花过头钱、办过头事，结果是前任班子得虚名，后任班子背包袱；有的为了显示自己的工作热情，不顾部队的承受能力，工作安排过满、要求过高、节奏过快，使基层官兵疲于应付，经常休不成假、过不了双休日；有的为了在领导那里得个好评价，不是把功夫下在抓好工作落实上，而是把更多的精力放在怎么搞好汇报、招待和迎送上；等等。这些现象，看起来是对上级负责，实质上图的是个人名利。在这些同志的思想深处，总觉得上面能够决定自己的升迁，而群众的意见无关紧要。其实，上级考察任命干部是看政绩、重公论的，政绩不突出、群众通不过的干部，上级也不会认可。一个领导干部只把眼睛盯着上面，缺乏群众基础，部队建设上不去，凭什么使用你？个别的即使职务上去了，但名声和人格下去了，这个官当得又有什么意思呢？特别是随着干部任用制度改革的深化，群众公论在干部使用中的作用越来越大，那种顾上不顾下、严重脱离群众、指导思想不端正的干部越来越没有市场。我们一定要认清对群众负责就是对上级真正负责，也是对自己负责的道理，既要得到上级的肯定，更要看重群众的评价。正像一些同志讲的："金杯银杯不如群众口碑"、"这奖那奖不如群众夸奖"。"上不愧党，下不愧兵"，应当成为每个领导干部为官从政的座右铭。

二是正确认识领导与群众究竟谁高明的问题，牢固树立群众是真正英雄的思想。有的领导同志总觉得自己是从群众中成长起来的，经历广，经验多，站得也比较高，因而想问题、做决策、抓落实，自以为代表了群众的呼声和群众的意见、能调动群众的积极性，自觉不自觉地把自己摆在主宰的位置，没有真正把群众当成部队建设的主人；自觉不自觉地把自己摆在先生的位置，很少虚心向群众学习；甚至把自己摆在"家长"的位置上，要么对群众不放心、不放手，要么一看到点问题就指责埋怨。实际上，越是自视高明，自己越愚蠢；越是摆架子，群众越不买账。我们讲群众高明，就是因为领导的智慧要从群众中汲取，领导的经验要在带领群众改造客观世界和主观世界的实践中积累，领导的才干要在与群众共同奋斗中锻炼提高。多年来我有一个体会：领导的智慧再高也高不过群众，领导的经验再多也多不过群众，领导的能力再强也强不过群众。回顾近几年部队建设与改革的实践，真正管用的经验是群众创造的，许多棘手问题是依靠群众解决的，一些成功的决策也是集中群众智慧的结果。比如，牵动我区部队建设全局的人才培养规划、士官队伍建设的路子、战略预备队的建法训法和保障法、民兵预备役和人武部建设的举措、现有装备成建制成系统形成作战能力的成果、部队风气建设的对策、帮抓后进连队的做法、教导队建设的措施，都是领导和机关在深入调查研究、总结群众经验的基础上形成的。我们一定要摆正自己与群众的位置，做到重大决策问计于群众，解决难题求教于群众，工作落实依赖于群众，有了成绩归功于群众。

三是正确认识领导与群众究竟谁为谁服务的问题，牢固树立领导就是服务的思想。领导就是服务。不少同志并没有很好地领会这一思想、贯彻这一要求。有的对基层官兵缺乏应有的感情，对基层的急难问题没有真正放在心上，不能积极主动地解决；有的不是把为基层办实事、解难题当成义务和责任，而是当成施舍和恩赐，办事总想落个好；有的让下面围着自己转，搞倒服务，随意改变工作计划、打乱部队正常秩序，随意借调干部、超占兵员，下部队不是解决问题而是添忙加乱；有的在改善机关办公、生活条件上舍得花钱，而对改善基层的物质文化生活投入不够；等等。这些问题说明，要真正把领导就是服务的思想扎下根来，还需要下很大功夫。我们部队的领导同志讲服务，主要应体现在为官兵服务上。只有想官兵之所想，急官兵之所急，办官兵之所需，把为官兵服务的工作做好了，部队的凝聚力、战斗力提高了，才能真正维护国家和民族的利益，实践全心全意为人民服务的宗旨。"忠诚实践党的宗旨的模范指导员"姜升立，"视战士高于自己，爱战士胜过自己，学战士提高自己，为战士不顾自己"的精神，就体现了很强的服务意识和宗旨意识，值得我们认真学习和躬行。要努力形成"领导为部属服务、机关为基层服务、上级为下级服务、干部为战士服务、党员为群众服务"的浓厚氛围，自觉把群众情绪作为第一信号，把群众需要作为第一选择，把群众满意作为第一标准，把群众称赞作为第一荣誉，使我们的政绩体现在服务上，威信建立在服务上。

强化群众观念，说到底要靠世界观的改造。只有解决了世界观这个总开关问题，才能真正端正对群众的根本态度。要把强化群众观念作为改造世界观的核心问题，作为领导工作实践的永恒课题，坚持不懈地做到"两个深入"：一个是在理论上求深入，就是要从历史唯物主义的高度，深刻理解群众观点是最根本的政治观点、群众路线是最根本的工作路线、代表群众利益是党最根本的宗旨，用理论上的清醒保证行动上的自觉。另一个是在实践上求深入，就是要不断地深入群众，切实认清群众在推动部队建设中的巨大作用，感受群众的可敬可亲可爱，加深对群众的感情，从群众中汲取改造世界观的政治营养。

二、下大力解决群众反映强烈的问题，增强改进领导作风的实效

近几年，各级在立项解决群众反映强烈的问题上取得了明显成效，但也应该清醒地看到，无论是在官兵的物质文化生活、求知成才上，还是在文明带兵、风气建设上都还存在一些亟待解决的问题。解决好这些问题，是保持部队稳定的一项实际举措，是抓基层、打基础的一项重要任务，也是改进领导作风的一个基本落脚点。

深入基层、体察实情，增强解决问题的紧迫性。对群众迫切要求解决的问题，有的同志不够重视，一个重要原因是缺乏切身感受。最近我听军区机关到部队代职的几个同志讲，和官兵生活在一起，深感基层官兵工作生活中确实有不少疾苦，有些问题仅靠基层自身确实难以解决，机关为基层办点实事对官兵的鼓舞确实很大。这说明，只有设身处地体验一下官兵疾苦，感受一下基层难处，才能增强解决问题的紧迫性。各级领导机关一定要把工作重心放在基层，把抓基层、打基础、解难题作为领导工作的基本着力点，把为基层解决问题的好与差作为衡量领导工作实不实的重要标志。深入基层重在解决问题。领导和机关的同志下部队，要变跑面调查为更多的蹲点解剖，变一般了解情况为深入掌握实情，变满足于带回问题为切实帮助解决问题。做到常怀爱兵之心，善谋带兵之道，多做为兵之

事。师以上领导干部都要在部队建立联系点，认真解剖麻雀，深入了解官兵所思、所需、所盼，帮助他们排忧解难。还要通过调研、蹲点、代职、当兵等途径，摸清基层的真实情况，促进急难问题的解决。

不等不靠、立足自身，增强解决问题的能动性。部队急难问题的解决，要靠上下共同努力，靠一定的物质基础，更要靠各级领导充分发挥主观能动性，创造性地开展工作。为什么类似的单位、相近的条件，有的单位问题解决得好，有的单位问题却长期得不到解决，差距就在于主观能动性发挥得不一样。基层官兵取暖问题是多年的一个难题，军区党委下决心用两年时间加以解决，在地方政府的大力支持下，经过各级共同努力，提前一年基本解决了陇海线以北部队的取暖问题，被广大官兵誉为"暖心工程"。可以说，没有各级领导和机关积极主动地做工作，这个问题恐怕一时很难解决。帮助部队解决急难问题，要有决心、有计划、有措施。各单位要在深入调查的基础上，把问题好好理一理，分清轻重缓急，按级负责，创造条件，逐项解决。我认为总的思路应该是：重点难点问题要集中解决，热点敏感问题要立项解决，容易反弹的问题要反复解决，新出现的问题要探索解决。集中解决重点难点问题，就是要借鉴这几年各级集中财力、物力、精力办大事的成功经验，每年重点解决一两个牵动部队建设全局、事关官兵利益的急难问题，像训保设施不配套、弹药库房陈旧老化和官兵洗澡难、就医难等问题，都需要各级拿出切实办法，力争抓一件成一件。立项解决热点敏感问题，如对经费物资下拨变相截留、违反规定购车和通信器材、征接兵违纪、收受战士礼物等影响官兵情绪和部队风气的问题，要形成共识，上下联动，专项治理，一个一个地攻克。反复解决容易反弹的问题，就是对那些带有周期性、顽固性的问题，像打骂体罚士兵和领导工作中的"五多"等，要扭住不放，常抓不懈，不断巩固成果。探索解决新出现的问题，就是对部队建设面临的新情况、新问题，像官兵家庭涉法问题增多、官兵心理疾病增多以及士官婚恋管理难、家属来队住房难和转业安置难等问题，要适应新情况，探索新路子，拿出新对策，总结新经验。

　　转变观念、拓展思路，增强解决问题的科学性。解决部队的急难问题，需要解放思想，开阔视野，打破传统思维定式和习惯性做法，寻求新的途径。比如，不能一提为基层解决问题，就只想着给钱给物。实际上，制定一个好政策，能够惠及广大官兵；提供一个好思路，能够使许多单位的难题找到解决的出路；配备一个好班子，能够从整体上解决一个单位的问题；宣扬一个好典型，能够激发各方面的积极性和主动性。又比如，不能一提关心爱护官兵，就只想着解决眼前的、表面的几个具体问题。为官兵服务也要与时俱进，问寒问暖是服务，关心他们成才则是根本性的服务。现在官兵的一个普遍愿望是学习成才。我们对官兵要爱在根本处、帮在成才上，做到想官兵想得远，爱官兵爱得深，帮官兵帮得实，为官兵的一辈子负责。再比如，不能一提解决问题，就只局限于传统的方法和部队自身的条件。有的问题，像伤病残人员安置、老干部移交和转业干部住房清退等，多年来一直解决得不够好，就需要我们进一步拓宽渠道，改进方法。凡牵扯到地方的，要商请地方政府帮助解决；凡需要法律支持的，要拿出建议，争取通过人大立法解决。这样才能从更高层次、在更大范围，更加有效地解决长期困扰部队建设的问题。

敢于较真、不徇私情，增强解决问题的原则性。现在，有的领导和机关在处理热点敏感问题上，原则性不强，搞好人主义。对上面"交办"的事、关系单位托办的事、亲朋好友找上门的事，往往患得患失，抹不开面子，明知不妥也去办；尤其是对部属来"跑"、来"找"，不仅不批评制止，反而带着跑、帮着找；明知有的干部素质不强，为了好做工作，也一个劲地往上推荐，好人他做了，矛盾上交了；等等。这样做的实质是怕得罪上级、朋友和部属，就是不怕得罪广大群众；怕影响个人利益，就是不怕损害群众利益。最近我下部队调研时，听到基层干部反映，每到战士考学、士官选取、技术学兵选调的时候，"千不怕万不怕，就怕上面来电话"。本来基层按照组织考核、民主评议、支部推荐、党委研究的程序，认认真真忙乎了一阵子，上面一个电话就给否了。结果不仅剥夺了官兵的正当利益，冷了大家的心，更严重的是官兵会对组织失去信任，对领导机关失去信赖，对端正风气失去信心。实事求是地讲，我们当领导的都会遇到别人找你办这事、那事的情况，我看关键是要按政策规定办事、按组织程序办事，对不符合条件的解释说明一下，人家是会理解的。如果一味迁就照顾，啥事都办，势必是照顾了几个人，得罪了一大片。哪头轻、哪头重，当领导的心里一定要有个数。对插手基层热点问题应下大力进行专项治理，有什么问题就解决什么问题，什么问题突出就治理什么问题。本着对维护党的形象、对部队建设、对官兵利益高度负责的精神，坚持立党为公，自觉做到感情服从政策，面子服从程序，关系服从原则，坚决遏制对基层"乱插手"的现象。

三、充分发挥制度的制约作用，确保改进领导作风的科学化、规范化

从这些年的实践看，我们改进领导作风的成效在很大程度上得益于坚持了制度，而存在的问题也与落实制度不好和缺乏制度约束有着直接关系。只有高度重视制度的规范作用，对领导方式和领导行为约之以典章、规之以准则，才能从根本和全局上解决领导作风方面的问题，维护好群众的利益。

一是强化法规意识。这几年，党中央、中央军委和军区党委在改进领导作风方面出台了一系列规章制度，为我们提供了明确具体的行为规范。现在看，领导作风上存在的不少问题，不是因为缺少规定，而是因为没有严格按照规定办。比如，中央军委、军区明确要求：非紧急重要事项不发密码电报；派工作组下部队以联合工作组为主、以蹲点调查为主、以帮助部队解决实际问题为主，同一时间内一个旅团单位不能有两个以上师以上机关工作组；领导同志下部队，不搞层层陪同，不搞集体迎送和陪餐；同一项内容不搞重复检查考核，不搞单项和重复评比表彰；等等。如果这些规定落到了实处，工作组多、文电多、检查评比多、各种应酬多的问题，就能得到有效克服。这充分说明，解决有章不循的问题，必须增强法规意识，坚持按规矩办事。如果我们领导和机关有法不依，搞随意性，规章制度再多也发挥不了作用。各级领导和机关决不能忽视对各种制度的学习掌握，把行之有效的制度束之高阁；决不能把制度只当成是规范部队的，把自己划在圈外；决不

能把不按制度办事视为有魄力和开拓精神，把守规矩当成思想不解放；决不能以实用主义的态度对待制度规定，把是否符合自己意愿作为取舍标准。要切实做到领导依法决策、机关依法办事、干部依法带兵、工作依法运转，确保部队建设的秩序正规和扎实有效。

二是注重制度创新。近几年来，我们在制度创新上取得了一些成效。先后实行的干部任用"五个不研究"、师团级领导干部选拔任用制度改革、财务管理联审会签、重大工程建设项目公开招标、士官选取"四公开"等新的制度规定，不仅充分体现了群众的利益和愿望，拓展了我军"三大民主"的渠道，也推进了领导作风的改进。事实证明，创新一个好的制度，就能使广大官兵得到应有的实惠，使困扰我们的老大难问题得到有效解决，使新鲜的经验得到推广和巩固。目前，在改进领导作风、密切联系群众上，还有许多问题需要通过完善制度加以解决。比如，如何完善领导干部深入部队调研、亲自处理来信来访、与部属谈心交心，以及团以上党委机关定期听取基层官兵意见等制度，拓宽领导与群众联系的渠道；如何完善在重大问题决策前进行专题调研、组织专家论证、进行可行性评估等制度，增强领导决策的民主化、科学化；如何完善扩大群众的知情权、选择权、参与权和监督权等制度，使官兵的主体地位和意愿得到更好地体现；如何完善下级对上级、基层对机关、纪委对党委、全委对常委、委员对书记等监督制度，确保领导权力的运行置于有效制约之下。我们领导同志一定要视制度创新为己任，坚持以新的理论为指导，以新的视角来审视，以新的方法来探索，以新的经验来丰富，把没有的建立起来，不完善的健全起来，过时的及时修改，坚决废除"土政策"，逐步形成一套合理合法、便利管用、受群众欢迎的制度。

三是加强监督制约。现在一些制度得不到落实，有领导同志法规意识不强的问题，也有监督制约不力的问题。因此，维护制度的权威性和严肃性，必须从加强监督制约入手，做到"使法必行之法"。加强监督制约，主要是强化上级对下级的监督制约，强化横向的监督制约，强化下级对上级的监督制约，形成上下配合、立体制约的机制。以克服"五多"为例，就要认真抓好党委统筹、首长把关、部门协调、群众评议、严明奖惩等环节，保证有关制度规定的落实。党委统筹，就是年初对各项大的会议、活动和评比表彰等项工作，常委会要通盘考虑、逐项审议，该减的坚决减下来，能并的尽量并，制定的计划要严格落实，不得随意改变。首长把关，就是首长对有关部门部署的工作、安排的活动、制发的文电、派出的工作组等，要根据党委意图、部队需要和有关制度规定把住、管好，防止各部门争时间、争位置、争彩头。部门协调，就是司、政、后、装等综合部门要充分发挥职能作用，及时了解各业务部门的工作情况，主动协调矛盾，积极提出建议，帮助首长做好统筹把关的工作，防止政出多门。群众评议，就是要结合半年和年终工作总结，就领导作风情况，组织基层评议机关、下级机关评议上级机关、机关评议首长，充分发挥群众的监督作用。严明奖惩，就是对不按规定安排、超出部队承受能力的工作，违反条令条例和有关制度规定安排各种活动，尤其是对那些群众认为是问题、自己却当成绩的"工作"，要坚决纠正，严肃批评，切实把落实制度规定的情况作为评价机关工作、衡量干部政绩的重要尺度。

四、坚持领导带头，以良好的自身形象带动领导作风的改进

改进领导作风，既要抓思想引导、制度规范，更要坚持领导带头、以身作则。群众说得好："改进作风不用愁，就怕领导不带头。"只要我们领导干部按照群众满意的要求塑造自己，负好责、带好头、当好表率，就能以良好的形象取信官兵、带动部属，使领导作风、部队风气、干群关系和官兵关系大为改观。

一是要塑造顾全大局、稳心尽责的形象。目前，随着干部队伍年轻化的进一步推进，一些任职长、年龄偏大的干部思想已经产生了波动，这也是人之常情。但如何正确对待进退留转，是我们面临的一个很现实的课题，也是一个很严峻的考验。在这种形势下，各级领导干部一定要顾全大局、稳心尽责、振奋精神、自觉奉献，这不仅关系到自身的形象，也关系到部队稳定和各项工作落实。我们一定要站在党的事业和军队建设长远发展的高度，正确认识和对待干部生长过程中的交替和调整问题，经常想一想"参加革命是为什么？现在当干部应该做什么？将来身后应该留点什么？"坚持做到讲党性、顾大局、守纪律，像有的同志讲的那样："年龄到杠，言行不能过杠；职务到顶，工作不能封顶；时间有限，奉献应当无限。"真正珍惜自己的岗位，无愧于人民的重托；珍惜自己的荣誉，无愧于组织的培养。防止出现心态浮躁、静不下心来干工作的现象；防止出现因看到自己提升希望不大而降低工作标准、松懈革命斗志的现象；防止出现过多考虑个人问题、跑官要官

的现象。要正确对待事业、正确对待组织、正确对待自己、正确对待别人。领导同志既要抓好教育落实，又要率先垂范，以昂扬的精神状态、饱满的工作热情和科学求实的态度，高标准，严要求，做一流工作，创一流佳绩。领导干部都是教育人的人，经常教育部属要正确对待名利职位，自己讲的道理，要自觉躬行，不能事情到了自己头上就说做不一。部队的同志说，现在最受官兵拥护的是说做一致、埋头实干的干部；可以原谅的是身上有缺点、但也能干事的干部；不受欢迎的是说得好、做得少的干部；最反感的是光说不做、言行背离的干部。我们应当从群众这番话里受到启迪和警示。

二是要塑造公道处事、公正用人的形象。现在，领导干部在群众当中最得分的是公正用权，最失威信的是用权不公。许多同志说，在公道正派的领导手下工作，放心舒心，是一大福气。一些单位人心散、问题多，原因也往往在于用权不公、用人不准。公道处事、公正用人，是最有说服力的思想政治工作，是风气建设最好的导向。公道出政绩，公道出正气，公道出人才，公道出战斗力。公道处事、公正用人，是一个很敏感的问题，也是一个很难处理的问题。解决好这个问题，最重要的是心要放得正，水要端得平，腰要挺得直。心要放得正，就是处事用人要出以公心，把党的事业和部队建设的需要作为根本出发点；水要端得平，就是处事用人要一视同仁，不分亲疏，看政绩，重公论，一把尺子量到底；腰要挺得直，就是处事用人要坚持原则，抗得住干扰，抵得住诱惑，顶得住压力。讲人品官德，这是最重要的体现；讲领导水平，这是最重要的标志。

三是要塑造勇于揭短、求真务实的形象。近年来，各级在揭短报忧上有明显进步，特别是严肃处理了一些隐情不报、弄虚作假的人和事，上下受到触动。"发现问题是水平、汇报问题是党性、解决问题是政绩"，已逐步成为大家的共识。但对这方面的进步不能估计过高，对存在的差距应当有清醒的认识，对潜在的问题应当高度重视。现在，个别单位发生了问题，仍然是上面不查不报、群众不告不报、认为能捂住的不报；有的汇报工作，讲成绩具体生动，讲问题原则抽象；有的分析部队形势自我感觉良好，不能正视薄弱环节和问题。这样，往往会使小问题变成大问题，使本来容易解决的问题变成老大难问题，进而带坏部队风气，损害官兵利益，影响部队建设。我们应当明确，有问题并不可怕，可怕的是不能正视问题，不敢揭露问题，不去解决问题。护短藏忧，糊弄了一时，糊弄不了长久；糊弄了领导，糊弄不了群众；糊弄了平时，糊弄不了战时。只有敢于揭短，才能使短变长；只有勇于报忧，才能使忧变喜。我们一定要坚持求真务实，在"虚"字上开刀，往"实"上用劲，做到反映问题要真实，研究问题要务实，解决问题要扎实，坚决不搞虚报浮夸的假政绩，坚决不搞劳民伤财的达标活动，坚决不搞沽名钓誉的形象工程，使各项工作真正经得起上级的检查、群众的监督、历史的检验。

四是要塑造严于律己、清正廉洁的形象。我们领导干部经常面临着如何用权的考验、亲情友情的考验、职位待遇的考验、金钱物质的考验、酒绿灯红的考验。如果放松对自己的约束，稍有不慎就可能做出有损形象的事，甚至走上违法犯罪的道路。应当说，我们绝大多数干部较好地经受住了各种诱惑和考验，但少数同志的一些不良心态应引起高度警觉。一种是从众心理。总觉得人家都这样，自己随大流，法不责众，太认真了反而吃不开。一种是攀比心理。处理问题不是看政策规定，而是看别的单位和别人是怎么做的，横攀竖比，盲目效仿。这在超标准接待、超规格用车和插手基层热点问题等方面表现得尤为突出。一种是补偿心理。有的感到职务上不去了，就想在其他方面弥补；有的感到过去辛辛苦苦几十年，现在该好好享受一下了；有的感到孩子跟着自己东奔西走耽误了学业，现在即使违反点规定也要安排好。再一种是侥幸心理。总认为办点出格的事别人不知道，就是知道了也没什么大不了的。这些心态是很危险的，也是十分有害的，如果任其发展下去，就会"千里之堤，溃于蚁穴"。要筑牢拒腐防变的思想防线，就要注重道德修养，培养健康的生活情趣。要在实践中养成高雅的志趣、高品位的文化素养和良好的政治风范，尤其是在八小时以外、军营以外和家庭以外，更要慎微、慎独，自重、自省、自警、自励，真正把自己管住管好，把亲属和身边人员管住管好。要注重知识熏陶，把积累知识作为人生的第一要务，养成刻苦学习的习惯，善于思考的习惯，积累资料的习惯，亲自动手的习惯。不断用党的理论创新成果武装头脑，在增强政治坚定性和工作科学性的同时，为德性修养提供系统的世界观指导和慎思高远的人生信念。

牢固树立"四种风气" 加强党委班子建设

牢固树立认真学习、民主讨论、积极探索、求真务实四种风气，对于加强党委自身建设，具有特别重要的意义。树立"四种风气"，既要解决认识问题，也要从理论与实践的结合上探索和解决如何树立、怎样坚持的问题。

一、树立认真学习的风气，要着力在端正学风、学以致用上下功夫

搞好学习对全局来讲是个战略问题，对个人来讲则是个终身课题。不论资历深浅、经验多少、学历高低，在学习上都没有老本可吃，都需要不断学习提高。我们每个同志都要有时不我待的紧迫感和提高自身素质的危机感，养成刻苦学习、勤于思考、善于总结的好习惯，真正"学起来"、"深下去"，切实做到理论与实际、学习与运用、言论与行动相统一。学风问题是对待马克思主义的态度问题，是关系党的兴衰和事业成败的重大政治问题。毛泽东早在延安整风时期就提出，要把学风问题作为"第一个重要的问题"。我们应该站在"以我国改革开放和现代化建设的实际问题、以我们正在做的事情为中心，着眼于马克思主义理论的运用，着眼于对实际问题的理论思考，着眼于新的

实践和新的发展"的高度来认识和加强学风问题，不断端正和改进学风。就领导干部来说，要想使自己在学风上有一个明显进步，要努力实现"三个转化"。

一是要把理论转化为科学的思维方法。思维方法对领导干部来讲是至关重要的。有人把人生境界分为自然境界、功利境界、道德境界和哲学境界，其中哲学境界是最高层次的境界。我们领导干部所要达到的哲学境界，是以马克思主义哲学为核心，以科学的思维方法为前提和基础的。有些同志在观察、分析、处理问题时，容易出现这样一些现象：每当重大决策出台、重大事件发生时，总是先打问号，先看问题，先想个人；指导工作总是习惯于经验性思考而缺乏理性思维，习惯于照搬照抄而缺乏创造性思考；观察全局形势往往是看问题多，分析本单位形势往往是看成绩多，看别人往往过于苛求，把别人的"特点"当"缺点"，对自己往往是自我感觉良好，缺乏清醒的认识。这些问题都集中反映了一些同志思想方法的片面性和绝对化，必须彻底改变。否则，我们的思维层次、领导层次就很难有大的提高。我赞成一些同志的观点：任何时候都不能把形势看偏了，把成绩看满了，把问题看浅了，把个人利益看重了，把人看死了。我们学理论，就是要注重学习马克思主义的立场、观点、方法，培养辩证思维习惯。分析形势、指导工作、评价干部，都要注意用两分法，坚持看全面，看主流，看本质，看发展，自觉克服主观主义和形而上学，不断打破思维定势和陈规旧习，使我们的工作指导真正建立在科学、辩证的基础上。

二是要把理论转化为思想觉悟。领导干部经过党的多年培养教育，是有基本觉悟的。但形势的发展，使我们每个同志都面临着新的考验。这种考验，大量的经常的是两个方面，一个是利益关系调整和名利得失的考验，一个是腐朽思想文化和"酒绿灯红"侵蚀的考验。当前，我们每个同志都处在调整改革这个"大考场"中，能否正确对待改革中的利益调整，正确对待单位的撤并降改，正确对待个人的进退去留，从将军到士兵都需要作出回答关键时刻过得硬，要以平时的思想基础为前提，平时的思想基础要靠长期的学习教育来积累。理论根底越厚实，学的知识越多，我们的精神才会越充实，思想境界才会越高。大局意识是领导干部必须具备的重要素质。我们就是要通过学习理论，认清形势，把握大局，着眼全局看待得失，依靠组织解决问题，不断开阔胸襟，自觉做到个人服从组织，局部服从全局，感情服从原则。要抵御腐朽思想文化和"酒绿灯红"的消极影响，也需要从理论和实践的结合上分清哪些是好的，哪些是不好的，哪些是应该提倡的，哪些是应该反对的，努力培养健康的生活情趣，树立崇高的人生追求，从根本上增强政治免疫力。具备了这一点，任何情况下都会正确把握自己，加强自我约束，不致放纵自己，把十几年、几十年的政治荣誉"砸"进去。

三是要把理论转化为领导能力。在新的形势下，党中央把建设高素质干部队伍作为"刻不容缓的战略任务"摆到全党面前，这是对我们每个同志的殷切期望和极大鞭策。而我们相当一部分领导干部离"高素质"的要求还有不少差距。这种差距，不仅表现在阅历不够丰富，经历比较单一，视野不够开阔上，更主要的表现在理论素养不太适应市场经济发展的要求，科技素质不太适应现代化建设的要求，领导层次不太适应岗位变化的要求上。特别需要注意的是，不少同志对自己的能力素质缺乏正确估价，这种盲目性是很可怕的。提高能力素质，要抓住学习和实践两个环节，把理论武装与高科技知识武装捆起来抓，把实践锻炼作为提高素质的重要途径，并在学习和实践之间架起调查研究和理论思考的桥梁，努力形成"学习—实践—总结、提高"的良性循环。实践证明，理论要转化为素质，知识要转化为能力，就要重视运用基本理论加深对上级指示精神的理解，把实践经验上升到理性高度，变为对领导工作规律的认识，使驾驭全局的能力有一个大的提高；要注重把理论原则转化为指导工作的具体思路和措施办法，使运筹决策的能力有一个大的提高；要重视运用理论分析部队工作中遇到的具体矛盾，运用知识的力量解决部队建设中的急难问题，使抓落实的能力有一个大的提高。

二、树立民主讨论的风气，要着力在贯彻"十六字"方针、提高党委决策质量上下功夫

树立民主讨论的风气，核心问题是要求各级更好地贯彻民主集中制原则，加强集体领导，提高党委决策质量。对坚持民主集中制的重要性，党的三代领导核心都有许多重要论述。毛泽东曾深刻总结国际共产主义运动的经验教训，强调把能否坚持民主集中制作为事关党的命运和人民民主政权巩固的重大问题。民主集中制执行得不好，党是可以变质的，国家是可以变质的，社会主义也是可以变质的。干部可以变质，个人也可以变质。实践也充分证明，一个班子强，大都强在民主集中制得到有效贯彻，有了这一条

就会产生"一加一大于二"的效应；有的班子出现决策失误，有的团结协调不力，"指头硬、拳头软"，有的议而不决或决策得不到有效贯彻，都可以从民主集中制贯彻不力或质量不离上找到原因。民主集中制不是一般的工作制度和工作方法，而是根本的领导制度和组织制度，是科学、合理、有效的制度。它是保证一级组织正常运转的重要机制，是培养教育党委成员的伟大"学校"。在民主集中制面前，都是学生，没有"老师"；谁以"老师"自居，谁就可能犯错误。

坚持民主集中制原则，要认真贯彻落实"集体领导，民主集中，个别酝酿，会议决定"十六字方针。这个方针深刻揭示了党委领导工作的内在规律，是民主集中制原则的具体化、规范化和程序化，为我们在新形势下提高贯彻民主集中制质量指明了路子。贯彻"十六字"方针，关键在书记，在书记的能力，这个能力主要表现在，把集体领导的作用发挥好，把民主与集中的关系处理好，把个别酝酿的过程组织好，把会议决定落实好。具体说，一是要强化集体领导观念。凡是带有根本性、方向性、全局性的重要问题，一定要经过党委集体研究决定，不能搞个人说了算，不能违背党委议事程序和规则。特别是在上级部署要求比较明确时，在正副书记意见比较成熟、大家认识比较统一时，在遇到热点敏感问题时，更要强化集体领导观念，不能放松、忽视和削弱集体领导。每个党委成员都要多做维护集体权威、集体形象的工作，任职时间越长、资格越老、情况越熟、威信越高，越要注意谦虚谨慎，摆正位置，严守规矩，始终把自己置于集体领导之中。二是要自觉坚持民主集中的基本原则。在处理民主与集中的关系上，当前

"民主不够"和"集中不够"的问题都有表现，而"民主不够"的问题在部队一些党委班子中更突出一些。解决这方面问题，要求书记要有很强的民主意识和很好的民主作风，要求委员有很强的参与意识和认真负责精神。毛泽东讲过，让人讲话，天不会塌下来，自己也不会垮台。总结一些党委决策的经验，凡是好的主意，大都是经过集体讨论产生的。个人的能力再强，强不过集体，个人的经验再多，多不过群众。领导的高明，往往就高明在善于集中群众的智慧上。离开集体和群众，高明也就变成愚蠢了。从这个意义上讲，民主是一面镜子，它能直接反映出一个班子有无生机和活力。因此，我们研究任何问题，都要多听一听大家的意见，集思广益，博采众长，从善如流。要勇于否定自我，及时修正错误，坚持讲真理不讲面子。同时要善于实行正确的集中，做到"沙里淘金"，择善而从，把正确的意见集中好，把分歧的意见统一好，把错误的意见说服好。三是要把握好个别酝酿这个重要环节。个别酝酿是广泛民主后的集中，也是集中决定前的民主。一个好的党委书记，往往非常重视做好会前准备工作，善于把矛盾化解在会下。任何重大决策不经过几上几下的反复，往往是难以形成的。军区党委立项解决基层急难问题的措施，之所以在部队落实比较好，一个重要原因是决策前多方听取意见，使党委决策变成了上下的共同意志。会前准备越充分，酝酿越透彻，决策质量就越高。要切实使酝酿的过程，成为学习政策规定、沟通不同意见、比较各种方案的过程，多交换，多比较，在思想碰撞中寻求最佳决策。四是要认真落实会议决定。搞好会议决定，一个是议事要充分，另一个是议事先议政，再一个是执行要坚决。会前的酝酿不能代替会上的讨论，会前正副书记的碰头不能代替会上集体研究。要真正通过会议讨论，达到相互磋商、相互接近、共同深化的目的。要强化政策纪律观念，把坚持原则作为党委决策第一位的要求，做到有政策用政策，没有政策用规定，没有规定靠党性，防止出现"利益决策"、"感情决策"、"短视决策"。特别是在调整改革中，更要注意严格执行规定，做到早立规矩，坚持原则，照章办事。要进一步提高党委决策和执行决策的实效性，决策前提倡七嘴八舌，决策后必须保持一个声音。

三、树立积极探索的风气，要着力在改革创新、解决问题上下功夫

探索的目的是解决问题，探索的关键在改革创新。近两年，各级在研究探索治军特点和规律方面做了很多工作，但研究的氛围还不够浓厚，探索的问题不够深入，对许多矛盾和困难还处于"有看法没办法"的状态，要下力改变这种状况，在改革创新、解决问题上下功夫，使研究探索工作有新的突破。

首先，要有开拓进取的精神。当前部队建设面临的机遇和挑战并存，困难和希望同在。比如，我们是在服从大局、过紧日子的条件下讲有所作为，是在部队武器装备处于劣势的情况下讲打赢高技术条件下的局部战争，是在人们利益观念日益增强的情况下讲奉献精神，是在"酒绿灯红"消极影响的环境中讲加强教育和管理，是在军地存在这样那样"反差"的情况下讲增强军队的凝聚力、吸引力，是在没有现成经验和固定模式的情况下推进部队质量

建设等等。如何对待这些矛盾和困难，在困难面前，不要丧失信心，要迎着困难上。要有一种高度的历史责任感，有一种昂扬的精神状态。我们一方面要看到，现在的许多困难，是前进中的困难，发展中的困难，随着国家建设的发展和军队改革的深入，解决困难的有利条件会越来越多。另一方面要看到，困难和解决困难的办法往往是同时产生的，只要思路对头，总能找到出路，办法总比困难多。许多问题没有得到有效解决，不是没有办法，而是没有积极去想办法；不是办法不管用，而是很多好办法没有认真去用。只要各级坚定信心，积极探索，就能有新的思路、新的举措，部队建设就能取得新的发展、新的成就。

其次，要着力在解决难点、重点问题上求突破。部队建设需要研究解决的问题很多，关键的问题，一个是要抓住中心工作搞探索，在推进重点工作落实上拿出新招；另一个是要围绕部队的难点和棘手问题搞探索，在解决制约部队建设发展的关键环节上求突破；再一个是要针对薄弱环节搞探索，在谋求部队建设全面发展上取得成效。可以说，凡是抓住中心工作和重点难点问题集中攻关、研究探索，提出的看法和办法就管用，在部队建设中的成效就明显。一个班子、一届领导要打开局面、取得政绩，就是要通过研究探索，在解决棘手问题、推进重点工作落实上有所建树。

第三，要注重运用政策制度推动工作。部队建设存在的有些问题得不到有效解决，既有思想教育方面的原因，也有政策制度方面的原因。制度往往更带有根本性、稳定性和长期性。我们在新形势下加强部队建设，不仅要注意搞好理论指导、舆论指导和典型指导，也要重视运用政策制度凝聚军心、推动工作。对军委、总部和军区已经制定的政策规定，要严肃认真地抓好贯彻落实，并注意及时运用这些政策规定教育、激励官兵，使其最大限度地发挥作用。同时，各级也要从实际出发，依据条令条例和上级的政策规定，大胆探索，把一些成功的做法、成熟的经验上升为规定措施。本级需要做又能够做到的，要主动做好总结完善的工作，对有些超出职权范围的，要通过正常渠道及时向上级反映。切实通过上下共同努力，逐步推进部队的制度化、法制化建设。

四、树立求真务实的风气，要着力在转变领导作风、增强工作实效上下功夫

求真务实是一个工作作风问题，也是个思想作风问题。求真务实风气的树立，领导作风的转变，是长期、艰巨的任务，不能停留在一般要求和空泛议论上。要着力解决好以下几个问题：

一是要牢固确立按照"政治合格，军事过硬，作风优良，纪律严明，保障有力"总要求建设部队的思想。深入抓好对"五句话"的宣传教育，使官兵明确"五句话"是新时期军队建设思想的具体运用，反映了部队建设的客观规律。老老实实按"五句话"总要求，"全面搞建设，扎实打基础，反复抓落实"，切实把党委领导工作、机关业务工作、基层经常性工作，与落实"五句话"总要求有机结合起来，真正使"五句话"总要求在官兵头脑中扎下根子，使我们的各项工作经得起历史的考验，经得起上级的检查，经得起群众的监督。

二是要进一步改进工作指导的方式方法。这次体制编制调整改革，对各级的工作指导也带来许多新问题。比如，有的部队部署战线拉长了，种类增多了，既有重点部队，又有一般部队，既有机械化师、摩步师，又有步兵师、预备役师，既有兵种旅又有摩步旅；有的部队实行军、旅、营体制，领导层次减少了，领导机关缩小了。这些都要求在工作方式方法上有一个新的转变。要结合本单位的实际，积极适应体制编制调整改革的新形势，进一步加强层次领导、分类指导，坚持按级负责，按职尽责，按章办事。特别是师改旅的单位，要尽快从师级抓工作的习惯做法中走出来，指挥位置要前移，方式方法要改进。要有师的水平、团的作风，也就是说要提高一级想问题，降低一级抓落实。旅团工作就是要面对面，搞不得原则，一抬腿就下连队，哪里有难题就去哪里解决。文电多，会议多，工作组多，活动多，考核检查多的"五多"现象必须下决心解决。

三是要进一步提高为基层服务的质量。现在部队开展工作难，还是难在基层。我与旅团领导交谈时，他们普遍感到操心多、压力大的是两个问题，一个是解决难点棘手问题的工作压力，一个是预防事故案件的思想压力。我们强调树立服务部队、服务基层的思想，就要急基层所急，办基层所需，解基层所难，办好我们自己应该办的事情，解决好我们应该解决的问题。在工作安排上，一定要考虑到部队的实际承受能力，确保提出的要求、部署的任务，能够在基层办得到、落实得了，所谓"蹦一蹦，够得着"。在帮助基层解决急难问题上，要设身处地为基层官兵着想。敢于正视、揭露和纠正部队存在的薄弱环节，大胆解决基层存在的棘手问题。基层官兵说得好：这难那难，只要设身处地解决就不难；这主意那主意，有了全心全意就有好主意。军委领导最近强调，在调整改革中，对基层建设始终不能放松。各级要坚持一手抓调整精简，一手抓经常性工作，一级对一级负责，一级让一级放心，确保调整改革任务完成，确保部队工作顺利进行，确保部队安全稳定。坚持基本教育抓经常，基本队伍抓素质，基本制度抓落实，基本设施抓配套；另一方面要积极为基层落实上述"四个基本"创造条件，该培训的要抓好培训，该规范的要统一规范，该投入的要舍得投入，好的做法要坚持，不足的再加把劲，新问题抓紧解决，不断提高"四个基本"建设的水平，切实打牢部队建设的基础。

班子建设必须坚持高标准

部队建设的新形势和新任务，对党委班子建设提出了更高的和要求标准。怎样确立和坚持班子建设的高标准，是必须经常研究、解决的一个重要问题。我认为在坚持高标准上，应从以下几个方面努力。

一、加强学习，积极探索，在提高自身素质上坚持高标准

目前，领导干部队伍"三个不适应"的问题带有普遍性，仍应引起足够的重视，这就是：理论水平不适应市场经济的发展，对很多问题不能从理论上讲清楚；高科技知识不适应打赢高技术条件下局部战争的要求，对许多领域的知识掌握不了；领导水平不适应，不适应职务岗位变化的需要，研究新情况、探索新规律、解决新问题的能力有待于进一步提高。特别是随着形势的不断发展，领导工作面临的矛盾和难题越来越多，对领导能力和素质的要求也越来越高，提高素质成为班子建设的迫切任务。提高素质，最根本的就是要认真学习。不抓学习的领导不是好领导，抓不好学习的领导不是称职的领导。只有真正把学习抓好了，决策才有依据，部队建设才有方向，研究探索问题才有武器。要着眼于马克思主义理论的运用，着眼于对实际

问题的理论思考，着眼于新的实践和新的发展的要求，认真向书本学，向实践学，向群众学，真正做到学有所得、学有所悟、学有所用，不断丰富知识，提高思想境界，增长领导才干。特别是要通过实践提高以下几个方面的素质：

一是提高驾驭全局的素质。驾驭全局首先要了解全局，掌握全局。不论是班子集体还是每一个成员，都要始终关注形势，关注大事，关注部队的思想动态，通过勤奋的学习，增强政治上的坚定性和敏感性，真正成为部队的标杆、主心骨，切实加强对部队的思想政治领导，不断提高新形势下掌控部队的能力，以高超的领导艺术处理好改革、稳定和发展的关系，确保部队在任何时候、任何情况下都坚决听从党中央、中央军委的指挥，保持部队建设的正确方向，保持官兵政治上的坚定和思想道德上的纯洁、保持部队的高度稳定和集中统一。

二是提高科学决策的素质。思路决定出路。领导最大的失误就是决策失误。提高领导决策素质，我体会，关键是要加强对上级指示的学习和理解，尤其要注意方针、政策问题的把握，决策重大问题时，坚持先议政后议事，坚持走群众路线，听取方方面面的意见，多在调查研究、掌握真实情况上下功夫。这样才能使党委决策体现上级的指示精神，符合部队的实际情况，经得起实践的检验。

三是提高解决问题的素质。改革创新，积极探索，是提高领导素质的必然要求。要以探索新形势下的治军特点和规律为突破口，解决好班子和部队建设面临的主要问题，开创新的局面。一方面要保持工作的连续性，坚持过去好的经验和做法。另一方面，不能满足于已经取得的成绩，不能满足于已经形成的强项，要积极谋求新的发展，使弱项变强，强项更强。有的单位提出全面加特色的思路，很值得借鉴。不全面想出特色也出不来，只能是"两头冒尖"；工作没有特色，局面就打不开，就不活跃，就带动不了全面。现在，困扰部队的实际问题比较多，要改变思维方式和工作方法，不等不靠积极主动地去解决，一年抓它几件，不解决问题不撒手，经过艰苦的努力，切实使弱项强起来。

四是要提高组织指挥打赢高技术战争的素质。对指挥员来说，提高素质最重要的就是提高带兵打仗的能力和素质，时刻想着带领部队完成急难险重任务，时刻准备带领部队打胜仗。但我们应该看到部队仍然存在打现代战争的能力不够，各级干部指挥现代战争的能力不够的问题。因此，我们一定要时刻想着肩负的历史责任，加大高科技知识学习的力度，深入研究战法训法，深化训练改革，提高各级干部的组织指挥能力，进而提高部队整体战斗力。

二、艰苦奋斗，廉洁奉公，在树立良好形象上坚持高标准

艰苦奋斗、廉洁奉公是我们党的优良传统，是党的三代领导核心始终倡导的革命精神。这种精神，是建立在科学的世界观、人生观和价值观之上的一种品格和风范，是保持我党我军政治本色的重要保证。从部队实际情况看，部队建设面临着艰巨繁重的任务，军费供需矛盾十分突出，官兵的生活条件还比较艰苦；有些同志在新的形势下艰苦奋斗的意识淡化，廉洁自律的标准不高，部队发生的案件和严重不良倾向大都是拜金主义引发的。解决这些问题，

都需要党委"一班人"始终保持艰苦奋斗的政治本色，率先垂范，为下级和部属树立一面旗帜。领导做好了，就是无声的命令，就可以对群众产生巨大的感召力和说服力。当前，有几个问题需要特别引起注意：

一是要保持昂扬的精神状态。保持昂扬的精神状态，不仅是个工作干劲问题。忙忙碌碌、辛辛苦苦不能完全等同于精神状态好。昂扬的精神状态，蕴涵着坚定的信念，强烈的革命事业心、旺盛的斗志，战胜困难和解决矛盾的勇气，不折不挠的韧劲，等等。我们一定要以对部队建设高度负责的历史责任感和使命感，认真地思考这个问题，用自己的实际行动作出合格的答卷。

二是要坚决制止奢侈浪费行为。超计划、超标准办事，花钱大手大脚，讲排场，摆阔气，公款吃喝，机关自我消耗性开支大，插手基层热点问题，用公款私装地方电话等现象，在部队并没有彻底解决。我们一定要清醒地看到这些问题的严重危害性，在班子内部、在机关、在部队大力倡导以艰苦奋斗、勤俭朴素为荣，以铺张浪费、奢侈挥霍为耻的良好风气。社会上有些现象很发人深省：有些革命几十年的老同志，在快要休息的时候，把不住自己，晚节不保，受到了党纪国法的惩处；有些年轻有为的领导干部，随着地位的上升、权力的增大，便忘乎所以，无视法纪，葬送了自己的前程。这些教训十分深刻，无论是老同志还是新同志，都应当引以为戒。"成由勤俭败由奢"，"忧患增人慧，艰难玉汝成"，"忧劳可以兴国，逸豫可以亡身"，这些古训都是真理，都应当作为我们的座佑铭。

三是自我要求一定要严格。对这个问题还是要进一步提高认识，决不能把吃吃喝喝、收点土特产、插手基层热点问题等，仅仅看作是无足轻重的小事，它不仅有损领导形象，影响自己威信，而且容易带坏部队风气，影响官兵士气。正风气才能鼓士气。我们要见微知著，防微杜渐，以自己的行动为部属作好样子。

三、加强教育，强化管理，在从严治军上坚持高标准

坚持依法从严治军加强管理，增强纪律性是巩固和提高部队战斗力的需要，也是保持部队的高度稳定和集中统一，抵制错误政治观点和腐朽思想文化对官兵的侵蚀，加强思想政治建设的需要。我们各级党委一定要把从严治军作为一个重要指导思想，下决心把从严治军、从严治党、从严治干的要求落实到每一个干部、每一个单位。

从严治军必须强化法规意识，严格按条令条例办事。条令条例是我军性质和建军原则的规范化、具体化，是全军官兵的行为准则。依法治军的基本要求就是要一切按条令条例办，执行上级指示坚决，落实政策制度不走样，不打折扣，不另搞"土政策"，坚决杜绝有法不依、有章不循、有令不行、有禁不止的问题，努力形成首长按条令办事，机关按条令指导，基层按条令运转的良好局面，把正规化建设提高到新的水平。

从严治军一定要抓住重点，突破薄弱环节。连长指导员不以身作则，就带不出好兵来；领导干部不做出好样子，就带不出部队的好风气，就出不了战斗力。治军要严，首先要严干部，尤其是严团以上干部。如果一个单位的领导没有纪律观念，甚至带头违法乱纪，就不能指望他把部队

带好。要强化对干部的教育，引导大家自觉地"讲学习、讲政治、讲正气"，"自重、自省、自警、自励"。要强化对干部的管理和监督，严格按照民主集中制这一根本制度，规范党内政治生活秩序，坚持党管干部，定期组织干部述职，定期讲评干部，定期对干部进行评议，使每个干部时时处在组织之中、管理之中、监督之中。要坚持从薄弱环节抓起，一个一个地进行专项治理，坚持不懈地抓下去，一年抓几个回合，确实把机关建成部队的表率，把直属队建成部队的样板。

坚持从严治军，必须从严执纪。为什么在大抓条令条例学习和反复教育整顿的情况下仍出严重问题，为什么有的单位总是两头冒尖，为什么类似的问题重复发生，根本的症结就在于执纪不严。要克服好人主义，排除人情风的干扰，对问题发现一起，查处一起，纠正一起；对违法违纪的，不能姑息迁就，该绳之以纪的要绳之以纪，该绳之以法的要绳之以法。

四、转变作风，克服"五多"，在求真务实上坚持高标准

转变领导作风说到底是个求真务实的问题。要坚持把对上负责与对下负责统一起来，一切从实际和实效出发。这是老话，但真正落实起来很难，不但需要有很大的决心，而且需要勇气和胆略。我们的一切工作，都要着眼于解决问题，着眼于长远建设，着眼于实际效果。作为领导干部，要敢于摸真情，敢于报实情，敢于干实事。抓大项工作要强调宣传教育到位，具体指导要到位，检查督促要到位，

奖惩措施要到位。抓典型是重要的工作方法，但不能用一两个典型来代替整个政治工作。组织重点活动、实施某项"工程"的目的是打开工作"突破口"，从而带动全局，推动部队整体水平的提高，但不能把开展一两个重点活动和抓一两项"工程"作为最终目标。部队反应强烈的"会议多、文电多、工作组多、检查考核多、活动多"，是领导作风不端正的集中反映。我们要把克服"五多"，作为改进作风、求真务实的突破口，作为反对官僚主义、形式主义和个人主义的具体行动，从思想上查找原因，作为严肃的纪律来对待。要把常委的思想真正统一起来，把机关的思想真正统一起来，使大家真正认识到"五多"的危害，确立从本部门查起、改起的责任意识，这样克服"五多"就有了一个好的基础。再就是要加大抓落实的力度。抓而不紧等于不抓，对"五多"这样一个顽症，更是如此。对定下的措施，要从"一班人"抓起，一级一级地抓，一条一条地抓，只要真正抓了，一定会见到成效。转变领导作风，一定要把基层、把官兵摆在"第一"和"至上"的位置。要关心干部的生活，关心群众的疾苦。这也是为官之责、为官之道。解决伤病残人员的安置，解决随军家属的就业，解决基层的热点敏感问题等，都是动态的过程，去年抓了，今年要继续抓，不能松劲；基层官兵的实际困难很多，有的欠了很多的债，有的家庭遇到了天灾人祸，基层的吃水难、用电难、洗澡难的问题还没有彻底解决，官兵可看的书还很少，学习还没有课桌等等。我们心里要装着这些事情，同时要教育动员各级领导干部都要装着这些事情，尽心尽力地去解决，解决一件是一件，持之以恒地抓下去。

五、发扬民主，密切配合，在团结协作上坚持高标准

团结问题实在太重要了。一个班子中，成员有老有新，任职有长有短，有来自其他单位的，也有本单位成长起来的，有熟悉部队的，有熟悉机关的，有的是老领导老部下的关系，阅历、性格各有差异，在一起搭班子需要一个互相适应磨合的过程。要注意在团结的时候讲团结，在团结的时候抓团结，以切实保证在团结上不发生任何问题，使党委真正成为部队统一领导和团结的核心。讲团结最重要的是坚持民主集中制的原则，要坚持"集体领导，民主集中，个别酝酿，会议决定"，使每个党委成员都自觉地在民主集中制的约束和规范下行动。一切重大问题会前要充分酝酿，广泛听取意见，交换不同看法，这是做决定的基础；会上要集体讨论，集体决定，这是做决定的原则；会后要分头抓落实，坚决贯彻，这是党委的工作纪律。做出决定之前要防止个人说了算；做决定过程中，要防止议而不决，流于形式；做出决定之后，要防止决而不行，离开决定自由行动。在班子内部营造有话愿意讲、有不同意见敢于说、有正确的意见乐于发表、人人心情舒畅的好局面。这样，班子的团结就有了坚实的政治基础。要按"互相尊重、互相体谅、互相支持、互相学习、互相补台"的要求去做，从党的事业和部队建设的根本利益出发，不计个人得失，不计个人恩怨，不计个人小账，以积极主动的精神做团结的工作。主官要大度，能容人容事，副职和部门领导要议事想全局，办事管本行，坚决反对争"说了算"的个人主

义，反对背后议论的自由主义，反对唯我重要的本位主义。要注意研究团结的方法，注重做统一思想的工作，注重相互之间的谈心和交流，注重解决工作中产生的小的磨擦和隔阂。属于工作思路上的分歧，主要应通过协调的办法去解决；属于精神状态和工作姿态上的差异，主要是通过思想互助的方法去解决；对心理、气质、情趣方面的不同，主要应通过互相适应的方法去解决；等等。通过大家的共同努力，做好团结这篇大文章。

密切联系群众　真心服务部队

马克思主义执政党的最大危险就是脱离群众。始终保持党同人民群众的血肉联系，代表中国最广大人民的根本利益，是我们党不断发展壮大、取得辉煌成就的基本经验，是我们党在新的历史时期迎接新挑战、经受新考验、完成新世纪伟大历史使命的根本保证，是全面加强党的建设的最终出发点和落脚点，也是从根本上解决党的作风问题的有效途径。这些年来，我们各级党委领导在发扬党的密切联系群众的优良作风方面总体上是好的，在为基层服务、为官兵服务上下了很大功夫、做了大量工作，受到了官兵拥护和欢迎。但应该清醒地看到，有些领导干部和领导机关不同程度地存在着调查研究不深入、集中群众智慧不够、为部队和官兵服务不到位、解决插手基层热点敏感问题不力等官僚主义现象，影响了领导和机关的形象，削弱了党组织的凝聚力、号召力。这些问题，必须认真加以解决，切实按照党中央和中央军委的指示要求，把密切联系群众的优良作风更好地贯穿于领导工作的全过程，以实实在在的行动取信于官兵，使各级党组织的作风建设有一个明显进步。

一、靠教育引导，在加强党性修养上下功夫

密切联系群众，真心实意地为部队服务，既是一个工

作路线、工作方法问题，也是一个党性问题。有些领导机关、领导同志之所以脱离群众，存在官僚主义现象，根子就在于放松了党性修养，群众观念淡薄，宗旨意识淡化，甚至把领导与群众、机关与基层的关系搞颠倒了。要始终保持同人民群众的血肉联系，全心全意地为部队服务，首先要抓好教育引导，增强各级领导的党性观念。要紧紧围绕端正对群众的态度，增进对群众的感情，提高贯彻党的群众路线的自觉性，抓好理论学习，确实把马克思主义的群众观点搞清楚；发动群众特别是团以上机关分析当前作风上存在的问题，总结经验教训；大力宣扬密切联系群众、热忱搞好服务的先进典型，同时要注意运用反面典型警示大家，吸取教训。既要抓好集中教育，组织党员干部专题学习中央和军委的决定指示，又要紧密联系本单位、本部门的实际，坚持不懈地抓好经常性教育。按照"八个坚持、八个反对"的要求，编写系列党课教材，组织团以上领导机关进行系统的党课教育；党委正副书记要亲自讲课，力求每个专题解决一两个突出问题，切实增强党课教育的针对性和实效性。要更加广泛深入地学习宣传姜升立的先进事迹，使广大党员干部努力做到像姜升立那样"视战士高于自己，为战士不顾自己，爱战士胜过自己，学战士提高自己"。各单位、各部门都要注意培养和宣扬自己的典型，充分发挥典型的激励示范作用。各级机关要透过部队的问题反思自身在服务基层、服务官兵方面存在的差距和不足，切实从党性修养上找出问题的症结，拿出改进的对策。尤其要引导各级领导干部经常想一想自己是怎么成长起来的，有没有忘本；在领导岗位上为群众办了哪些好事，留下了什么；群众有哪些亟需解决的问题，我们应该怎么办。通过扎实有效的学习教育，真正使广大党员干部特别是团以上领导干部真正认识到，保持党同人民群众的血肉联系是极为重要的政治观点和政治要求的根子，在任何时候任何情况下与人民群众同呼吸共命运的立场不能变、全心全意为人民服务的宗旨不能忘、坚信群众是真正英雄的历史唯物主义观点不能丢，为进一步发扬密切联系群众的优良作风、更好地坚持"基层第一、士兵至上"奠定坚实的思想基础。

二、靠群众监督，在拓宽民主渠道上下功夫

一级领导机关、一名领导干部联系群众密切不密切，服务基层真诚不真诚，基层官兵看得最清楚，也最有发言权和监督权。失去群众监督的领导必然会成为脱离群众的领导，失去群众监督的机关也必然会成为"衙门"式的机关。毛主席早在延安时期就指出，我们共产党找到了一条跳出"人亡政息"周期率的路子，这就是实行民主，靠人民群众来监督。我们要始终做到密切联系群众、服务基层官兵，也必须不断拓宽民主渠道，充分发挥群众的监督作用。一是要广泛开展群众性的评议活动。结合党员先进性教育，发动群众对党员进行评议，对三分之一群众认为不合格的，要进行严肃的批评教育，直至实施组织处理；结合年终工作总结，组织各级领导干部向直接下级述职，发动群众进行无记名评议，上级领导要根据评议情况进行讲评和帮助教育。同时，要发动基层评议机关、下级机关评议上级机关，并将评议结果予以公布。二是要扩大群众的知情权、参与权和监督权。在战士考学、技术学兵选调、

士官选取等热点敏感问题上，要坚持指标公开、标准公开、考核公开、结果公开；真正把权力的运行置于群众的监督之下，通过群众监督达到公平和公正，促进部队风气建设。三是各级领导干部要自觉接受群众监督。要过好双重组织生活，定期向党小组汇报思想；虚心听取群众意见，真正做到有则改之，无则加勉；对给自己提意见和向上级反映问题的群众进行打击报复的，要严肃查处。

三、靠制度约束，在坚持和完善制约机制上下功夫

制度更带有根本性、全局性、稳定性和长期性，密切同群众的血肉联系既要靠教育引导，更要靠制度约束。对这些年来我们在实践中形成的一些行之有效的制度规定要继续坚持，对不够完善的要进一步健全和完善，对出现的新问题要尽快用制度加以规范。当前，特别要注意坚持好以下几种制度：一是要坚持好调查研究制度。团以上领导干部每年都要按照要求定期下部队蹲点调查，掌握部队实情，了解官兵疾苦，写出 1—2 份有质量的调研报告，尤其要注意发现问题，勇于解决问题，真正使调研的过程成为解决问题的过程。二是要坚持好领导与群众相结合的科学决策制度。每一项重大决策出台，都要广泛征求群众意见，集中群众智慧，真正把群众的愿望和呼声作为领导和机关作决策、抓工作的第一信号，把官兵满意不满意、赞成不赞成、拥护不拥护作为领导工作的出发点和落脚点。三是要坚持立项解决热点难点问题制度。要区分责任，规定时限，力争每年集中解决几个影响制约部队建设、群众反映

强烈的急难问题。四是进一步完善和坚持干部选拔使用制度。坚持群众评议、层层把关、任前公示和"五个不研究"的做法，真正使那些德才兼备、政绩突出、群众威信高的干部得到重用。五是要下大力推开财务联审会签制度。防止个人乱批条子和不合理开支；彻底清查"小金库"，坚决杜绝账外账，使经费使用让部队满意、官兵放心。六是要坚持重大建设项目公开招标制度，使不法分子无空可钻，避免违纪问题的发生。坚持制度的关键是严，对违犯制度的人和事，无论涉及到谁都要坚决处理，决不姑息迁就，切实维护制度的严肃性和权威性。

四、靠领导带头，在充分发挥表率作用上下功夫

能不能保持同人民群众的血肉联系，领导干部起着主导作用。领导干部做得怎么样，直接关系到党组织能不能真正把广大群众紧密团结在自己周围。从一定意义上讲，好风气是领导干部一身正气带出来的，坏风气往往也是领导干部自身形象不好引发的。从我区部队实际看，广大领导干部能够做到关心群众、勤政为兵，总体形象是好的，但也不同程度地存在着思想作风不够端正、工作作风不够扎实、生活作风不够检点等问题。尤其值得注意的是，有的同志对这些问题习以为常、见怪不怪，看不到问题的严重危害，自觉不自觉地降低了标准、放松了要求。要从根本上解决这些问题，各级领导干部必须做到两条。一是要以身作则，当好表率。要求下级做到的，自己首先做好；要求下级不做的，自己坚决不做。要在服务部队上做表率，

牢固确立立党为公、当官为兵的观念，对群众拥护的就继续坚持，对群众期盼的就尽快解决，对群众不满意的就坚决纠正，真心实意地为基层办实事、解难题。要在端正指导思想上做表率，真正做到把对上负责与对下负责一致起来，不搞虚报浮夸的假政绩、劳民伤财的达标升级活动和沽名钓誉的形象工程。要在转变工作作风上做表率，减少会议文电，减少应酬接待，集中精力，深入实际，真抓实干，切实抓好各项工作的落实。要在廉洁自律上做表率，严格落实中央和军委的有关规定，切实管好自己，管好亲属，管好身边工作人员。尤其对群众反映强烈的领导干部廉洁自律方面的问题，如公款吃喝、接兵违纪、超占兵员、超标准乘车、违反规定使用通信工具和建造装修住房、子女在身边工作和提前晋职等问题，要进行调查梳理，拿出规范性意见。二是要尽好职责，抓好落实。各级都要把落实以密切联系群众为核心的党风建设各项制度和要求，作为领导工作的重要政治责任，在严格自律的同时，建立和完善严格的责任制，加强检查督导，一级抓一级，一级带一级，一级管好一级，一级对一级负责。对联系群众紧、服务官兵好的要大力宣扬；对群众意见大、服务意识差甚至搞"倒服务"的要进行严肃批评和处理，并追究责任，真正在各级领导干部中形成密切联系群众为荣、脱离群众为耻的良好氛围。

新班子建设之"五要"

随着人员的变化，各级领导班子经常要进行调整。调整后的新班子中，新老成员并存，水平参差不齐，新老之间要有一个磨合期；在班子建设上，既要保持老班子的好传统，又要发挥新班子的新优势。从实践情况看，新班子建设要特别重视五个方面的问题。

一、要帮助班子的新成员提高素质，使他们尽快适应新的领导工作的要求

班子里的新成员可能有这样几种情况：一是从下级领导岗位到上级领导岗位，职务上去了，但并不意味着思想水平、工作能力随之就自然而然地上去了，熟悉、学习、提高的过程必不可少；二是一些干部经历比较简单。有的在下级领导岗位上没有任过职或任职时间较短，有的在机关未工作过或工作时间较短；三是有相当多干部专业知识与军队工作需要不很适应，文化基础不扎实，即使是经过军队本级院校培训的干部，也有个不断学习、更新知识、将书本知识转化为实际工作能力的问题。因此，尽快提高新成员的素质，使其适应领导工作的要求，就显得大为重要。提高新成员的素质，最基本的是做到三点，即：学，教，干。学，是指进校学习。在安排干部入校学习时不能

目光短浅，要有长远打算，有"忍痛割爱"的精神，有计划地让干部离开工作岗位，到院校去培养，以增强他们的发展后劲。教，老成员在工作中传帮带，将本级领导工作的规律、规矩、特点及个人经验——教给他们，让他们尽快熟悉本级工作。同时，利用演习、集训、会议等形式搞好在职培训，帮助他们不断提高议事能力、决策能力，办事能力和综合能力。干，就是在实践中摔打。如，有意识安排缺乏机关工作经验的干部，在抓机关建设中熟悉机关工作；让缺乏基层工作经验的同志，在抓基层建设中增强做基层工作的本领。该撒手的时候一定要撒手，该"放单飞"的时候要及早"放单飞"。让他们参加从调查决策到组织实施的工作全过程，使他们干一项工作积累一次经验，打一仗进一步。

二、要加强理论学习

　　首先要提高班子成员对理论学习重要意义的认识。引导大家从苏联东欧巨变血的教训中，看坚持马克思主义理论学习的重要性；从加强我军政治建设，保证在政治上永远合格的高度，看加强马克思主义理论学习的紧迫性；从适应领导工作的需要上，提高理论学习的自觉性。其次，要用制度保证理论学习的落实。要严格落实上级制定的学习制度，采取一些强硬措施使理论学习制度化、经常化，变"软指标"为"硬指标"。制度一旦形成，必须严格落实。要把理论素养作为干部考核的重要内容来检查，可采取调讲、调阅心得笔记和下去组织考试等形式定期检查，尔后进行通报讲评。第三，要特别强调理论联系实际，学以致用。要注重提高在实践中分析和解决实际问题的能力，提高用马克思主义理论回答和解决部队现实问题的能力，增强发展的后劲。

三、要经常不断地对新班子成员进行政策纪律教育

领导班子是执法者。尽快提高新班子成员遵纪守法、严格执法的水平，是新班子建设的迫切任务。为此，要把政策纪律教育作为领导干部的主课常抓不懈，使他们不断增强政策纪律观念，养成依据政策纪律处理问题的习惯。同时要定期对各级领导干部执行政策纪律的情况进行检查，对存在的问题，发现一起，处理一起，决不能姑息迁就。

四、要帮助新班子学会科学领导，保证各项工作协调有序地发展

第一，帮助他们正确处理创新业绩与扎实稳妥的关系。要帮助他们树立当一任领导负几任责任的思想，干当前，想长远，抓中心，顾一般，对那些起长效作用的基础性、经常性工作，要始终抓住不放，切忌急功近利，搞短期行为。第二，帮助他们既烧"新火"也烧"底火"。一些急于求成的班子往往爱犯这样的毛病，一上来就摆出一副纠偏、收拾摊子的架势，喜欢另起炉灶烧"新火"，而对原班子一些成功之处则不爱借鉴，认为这是吃别人嚼过的馍，没有味道。这既不利于工作的连续性，也不利于团结。因此，

新班子一定要注意尊重历史，对老班子的一些好传统、好做法不能轻易否定。第三，帮助他们掌握科学的工作方法。党委要搞好统揽协调，当工作出现撞车时，要学会协调矛盾，该"合并"的合并，该"变压"的变压，该"分洪"的分洪，该"关闸"的关闸，减少撞车现象，促进工作落实；要维护工作计划的严肃性，计划一经制定，不要随意调整；要遵循工作的客观规律，安排工作、下达任务要从实际出发，既不能安排过紧、要求过急，又不能留太大的余地，以保证各项工作顺利进行。

五、要加强对领导干部的监督管理，增强班子的凝聚力和号召力

一是加强监督。党委成员要过好双重组织生活，按时进行述职报告，并发动群众鉴评；可结合半年、年终总结，征求机关和部队对领导个人的意见建议。二是要把公道正派作为廉洁自律的重要内容。当前尤其要提倡四个公平：公平使用干部，公平评价工作，公平实施奖惩，公平处理敏感问题。三是生活上严格要求。领导干部使用车辆、配备公勤人员，要严格执行有关规定。四是提倡领导干部带头学雷锋。各级党委应站在保证政治合格的高度来认识领导干部学雷锋的意义，改变"抓上不抓下，把领导划在圈外"的状况。领导干部学雷锋，要同班子建设的要求结合起来：学习雷锋的钉子精神，刻苦钻研革命理论，落实"学习"的要求；学习雷锋的团结互助精神，形成"一班人"良好的和谐关系，落实"团结"的要求；学习雷锋艰苦奋斗、大公无私的精神，克己奉公、不谋私利、落实

"廉洁"的要求；学习雷锋言行一致的精神，说到做到，不尚空谈，落实"求实"的要求。五是对团以上干部发生的问题要"较真"。对掩盖矛盾酿成事故案件的要较真；对处事不公造成不好影响的要较真；对违法乱纪的要较真；对不经集体研究造成决策失误的要较真。

适应基层建设需要
着力提高"五种能力"

团级党委班子要搞好自身建设，切实担负起领导团队建设的重任，关键是要着眼基层建设发展的实际需要，努力提高思想政治领导、科学决策、统筹结合、解决棘手问题和自我约束五种能力。

一、增强政治上的敏感性，提高加强思想政治领导的能力

新形势下部队建设的头绪多、任务重，面临的新情况、新问题比较多，只有加强思想政治领导，才能保持部队建设的正确方向，确保部队政治上的坚定性。这就要求团级党委班子成员必须坚持用科学理论武装头脑。要经常关注国内外形势的变化，善于从政治上观察分析问题，在大是大非面前头脑清醒，立场坚定；要认真学习党中央、中央军委对部队建设的方针、政策和指示，并在实际工作中不折不扣地贯彻执行好，不要另出"小点子"，另立"土政策"；要时刻牢记我党我军和本部队的优良传统，坚持用传统凝聚军心、建设部队；要真正掌握部队的思想动态，及时解决倾向性问题，保持部队的高度稳定和集中统一。

二、贯彻民主集中制原则，提高科学决策的能力

新形势下党委决策的内容多、难度大，能不能科学决策，成为衡量一个党委班子成熟不成熟的重要标志。科学决策，关键是要按照民主集中制原则办事。决策前，要认真搞好调查研究，吃透上情，摸清下情；决策中，要充分发扬民主，搞好上情下情的结合，特别是对政策性较强问题的决策，首先要学习好有关的政策规定，掌握决策的法规依据，"先议政，后议事"；决策后，要明确责任，分工抓好落实。党委正副书记在决策中要站得更高一些，看得更远一些，想得更深一些，不能"高人一等"，但要"高人一筹"；既要防止"一言堂"，又要防止议而不决，保证党委决策的正确性和决策的有效执行。

三、搞好统筹结合，提高创造性抓落实的能力

团一级是基层的机关、机关的基层，在抓基层、抓落实、抓责任制中处于特殊的地位，起着特殊的作用。团级党委的工作能不能出质量、出成果，很重要的是看能不能树立以我为主抓落实的思想，坚持从实际出发，搞好统筹结合。任何一项工作，都要依据上级的指示规定，着眼工作落实，理清和形成自己的工作思路。遇到问题和矛盾，要充分发挥主观能动性，多动脑筋，多想办法，不等不靠抓落实。搞好统筹结合的关键，是创造性地贯彻执行上级的指示规定，确保政令、军令畅通，决不能搞上有政策，下有对策。这方面的教训是很深刻的。搞好统筹结合，还

必须搞好调查研究，加强检查督促，一项工作或一个阶段任务完成后，及时总结讲评，确保作风扎实，工作落实。

四、强化主动服务的意识，提高解决基层棘手问题的能力

团一级对基层实行面对面领导，说到底就是要服务基层，特别是要帮助基层解决棘手问题。一个新班子要打开局面，其实就是打开解决棘手问题的局面。一个团党委每年能够解决基层的一两个难点问题，这就是能力，就是政绩。如果一味地等、靠，主观不努力，一些长期困扰基层的难题老是解决不了，这个班子就不能说是有能力的班子。团级党委班子对基层棘手问题的解决，要注意做到：基层能解决的，要督促他们自己解决，不能大包大揽；需要团里解决的，要及时给予解决，不能推诿扯皮；对团里解决不了的，要积极向上反映，争取上级的支持和帮助，不能掩盖不报。在经费紧张的情况下，团一级办实事一定要坚持量力而行，量入而出，各种经费都要向基层倾斜，能办一件是一件，能解决多少算多少，不能贪大求全，搞"负债建设"，更不能搞自我服务。只要我们确立"再苦不能苦基层，再难不能难战士"的思想，办法总比困难多，一定能够在服务基层上有所作为。

五、坚持廉政高标准，提高自我约束的能力

从调查的情况看，有的团党委在部队的凝聚力、感召

力不强，威信不高，一个重要的原因，就是部分党委成员自身要求不严，在用权、办事、吃吃喝喝、送礼收礼等方面，群众有反映、意见大。作为一级党委，在廉政上要说得让部队信服，做得让部队佩服，用人要公正，交际讲原则，生活按标准。作为党委班子中的一员，要事事处处塑造好自身形象，维护好集体形象。提高党委班子的自我约束能力，很重要的是加强"一班人"的党性修养和思想作风修养，提倡"慎独"、"自律"，自觉过好金钱关、名利关、女色关，防止在"酒绿灯红"面前栽跟头、打败仗；增强反腐倡廉的内功，认真落实党内生活和各项规章制度，确保个人在组织之中，防止出现失去组织管理监督的问题；严格执行纪律，坚持在纪律面前一视同仁，防止严下不严上、严新不严老、严人不严己的倾向。特别是在涉及到官兵切身利益的"热点"问题上，党委要以公开求公正，自觉接受群众的监督，不要在这上面"丢分"，以至丧失威信。

加强班子团结要注意
防止四种"主义"

一要防止争"你说了算，我说了算"的主观主义

防止主观主义必须明确三个问题：一是明确党内工作与行政工作的范围。我们常说"军政不分家"，又说"军政一把抓"。其实质是说军政两者互为条件，不可分割，是一个统一的整体，提倡全局观念，整体思想。"军政不分家"并不是说没有分工，没有各自的职权范围。相反，在工作实施中，明确各自的分工和职权范围非常必要，要避免横向乱插手。二是明确集体研究说了算还是个人职权内说了算的范围。我们所实行的领导制度是集体领导下的首长分工负责制。有些大的事情，要经过集体的酝酿、讨论作出决定，有些是按分工实施领导。这就需要把集体研究说了算的还是个人职权内说了算的区分开。三是明确首长与部门领导的职权范围。一个班子内部，有主管领导与部门领导。在日常工作中，有些是由主管领导决定的，有些是由部门领导决定的。主管领导不能代替部门领导，什么都自己说了算；部门领导不能超越自己的职权范围，去插手其他部门和主管领导的管事。

二要防止"你议论我，我议论你"的自由主义

解决这个问题，一方面要提高防止犯自由主义的能力，一方面要提高抵制自由主义的能力。提高防止犯自由主义的能力，要做到有话说在会上，说在当面；有事向组织或领导反映；实事求是地向组织汇报思想。提高抵制自由主义的能力，具体要做好三个方面的工作：一是开好集体谈心会，掏出心里话，有话摆在桌面上；二是要形成书记同常委谈心制度，相互之间多沟通、多交流；三是经常召开民主会，发动大家献计献策。同时，还要解决好自由主义带来的遗留问题。对犯自由主义的情况要具体分析，不能简单扣上"自由主义"的帽子，批评了事。如果是民主渠道不畅通导致的自由主义泛滥，那么，就要先从根上找问题解决问题。对犯自由主义的人，一般应坚持思想教育为主，在一定范围内开展批评与自我批评。"一班人"之间要开诚布公，有问题，就老老实实承认；没有，就不能相互猜疑，更不能兴师动众，查这查那。

三要防止在研究使用干部上"有亲有疏"的本位主义

除坚持选拔干部的正常程序以外，在研究干部的方法上，各部门领导要从全局出发。各部门上报干部人选，要严格按干部工作规定办事。政治部门要做执行干部规定的模范。主要领导要搞好协调，一旦部门领导出现偏差，要

及时加以纠正。研究干部不能几个人先内部定个调子，再拿到常委会上走形式。在党内，常委不分大小，地位是平等的，书记的一票是一票，常委委员的一票也是一票，没有轻重。对各业务部门干部的使用，要重视单位领导的意见。常委会上要让他们充分发表意见，这样有助于加强班子的团结，增强干部选拔的准确性。出现不同意见时，不要急于进行少数服从多数的表决。有些拿不准的可以进一步核实，尽量使大家的认识趋于统一。

四要防止"你多了，我少了"的平均主义

一是在物质待遇上不能片面强调平均。既要坚持按规定办事，更要提倡互尊互让的风格，在车辆使用、住房分配、物资发放、福利条件上，不要过多计较早晚、多少、新旧，尤其要防止利用工作之便捞"碗外饭"的行为。二是荣誉上不能强求平分秋色。不能搞论辈行赏，轮流行赏，平均行赏。奖励的目的是为了激励先进，鼓励后进，如果奖励的依据不是先进，而是辈份，是大锅饭，是拉不开档次的平均主义，表面上、一时可能会和和气气，长此以往，势必会使先进受压抑，最终导致平庸。庸俗的团结是最大的不团结。三是提升使用干部上不能强求"齐步走"。一般情况下，职务的升迁是和一个人的德、才、识成正比的。由于社会实践不同，个人的努力不同，其发展肯定也不同。作为个人，应当有甘做人梯，为他人成才铺路架桥的精神。同时要正确认识自己的水平能力，正确对待组织的使用。只有这样，才能使大家心里服气，干着有劲，心情舒畅。

端正"三风" 务求实效

"三风"即：思想作风、学风和工作作风。端正"三风"是新形势党委班子建设的一项重要内容，各级党委一定要从理论上搞清，从实践中入手，务求实效。当前尤其要在四个方面下大功夫：

一、加强世界观改造，在端正工作指导思想上下功夫

"三风"不正的主要原因是工作指导思想不端正。而端正工作指导思想，关键是要抓住世界观改造这个根本。各级领导干部一定要牢固确立立党为公的思想，自觉摆脱名缰利索的束缚，以对党的事业和部队建设高度负责的态度，把工作岗位当成带领官兵建功立业的平台，而不能当作表现自我的舞台，解决好"参加革命为什么，当干部应该做什么，身后应该留什么"的问题。要牢固确立求实为本、落实为责的思想，部署任务要充分考虑部队承受能力，不提不切实际的口号，不定落实不了的指标，切实为部队抓好工作落实提供条件；把重实绩、办实事、求实效作为领导工作的基本要求，把创造性地落实好上级的指示精神作为自己的职责，把解决了多少问题作为衡量工作成效的重要标准。要牢固确立基层第一、士兵至上的思想，把对上

负责和对下负责统一起来，扎扎实实为基层办实事、解难题，多做得人心、暖人心、稳人心的工作。思想方法不辩证，指导思想难端正。各级要进一步学好马克思主义哲学，努力提高思维层次，使工作指导多一点辩证法、少一点片面性。

二、振奋革命精神，在转变领导作风上下功夫

保持昂扬的精神状态是转变领导作风的重要前提。当前，绝大多数领导干部的精神状态是好的，但有些同志也存在着学习不刻苦、工作不艰苦、作风不扎实、工作标准不高、开拓创新不够等问题。要克服这些问题，就必须老老实实调查研究、老老实实向群众学习、老老实实为群众办实事、老老实实改进工作的要求去做。一是始终坚持工作的高标准。充分认清新的形势任务对部队建设提出的新要求，始终把部队建设的标准定在"打得赢"、"不变质"上，真正使部队工作经得起上级检查、群众监督和历史检验。二是在调查研究上下功夫。各级领导每年要拿出一定时间深入部队蹲点调查；有组织、有计划地安排机关二级部领导到旅团级以下单位蹲点；军以下各级领导机关也要把深入细致的调查研究贯穿工作全过程。真正了解基层的需要，感受官兵的疾苦，集中群众的智慧，努力掌握真情，增强工作指导的针对性和有效性。三是扑下身子狠抓落实。紧紧盯着问题抓落实，瞄准弱点，抓住盲点，下力克服部队建设的薄弱环节；在具体工作中抓落实，把上级的指示变为具体的工作思路，转化为具体的工作成果；围绕提高战斗力抓落实，各项工作都向做好军事斗争准备聚焦，都

在"龙头"牵引下有新发展；在保持工作的连续性中抓落实，对一些反映部队建设规律性的工作，要一以贯之，抓出成效；以创新精神抓落实，用新观念、新视角、新思路研究解决新问题。四是努力提高自身素质。把改进作风与提高素质结合起来抓，以时不我待的精神刻苦学习，不断用新理论、新知识充实自己，使改进作风与提高素质相互促进、相得益彰。

三、积极探索领导工作规律，在改进指导方法上下功夫

"三风"不正有工作指导思想不端正、精神状态不振奋、能力素质不适应的问题，也有对本级领导工作规律把握不准的问题。因此，端正"三风"必须注重探索本级领导工作规律，不断改进工作指导方法。高级领导机关应把握四条原则：一是坚持层次领导，不能越俎代庖。根据自身的职责开展工作，把本级应该抓的抓好。对应该由下级干的决不包揽，充分发挥他们的积极性、创造性。比如领导和机关下部队，主要是解剖麻雀，为搞好宏观指导、政策指导、典型指导掌握依据，帮助部队和基层解决他们难以解决的问题。二是坚持依法指导，克服随意性。凡是军队法律、法规有明确规定的，各级领导机关就不应再发文件、提要求，以形成党委依法决策、机关依法指导、干部依法带兵、战士依法服役、部队依法运转的良好局面。领导机关干部要系统学习常用法规，不断提高依法指导的能力。三是坚持分类指导，不搞"一刀切"。部队类型多样，特点不一，要区别不同单位、不同情况搞指导，在工作内

容、指导方法上不能强求一律，搞一个标准、一个模式。四是坚持理论指导，减少盲目性。理论指导是更高层次、更有价值的指导。干每项工作，要达到什么目的，采取什么方法，首先要在理论上搞清楚，这样才能少走弯路。高级领导和机关要注重加强对部队建设重点难点问题的理论研究，通过理论创新带动工作上质量、上台阶。

四、坚持从本级做起，在发挥表率作用上下功夫

端正"三风"，各级领导和机关负有重要责任，必须按照上级有关规定要求，自觉从本级做起，从自身严起，从具体问题改起，为部队做好样子。首先党委要统得住。把大事定准，把指导思想定好，加强统筹协调，严格控制会议、活动、检查考核和评比表彰。党委对机关安排的活动、会议要逐项梳理论证，该压减的压减，该合并的合并，该取消的取消，下大力克服"五多"现象。二是领导要把得严。对机关建议部署的工作、下发的文电、安排的活动和下派的工作组等，分管首长和各部门领导要按照有关规定，严格把关，不开口子。三是机关要自觉办。机关要组织全体干部反复学习有关文件，熟记各项具体规定，不折不扣地贯彻落实。要着眼部队建设的综合效益想问题、抓工作，防止因片面追求本部门的成绩而造成基层忙乱。要站在部队建设的全局上给党委首长出主意、当参谋，多提有利于克服"五多"、促进工作落实的建议。要做到以上几点，必须建立和坚持群众监督、经费约束、责任追究等机制，确保在端正"三风"上见实效。

党委要切实加强对部队的思想政治领导

加强思想政治领导，是党委领导的根本职能，是党委书记的首要职责，是各级机关的共同任务。我们讲头脑清醒，首先要在政治上清醒；我们讲责任制，首先要落实好政治工作责任制。

一、要增强抓好部队思想政治建设的紧迫感责任感，切实解决认识到位问题

在改革开放、发展社会主义市场经济的新形势下，加强部队的思想政治建设，已经客观现实地摆到了我们面前。思想政治建设关系到我党我军的真正优势和传家之宝能不能继承下去，关系到我军的性质和宗旨会不会改变的大问题，是一个带全局性、战略性、根本性的问题。对这个问题认识得怎么样，抓得怎么样，关系到军队在历史性的社会大变革中，能不能保证政治合格，枪杆子永远掌握在忠于党、忠于人民的可靠人手里，始终置于党的绝对领导之下的大问题。在这个问题上，当前有这样三个情况需要大家有清醒的认识。

一是对当前错综复杂的国际国内政治斗争形势，要有清醒的认识。冷战结束后，世界范围内以强凌弱、以大欺

小、以富压贫的霸权主义和强权政治依然存在。特别是东欧剧变、苏联解体以来，国内外敌对势力把矛头直接指向我们中国，利用"人权"、军备控制、经济贸易、台湾、民族、宗教等问题，千方百计地挑起事端，制造矛盾，对我施加压力。同时利用我国改革开放、扩大交往的机会，以"打进来、拉出去"的手段，煽动不满情绪，进行各种渗透、策反活动，企图"西化"、"分化"我国。对这种复杂的背景，我们千万不可思想麻痹，掉以轻心。这方面我们也是有教训的。有的机关干部放松思想警惕，被敌特分子拉下了水，多次出卖机密文件。还有一个人武干部学校，为了挣点钱，不考虑政治背景，不顾政策纪律，擅自聘请港商担任名誉校长，还发给他大校军服，让他给学员讲话，到靶场打靶。这些问题是很严重的，也是非常危险的。我们领导干部一定要注意从大局上观察问题，从政治上思考问题，从我军的特殊地位上认识问题，切实增强政治意识、大局意识、责任意识，始终保持高度的政治警觉。

二是对改革开放条件下意识形态领域里斗争的长期性、复杂性、艰巨性，要有清醒的认识。改革开放、发展社会主义市场经济是一场广泛而深刻的革命，既给我军建设注入了新的生机与活力，也使部队的思想政治建设遇到了前所未有的新情况、新考验。利益关系的调整，引起了部分官兵心理不平衡，拜金主义、极端个人主义和腐朽生活方式，正在潜移默化地影响、冲击着官兵的理想信念和价值观念。这种影响和侵蚀，往往通过生活消费、文化娱乐、军地交往和大众传媒等正常合法的渠道，迎合一些人，尤其是年青人的心理需要，进行无孔不入的渗透，容易形成滋生、蔓延的土壤和气候。从一定意义上说，新形势下抵制"酒绿灯红"的影响，同毛泽东在七届二中全会上提醒全党要警惕的"糖衣炮弹"相比，要更为复杂和艰巨。因为那时的"糖衣炮弹"，主要来自资产阶级的进攻，阵线比较分明。而现在的腐蚀来自各个方面、多条渠道，是非美丑界限比较模糊，人们很容易在不知不觉中被腐蚀。有的人受了腐蚀还不认为是腐蚀，甚至把它看成是"思想解放"、"观念更新"、"顺应潮流"，可怕的就在这里。对这种思想领域斗争的长期性和复杂性，大家一定要有足够的估计，始终保持应有的警惕。各级领导同志对腐朽思想文化的侵蚀，要有足够的认识，保持高度警惕，坚持常抓不懈。只有这样，才能保持部队政治上的坚定性和思想道德上的纯洁性，真正使广大官兵经受住各种考验，让党中央、中央军委放心。

三是对社会腐朽思想文化影响、侵蚀部队的现实危害，要有清醒的认识。这几年，违纪问题和犯罪案件有所增多，受惩处的人数和层次呈上升趋势。有的贪污盗窃，有的参与走私，有的盗枪杀人，有的腐化堕落，甚至吸毒贩毒、赌博嫖娼。这些情况表明，腐朽思想文化的侵蚀和"酒绿灯红"的影响，特区有，我们也有；沿海有，内地也有；战士中有，干部中也有。对此，我们要深思和警惕，以此为戒，举一反三，认真反思，揭露矛盾，总结吸取经验教训，把别人的教训变成自己的财富，打好拒腐防变的主动仗。

当前特别值得注意的是，有些单位的领导同志认识上还存有一定的盲目性。有的对腐朽思想文化的侵蚀和冲击来势之猛，思想理论上准备不足，遇到问题有时想不通，讲不清。有的对"酒绿灯红"影响和危害的广泛性、严重性，估计不足，总认为部队比地方受的影响要小，内地比沿海受的影响要小，本单位比别的单位受的影响要小。有的对能否有效抵制住社会上的消极影响，信心不是很足，感到现在地方讲挣钱、讲实惠，我们讲奉献、讲牺牲；地方讲开放、讲搞活，我们讲纪律、讲"封闭"，似乎看上去矛盾，讲起来亏理，做起来很难。这"三个不足"，与加强思想政治建设的客观要求是很不适应的。严峻的现实已经表明，对思想政治建设，现在不是要不要抓、想不想抓的问题，而是到了非抓不可、非抓好不可的时候了。改革开放越深入，人们的思想越活跃，越要大力加强思想政治建设；人们生活越富裕，越要提倡艰苦奋斗，强调思想道德；思想政治工作的难度越大，越要加强领导，抓好落实。这是必须紧紧把握的一个规律。我们一定要把思想统一到党中央和中央军委的指示精神上来，坚定信心，改进方法，下大力抓好思想政治建设。

二、要加大思想政治建设的力度，牢牢把握拒腐防变斗争的主动权

腐朽思想文化的腐蚀与反腐蚀是两种世界观、两种意识形态的激烈斗争，是一场没有硝烟的战争。历史与现实一再告诉我们，在意识形态领域的斗争中，你退他就进，你弱他就强，不积极进攻就可能败下阵来。在这方面，我们党历来是主张和坚持打主动仗、进攻仗的。新中国成立前后，面对资产阶级的种种诱惑和旧的封建残余的严重影响，毛泽东及时向全党敲响了"两个务必"的警钟，领导全党开展了大规模的"三反"、"五反"运动，确保了我国

由新民主主义向社会主义的顺利过渡。党中央针对当前的问题，作出了警惕"酒绿灯红"影响、加强思想政治建设、发扬光荣传统的战略部署。团以上领导干部和机关的同志，肩上挑着两副担子，既要改造、提高自己，又要管好、带好部队。面对"酒绿灯红"的严峻影响，一定要强化主动进攻的意识，加大拒腐防变的工作力度。

第一，要重视调查预测，增强政治上的敏感性。现在有些单位的工作比较被动，没出事不想事，出了事又怕事，"按下葫芦浮起瓢"，被事故和问题牵着走，陷入处理不完的问题、总结不完的教训之中，有一种防不胜防、堵不胜堵的感觉。造成这种被动的局面，我看主要是由于调查不深入，预测不及时，对新形势下部队思想变化的规律研究掌握不够。当前的形势发展很快，部队官兵的思想在不断变化。因此，抓思想政治建设必须调查在先，预测在前，善于从个别现象去发现倾向性问题，及时准确地把握官兵的思想现状和发展趋向，真正做到知微见著，防患于未然，准确预测潜在的危险，把问题解决在萌芽状态。团以上党委要特别重视定期分析部队思想政治建设形势，各级领导干部要深入基层多进行蹲点式、解剖式的调查，注意把握发现问题、解决问题的时机和规律。比如，当国内外形势发生重大变化时，要及时掌握部队的动向，注意抓好部队的稳定；当改革开放遇到暂时困难时，注意引导官兵辩证、发展地看问题，增强大家的信心；当改革中的利益关系调整涉及干部战士家庭及亲属时，要组织大家学好政策，顾全大局；当班子调整时，要引导干部正确对待名利，理顺思想情绪；当部队执行急难险重任务时，要了解官兵的心理变化，做好统一思想的工作。只要我们掌握了这些带规律性的东西，做工作就会主动得多，解决问题的针对性就会更强。

第二，要增强思想政治工作的原则性和战斗性，坚决防止和克服软弱无力的倾向。近年来，思想政治工作的原则性、战斗性相对弱化，并带有一定的普遍性。这是一些教育效果不好的主要原因之一，也是一些问题难以解决的根源所在。有的领导讲大道理理不直、气不壮，有的人对明令禁止的照样违犯，有的单位同一类案件事故重复发生，原因就是思想政治工作缺乏原则性和战斗性。在一些同志看来，现在许多问题与社会大背景、大气候有关，解决起来很难。这种软弱无力的状况，是必须纠正的。思想政治工作的鲜明风格就在于原则性、战斗性，其效果和威力也就在原则性、战斗性之中。不讲原则的政治工作，是软弱的政治工作；不讲原则的政治干部，是不合格的干部。当前，增强政治工作的原则性和战斗性，就是要理直气壮地讲大道理，讲传统，旗帜鲜明地驳歪理，用大道理管住小道理；要理直气壮地树典型、学先进、明是非，敢于抵制各种不良倾向；要理直气壮地处理问题，对不能正确对待个人名利地位、跑官要官、封官许愿、不择手段写匿名信等行为，对违犯政策纪律的人和事，不管涉及什么人，该批评的批评，该处理的处理，决不能姑息迁就，让正气得到弘扬，让一切消极东西没有市场。

第三，要加强组织建设，培养一支坚强过硬的思想政治工作队伍。当前一些单位思想政治工作比较薄弱或软弱，与思想政治工作队伍不够坚强有直接关系。这个问题应当引起足够的重视。政治主官一定要务"政"，站到思想政治建设的第一线，把主要精力和工作投向放在思想政治建设上，亲自抓教育，亲自掌握情况，不能把过多的时间用于接待应酬、与地方交往和处理琐碎事务上。政治机关要集中力量抓好"一个根本、四个教育"，并使教育贴近实际，解决问题。搞教育不仅要看时间、人员是否落实，更重要的是看解决了什么问题；不仅要看采取了哪些形式和办法，关键要看实际效果。对基层政治干部，除了选准配强外，还要注意提高素质，增强他们的事业心、责任感。过去，连队的思想骨干很活跃、很管用，战士有点什么问题，很快就能知道，就能靠上去做工作，现在不大起作用了。这支"小指导员"队伍还是要建起来、用起来。特别是各级党组织，要加强组织领导，带头发挥作用，把做好思想政治工作当作第一位职责。有人说，政治工作难做，政工干部难当。我看，正是由于难，才说明地位重要，工作需要。政治干部在加强思想政治建设上，要有所建树，有所作为。真正做到善于讲清道理，以理服人，发挥真理的力量；会做转化工作，调动积极因素，关心人，爱护人，体贴人，发挥情感的力量；能够率先垂范，言行一致，以模范行动带动人，发挥榜样的力量。

第四，要搞好综合治理，营造加强思想政治工作的氛围。抵制"酒绿灯红"的影响、加强新形势下思想政治建设，是一个系统工程，各级、各个部门、各类人员都要做，把思想政治工作贯彻到各个方面。也就是说，要把各方面的力量调动起来，把各种办法和措施利用起来，坚持教管并举，疏堵结合，解决思想问题与实际问题相统一；把社会力量与部队力量，领导的积极性与群众的积极性，正面典型的激励作用与反面教材的警示作用，充分发挥好、运用好，形成群策群力、齐抓共管的良好局面。要坚持思想教育领先的原则，坚持不懈地用先进思想和进步精神教育官兵。管理工作主要是管人，管人主要是管思想。在教育和做好思想工作的基础上，该堵的要堵住，该封闭的要封住，做到不让去的地方坚决不能去，不让看的坚决不看，用严格的制度、严格的纪律来规范和约束官兵的言行。对基层物质文化生活枯燥单调的问题，要积极想办法改善和解决，不断优化小环境，尽力把战士的精神生活搞充实，把心拴在军营里。

三、领导干部要从自身做起，在加强部队思想政治建设中做出表率

领导干部带好头是加强思想政治建设的关键所在。各级领导干部不仅要抓好部队，自己也要做好样子。领导干部以身示范，为人师表，拿出实实在在的行动，树起正正派派的形象，就是最有说服力的行为导向。如果领导干部说的是一套，做的是另一套，台上讲抵制腐蚀，台下搞不正之风，再好的道理也是苍白无力的，再严格的制度和要求也是落实不了的。当前，领导干部特别要在以下三个方面做好表率。

一是要有崇高的理想信念，在保持政治坚定性上做表率。政治家首先脑子里要有政治，有鲜明的马克思主义、社会主义的政治观念和政治原则，有坚定的政治立场，有敏锐的政治警觉性。如果这方面出了偏差和问题，那是最严重的失职。一个领导干部，应当始终坚定共产主义理想和信念，不管社会主义事业在前进发展中遇到多大风浪，出现多少波折，都要从社会发展的基本规律和总趋势上，认清社会主义的强大生命力和广阔前景，自觉把个人的前

途理想融于建设有中国特色社会主义的伟大事业之中。要经常不断地加强政治理论和党的方针政策的学习，用建设有中国特色的社会主义理论武装头脑，跟上不断发展的改革形势，及时回答和解决部队中反映出来的思想和现实问题，当好部队的"主心骨"。要有很强的党性观念，自觉为党分忧，时刻对党的事业负责，不能群众议论你也议论，迎合消极情绪跟着发牢骚；不能只把道理讲给别人听，自己却不信。领导干部要经常想一想，自己的言行是否符合马克思主义，是否符合党的方针政策，是否符合我党我军的优良传统，是否符合人民的根本利益。做到在大事大非面前，耳聪目明，稳住阵脚，在思想上、政治上把好关，导好向。这是一个领导干部政治成熟的重要标志。

二是要自觉改造世界观，在保持思想道德纯洁性上做表率。领导干部必须正确运用手中的权力，这是一个至关重要的问题。有的领导威信不高，说话没有力量；有的单位情绪不够顺畅，风气不大正，一个重要原因，就是个别领导同志用权不够公正，生活作风不够检点，经济方面不够干净。我们是党的领导干部，一切权力都是人民给的，只能用来为部队建设服务，为广大官兵谋利益，不能用来为个人或少数人捞取好处。在使用干部、转改志愿兵、士兵考学提干等敏感问题上，一定要按原则和程序办事，坚决防止和纠正各种不正之风。看一个领导用权公不公，主要看他是不是公正使用干部，公正实施奖惩，公正审批钱物，公正评价工作。领导干部要有正确的工作指导思想，做决策、抓典型、搞建设，都要从全局和长远利益出发，必须经得起上级的检查、群众的评议、历史的检验，不能急功近利，搞短期行为，做表面文章。要淡名利、重事业，始终保持良好的精神状态和旺盛的革命斗志。任何时候都要正确认识自己，正确看待别人，正确对待组织，把心思和精力用在工作上。每年都要为基层、为官兵办点实事，自己解决不了的，要积极向上级反映，主动与地方联系，想办法加以解决。领导干部还要有严肃的生活态度。自尊自爱，严于律己，不要一味地讲究排场，追求潇洒。要以艰苦为荣，以俭养德，吃苦在前，享受在后，廉洁奉公，当好人民的公仆，永葆共产党人的政治本色和高尚情操。

三是要严格执行政策规定，在维护纪律的严肃性上做表率。领导干部必须严守政策纪律，任何情况下都要自觉地在思想上、政治上、行动上与党中央保持高度一致，坚决反对政治上的自由主义，自觉在大局下行动。在执行上级的各项指示规定上，严肃认真，不打折扣，凡是上级有明文规定的，要坚决照办；一时搞不清楚的问题，要及时请示报告；当局部利益与全局利益发生矛盾时，要以全局利益为重。领导干部执行政策规定，必须增强抗干扰的能力，不能一味地套用惯例、仿效地方、照顾关系、谋小团体利益。如果考虑这些因素过多过重，就必然要丧失原则，违背政策，结果只能是"辛辛苦苦做工作，稀里糊涂犯错误"。我们一些单位集体违纪，教训就在这里。领导干部不守纪律，不仅仅是自己犯错误，还会把部队的风气带坏。实践证明，凡是纪律严、风气正的单位，那里的党委班子政策纪律观念肯定是强的。凡是纪律不好、风气较差的单位，党委和领导都应该很好地反思一下自身的问题和责任。铁的纪律是军队的生命，是执行政治路线的保证。各级领导干部任何时候都不能忘记军队的特殊性、统一性，任何时候都要在严守纪律上带好头，为下面做好样子。

端正指导思想　提高政治素质

指导思想是关系到部队建设的方向问题，是检验党委政治上合格与否的重要标志。要适应部队发展的客观要求，在实践中用党的实事求是的思想路线不断地校正工作指导思想，以保证党委对部队实施正确的领导。在端正指导思想的过程中，党委成员的群体政治素质起着直接的和决定的作用；党委成员的工作指导思想端正了又能有力地促进自身政治素质的提高。把端正指导思想和提高政治素质密切地结合起来，使之相辅相成，相互促进，非常关键，非常重要。

一、指导思想是检验政治素质的"试金石"，政治素质直接决定和影响着指导思想

实践使我们认识到：什么时候党委坚持了实事求是的思想路线，工作指导思想就端正，政治素质就高，部队建设就稳步发展，不断前进，反之，政治素质就低，部队建设就偏离正确方向，出现失误。

确立正确的指导思想离不开实事求是的思想路线。实事求是是党的思想路线的核心，是党委"一班人"最重要的政治素质。一个党委在想问题、作决策、办事情、抓工作的时候，能否做到从实际出发，讲究实效，正视问题，

揭露矛盾，排除干扰，抵制错误，都与此密切相关。一些单位工作大起大落的时候，也往往是急于求成，提出不切实际的口号，被表面的"轰轰烈烈"冲昏头脑，看不到被掩盖着的问题的时候。因此，党委在实事求是上做得怎么样，直接关系着工作的指导思想，影响着整个部队的建设。不求实的班子不是好班子，也带不出求实的部队。

确立正确的指导思想离不开对部队建设高度负责的精神。 ·位领导、一个班子，对部队建设没有高度负责的精神，就谈不上政治素质。在端正指导思想的问题上，如何摆正对上负责与对下负责的关系，是各级反复强调的问题，也是党委应着力研究解决的问题。对上负责与对下负责应是一致的，不是对立的。摆正这个关系，立足点要放在对部队建设负责上，把部队建设好了，就是说根本上对上级负责。有的单位连续多年无事故、无案件，部队稳步前进，上级比较放心；而有的单位现场会开了不少，经验出了不少，在上级那里能挂上号的工作也不少，但基础不牢固，经常出问题，上级总是放心不下。由此我们可以悟出这样一个道理：对部队建设高度负责，就会着眼于长远建设，艰苦奋斗，留下"绿荫"，不把部队当作表现自己的"舞台"；就会注重部队的全面建设，扎扎实实地做好打基础的工作，不搞"单项冒尖"；就会从实际出发执行上级的指示，创造出富有特色的经验，把对上负责与对下负责一致起来。

确立正确的指导思想离不开发扬密切联系群众的优良作风。密切联系群众是马克思主义的群众观点在工作方法上的具体体现，是我党我军的优良作风，是确立正确指导思想的有效途径。能否坚持和发扬这一优良作风，是检验党委一班人政治素质高低的重要标志。密切联系群众的作风反映到部队建设上，就是要深入基层，调查研究，了解实际情况，倾听群众呼声，从实际出发制订政策，服务群众。是否联系群众，服务群众，在指导思想上反映得最为明显。有的领导干部随着职务的升高，离下面远了，对兵的感情有所淡化，想问题，办事情，考虑基层、考虑战士少了；受社会上高清费的影响，艰苦奋斗的思想有所淡化，在改善物质文化生活条件方面，自觉不自觉地扩大了与基层的反差。这既是指导思想不端正的问题，也反映了群众观念的淡薄。不解决好对基层的感情、对兵的感情这个根本问题，指导思想就不可能真正搞端正。

确立正确的指导思想离不开强烈的职能意识。对外反侵略、对内反颠覆是我军的根本职能，也是我们一切工作的出发点和归宿点。强烈的职能意识，不仅关系到部队建设的目的和方向，也反映着党委班子的政治素质，党委班子称职不称职是通过部队有没有战斗力来体现的。有了强烈的职能意识，就能把提高战斗力始终放在中心位置，掌握领导部队建设的主动权。基于这一认识，党委一班人在军队指导思想实现战略转变以后，准备打仗的思想始终不能忘，在和平时期部队工作头绪比较多的情况下，始终抓住训练这个中心不放，在众多的口号中，要突出叫响"训练搞不好，不算好领导，武艺练不精，不算合格兵"的口号，从而确保上级赋予各项任务的圆满完成。

二、端正指导思想是不断改造主观世界的过程，要在这一过程中全面提高政治素质

为什么对端正指导思想这个问题经常讲，反复讲，而

在指导思想上还老是有问题呢？这是因为端正指导思想是不断改造主观世界的过程，而主观世界的改造是一个长期的、艰苦的过程，不是一次可以完成的，也不是轻而易举可以办到的。只有通过反复的学习整顿、回顾反思和调查研究，才能不断深化认识，解决影响端正指导思想的深层问题，实现新的飞跃。

要在端正指导思想的过程中，扎深理论根底。没有马克思主义理论作基础，就不能执行正确的政治路线，就不能确立正确的指导思想。有些党委在学习整顿中，经常反思这样一些问题：为什么一心想把工作搞好，而有些工作却搞不好，有的甚至产生了负效应？为什么一心想从实际出发，有时却脱离了实际？为什么有些问题发现后感到不对，但又讲不出更多的道理？为什么有些决策出发点是好的，却造成了下面的忙乱？出现上述情况，有经验和方法问题，但主要的还是理论根底浅，把握不住事物发展的内在规律。毛泽东说过：感觉只解决现象问题，理论才解决本质问题。理论上的肤浅必然导致工作指导上的偏差，造成失误。在端正指导思想的过程中，通过学习整顿，总结经验教训，研究部队建设的内在联系，找出主客观分离的表现和原因，把感情的认识理性化，把零碎的思想系统化，在批判错误东西的过程中，抛弃有悖于实际的思想方法，逐步掌握科学的世界观和方法论。领导称职不称职，合格不合格，不是当然的，自封的，需要在实际中学习革命理论，反复磨炼，使自己的思想不断地接近和符合客观实际领导的思想离开了群众，就会成为无源之水，日趋枯竭；离开了实践，就会成为无本之木，腐朽变质。我们要在端正指导思想的过程中，不断吸取实践的营养，弥补认识上的不足，提高理论水平，指导新的实践。

要在端正指导思想的过程中，努力破除名利思想。指导思想不端正，和名利思想大有关系，要端正指导思想，必须破除名利思想。这既是培养领导干部思想品质的要求，也是党委班子提高政治素质的要求。一般说来，党委班子成员担任领导职务以后，深感责任重大，为不辜负党的信任和培养往往急于在任期内出政绩，见成效，于是，急功近利的短期行为自觉不自觉地产生了；在组织部队完成重大任务的时候，都有鼓舞士气，力争上游，拿第一的良好愿望，但往往缺乏科学的规划、有效的措施和实干的精神，于是，鼓虚劲，图虚名，搞形式主义，做书面文章的现象自觉不自觉地出现了；在部队获得成绩和荣誉的时候，出于对部队历史负责的动机，往往容易背包袱，只"保"不"创"，出了问题也不敢正视。这些影响指导思想端正的问题，或多或少地掺杂了一些名利思想。解决这个问题：一靠明理，把为人民服务的宗旨通过多种形式融于端正指导思想的全过程，在潜移默化中提高思想水平和政治觉悟；二靠约束，制定严格的规定，严肃处理为图虚名给部队建设造成损失的人和事；三靠监督，对名利思想的苗头及时提醒和教育，努力克服在萌芽状态。

要在端正指导思想的过程中，增强排除干扰的能力。部队不是真空，也不是"世外桃源"，遇到来自各个方面的干扰是不可避免的。能否排除各种干扰，是关系到党委在政治上能不能把住方向、守住阵地的问题，也是党委班子政治上成熟不成熟的重要标志。辨别是非，排除干扰，把握方向，是党委班子成员必备的政治素质。干扰不管来自哪里，都不能看风向，赶势头，跟潮流，人云亦云。遇有重大问题首先要看他是否符合马列主义，凡是违背的要坚决抵制；其次要看他是否反映了历史发展的客观规律，勇于踢开阻碍历史车轮前进的"绊脚石"；第三要看他是否符合部队的实际，努力排除消极因素的影响；第四要看他在理论上能不能讲得清，实践中能不能行得通，讲不清、行不通的，就要坚决反对；第五要看他是否反映了大多数人的根本意愿。做到这些，排除干扰的能力就会增强，指导思想就能端正。

三、认真摸索指导思想发生偏差的表现规律，牢牢把握端正指导思想的主动权

事物的发生和发展，都有其自身的规律。工作指导思想发生偏差也有其特定的规律性。需要我们在实践中不断摸索。只有掌握了发生偏差的表现规律，才能掌握端正指导思想的主动权，在指导思想上少犯或不犯错误。

在制定工作决策时，要处理好主观与客观的关系，防止主、客观分离。是按主观想象决策还是按客观规律办事，既是对党委班子政治素质的考验，又是确立正确指导思想的基础。正反两方面的经验告诉我们，在决策形成的过程中，要注意克服主观臆断，达到主、客观的有机统一。既不要强调客观，又要从实际出发；既要防止盲目蛮干，又不能谨小慎微，迈不开步伐；还要注意吸取以往决策方面的经验教训，避免决策相同或相似问题时，再次出现失误和偏差。

在工作取得成绩或出现失误时，要摆正成绩与问题的关系，防止以偏概全。一个单位，在工作取得成绩或出现

失误的时候，能否正确地把握自己和把握部队，也是对党委指导思想端正与否和政治素质高低的检验。在取得成绩的时候，不要头脑发热，看不到问题，在出现失误或挫折的时候，不要灰心泄气，丧失信心。要做到成绩面前不居功自傲，多找问题和差距；失误面前不互相埋怨，多做鼓励和加油的工作。

在估价工作时，要处理好看"实"与看"虚"的关系，防止以"虚"掩"实"。正确的指导思想是建立在正确地分析部队建设形势和正确估价工作基础之上的。怎样看待形势和估价工作？这里面就有一个指导思想问题。衡量一个单位工作的好坏，不能只看开了多少会，上级转发了多少材料，而主要应看为基层办了多少实事，解决了多少问题，基层的面貌发生了多大变化。我们在估价工作时，要克服主观主义和功利主义，防止片面性和局限性。首先，要看是否符合上级的意图和全局的利益。凡是违背上级指示精神和整体工作要求的，即使在局部范围内取得了成绩，也不应鼓励和提倡。其次，要看是否符合战斗力标准。凡是不利于提高部队战斗力的工作，都是毫无意义的。第三，要看是否有利于打牢部队的基础。凡是损害部队基础的工作，成效越大越有害。第四，还要看有没有发展潜力，没有生命力的东西是不能长久的。不能只看一时一事的成绩和问题，还要看发展的势头和后劲。

在党委内部出现不同意见时，要处理好事实和面子的关系，防止好人主义的倾向。在党委成员之间，由于受理论水平高低、实践深浅、经验多寡、主观意识和对客观事物了解程度不同等限制，在讨论决定重大问题的时候，发生意见分歧是在所难免的。在这种情况下是坚持原则，按客观事物的规律办事，还是放弃原则，照顾面子？当然应该在坚持原则，服从事实的前提下，讲风格、讲友谊，不能谁职务高谁说了算，谁资格老谁说了算，谁有能力谁说了算。要尊重客观事实，讲真理不讲面子。同时，要找准分歧的原因，对照上级指示精神，广泛听取群众意见，明确分歧的性质，区别认识问题和意识问题，开展批评与自我批评，把思想统一到正确的方面来，从而提高议事水平和决策能力，保证正确指导思想的确立。

采取"五个一"的方法
考核旅团党委班子

"五个一",即:"谈一次心、述一次职、搞一次民主评议、分析一次形势、进行一次讲评"。实践证明,采取"五个一"的办法考察了解旅团班子,不仅能较好地摸清现状,而且对于逐个解决问题,促进班子全面建设很有成效。

谈一次心。就是领导同志与每个班子成员坐下来交谈一次,交流思想,交换意见。既谈思想,又谈工作;既谈个人,又谈班子;既谈成绩,又谈问题。把谈心过程变成正确引导、启发自觉、疏通感情和传帮带的过程。对任职时间长的,着重做好思想稳定工作;对任职时间较短的,着重介绍情况,教给方法;对表现比较优秀的,提醒其保持清醒头脑,再接再厉;对个别思想问题较多的,则进行耐心的批评教育,提出要求;对个人反映的实际问题,尽力想办法给予帮助。

述一次职。就是每个班子成员在党委会上汇报自己履行岗位责任的情况,对照职责,正确认识自己,客观评价自己,认真反思自己。述职既谈完成的主要工作,取得的突出成绩,又查找问题,总结教训。党委对每个成员的述职进行审议,看其述职是否符合客观实际,当面肯定成绩,指出主要问题,帮助提高认识。

搞一次民主评议。就是在个人述职的基础上,采取素质测评、谈话了解和集体征求意见的办法对班子成员进行评议。其中一个主要程序是，组织机关和基层干部代表，以无记名方式，对班子成员进行素质测评，从学习、团结、廉洁、工作这四个方面，把德、才、勤、绩分解为若干项内容，每一项目又按好、中、差三个档次，分出称职、基本称职、不称职。同时，发动机关和分队，集体向党委输送意见。民主评议的结果，在党委中进行通报。

分析一次形势。就是班子成员对照党委工作条例，对自身建设和领导部队工作的情况进行全面回顾和分析评估，认真查找薄弱环节，统一思想认识，明确努力方向。问题比较突出的，要结合分析形势，召开民主生活会，进行认真的批评与自我批评。

进行一次讲评。工作组在综合各方面情况的基础上，对班子集体和个人面对面讲评。充分肯定成绩，重点指出问题，诚恳提出希望。讲评情况在征求班子成员的意见后，形成书面材料，归入干部考核档案，作为今后评估干部工作、调整使用干部的依据。

采取上述方法"过"班子，有以下好处。第一，方法清晰明了，简便易行，操作性强。只要按照"五个一"的要求，一个环节一个环节地认真组织，一个步骤一个步骤地具体落实，就可以达到了解情况、解决问题、帮助提高的目的。第二，了解情况比较全面，有利于把问题找准。这样"过"班子，既有个人谈，又有互相提；既有领导点，又有群众评；既自身主动查找问题，又广泛征求基层官兵意见。体现了多层次、多渠道、多侧面考察班子的要求，一般情况下，问题都会找得比较准，讲评比较公正准确。第三，有利于调动上上下下的积极性。对工作组来讲，按上述方法考察班子，既是步骤，也是要求。要完成"过"的任务，对班子做出客观、公正、准确的评价，就必须精心组织，一步一步地抓好落实。对党委班子成员来讲，接受考察，进行述职，汇报情况，谈对班子的看法，都必须积极开动脑筋，认真思考和研究问题。同时，"过"班子还给基层广大官兵提供了一次对党委成员进行民主监督的机会，有利于增强基层官兵的参与意识。第四，各级都能受到教育。落实"五个一"的过程，既是上级领导和机关干部深入实际，调查研究的过程，也是学习下级党委建设先进事迹和经验的过程，还是反思抓下级党委建设经验教训的过程。对党委班子成员来说，是一次自我教育、自我总结。而上级领导和机关帮助查找问题，进行具体的传帮带，也是一次难得的学习提高机会。"过"旅团班子，重点是抓团以上干部队伍，对基层官兵也是一次教育。第五，这种办法，比较平和稳妥，既不同于单纯地考核干部，又有别于整顿后进单位，不会给大家形成过大压力，有利于大家心平气和地谈情况，积极主动地找问题，实实在在地总结经验教训；既严肃认真又心情舒畅，既解决问题，又使上下都满意。

要保证"五个一"的落实，提高"过"班子的质量，必须把握好以下几个问题。

1. 认真准备

主要应做好以下几项工作：（1）组织联合工作组。抽调作风正派，有一定思想认识水平的同志参加，力求使每个工作组都具备从不同侧面对班子实施考核的能力。（2）搞好培训。认真学习《党委工作条例》和上级关于加强党委建设的一系列指示，熟悉和掌握班子建设的标准和规定，明确考察的任务和方法步骤。（3）注意听取各方面的意见。下去之前，主动征求集团军和师级党委的意见，了解机关的反映，全面掌握情况，增强工作的针对性。

2. 要把功夫下在帮上

"过"班子不仅要发现问题，更重要是帮助其解决问题。因此，要把"帮"贯穿于"过"的全过程。每"过"一个单位，都要对调查的情况进行综合分析，找出班子建设的突出薄弱环节和每个班子成员存在的主要问题，有针对性地进行传帮带。对工作思路不清的，重点帮助他们学会抓主要矛盾，把握工作重点；对解决自身问题能力弱的，重点是教方法，传经验；对工作标准不够高的，重点是进行鞭策，增强其事业心和责任感。

3. 要充分调动旅团党委的主观能动性

"过"班子最根本的就是要提高班子自身的内在活力，增强党委成员的责任感。单靠领导和工作组的同志从外部去做工作，难以搞好。因此，要始终坚持以旅团党委自身为主，存在的问题让他们自己查找，经验教训让他们自己总结，改进措施让他们自己研究制定，这样有利于化消极因素为积极因素，提高他们自己解决问题的能力。同时，还要注意尊重旅团的工作安排，不包办代替，不干涉旅团党委职权范围的事，不打乱正常的工作秩序。

4. 要搞好总结和反思

采取"五个一"的办法"过"完班子，对上级党委和机关来说，工作并没做完，还有重要的一步，就是要进行综合分析，找出普遍性的问题，反思在指导下级党委建设中的经验教训，进一步改进工作，不断增强工作指导的针对性和有效性。

科技强军是党委工作重中之重

一、认清肩负的重任，把科技强军作为紧迫的战略任务来抓

走科技强军之路，向科技要战斗力，是适应世界军事变革的必然选择，是实现军队现代化建设的必然要求。要把科技强军摆上重要位置，真正抓出成效，各级党委和领导必须在思想认识上有新的升华和飞跃。

第一，要站在战略的高度领会战略决策。随着经济全球化、信息网络化的发展，军事斗争与政治、经济、外交斗争更紧密地交织在一起，从而对干部特别是高级干部的战略意识提出了更高的要求。美军就特别重视培养军官的战略意识，初级指挥院校开设了近10门国际关系和世界战略课程；要求战区司令、师长、旅长都要注重战略问题研究，人人能就国际热点问题充当军事发言人。战略是筹划和指导战争全局的方略，关系到国家、军队的发展方向和前途命运。冷战结束后，面对复杂多变的国际风云，党中央从我国国情、军情出发，作出科技强军的战略决策，为我军跨世纪发展指明了方向。有些同志对落实科技强军的战略任务，之所以重视程度不高、工作力度不大，喊得紧、抓得松，推一推、动一动，主要原因是观察和分析问题的起点不高，眼界狭窄，满足于自己与自己比有进步，满足

于在小的范围内不落后，缺乏开放意识和宽阔视野，缺乏长远眼光和战略思考。这些年来，中央领导几乎逢会必讲形势，除了要求我们正确认识和把握形势外，更重要的是教给我们从战略全局上观察和分析问题。我们应该经常想一想：对国际战略格局的变化问题、世界军事革命的挑战问题、作战对手的发展态势问题、部队建设长远发展问题、现实军事斗争准备问题等，是否高度关注，经常思考？我们必须看到，提高战略素养，既是深刻领会科技强军战略的需要，也是贯彻科技强军战略的内在要求。各级党委要经常带着国际大背景，联系思想和工作实际，系统学习、深刻领会科技强军战略思想，努力提高思维层次和思想境界，增强抓好科技强军的自觉性、主动性。

第二，要从讲政治的高度把握战略决策。讲政治有其丰富内涵和时代要求。提高讲政治的具体能力，既要加强思想政治建设，注重从政治上掌握部队，又要着眼战斗力建设，不断提高打赢能力。"打得赢"是我军建设的根本任务，是讲政治的最高体现。当今科学技术已成为战斗力生成的第一要素。有资料表明，在西方发达国家军队中，科技对战斗力的贡献率已达到60%以上，而且有不断增大的趋势。从一定意义上讲，谁占领了科技制高点，谁就占领了军事斗争制高点。抓住了科技强军就抓住了部队建设的主要矛盾，就找到了提高部队打赢能力的必由之路。对战争的概念和打赢问题，我们要有新的认识和理解，战争离我们并不遥远，较量可能就在眼前；军事斗争准备越充分，越能够遏制战争、赢得和平。有资料介绍：美国2010年国家导弹防御系统（NMD）部署完毕后，我们现有的"杀手锏"威力将大减；美日战区导弹防御系统（TMD）一旦部署完毕，我们会受到更大牵制；1994年以来，日本每年搞两次以我为假想敌的军事演习；印度一直把我作为最大威胁，在中印边境逐步蚕食有争议地区；南中国海问题很复杂，我们现有的力量鞭长莫及；特别是台湾问题背景复杂。变数很大。能否按照中央军委的要求履行神圣使命，已是很紧迫的任务、很现实的考验。我们应该清醒地看到，面对西方敌对势力的战略分割和包围，面对周边安全环境的严峻形势，科技强军不仅是具有丰富内涵的战略课题，也是事关能否向党和人民交出合格答卷的重大政治问题。作为一级党委和领导，不瞄着强敌谋打赢，不下大力向科技要战斗力，就是政治上的最大糊涂。

第三，要从对历史负责的高度落实战略决策。科技强军是一场争夺激烈的接力赛，哪一程耽误了，都会造成难以弥补的损失和被动。回顾中华民族百年屈辱的历史，对落后就要挨打的惨痛教训刻骨铭心，也深感肩上的担子分外沉重。能否抓住机遇，迎头赶上，实现科技强军，关系到党和国家的长治久安，关系到中华民族能否真正屹立于世界民族之林。机不可失，责无旁贷，我们稍有贻误和闪失，就会拉大与强敌的差距，就要犯历史性错误。对各级领导同志来讲，科技强军也是大浪淘沙、优胜劣汰的过程。在其位就要负其责，早抓早主动，晚抓就被动，不抓就要被淘汰。因此，各级党委要以责任为激励，变压力为动力，把科技强军作为部队建设的中心任务，摆上重要位置，建立健全党委议科技制度，定期分析形势，加强检查监督，逐步形成规范，尽快抓出成效。要把科技强军的战略任务变成党委的具体思路，依据军区的科技工作规划，制定具体计划，找准突破口和切入点，拿出实实在在的举措。党委要发挥好核心领导作用，加强统筹协调，围绕向科技要战斗力和保障力，凝聚方方面面的智慧和力量，真正使科技强军成为部队建设的主战场，成为各级、各部门的主攻方向。

二、抓住人才队伍这个关键，为科技强军提供强有力的保证

科技强军最需要的是人才，最紧迫的是培养人才。科技之树要结硕果，人才队伍这个根一定要扎深。

要适应科技强军需要树立现代的人才观。领导干部对待人才的真实态度、培养力度，直接关系到单位的兴衰、事业的成败。树立现代的人才观是大势所趋、人心所向、职责所系。古往今来，得人才者得天下。刘邦依靠张良、萧何、韩信，打败了实力雄厚的项羽；刘备三顾茅庐请诸葛亮出山，使得三分天下有其一；马歇尔重用巴顿，扭转了北非战局。斯大林曾深有感触地说，人才、干部是世界上所有宝贵的资本中最宝贵、最有决定意义的资本。当今世界军事领域的竞争，归根到底是人才的竞争。没有一大批高素质的军事人才，科技强军就失去了强有力的支撑。值得重视的是，我们有些领导同志一面喊着缺人才，一面却又不注意爱惜和使用人才。比如说，有的师 80 年代从地方高校接收的大学生干部，不到 10 年就转业了 80% 以上，大部分三五年就安排走了。这固然有大学生本人不适应的因素，但与我们培养帮助和保留不够有很大关系。对待人才，我们决不能"叶公好龙"、"武大郎开店"，必须有对部队建设高度负责的精神和甘为人梯的宽广胸怀。善于发现人才，团结人才，使用人才，是领导者成熟的主要标志之

一。每个领导同志都要真正树立起与时代要求和职责相称的现代人才观。

要着眼科技强军要求，营造有利于人才成长的良好机制。抓人才队伍建设要靠各级领导的爱才之心、识才之眼、用才之道、容才之量，更要靠建立和完善有利于人才成长的良好机制。一是要形成尊重知识、重用人才的正确导向。用准一个人激励一大片，用错一个人挫伤一大片。尊重知识、尊重人才，不能只喊在嘴上，一定要在配班子、用干部中体现出来。要按照科技强军的要求，大胆提拔指技合一的复合型干部，注重使用科技干部。要采取得力措施，尽快使作战部队团以上班子的知识、专业结构和合成程度有较大改善。二是要加大人才培养力度。各级领导要强化校长意识，履行校长职责，想方设法培养提高干部，为人才成长不断"充电"、积蓄后劲。院校、训练机构要充分发挥培训基地作用，不断提高教学水平和人才培养质量。各级要舍得把年纪轻、素质高的干部送校深造，鼓励和支持干部攻读研究生。要走出一条干部交流的路子，通过多岗位、多领域的锻炼，培养造就更多的复合型人才。三是要拓宽吸纳优秀人才的渠道。从地方接收大学生将逐步成为干部生长的主要渠道之一，各级党委对此要高度重视，实行严格的责任制，在扩大引进数量的同时把好质量关，确实把部队需要的高素质人才招进来。对特殊人才要采取优惠政策，特事特办。四是要放手使用人才。要为人才提供展示才华、创新知识的有利条件，充分挖掘他们的潜能。对人才要多一些尊重和理解，少一些求全责备。有人总结，人才有用不好用，庸才好用没有用，这话说得很深刻。五是要舍得在人才队伍建设上加大投入。科技工作是一项艰辛的脑力劳动，许多科技干部常年累月地超负荷运转，有的科研项目要持续五六年，有时昼夜奋战十几天。我们当领导的一定要真心实意地关心爱护他们，当好科技干部的"后勤部长"。

广泛开展科技大学习活动，努力提高官兵的科学文化素质。科技强军要全面提高、整体发展，就一定要坚持科技大学习，全面提高官兵的科学文化素质。学历高是优势，不坚持学习也会落伍；基础差并不可怕，只要肯学愿钻也会有所作为。团以上领导和机关要带头加强"两个武装"，认真落实《高中级干部理论学习三年规划》，以提高中心组学习质量为带动，以在职自学为主要形式，有计划地搞一些层次较高的讲座和轮训，努力提高理论素养和科技素养；专业技术干部要从本专业需要出发，根据总部制定的自学课目指南自主选择学习内容，搞好继续教育，提高创新能力和技术保障水平；营以下干部和士官，主要根据本职需要确定学习内容，以在职自学和集中轮训为主，以学历升级为牵引，改善知识结构，提高专业技能；士兵要以岗位成才为主，着眼熟练掌握手中武器和装备展开学习，实现人与武器装备的最佳结合。各级要加强对官兵科学文化学习的组织领导，提供必要的时间和条件，善于借助地方师资力量搞好辅导。

三、加强科学指导，保证科技强军的持久活力和健康发展

科技强军是一项新的伟大事业，需要满腔热情、埋头苦干，更需要探索规律、科学指导。

一是要充分发挥思想政治工作的优势，为科技强军提供强大的精神动力。要重视发现、培养和树立科技强军典型，加大这方面典型的宣传力度。对在科技强军中作出突出贡献的人员要实施高功重奖，立功受奖名额要向科技方面倾斜。广泛开展比武竞能活动，发扬科技民主，尊重官兵的首创精神。报刊、文艺宣传和创作部门，都要以科技强军为主旋律，积极为科技强军鼓与呼，让科技强军的口号响起来，形成浓厚持久的科技强军氛围。

二是要坚持从实际出发，端正科技强军的指导思想。科技强军一定要科学抓，决不能把好"经"念歪。要坚持高标准，但不能搞高指标。应根据本单位担负的任务、现有力量和科技水平，制定切实可行的规划和发展目标。对现在干什么、今后抓什么，要心中有数，不能头脑发热，一味追高。要舍得大投入，但不能搞大呼隆。该花的钱要舍得花，但一定要量力而行、注重效益。不能只看花了多少钱，买了多少微机，更要看微机开发使用得怎么样、网络建设得怎么样、人员素质和工作效率提高得怎么样。上大的项目一定要充分论证、科学决策，把好钢用在刀刃上，避免造成浪费。要只争朝夕，但不能急功近利。科技强军一定要坚持科学精神，按客观规律办事，循序渐进。切不可工作刚开始，出了一点小成果，就忙着总结经验；或把过去的老成果搞点新包装，当成新政绩。要想在科技强军上有所作为，就要耐得住寂寞，下一番苦功。

三是要注重改革创新，推动科技强军向纵深发展。当前要围绕战斗力的生成和提高，突出抓好两个方面的改革创新。一个是加强军事理论的探索研究。一支军队要攀登打赢高峰也必须抢占军事理论的制高点。世界军事理论的发展十分迅猛，从合同作战到联合作战，从线式到非线式，从机械化到信息化。我们要及时追踪军事斗争发展的趋势，根据我区可能担负的作战任务，不断加强军事理论研究，尽快拿出系统管用的成果。再一个是借科技强军的东风，搞好科技兴训、科技兴政、科技兴后、科技兴装。这方面的前景很广阔，要本着改革创新的精神，兼收并蓄，推广运用，不断提高各项工作的科技含量。

第二篇　领导方法

用辩证法指导工作
应处理好六个关系

应处理好六个关系唯物辩证法是科学的世界观和方法论，也是最高层次的领导科学。用辩证法指导工作，在工作中体现辩证法，使理论进入实践，对实践进行理性思考，这是提高领导干部水平一个不可或缺的重要途径。结合领导工作中经常遇到的突出矛盾和问题，我感到应正确处理好以下六个关系。

一、正确处理务虚与务实的关系

务虚和务实是领导工作的两个基本环节。毛泽东早就说过，领导干部每个月都要拿出几天时间好好地务务虚，对一些重大问题从理性的高度进行研究思考，一旦定下决心，就要全力以赴地抓落实。领导干部头脑里要经常装着几个重大问题进行思考，要学习、学习、再学习，落实、落实、再落实。实际上也是要求我们处理好务虚与务实的关系。作为部队一级党委，不务虚就吃不透上级精神，形不成科学思路，就难以按客观规律指导工作；形成了思路、决策，不狠抓落实，务虚也是白务。务虚和务实是二位一体，搞得不好就容易脱节。一种是务虚与务实脱节，要么是议论的多，作出的决策多，抓落实不够；要么是缺乏理论思考，就事论事抓工作，事务主义突出。另一种是理论与实际脱节，务虚时不注重研究解决部队突出的矛盾和问题，不能有的放矢，上下一般粗，常常是说空话、说大话；务实时凭经验办事，不善于从理性的高度上找出规律性的东西，抓工作的层次不高。部分同志存在的思路不够清楚，部队建设不出经验，指示朝令夕改，工作被动应付等，都同务虚与务实没有很好地统一起来有关。也就是对上情没有吃透，对下情没有摸清，结合点没有找准。多年的实践证明，把务虚与务实有机地结合起来，在上情和下情中找出一个结合点，是领导干部成熟的一个重要标志，是做好工作的根本途径。近年来，我们坚持把军事斗争准备作为党委领导的重中之重，专门拿出时间，深入学习理解党的三代领导核心有关重要论述和党中央、中央军委的有关决策指示，在上上下下反复讨论的基础上，形成了指导性文件，这是务虚。尔后，带着这个"虚"，常委分头下部队调查研究抓落实，其中对某集团军就加强应急机动作战部队建设，进行了专题调研、指导工作，理出了几十个部队建设亟待解决的问题，组织有关部门逐个研究解决，将"虚"变成了"实"。这个过程，就是务虚与务实统一的过程。务虚必须联系实际，着力研究解决制约部队建设的重点难点问题，不能搞空对空；务实必须注重理论指导，提高抓落实的层次，不能搞事务主义。一次理论的提高、观念的转变，往往是工作效益的一次提高；一次新的实践，解决一个新的矛盾，又往往是检验理论、推动理论学习和研究的一次新的动力。由此形成一个良性循环，实现由理论向实践、由实践向理论的不断飞跃，每飞跃一次，领导水平就会提高一步，工作就能上一个新的台阶。这些年，我们在理论学习中总结的"找准问题，学习研究，进入决策，狠抓落实"的做法，就是理论联系实际的好路子，务虚与务实相结合的好办法。

二、正确处理给钱给物与给思路的关系

给钱给物与给思路，是领导机关指导部队、服务部队的两种基本方式。现在部队建设有个缺钱缺物的问题，也有个思路不清的问题。我下部队时曾听到一些同志讲，部队建设遇到的实际问题很棘手，思路不清也很困惑，就说明了这一点。物质的问题必须用物质的力量来解决，思路的问题要靠集中上下的智慧来解决。我们抓部队建设，既要给钱给物，又要帮助下面理清思路，两者不可偏废。该解决的实际问题不解决，会影响部队建设，是领导失职；该理清思路的不帮助理清，单靠给钱给物，不能从根本上解决问题。给钱给物与给思路，在一定意义上讲给思路更重要。我感到，给钱给物不如给个好思路。因为思路决定出路。一些长期困扰部队建设的问题，之所以得不到解决，很重要的是缺乏好的思路和有效对策。关键时候给个好思路，比给钱给物作用更大，在面上的效应会更广。为什么同样的物质条件，部队建设的质量差距很大？关键在于思路清不清，作风实不实。给思路是个理论指导，是高层次的指导，也是最有价值的指导。党的三代领导核心之所以能够带领我们夺取革命的胜利、取得改革和建设的巨大成就，最重要的就是给我们指明了一条符合中国实际的革命和建设的路子。如果说给钱给物要受客观条件的限制的话，给思路则有着广阔的空间。只要我们不断探索总结部队建设的规律和经验，善于集中群众智慧，就能帮助部队拿出更多更好的思路。作

为高级领导机关，不能一提为部队服务就是给钱给物，大量的、经常的应该是提供理论指导、政策指导、法规指导和典型指导，在帮助理清思路上下功夫。

三、正确处理一般号召与个别指导的关系

一般和个别相结合，是共性与个性的辩证关系在领导工作中的具体运用，是领导艺术的一个重要方面。毛泽东在《关于领导方法的若干问题》中指出："我们共产党人无论进行任何工作，有两个方法是必须采用的，一是一般与个别相结合，二是领导与群众相结合。"一般号召，是着眼解决面上问题，通过会议、文件和讲话等形式，提出的普遍性要求；个别指导，是通过具体帮助、总结点上经验等方法，逐个层次、逐个方面、逐个环节地抓好一般号召的落实。没有一般号召，就不能把广大群众动员起来，形不成好的工作氛围；没有个别指导，面上工作就缺乏活力，使号召难以落到实处。善于运用个别指导推动一般，是我党我军的一个优良传统，我们许多好的制度、做法大都是个别指导的结果。毛泽东就是善于运用个别指导推动一般的大师，无论是战争年代我军各项制度的确定、各种战法的形成、地方政权建设，还是建国后抓"一化三改"、"两弹一星"，等等，都闪耀着用个别指导一般的领导艺术的光辉。可以说，一部党史军史和中华人民共和国史，就是运用个别指导一般，推动革命和建设不断发展的历史。据我多年观察，凡是层次较高的领导，都很善于运用个别指导一般，把个别上升为一般。

要进一步加大个别指导的力度，首先，认识要到位。

要充分认清运用个别指导一般在领导工作中的重要地位和作用，不能认为军区一级领导机关主要是宏观控制、宏观指导，个别指导是旅团一级的事；不能认为下部队多就体现了个别指导，关键在于下部队指导会不会把一般号召具体化，是不是真正解决问题，总结的经验和提出的要求有没有普遍的指导意义。近年来，军区领导和机关在重视一般号召的同时，注重加强个别指导。常委都建立了基层教育联系点，深入到一个旅团单位具体帮助指导，亲自为部队讲课；按照分工深入部队考核干部，了解情况，帮助抓好班子建设；着力抓了重点部队、训练基地和海岛部队建设，组织工作组专题研究军旅营体制建设和如何把士官选拔好、培训好、使用好、管理好的问题。但总的看，我们的工作中还是存在一般号召多、个别指导少的问题。上级为了搞好一般号召，在调查论证、部署指导上下了很大功夫，但有些工作到下面中断了，根本原因是个别指导不够。部队出了一些事故，原因也是多方面的，总结规律性教训，一是思想教育落实不好，一些官兵的思想认识问题没有真正得到解决；二是执行规章制度不严，有的明知故犯；三是治官不严，有的领导自律意识不强；四是工作指导思想不端正，报喜藏忧。这些教训，充分暴露了由于个别指导不力，导致一般号召不能落实的问题。其次，是作风要深入。搞好个别指导，没有深入扎实的作风是不行的。我们部队一位老领导说过这样一句话：情况不明人不走，问题不解决不撒手。强调的就是个别指导上的韧劲和标准。从近几年的情况看，领导干部下部队的时间并不少，但真正蹲下来，抓住部队建设的突出矛盾和问题，总结带规律性的经验，拿出有效的对策，则显得不够。分析近来发生的一些案件事故，与领导作风不深入不扎实、个别指导不到位有直接关系。再次，境界要高尚。就是要重事业，淡名利，不图名挂号，耐得住寂寞，默默无闻地抓好工作落实。不能赶浪头、出风头、争彩头。

四、正确处理革命热情与科学方法的关系

革命热情是做好工作的动力和保证，科学方法是做好工作的有效途径和桥梁。抓部队建设，二者缺一不可。现在，各级积极性很高，都想把工作干好，这是个好事。问题是有些同志方法不够科学，往往事与愿违。比如，有的对部队实际研究不透、把握不准，作决策、办事情存有盲目性；有的安排工作过满、要求过急，使得下面疲于应付；有的抓工作分不清轻重缓急，眉毛胡子一把抓；有的包办代替，束缚下面手脚，影响下面积极性和创造性；有的存在习惯性思维，一说抓工作就要开会，一说抓落实就要下部队，一说重视就要领导讲话，一说检查就在面上搞大呼隆，等等。这些问题，造成了基层忙乱，挫伤了官兵热情，影响了领导效能。这说明，在领导工作中，既有一个进一步保护热情、激发热情的问题，更有一个讲求科学方法、提高领导效能的问题。掌握科学方法，最根本的是要牢固树立实事求是的思想路线，自觉按客观规律办事。具体说，应把握好这样几点：一是要把决策真正建立在客观实际的基础上。作决策、订计划，要广泛征求基层意见，处理好需要与可能的关系，真正做到既尽力而为，又量力而行。二是要在工作指导上把握好"度"。领导机关特别是军区机关，部署工作一定要考虑部队的承受能力，考虑到部队不

同的实际情况，安排工作不能过满，节奏不能过快，也不能"一刀切"。不然，就会出现机关越积极部队越忙乱，节奏越快部队越不落实，还容易助长形式主义。正像群众讲的：首长忙，机关乱，部队没法办。如果不坚持按级负责，不注意层次领导，往往是好心不出好结果。三是要善于抓主要矛盾。在领导工作中抓主要矛盾，反映的是一种思想深度，是一种较高的境界和层次。作为领导干部，就是要善于抓大事，抓关键环节，抓重点工作落实。啥也想抓，啥也不想丢，势必啥也抓不好。正像刘伯承元帅说过的，五个手指按五个跳蚤，哪个也抓不住。重点一突破，全盘工作就能带动起来。四是要转变思想观念，打破旧的思维方式，探索新的工作方法。前不久，我们采取网络办公会的形式，研究解决应急机动作战部队建设问题，省时省力省钱，快捷有效。这既反映了思想观念和思维方式的转变，也体现了工作方式的改进。

五、正确处理原则性与灵活性的关系

从哲学的角度看，原则性是由事物的本质决定的，灵活性是由矛盾的特殊性决定的。把原则性与灵活性结合起来，是坚持正确领导必须遵循的一个重要方法，也是实践中较难把握的一个问题。原则是观察处理问题的准绳，灵活性是在原则许可范围内的变通。违反原则讲灵活，就是不讲政治、不讲政策。有政策、有法规的要按政策法规办，没有政策法规的要按党性办，不能八面玲珑，一味地讲灵活。把原则性与灵活性有机地统一起来，是我们党的一贯传统，许多老一辈无产阶级革命家为我们作出了很好的榜样。我们有些同志原则性不强、灵活性有余，这种现象必须认真加以克服。讲原则应当从本级做起。坚持原则各级有各级的责任，要克服依赖情绪和攀比心理，守好自己的阵地。对不正之风不能随波逐流，对跑官要官的不能听之任之，对违反原则的人和事不能姑息迁就，对棘手问题不能上推下卸，对热点敏感问题不能乱开口子。特别是在用人问题上，一定要按程序办，不越级插手。要听公论，不违兵心；看政绩，不看来头；看发展，不迁就照顾。做到提准一个干部鼓舞一片，处理一个人警示一批。讲原则必须牢固树立立党为公的思想。坚强的党性是坚持原则的根本保证。各级党委和领导同志在处理问题时，首先要想一想是否符合政策规定，是否符合我军宗旨，是否有利于调动官兵积极性，把坚持原则建立在高度自觉的基础上。讲原则就不能怕得罪人，伤和气。在班子内部和同志之间，要勇于拿起批评与自我批评的武器，开展积极的思想斗争，在一些重大原则问题上，一定要态度鲜明，立场坚定，是就是是，非就是非，决不能模棱两可，当老好人。自我批评是觉悟，互相批评是帮助，下级批评是监督，领导批评是爱护。前些年，个别班子集体违纪，就是因为有些同志怕影响团结、伤和气，不敢进行思想斗争，结果使不少师职干部受处分，对部队造成不良影响。

六、正确处理连续性与创造性的关系

坚持连续性与创造性的统一，是辩证法在领导工作中的具体体现。处理好连续性与创造性的关系，往往突出表现在上届班子与下届班子的承接上。在班子调整面较大的情况下，处理好这一关系显得尤其重要。前几年各级党委在加强部队建设上都有一些得意之笔、成功之作。新一届班子如果忽视连续性，就会使一些工作半途而废，影响部队的基础和稳定。同时，形势任务是不断发展变化的，如果不注意研究新情况、解决新问题，部队建设就难以发展提高，班子就难以有大的作为。处理好连续性与创造性的关系，首先，要对前任班子的工作有一个客观公正的评价。这是把工作连续性与创造性结合起来的前提。要实事求是地分析前任班子的工作，找出哪些是应该继续坚持的，哪些是应该进一步完善的，哪些是应该加以改进的。尤其要注意多看成绩，多看长处，对需要改进的问题，也应积极稳妥地解决。我调动单位比较多，感受最深的就是，每到一个单位都要当好"续柴工"，忌烧"三把火"，防止工作大起大落，防止挫伤群众的积极性。其次，要全面理解创造性。针对形势任务的发展变化，提出一些新要求、新办法，总结一些新经验，是创新。对原来的好思路、好做法、好经验，根据新的情况，进一步深化提高，也是创新。我们讲创造性地开展工作，应该从这两个方面加以努力。不要把创新当成出花花点子，而应当按照规律办，增加新内容。要有求实之意，去图名之心。不能认为前任创造的经验、提出的办法，不是自己的，只有拿出新的一套，才显得自己有水平。通过否定别人来提高自己，实际上是没水平，是不成熟的表现，不是共产党人应有的品德，不是对部队建设真正负责，各级领导干部应注意防止和克服这种不良行为。在处理连续性和创造性的关系上，我们要按照小平同志提出的对的就坚持，不足的加把劲，不对的就赶快改，新问题出来抓紧解决的要求去做。

关于实事求是的几点辩证思考

实事求是是毛泽东思想的精髓，是我们党具有根本意义的思想路线和优良传统作风。部队建设的实践一再证明，什么时候坚持了实事求是的思想路线，决策就正确，工作就落实，部队建设就稳步发展；什么时候偏离了实事求是的思想路线，实际工作中就会出现赶浪头，争彩头，出风头的倾向，就要吃苦头，跌跟头。联系实际深入学习实事求是的思想路线，反思经验教训，我感到要准确把握这条思想路线不容易，要在一切工作中坚持到底更难。因为这里既有个理论水平问题，也有个实践经验问题；既有个大气候问题，也有个小环境问题；既有个制度问题，也有个执行问题；既有个世界观问题，也有个方法论问题。仅从世界观和方法论的角度看，根本的是调查研究，辩证思考，摸索规律，自觉实践，坚持党性，防止偏差，争取贯彻实事求是思想路线的主动权，争取在指导思想上少犯或不犯大的错误。

一、在进行工作决策时，处理好主观与客观的关系，防止"主"、"客"观分离

要深入调查研究，弄清实事，求出真是，并接受实践检验。弄清实事就是弄清客观的实，而不是臆想的实；是

全面的实，而不是片面的实；是全过程的实，而不是一时的实。在这个基础上，再进行去粗取精，去伪存真，由此及彼，由表及里的分析研究，求出真是，也就是引出规律，用来指导实践，并在实践中加以检验。辩证唯物主义认为，客观事物是不断发展的。"实事"变了，"是"也要跟着变，我们要跟着变化了的实事再去求是，不断地调查研究，使主观与客观不断地结合，这样才能始终坚持实事求是的思想路线，才能把我们的工作搞好。陈云同志说过：我们做工作，要用百分之九十以上的时间研究情况，用百分之十的时间来决定政策。这话把调查研究的重要性讲到了家。然而有些同志在实际工作中却经常违背这个精神。在工作决策中有的用个人的局部经验代替了发展中的实事；有的用其它单位的经验，代替了本单位的特点；有的用主观意愿，代替了客观规律。特别应当引起注意的是，少数人在决策中凭想当然办事，执行过程中凭盲目热情办事，发生失误时茫然了事。

　　为什么有的单位对重大问题朝令夕改，刚刚决定了实施了，又予以推翻呢？为什么有些工作费劲不小，却越忙越乱，不但成效不大，群众意见还不少呢？为什么有些问题反复出现，有些教训反复总结，却得不到有效地克服和解决呢？其中很重要的一个原因，是这些单位的领导同志没有很好地从会议中解放出来，从事务中解放出来，甚至没有从自我感觉良好的主观天地中解放出来。实现主、客观的真正统一和不断一致，是要下一番苦功夫的。只有深入基层，深入实际，深入调查研究，才能搞清实事，求出真是，认识规律，才能掌握工作的主动权和把工作搞好。

二、在工作取得成绩或出现失误时，要摆正主流与支流的关系，防止一点论

　　如何看待工作中的成绩和问题，既不以成绩掩盖问题，"一俊遮百丑"，也不以问题否定成绩，"一丑掩百俊"，这是贯彻实事求是思想路线经常遇到的一个问题，也是检验能不能贯彻事实求是思想路线的一个重要标志。

　　问题与成绩是相比较而存在的，没有没有成绩的单位，也没有没有问题的单位。某师有一年发生了一起恶性刑事案件，影响很坏，上下压力很大。在这种情况下，怎样看这支部队，是不是只有"黑暗"，没有光明，只有问题，没有成绩了？此刻，部队对上级的评价格外敏感，不夸张地说，这个时候上级的评价可能会直接关系到部队能否真正从事故的阴影中走出来，关系到部队的长远建设。对此，我们党委的思想很明确，就是错误归错误，问题归问题，既要诚恳接受经验教训，更要把压力变成动力，把包袱变成财富。经过认真的教育整顿，部队的劲头很快就起来了。后来，在执行北京戒严任务中，经受住了考验，坚决执行上级命令，克服重重困难，按时到达指定位置。部队完成任务突出，骄气有所抬头，这时我们又及时地提出了"政治上反瓦解，思想上反骄傲，作风上反松散"的口号，认真抓了作风纪律整顿，从而保证部队善始善终完成了任务，受到了上级的表扬，荣立集体三等功。实践证明，在取得成绩时，头脑不能发热，看不到问题，把功劳账记错了；在出现失误和挫折时，不要心灰意冷，丧失信心。只有成绩面前不居功骄傲，虚心找问题和差距，失误面前不互相

埋怨，多做鼓劲加油的工作，才是实事求是的态度，才能贯彻好实事求是的思想路线。

三、在检查估价下级及单位工作时，要既听汇报又查实绩，防止以虚掩实

贯彻实事求是思想路线的前提，是正确分析部队形势和正确估价部队工作。怎样看待形势，估价工作？这里就有个是否坚持实事求是的问题。衡量一个单位工作好坏，不能只看开了多少会，上级转发了多少材料，而且要看为基层办了多少实事，解决了多少问题，基层发生了多大变化。要克服主观主义和功利主义，防止片面性和局限性。要把听汇报和实地考查结合起来，以事实为标准，不以汇报好坏定调子，防止报喜便表扬、报忧就批评的现象。要创造一个利于树立实事求是风气的好环境，造成以务实为荣，以落实为责的好风气。要把听下级单位领导汇报和直接听基层群众意见结合起来，以群众的意见来验证领导汇报是否真实，形成让群众监督领导的求实风气，使弄虚作假的人没有市场。不仅要听汇报，更要查实绩。能看的就实看，能考的就实考，能打的就实打，能拉的就实拉。使真抓实干，有真功实绩的人受到鼓励；使唱功好，做功差的人当场出丑。平时出丑还只是个面子问题；打仗时出丑就要付出血的代价，甚至殃及国家利益。因此，对做功差的干部，一定不能讲情面。贯彻实事求是的思想路线，就是要这样实打实，硬碰硬，在广大干部中造成一个思想上求实，决策上重实，作风上扎实，工作上落实，成果上真实的大气候。

四、在纠正错误倾向时，要注意一种倾向掩盖另一种倾向，防止从一个极端走向另一个极端

非此即彼的形而上学的片面性，是影响贯彻实事求是思想路线的一个顽症。我们在纠正任何错误倾向时都要从实际出发，看准火候，把握好度，不然就可能纠正了一种错误倾向，又出现另一种错误倾向，给我们的事业造成危害。这方面我们的经验教训是够多的了。比如：一提重视物质利益原则，就贬低革命精神的作用，甚至发生以利代理现象，什么"大道理不如'大团结'"，"千讲万讲不如一奖"，致使一些人一切向钱看；一讲加强政治工作，解决一手硬一手软的问题，又自觉不自觉地搬过去"左"的一套东西，把部队中的一些松散现象和一些同志爱读文艺书刊都说成是资产阶级自由化，把正当的个人利益也说成是个人主义；一讲改革创新，发展政治工作原则，又忽视对优良传统的继承和发扬，结果是老办法不灵，新办法不够，政治工作无所适从，传统面临失传；一讲开放就妄自菲薄，盲目地跟潮流，赶时髦，对地方和外军的一些作法，不管适用不适用，不加分析地照搬乱套。这些走极端的做法，都是与实事求是的思想路线背道而驰的，是一些同志主观上想坚持实事求是而客观上往往违背实事求是的原因所在。长此以往，就会造成制度不落实，思想不稳定。只有提高贯彻实事求是思想路线的自觉性，按唯物辩证法办事，才能从根本上克服这些问题。

五、要把实事求是的思想路线坚持和贯彻好，关键是加强党性锻炼

坚持实事求是，说到底是世界观问题，是党性原则问题。过去讲无私才能无畏，现在也可以讲无私才能务实。不然，私心杂念作怪。一是分不清是非，甚至颠倒是非；二是认清了也不敢坚持，怕得罪人，怕报复。有的领导干部，不是不懂实事求是的道理，而往往是个人主义作怪不敢坚持实事求是的原则。例如，面对个别领导提出的错误意见或错误要求，是坚持原则，从事实出发，按照党性办事，还是放弃原则，不顾事实，照顾面子？再如，有时自己缺乏调查研究，对事实了解不全面，党委讨论时意见被多数人否定了，是尊重事实，服从多数，还是不顾事实，固执己见？还有，在工作发生失误，上级批评，下级埋怨时，是实事求是地总结经验教训，主动承担责任，把错误当成求是的向导，还是躲躲闪闪，推卸责任，导致新的错误？这都不仅是方法论问题，也是世界观问题，是党性原则问题。没有正确的世界观和坚定的党性原则，就贯彻不了实事求是的思想路线；同样，不坚持实事求是的思想路线，面对事实说违心话，也就谈不上党性原则。党性原则是植根于实事求是的思想路线基础之上的，实事求是也就是共产党员党性原则的具体体现。

加强军事训练中政治工作
需要着力解决的几个问题

一、充分认清军事训练中政治工作的地位作用，解决好摆位问题

各级对军事训练中政治工作总的是重视的，但发展不够平衡，有的单位没有将其摆到应有的位置。解决好这个问题，需要从以下几个方面努力：

一要认清做好训练中政治工作的重要性。有的同志把训练中政治工作同其他政治工作混同起来，认为经常性思想工作和政治教育搞好了，训练中政治工作就在其中了；有的把训练中政治工作看作是边缘性工作，认为抓多了出不了多少成果，抓少了也无碍大局。要认识到，训练中政治工作的地位是由军事训练的地位决定的，它的根本任务是保证军事训练指导思想、方针、原则的落实，最大限度地调动官兵的练兵积极性，从而达到保证训练任务完成的目的。这是其他政治工作所不能完全代替的。对于这一点，各级党委和政治机关必须非常清醒，认识非常统一，站在贯彻新时期军事战略方针的高度，认清做好训练中政治工作的重要性和必要性。

二是要把训练中政治工作摆上党委重要议程。要坚持党委议训，对训练中政治工作有部署、有要求、有检查，

做到"思想上有位置，工作中有路子，落实中有担子"。要坚持政治委员亲自抓，重大活动亲自过问，重要工作的落实亲自督促检查，训练中的倾向性问题要及时提出解决的办法和建议。这样开展训练中政治工作才能有领导保证。

三是要把做好训练中政治工作当作政治机关的重要职责。各级政治机关一定要认清责任，克服畏难情绪和无所作为的思想，牢固树立"训练搞好我光荣，训练不好我有责"的观念，履行好组织领导的职责。要建立政治部（处）主任抓训练中政治工作责任制，并形成各部门一起抓的合力。要把训练中政治工作的成效作为检验政治机关政绩的一个重要内容，做到计划和部署工作不缺训练中政治工作，检查讲评不漏训练中政治工作，总结经验不忘训练中政治工作。要及时了解掌握训练中的思想情况，及时发现和解决出现的问题。

四是要树立做好训练中政治工作的高标准。注意纠正把训练中政治工作当成"软指标"的倾向，立起硬标准、高标准。主要包括上级关于训练的指导思想、方针原则和指示要求是否落实了，有没有偏训漏训、形式主义、弄虚作假、锦标主义的东西；官兵的练兵积极性是否高涨，有没有违背科学规律盲目蛮干的现象；部队的整体训练质量高不高，能不能经得起严格的检查考核；部队在完成重大演习任务和急难险重任务中作风是否顽强过硬，能不能经得起各种困难的严峻考验。

二、着力激发官兵的训练热情，解决好练兵动力问题

有的官兵认为，"大战打不了，小仗轮不上，训练没用场"；"现有装备差，再练也白搭"；"靠训练难以成才，争当训练'三手'不如掌握民用一手"。这些思想认识的存在，在一定程度上影响了练兵积极性，必须采取有效措施，解决好训练动力问题。

一要强化职能教育。练兵动力来源于强烈的使命感。要深入进行马克思主义战争观教育，引导官兵强化"天下虽安，忘战必危"、"宁可千日不战，不可一日不练"的观念，牢固树立随时准备带兵打仗的思想。要坚持不懈地开展形势战备教育，引导官兵认清战争的危险性依然存在，跳出个人利益的小圈子，从维护国家的安全稳定的高度认清军事训练的价值，牢固确立爱军习武是军人神圣使命的观念，训练是强兵之本的观念，做好新时期军事斗争准备时不我待、人人有责的观念，过硬的军事素质在战场、市场都管用的观念。

二要发挥奖励的导向作用。要使官兵保持高昂的练兵热情，就要把训练的好差与官兵个人的荣誉、利益有机地联系起来，发挥奖励的杠杆作用；对训练任务重、成绩突出，在立功受奖、评比先进、入党入团、考学提干、晋职晋衔、选改士官等方面，要给予倾斜，充分调动各个层次、各个方面的练兵积极性。

三要注重做好服务保障工作。各级都要把面向基层做好服务保障工作，作为训练中政治工作的重要内容。特别

是旅团要多做具体化的工作，越是训练任务重、困难多、强度大，服务保障越要跟上去，像有的单位做的那样，把训练器材、教材送到基层，开水、姜汤送到训练场，巡诊送药到训练场，解决问题到训练场。

四要注重做好军营之外的工作。军人练兵习武，也需要得到社会、家庭的支持。要进一步拓宽训练中政治工作的领域，把工作做到社会、做到官兵家庭，借助地方和家庭的支持，推动部队的军事训练。

三、把思想政治工作贯穿渗透到训练的全过程，解决好经常化的问题

训练中政治工作要做到及时有效，难在经常、贵在经常。当前要注意克服四种现象：

第一，要克服工作指导上的"断线"现象，在坚持经常指导上下功夫。现在一些单位抓训练中政治工作，年初开训时比较"热"，平时比较"冷"；上级强调时抓一抓，不强调时就放下，工作缺乏主动性、预见性和连续性。解决这个问题，领导机关就要做到四个经常：分析形势经常，军、师至少半年，旅、团至少每季度，要对训练中政治工作的形势进行一次综合分析；动员教育经常，除了开训进行集中动员教育外，训练阶段转换、举行重大军事活动时，都要及时进行动员教育；检查督促经常，结合阶段性和综合性的工作检查，了解掌握训练中政治工作的情况，督促抓好落实；总结讲评经常，对训练中政治工作的问题要及时通报、批评，经验要及时总结推广，不能等到半年或年终算总帐。

第二，克服与训练"脱节"的现象，在渗透上下功夫。有些单位训练中政治工作所以"经常"不起来，一个重要原因就是与训练脱节，缺乏渗透力。要克服这种现象，必须做到"三个清楚"、"五个同步"：对上级的有关指示精神清楚，对本单位的训练情况清楚，对官兵的现实思想清楚；训练中政治工作与训练工作同步计划部署、同步组织实施、同步分析形势、同步检查指导、同步总结讲评。特别是在实打、实投、实爆和考核比武、野营拉练和演习这些关键环节，更要跟进指导，发挥好服务保证作用。

第三，克服与其他政治工作"两张皮"的现象，在结合上下功夫。训练中政治工作是一项综合性很强的工作，与其他政治工作有着内在的联系，并共同作用于军事训练。要使训练中政治工作经常有效，就要善于见缝插针，与其他政治工作紧密结合，拧成"一股绳"，合成"一股劲"，形成一盘棋。主要是搞好四个结合：与"四个教育"结合，引导官兵懂得为什么当兵、为什么要搞好训练的道理；与开展"四个知道、一个跟上"、"四个报告、一个依靠"（即干部知道战士在哪里、干什么、想什么、需要什么，思想工作要跟上；战士主动报告在哪里、干什么、想什么、需要什么，遇到突出问题依靠组织帮助解决）活动紧密结合，把训练中思想工作做活做细；与"双争"活动紧密结合，加大训练成绩在"双争"评比中的比重，引导官兵在努力实现军事过硬上下功夫；与解决实际问题紧密结合，注重通过解决官兵在成才、住房、婚恋、家属工作、子女入学入托等方面的实际困难，调动练兵的积极性。

第四，克服原则来原则去的现象，在具体化上下功夫。训练中政治工作要真正做到经常有效，富有活力，就要指导基层大力开展一些适合青年官兵特点的、生动具体的活动。如广泛开展争当"四会"教练员和"三手"活动；结合训练任务搞好小动员、小评语、小比赛、小广播、小演讲、一事一议等。

四、加强组织领导，进一步加大训练中政治工作的力度

当前，训练中政治工作在组织领导方面存在一些共性问题，如：群众性、广泛性不够，形不成强大的合力；与做好军事斗争准备的要求结合不紧，重点不突出；工作指导一般化，缺乏推动力。解决这些问题，加强组织领导，需要在五个方面加大力度：

一要在广泛发动群众、形成合力上加大力度。必须着眼充分发动群众，调动一切积极因素，形成人人抓、抓人人的局面。要发扬军事民主，搞好评教评学、官兵互教、教学相长；要开展包教包学、以老带新、以强帮弱活动；要针对训练任务适时对党团员进行动员，提出要求，充分发挥骨干带头和突击作用；要指导军人委员会和团支部紧紧围绕军事训练，搞好多种形式的配合活动；要发动和组织军事干部、教练员结合训练和教学，积极主动地做好思想工作；政治机关要经常与军事、后勤、技术部门联系通气，共同研究解决训练中遇到的各种思想问题和实际问题。

二要在深入现场、加强具体指导上加大力度。必须强调基层干部跟班作业，政治机关特别是旅团政治机关要经常深入操场、车场、演习场，加强面对面的指导，坚决克服关起门来作指示、听汇报的做法，力求把训练中政治工

作做得更深入、更扎实、更有效。

三要在推动训练改革上加大力度。要强化对训练改革的宣传，正确处理搞好训练改革与抓好训练的关系，认清只有深化训练改革，加强战法和训法的研究，才能贴近实战提高训练质量；训练改革是一个循序渐进的过程，必须结合任务、立足现有装备进行，走上下结合、大小结合的路子。同时，要加强对改革成果的推广，大力表彰在改革中做出突出贡献的同志。要鼓励官兵结合训练实际进行小发明、小创造，充分发挥在训练改革中的聪明才智。

四要在典型指导上加大力度。在训练典型的宣传上，要注意突破一般化的现象，克服一奖了之的简单做法，扩大典型的影响和指导作用。既要宣扬基层单位、基层官兵中的典型，也要重视宣扬领导干部热心抓训练的典型，并注意总结整师整旅整团抓好训练的经验，力求出规模效应。

五要加大战时政治工作研究的力度。各级政治机关都要掌握战时政治工作的职责、内容和程序，一旦有情况，就能立即制定战时政治工作预案，跟进展开，充分发挥服务保证作用。

基层思想政治工作切忌片面性

基层思想政治工作要防止片面性，增强有效性，必须正确处理好以下几个关系。

一、正确处理解决实际问题和解决思想问题的关系

物质鼓励和精神鼓励相结合，解决思想问题和解决实际问题相结合，是我军思想政治工作长期坚持的原则。有的同志过分强调物质利益原则，重视解决官兵的实际问题，而对提倡奉献精神、解决思想问题有所忽视。有的甚至单纯以解决实际问题，满足某些人的物质要求，以给钱给物给假期代替深入细致的思想工作。许多事实说明，靠物质利益、经济手段刺激出来的积极性，只能管一时，不能管长远，搞多了还会起副作用。生活中常常有这样的情况：受组织照顾最多的人往往也是找组织麻烦最多的人。有的人你给他"实惠"不少，但思想问题并没有解决，反而问题越来越多，要求越来越高。这说明，政治工作不能只重利，不重义，要坚持义利相济，义利统一。即使在帮助官兵解决实际问题、改善物质条件时，也要坚持思想领先原则，帮助官兵确立观察处理问题的正确态度。革命道理虽然不能直接解决人的实际困难；但它能够启发人们以正确

的态度去对待和克服困难。比如战士伤残时，如果领导能对他讲讲伤残者的一生怎样过才有意义，讲讲保尔、张海迪的人生观，我想会比只送些救济费、营养品效果要好得多。列宁早就说过：在关心群众物质利益的的同时，要使他们"在道德上、精神上、政治上也成长起来"。我军是新型的人民军队，任何时候都必须坚持以精神鼓励为主，物质鼓励为辅的激励方针。对精神激励的手段，如宣扬典型、评比先进、建立健全荣誉室，学团史唱团歌，佩戴立功奖章、授光荣称号等，要很好地运用起来。当然，我们不是否定物质激励的必要性，有条件的单位，适当拿点钱用于改善干部战士的物质生活，对有突出贡献和有实际困难的同志，给予一定的物质奖励和救济，都是需要和应该的。问题的关键在于坚持实事求是，是什么问题就解决什么问题，对正当合理的要求，应满腔热情、想方设法地加以解决，不能用一句"正确对待"打发了事；而对个人主义的无理要求，不但不能照顾，还应进行严肃的批评教育。

二、正确处理"以情感人"和"以理服人"的关系

这些年来，政治工作从改变对战士的根本态度入手，强调以情感人，以诚待人是对的。但是，有的政治干部对"动之以情，晓之以理"理解片面，一味追求什么"感情带兵"，结果出现了以情代理，以感情代替原则的倾向。这种低格调的思想政治工作，使基层在思想、组织、作风建议上存在的问题长期得不到解决。正确处理"情"和"理"的关系，首先，要使大家明确动之以情的"情"，是同志之

情，革命之情，而不是庸俗的个人感情，也不是小资产阶级"温情"。其次，要使大家懂得，思想政治工作的根本任务是用马列主义、毛泽东思想教育人、培养人，帮助人们树立共产主义的理想和信念，学会用科学的世界观和方法论观察问题、分析问题和处理问题。因此，要坚持马列主义、毛泽东思想的理论灌输，理直气壮地讲革命道理。"动之以情"的目的是为了"晓之以理"，前者是手段，后者是目的。离开教育人、培养人这个根本，孤立地强调以情感人，政治工作就失去了目标和方向，也就从根本上失去了原则性和战斗性。正确的方法应当是情中达理，理中动情，情真理实，情理结合，决不能用脉脉温情代替革命道理。再次，要处理好讲大道理与小道理的关系。恰如其分地讲好小道理，对增强政治工作的有效性有一定作用。但大道理是管根本、管长远的，小道理要服从大道理。做好思想政治工作，首要的是讲好大道理，而不能离开大道理，片面强调小道理的作用，更不能以小道理代替大道理。比如，解决入党问题，必须坚持用党的宗旨、纲领和党员的标准教育大家端正入党动机，而不能只讲个人的荣誉和要求；解决安心服役问题，必须用国家的利益、军人的责任、全心全意为人民服务的思想教育大家自觉地献身国防，而不能只讲个人的需要和愿望。第四，要努力提高讲好革命道理的本领。现在，部队确实存在着不愿讲和不愿听大道理的现象。因此，要讲好革命道理，一是划清讲大道理与"唱高调"、"空头政治"的界限，明确讲大道理，是讲共产主义的理想、信念，讲无产阶级世界观、人生观，讲为人民服务、大公无私，集体主义、无私奉献等。这些大道理必须讲。二是政治干部要带头学习马列主义、毛泽东思想，掌握思想理论武器，做到"给别人一杯水，自己先有一桶水"。三是注意联系实际，找准大道理和现实的结合点，防止把大道理讲空讲偏。

三、正确处理关心爱护和严格要求的关系

我们部队有些领导同志包括一些政治干部，不敢严格要求部属，不敢开展积极的思想斗争，一味地迁就照顾少数干部战士的不合理要求，误认为这就是关心人。关心人、爱护人有丰富的内涵，既包括物质生活上的关心爱护，更包括精神生活、政治思想上的关心爱护。关心人首先要从政治思想上关心。各级领导要组织干部战士认真学习马列主义、毛泽东思想，帮助他们树立科学的世界观和方法论，帮助他们学习科学文化知识，为他们成才创造必要的条件。对有缺点的进行批评帮助，从某种程度上讲，比物质生活上的关心更重要。某连一位干部，因父亲去世、母亲有病、爱人遭车祸：一年内休了探亲假，请了3次事假，最后一次请事假10天，却超了27天，领导两次发电报催促，均未归队，后派人去叫才返回。对这样的干部要不要处理，开始领导思想不统一。有的认为，这个干部家庭确实很困难，应当同情，免于处分。经过反复研究，大家一致认为，对干部的家庭困难应该关心和照顾，但对违纪行为决不能姑息迁就。对干部的错误进行处理，是对干部真正的关心和爱护。最后，团党委决定给他降职处分，并派人去他家慰问，帮助解决实际困难。后来，这个干部表现很好。相反，如果看到一个人有了缺点错误，不及时批评指正，那就等于害了这个同志。基层思想政治工作，要勇于拿起批评与

自我批评的武器。对个人主义的无理要求，不能迁就照顾；对弄虚作假和做表面文章的坏作风，要勇于揭露，不掩盖袒护，对干部战士的实际困难，既要热情帮助，又要按章办事，不能以感情代替政策。各级领导干部对自己身边的人员，更要严格要求，严格管理，对他们的成长负责，对部队建设负责，不能"淡化缺点"，迁就弱点。许多事实说明：当"好好先生"，看起来对同志很热情、很关心，实际上长期下去，干部战士是不欢迎的。干部讲原则、讲党性、讲纪律，不但不会影响自己的威信，反而会提高自己的威信。要纠正一种糊涂观念，即担心开展思想斗争会激化矛盾，酿成事故。遇到难题时，积极的思想斗争不可少，政治工作不能软，越怕，问题越多，越怕，越容易出事。大胆地正视矛盾、解决矛盾，问题就能得到很好解决，事故也能有效防止。那种怕得罪人而采取"躲"的办法，怕丢单位的丑而采取"捂"的办法，怕矛盾激化而采取"哄"的办法，都是十分有害的。当然，我们强调政治工作要发挥战斗性，并非不分对象，不讲方法，一味地强硬，而是要讲政策、讲原则、讲方法，有理有据。只有做到这样，才能既解决问题，又防止矛盾激化。

四、正确处理"罚"和"教"的关系

现在部队中以罚代教，以行政手段代替思想政治工作的现象仍然存在。具体表现在两个方面：一是不尊重人格，打骂体罚战士。二是滥施处分。这个问题必须引起各级的高度重视。要坚持以思想教育为主，要坚决杜绝打骂体罚战士，反对滥施惩戒。要对干部普遍进行我军光荣传统教育，使他们真正懂得打骂体罚战士是旧军队的习气，必须彻底清除；要教育大家自觉遵守"三大纪律八项注意"和"八不准"，进一步开展尊干爱兵活动，不断增强官兵团结；要教育全体政治干部懂得，处分人的目的是要教育人，而不是为了把人整倒搞臭。某团一位战士哥们义气严重，和老乡结拜兄弟，以刀纹身，滴血盟誓，成了干部管不了、战士惹不起的"小霸王"。连队有的干部主张把他除名算了，但指导员感到他还有"闪光点"，可以教育挽救。于是，多次找他谈心，肯定他的优点，指出他的问题，帮助他划清是非界限。北京戒严期间，他看到许多袭击解放军官兵的暴徒都有纹身，思想受到很大触动。指导员因势利导，及时做工作，使他认识到自己的错误，进步很大，成了连队的骨干，后来还代理了排长职务。

五、正确处理"疏"和"堵"的关系

政治工作贯彻疏导方针是正确的。但是，政治工作不能没有"堵"，因为人的觉悟程度差别很大，其中有一部分人觉悟较低，私心较重，自身又缺乏免疫力。对他们光靠疏导是不行的。所谓"堵"，就是用一些制度和规定约束人，用外力的推动去启发人的觉悟，制止不正确思想的泛滥和错误行为的恶性发展。前几年，由于受资产阶级自由化思潮的影响，政治工作过分强调"疏"，而忽视了"堵"，致使错误思想一度很流行。因此，政治工作必须"软"、"硬"两手一起抓，当疏则疏，当堵必堵；以疏为主，以堵为辅；疏要疏得有力，堵要堵得合理。随着我国对外开放的进一步扩大，资本主义世界的"苍蝇"必将借助打开的

"窗口"继续"飞"进来，一些腐朽思想文化的侵蚀和影响还将仍然存在，因此，腐蚀与反腐蚀的斗争将是长期的。对腐朽落后的东西，我们不仅要理直气壮地"堵"，而且还要树立长期"堵"的思想准备，以永葆革命队伍的纯洁性。

领导机关要善于抓住
主线开展工作

在纪念抗日战争胜利 50 周年之际，笔者翻阅有关资料，瞩目于这样一段史实：1942 年，正当抗日战争转入相持阶段的时候，党中央正式发起了整风运动，并把这一运动作为当时全党工作中压倒一切的"中心环节"加以部署。为此，党中央成立了由毛泽东主持的总学习委员会，集中主要精力，直接组织延安的中央机关和陕甘宁边区的全体党员干部集中展开整风学习，并多方组织华北、华中各抗日根据地的党组织和在国民党统治区的中共中央南方局，有计划地、"无例外"地展开了整风学习。这样，整风真正成了贯穿当时全党各项工作的主线，取得了在整个建党史上具有里程碑意义的巨大成功，不仅保证抗日战争取得了全面胜利，而且为解放战争的胜利奠定了基础。

由此联想到，我们的各级党委和领导机关，在安排部队各项工作时，能否象当年党中央抓整风那样，紧紧抓住思想政治建设这条主线？自从党中央强调要把思想政治建设摆在全军各项工作首位之后，各部队大都以强烈的"首位意识"，普遍开展了"四个教育"，集中时间之多、投入精力之大、教育效果之好，也是这十几年来少见的。但是，这方面的发展也有不平衡的情况：一些同志觉得集中的"四个教育"搞完了，可以松口气、放一放了；有些同志则担心工作太忙，大力抓思想政治建设会影响业务工作，因而从工作安排上看，思想政治建设这条主线体现得不那么连贯和突出了。如何解决这个问题？联系本单位的实际，对照延安整风中的有关范例进行思考，会使我们得到不少有益的启示。

比如，怎样理解工作越忙越要坚定不移地抓住主线不放的问题？要说忙，处于抗日战争相持阶段的党中央和各级党委，其高度紧张忙碌的状况，我们今天恐怕难以想象。然而正是在这种情况下，党中央用了那么长时间（持续三年多），不仅让延安的所有党员干部全身心地投入整风，而且把在华北、华中抗日前线主持战局的朱德、彭德怀、刘伯承、陈毅、贺龙、徐向前等高级将领分批召回延安参加整风，这需要下多大的决心啊！今天，我们也应当像老一辈革命家那样，以坚强的决心和钢铁般的意志扭住思想政治建设这条主线不放，像毛泽东当年要求的那样："坚持地贯彻下去，务必得到一定的结果。"

又如，深化"四个教育"，领导人员怎样把自己摆进去，靠正己来正人？延安整风中的领导者，没有不率先垂范的。周恩来在主持中共中央南方局的整风时，公布了《我的修养要则》七条，邓颖超也公布了《自我修养问题》十一条，放火烧身，现身说法地倡导批评和自我批评。刘伯承在延安整风中，带头在大会上自我揭短，同志们说他真正达到了"责己也重以周"的地步。贺龙在整风中以自身为例说明："整风要从上面整起，上面整好了，下面也一定整得好。"他一言道出了延安整风的经验之髓，这实际上也是他高明的领导方法。我们要使思想政治建设真正成为各项工作的主线，也得学会在这一点上过得硬。

　　还如，怎样发动各部门、各方面共同来抓主线？延安整风所以能在上上下下持续健康地进行到底，自然离不开前线和后方党政军各部门的共同支持、协调配合。我们在借鉴这一经验抓思想政治建设这条主线时，一定要注意，各个部门在工作指导上务必立足全局，围绕中心，形成合力。抓住了主线，就抓住了全局，也才能把各项业务工作带动起来；反过来，做好各项业务工作又能促进和推动主线工作的落实。如果说延安整风中在那么艰难困苦的条件下各部门能做到这一点，那么，在今天的和平条件下，我们更有条件使各个部门、各个方面、各个层次，在抓好思想政治建设主线上，协调一致，形成合力。

加强教育培养　永葆英模本色

一个典型就是一面旗帜。榜样的力量是无穷的。我们做工作，需要有一批叫得响、推得开的典型，以不断增强工作的生机和活力。但是，对待典型一定要实事求是。英模人物作为典型的突出代表，有其光彩的一面，也难免会有缺点和不足。各级既要大力宣扬推广他们的先进事迹和经验，同时还要积极地从政治上关心爱护他们，不断加强培养和提高，取得新的更大进步。

一、英模有特殊贡献，但不等于都是本人的功劳；必须教育他们正确认识自己的成长，保持谦虚谨慎

英模作出的特殊贡献，固然有本身的努力，但同时蕴含着组织的培养与同志的帮助。对这个问题，绝大多数英模认识是正确的。但是，有的同志获得荣誉后，不能摆正个人与组织与集体的关系，把功劳、荣誉都记在了自己的账上，忘记了组织的关怀和培养，有的甚至认为，一次出名，可以终身受益。因此，头脑不清醒了，对自己的要求放松了，把荣誉当成了包袱，影响了自己的进步。

一个人成为典型后，各级给予很高的评价，褒奖、赞誉接踵而来。与此同时，群众也会用新的标准来要求他们，

站在一个新的角度来评判他们。在这种情况下，领导必须
不适时机地加强对英模的教育引导。一是教育他们要有自
知之明，对自己有个客观的估量。千万不能别人说怎么好，
就自以为怎么好；也不要因为有一些议论，就觉得委屈。
二是教育他们懂得英模来自于群众，离不开群众。离开群
众，英雄模范就缺少了扎根的土壤，个人本事再大，也将
一事无成。因此，必须谦虚谨慎，虚心向周围的群众学习。
三是教育英模人物任何时候都不要忘记，个人取得的荣誉
离不开组织的培养，应当自觉置身于群众之中、组织之中、
纪律之中，真正把思想基础打牢，把根子扎正。

二、英模过了生死关，但不等于能过名利关；必须教育他们任何时候都要讲党性、讲奉献，继续发扬自我牺牲精神

自我牺牲精神是革命英雄主义的最高表现。许多英模
在保卫祖国边疆的战斗中，在抢险救灾中，在处置突发事
件中，经受住了生与死、苦与乐的考验，不愧是英雄。但
要使他们经得起名利的考验，经得起和平环境的考验，经
得起改革开放的考验，还需要各级领导和机关做大量艰苦
细致的工作。从考察的情况看，绝大多数英模在这方面表
现是合格的。如全国人大代表、"战斗英雄"王玉琪，任团
长以来，不但工作成绩明显，而且在对待个人一些问题上，
能顾全大局，表现出了高度的自我牺牲精神，赢得了干部
战士的信赖。但也有少数同志当英模后比职务、比待遇，
讲享受、讲条件，造成不良影响。因此，要经常提醒英模：

一要懂得能过生死关，不等于能过名利关；战时过硬，不等于平时过硬；过去过硬，不等于现在过硬，更不等于将来过硬。英模应该既是杀敌立功的英雄，完成急难险重任务的模范，也应该是平时顾大局、讲奉献的榜样。二要懂得一个英模就是一面旗帜，一举一动起着导向作用，时时处处给群众做好样子，是英模应尽的职责。对自己必须从严要求，永不褪色。三要懂得英模应该有"不用扬鞭自奋蹄"的进取意识，始终保持干劲不减，斗志不衰、奋发向上的革命精神。这样才能续写英模的新篇章，为部队建设施展自己的聪明才智。

三、英模是一个合格的典型，但不等于是一个合格的领导；必须教育他们走上领导岗位后要虚心好学，不断提高组织领导能力

作战勇敢，工作踏实，是英模的重要特征和优势。但是，担负领导职务的英模，还必须具有较强的组织领导能力。英模人物走上领导岗位后，迫切需要提高组织领导能力，需要具有政治强、业务精、懂指挥、会管理、善做思想政治工作等方面的知识和能力。因此，各级领导必须正视英模在这方面的不足，采取措施帮助他们提高领导能力。一要引导他们学好党的路线、方针、政策和我军的条令条例，把握好部队建设的正确方向。二要引导他们学业务，学技术，学管理。政治干部要学军事，军事、后勤干部要学会做思想政治工作，成为部队建设的多面手。三要引导他们注意在实践中磨炼，在磨炼中提高，尽快适应实际工

作的需要。特别是处在团以下领导岗位上的同志，在单位条件差、工作艰苦的情况下，更需要发扬开拓进取精神，在艰苦创业中增长才干，提高实际工作能力。

四、英模是大家学习的标杆，但不等于完美无缺；必须教育他们正视自己的问题，克服缺点，不断前进

英雄模范在某一方面表现突出，事迹、精神值得学习，但这并不等于所有方面都好。成为英模人物之后，群众对他们的要求更高，领导对他们的要求更严，自己对自己的要求就应该有一个更高的标准。英模不是神，不可能没有缺点、错误。要经常看到自己的问题，亮短不怕丑，揭短不怕疼，勇于把群众的监督当作前进的动力，做到自尊、自爱、自立、自强，从思想上破除"优越感"，增强进取心，不断巩固、发扬荣誉，永葆英模本色。

党委要注重发挥共青团组织作用

部队官兵百分之八十以上是青年，团员青年占大多数。从某种意义上说，抓好共青团工作，就等于抓住了部队的主体力量。因此，各级党委应充分发挥共青团组织的作用，促进部队的全面建设。

第一，提高认识，加强领导。我们党的后备军是共青团。团员质量的好坏，直接影响着党员的素质。提高了团员队伍的素质，党员队伍的素质才有保障。加强共青团工作，就等于坚定了党组织的基石。加强对共青团的领导，首先要加强思想领导。党委书记应适时给共青团工作定方向、出主意、造声势，指导他们积极搞发动、广泛搞活动、大力抓典型、真正起作用。二是要加强组织领导，切实把团委书记配得坚强有力，使之热爱工作、胜任本职，能够组织好团的工作。三是要加强对共青团的业务领导，围绕"主线"交任务，配合中心抓工作。四是要加强典型引导，"抓尖子、树旗帜"，运用一批先进团支部、团小组和优秀团员青年的典型来推动团的工作。五是搞好传帮带。党委书记中有不少同志曾担任过团的职务，做过共青团工作，要把部队长期以来形成的一些有生命力的好作法好传统传下去，这本身就是一个贡献。

第二，健全组织，发挥作用。团委和团的干部要借鉴抓党支部建设的经验，从健全组织抓起，为团的工作打下一个好的基础。共青团发挥作用主要表现在四个方面：一是党的建设后备军作用，输送优秀团员入党。有的部队在党的生日之际，组织优秀团员举行入党仪式，就是一项很好的活动，既可以增强优秀团员的党的观念，又能强化广大团员青年的后备军意识。二是完成中心任务的突击作用。主要体现为：训练中，当刻苦练精兵的突击手；战备、施工、生产中，当完成急难险重任务的突击手；战时，当能攻善守的突击手。党委在总结工作、部署任务时，要给共青团提要求、压担子、安排活动，把团的工作做得有声有色。三是活跃部队文化生活的先锋作用。用丰富多彩的文体娱乐活动占领文化阵地，抵制腐朽思想的侵蚀，创造拴心留人的内部环境。四是宣传群众中的带头作用。向当地人民群众传播先进思想，推动精神文明建设，共青团需要发挥"播种团"，宣传团的作用。

第三，针对特点，多搞活动。部队共青团的工作对象是35岁以下的青年官兵。青年人具有精力旺盛，好学上进，不甘落后，单纯幼稚，可塑性强等特点。这就需要通过开展有针对性的活动加以引导。根据部队实际，共青团要广泛开展好以下活动：学雷锋，树新风活动；"读好书、立好志、当好兵"读书演讲、书评、影评活动；健康有益的文体娱乐活动；训练中的"创三手当尖子"活动；围绕"两个经常"开展谈心交朋友活动。

第四，配合中心，注重实效。共青团的工作必须紧紧地围绕中心筹划，配合中心开展，配合中心出成效。具体说，就是要在输送人才上见成效，在读书育人上见成效，在岗位学雷锋上见成效，在文体活动上见成效，在各项演讲、学习竞赛活动上见成效。

　　第五，落实制度，提高质量。共青团的建设要有一套行之有效的法规，使团的工作具有约束性、稳定性。军区《军队共青团三级组织工作规范》形成后，各级党委和团的组织要广泛宣传，狠抓落实，努力使部队团的工作走上正规，真正地活跃起来。

第二篇 科技创新平台建设和条件建设

第三篇 改革创新

增强改革的紧迫感和责任感

改革，是现代战争的客观要求，是军队发展的必由之路。改革，时不我待；改革，人人有责。要加快改革步伐，就必须克服各种模糊认识，增强紧迫感和责任感。

一是要克服盲目悲观和盲目自满的情绪。改革给部队建设注入了活力，带来了生机，引起了一系列根本性的变化。在军队建设的指导思想上，由过去的临战状态转到和平时期建设的轨道上来；在编制体制上，由过去机构臃肿、层次重叠，效率不高的状态转变到精兵、合成、平战结合、提高效能的轨道上来；在军事训练上，由过去重技术训练、重士兵训练转变到重战役战术、重干部训练的轨道上来；在政治工作上，由"以阶级斗争为纲"转变到以现代化为中心上来；在后勤工作上，由过去供给保障体制转到重视效益、条块结合、军民兼容的体制上来；等等。只要静下心来想一想，就可清楚看到，这些历史性变化都是改革的结果，都给部队建设带来了新的生机。我们今天之所以能对本部门、本层次的工作进行系统的思考，作出短期、中期以至长期的规划，归根结底，都是由转变"转"来的，改革"改"来的。面对这一切，尽管我们有理由感到自豪，但却没有理由自满。常言道："人无远虑，必有近忧。"当今世界，表面看很平静，实际上却充满着竞争，充满着危机。新技术革命迅猛发展，军事竞争日益加剧，可以预言，谁在这场竞争中取得领先地位，谁就能赢得主动，这对我们来说是一种严重的危机，严肃的挑战，又是一次巨大的机遇。危机的发展可能导致灭顶之灾，危机的克服也可以带来生机。然而，危机既不等于灾难，也不会自然地变为生机。要想摆脱危机，争取转机，就必须改革。一支生机勃勃的军队，总是处在不断变革之中；一个有作为的军事工作者，大都是敢于打破陈规陋习的探索者。巩固已有的大好形势需要改革，克服当前矛盾只能靠深化改革。不改革，中国军队就没有出路；不深化改革，我们在世界军事竞赛的跑道上将永远落在后头。所以，我们应该以高度的敏感，抓住机遇，迎接挑战，加快改革进程，加速部队建设。

　　二是要克服因循守旧和军队特殊的思想。有这样一部分同志，他们思想敏锐，很早就意识到我军在某些方面的落后，每每谈起这些情况，都是慷慨陈词，经常只仅在口头上。人们称这种现象为"有落后感而没有紧迫感"。为什么会产生这种现象呢？其根本原因，是这些同志背了三个包袱：一个是"大锅饭"的包袱。战争年代，我们实行的是军事共产主义，正是在这块土壤上生长出"平均主义"的蒿草。直到现在，也存在政绩突出和政绩平平的一样受奖，一样提拔使用的现象。久而久之，有的就习以为常了。因此，要打破大锅饭，除了从政策、制度上解决问题外，很重要的是从思想上打破平均主义心态，造成敢于冒尖、敢于出头、敢于理直气壮搞改革的良好气氛。一个是"特殊性"的包袱。应该承认，国有国情，军有军情，军队改革不能盲目照搬地方改革的经验，但是，这决不等于军队就不要改革。改革是我军现代化的必由之路。我们必须将

"特殊性"放在"必要性"的背景下来考虑，先统一好"必须改"的认识，然后再考虑"怎样改"的问题。否则就没有共同语言，没有讨论的余地。还有一个"传统习惯"的包袱。我军是胜利之师，打过几十年的仗，积累了丰富的经验，形成了一套比较完整的理论和方针原则。这是我们的优势，任何时候都不能丢。但是，新的形势要求对我军历史、我军传统、我军现状来个再认识。不能"拿到篮里都是菜，统统当作包袱背起来"。对待传统，向来有几种不同的态度。有人向后看，得出的是"固守"的结论；有人向"左"看，附加了很多的错误东西。只有向前看，在实践中丰富发展，才是真正的坚持和继承。所以，包袱应该丢掉，思想应该解放，手脚应该放开，这样我们才能以时不我待、刻不容缓的紧迫感，推进部队改革。

三是要克服"与己无关"和"无所作为"的思想。什么是责任感？安心部队工作，固然是责任感的一个方面，但作为一个党员，一名干部来说，仅仅有这个标准是不够的。一个立志在部队干一番事业、具有强烈责任感的同志，必定是积极进取、立志改革的人。每一代人都有自己的历史使命，工农红军的责任是开辟革命根据地；老八路的责任是赶走日本帝国主义；老"解放"的责任是打倒蒋介石；我们的责任则是推进改革，摆脱落后。我们要通过自己的努力，把"落后"留给历史，从今朝奋起，扎扎实实地跑好接力赛，以自己的"警醒"、"奋起"，唤起官兵自强不息、艰苦创业精神。这才是我们的使命感和责任感。有了责任感，还必须有积极参与的意识？参与就是不置身于局外，不袖手旁观。有些同志想改革，往往对办不到的事想得多，对办得到的事想得少；对职权外的事想得多，对职权范围内应该改、能够改的事想得少。这是一种不切实际的思想方式。事实上，军队改革这块土地是需要全体官兵共同关注和耕耘的，每一个党员、每一个干部战士在本职岗位上都是能够做出一番改革事业来的。比如，在改革中全军就涌现出一大批先进模范人物：潜心钻研思想政治工作艺术、在培养"四有"新人上做出成绩的"模范指导员"何兆信；努力掌握军事、政治两套本领，训练出一批爱军习武战士的"优秀连长"朱树森；在轮战和援建两个战场做出奉献，勇于从挫折中奋起的全军英模初秀成；敢于承担"引咎辞职"风险，勇于攀登现代农业科学高峰的"拓荒牛"陈启书；等等。他们的事迹说明一个道理：小人物可以干出大事业，将军和士兵在改革中都有自己的责任。我们虽然不一定能拿出影响全局的改革项目，但可以在一定范围内为改革做出贡献；我们的成果在整体看来也许微不足道，但如果对全局有补益，也可以成为整体乐章不可缺少的"音符"。

　　综上所述，新的军事革命要求我们改革，国际局势逼着我们改革，中央军委号召我们改革，全国的大趋势促使我们改革，基层干部战士盼望我们改革。改革的大气候已经形成，深化改革的时机已经成熟。我们应该行动起来，以主人翁的姿态关心改革，理解改革，参加改革，做改革的促进派，让改革之风吹遍军营。

军队在大局下行动
要强化五种思想

军队建设要服从国家经济建设大局，并在大局下行动，是新时期军队建设的根本指导原则。贯彻这个原则，军队除了要有顾全大局的高度自觉性外，最重要的，就是要在服从大局的前提下积极行动，以很强的创造精神，主动地谋求军队建设的新发展。要做到这一点，就需要特别强化五种思想。

一是要强化勇于开拓，有所作为的思想。现在部队建设的方方面面确实存在着不少困难和矛盾，其中特别突出的是经费短缺，装备落后，各方面欠账很多。面对这种状况，不少同志一方面着急，另一方面又感到无能为力，不同程度地存在着埋怨、等靠情绪。这是很需要防止的。应当明确，强调军队建设服从国家经济建设大局，绝不是要让大家消极等待，无所作为。恰恰相反，而是要求我们必须在服从大局的前提下，积极进取，勇于开拓，努力谋求部队建设的新发展。否则，我军本来落后的状况就只能更加落后。加快部队建设的发展，目前虽然有一些制约因素，但有利条件也是很多的。从大的方面讲，国家经济建设正在飞速发展，为我们提供了一个很好的外部环境；中央军委领导为加快部队建设制定了许多切实可行的方针原则和具体措施，给了我们发展的政策。从实际看，这两年部队

的思想观念有很大转变，谋求发展的思想在各级领导干部
中开始形成共识；许多单位在推进军事训练、培养人才等
方面，都积累了一些经验，培养了一批骨干，打下了良好
的发展基础。只要我们充分发挥自己的主观能动性，就能
使部队建设在现有的基础上再上一个新台阶。所以，一定
要以对部队建设高度负责的精神，树立强烈的发展意识，
振奋精神，开拓进取，有所作为。

　　二是要强化立足现有条件，以劣胜优的思想。新时期
军事战略方针的确立，给部队的军事训练和各项工作都提
出了很高的要求。我们要战胜强敌，打赢高技术条件下的
局部战争，就必须立足现有条件，树立以劣胜优的思想。
应当承认，我军的武器装备同发达国家军队相比处于劣势，
而且短期内也不可能有根本的改变。但是，仗不可能等到
我们有了先进装备再来打。我军历来就是有什么武器打什
么仗，历来都是以劣势装备战胜敌人。所以，一定要牢固
树立以劣胜优的信心和决心，切实把军事训练摆到战略位
置，摆在部队各项工作的中心；要大力加强高技术条件下
以劣胜优的战法和训法的研究，从实战需要出发，从难从
严，扎扎实实地搞好训练；要切实加强高科技知识的学习，
不断增强高科技意识，为打赢高技术条件下的局部战争作
好充分的准备。

　　三是要强化从严治军，加快正规化建设的思想。建设
一支强大的现代化、正规化革命军队，是我军发展的总目
标。正规化是三化中的重要一化。如果说，武器装备的现
代化是军队和国防现代化的主要标志，需要随着国家经济
实力的增强来逐步实现的话，那么正规化建设则是现在就
可以搞上去的。所以，我们一定要把正规化建设作为加快

军队建设的一项重要内容，切实认真地抓起来。加强部队正规化建设就要认真贯彻从严治军的思想，严格纪律，严格要求，严格管理。和平时期，部队经常的、大量的工作就是管理。一定要坚持以条令条例为依据，严格组织纪律观念，加强作风培养，扎扎实实地做好管理工作。当前，很重要的就是要认真研究新形势下如何带兵的问题，并以此为突破口，努力使管理工作有大的进步和发展，从而促进和推动部队的正规化建设。

四是要强化尊重知识，培养人才的思想。军队的现代化建设，除了先进的武器装备和科学的体制编制外，最重要的是要有一大批掌握现代化知识的人才。未来战争，从某种意义上来说，就是科技的较量，知识的较量，人才的较量。要加快部队的发展，必须高度重视对人才的培养。从地方经济建设的经验看，经济特区的崛起，沿海经济的发展，乡镇企业的异军突起，无不是以重视人才、招揽人才为前提的。所以培养人才、造就人才是一项带全局性的战略任务，这也是我们完全可以做得到的。在有些单位往往不大重视这一点，不同程度地存在着浪费人才和不尊重人才的现象，在人才观念上远远不如地方。因此，要大力强化人才意识，把组织干部战士学习现代化知识作为一项经常性工作来抓，努力在部队造成一种浓厚的学习空气。要善于发现、选拔和培养各行各业、各个层次的人才，热忱关心人才的成长，采取各种措施，创造拴心留人的环境，充分发挥各类人才在军队现代化建设中的作用。

五是要强化埋头实干，艰苦创业的思想。要改善部队各方面的条件比较差，说到底还是要靠实干、靠创业。不干，一切问题都解决不了。在当前形势下，要谋求部队建设的新发展，就要发扬实干精神，靠实干取得成绩，靠实干改变面貌。埋头苦干与艰苦奋斗是联系在一起的。中央军委一再要求我们发扬我军的光荣传统，我认为，发扬传统很重要的就是要发扬艰苦奋斗的精神。现在有些人艰苦奋斗的意识确实有所淡化，比享受、讲排场，图安逸、摆阔气的思想有所滋长，这很值得警惕。要在部队建设中大力倡导克勤克俭，励精图治，苦干实干的作风。通过积极的努力，使部队建设不断获得新的发展，取得新的成绩。

把握军队特殊性
积极稳妥搞改革

在加快和深化改革的社会大背景下，怎样做好军队改革这篇文章？我以为，正确认识和准确地把握国家改革的普遍性与军队改革特殊性的关系，积极稳妥地推进部队改革，是当前迫切需要解决的一个重要问题。

一、要坚持关心国家改革与搞好部队自身改革的一致性

谈到改革，人们往往想到的就是地方改革，对部队改革缺乏紧迫感。有相当一部分同志认为军队情况特殊，部队的改革没有地方那么重要、那么紧迫。这种认识显然是片面的。军队改革确有一定的特殊性，但它仅仅特殊在改革的目标、内容和方法上，并不是不需要改革。首先，国家的出路在于改革，军队的出路也在于改革。一支有生机的军队总是处在不断变革之中。战后相对和平的国际环境，为加速军队建设和改革提供了难得的机遇；激烈的战略角逐和日新月异的科学技术，推动了世界范围内军事改革的大潮，对我国国防建设提出了挑战。我们要腾飞，要赶超，要适应现代战争的要求，就必须抓住机遇，迎接挑战，对战争观念、军事政策、作战理论、军队编制、技术装备、

教育训练等进行一系列改革，从根本上提高战斗力水平。其次，军队改革是国家改革的一个组成部分，国家改革的展开和深化，必将对部队干部战士的思想意识、精神面貌、生活方式产生深刻影响，对部队的各项政策和制度、工作方式和方法提出新的改革要求。社会主义市场经济的发展，要求政治工作面向社会，因势利导，兴利除弊，努力做好消极因素的防范和转化工作；社会主义民主政治的发展，要求部队进一步健全民主制度，疏通民主渠道，健全民主生活，增强基层建设的活力；地方人事制度的改革，要求部队完善干部工作制度，从政策上保证干部安心军队工作。我们只有适应这些要求，深化自身改革，才能跟上全国改革的大趋势。此外，军队已经进行的改革有待深化。从改革武器装备到搞好教育训练，从理顺体制到实行科学管理，从机关建设到基层建设，都有个进一步改革的问题。因此，我们一方面要教育官兵深刻认识地方改革的必要性和长期性，积极关心、支持、参加和保卫国家改革，做改革的促进派；另一方面又要教育大家认清部队改革的紧迫性和长期性，增强改革的责任感，顺应改革潮流，抓住社会大改革的机遇，围绕军队现代化建设这个中心，把部队各项工作的改革提上重要日程。

二、要坚持借鉴地方经验与保持军队特色的一致性

在这个问题上有两种偏向：有些同志看不到军队的特殊性，抱怨军队改革与地方不合拍、不同步；有些同志则看不到地方改革与军队改革的一致性，一度拒绝学习地方

经验。的确，国有国情，军有军情，军队是武装集团，不是经济实体，不能盲目地套搬地方经济改革的经验；军队是战斗队，不是一般的党政团体，不能盲目地套用地方政治体制改革的经验；军人是一种特殊职业，必须理直气壮地提倡自我牺牲精神，不能盲目采取地方做工作时的某些手段。一句话，军队改革一定要从实际出发，慎重从事。但是，他山之石，可以攻玉，认真学习、借鉴地方改革经验，对于我们解放思想、开阔思路、促进部队的改革和建设，无疑是十分有益的。我们虽然不能民主选举师长、团长，不能竞选连长、营长，但却可以通过民意测验、述职报告等形式，发挥群众的参与作用；我们虽然不能机械地提倡"包"字进军营，不能把某个单位"租赁"给什么人，但却可以建立和完善岗位责任制，调动干部战士的积极性。我们虽然不能盲目地搞"权力下放"，但却很有必要改进领导作风和领导方法，尊重基层的自主权，保证基层干部更好地履行工作责任。总之，中央关于改革的基本方针要坚决贯彻，地方的改革经验要有选择地学习，既不能忽视军队的特点，盲目地追求与地方改革的"合拍"、"同步"，又不能借口军队特殊拒绝学习地方改革经验。要切实把中央的精神、地方的经验与军队的实际结合起来，扎扎实实地搞好部队改革。

三、要坚持强调纪律、强调集中统一与解放思想的一致性

有的同志提出：我们一方面强调解放思想，克服僵化思想，让人们放开手脚，另一方面又强调纪律，强调集中，

束缚大家的手脚，二者岂不是很矛盾吗？看待这个问题，一定要从国家、军队的实际出发。我们国家是一个 12 亿人口的大国，搞建设，搞改革，必须有一个安定团结的政治环境。而军队，就是保证这个政治环境安定稳定的武装集团，它的职责决定了它比任何其它组织都需要集中统一，需要严密的组织、严明的纪律，来保卫国家的建设和改革，如果没有这一条，对党中央、中央军委的决策命令采取随意的态度，你讲你的，我干我的，各行其是，各自为政，各取所需，军队就不可能履行好自己的职责。但是，军队也有不断完善改革的自身需要，要改革，同样需要解放思想。军队的改革必须要强调纪委，但强调纪律不是束缚思想。一切经济政治变革，都与一定的社会文化背景相互交融。一切军事变革，都离不开思想观念的变革。可以说，解放思想是搞好改革的思想前提，强调集中统一则是搞好改革的政治前提。解放思想是为了促进主观与客观、理论与实践的统一，遵守纪律则是为了保证这个统一的实现，二者互相联结，相辅相成。因此，要在教育部队坚决执行中央军委的指示，严格按条令条例办事的同时，要引导部队进一步清理"左"的思想影响和旧的传统观念，积极研究新情况，解决新问题，以开拓的姿态和清醒的头脑，推进部队改革的发展。

四、要坚持"宏观改革"与"微观改革"、"自上而下"与"自下而上"的一致性

有些同志说："军队大的改革要由上边定，上面不做部署，下边无能为力"。产生这种认识的重要原因，就在

于把宏观改革与微观改革，自上而下与自下而上分割了开来。军队改革是一项复杂的系统工程，不论体制编制、干部制度还是教育训练的改革，都要坚持自上而下的原则，有领导、有计划、有步骤地进行。一个立志改革的领导者，首先应该放眼全局，深谋远虑，着力解决好涉及全局性、长远性的问题，听从党中央、中央军委的统一决策和部署；一项大的改革措施一经出台，就应该精心布局，周密安排，下大力抓紧落实。但是，宏观改革不等于微观改革，自上而下不等于自下而上，职权范围内的改革大有文章可做。首先，要抓好那些应该改、必须改、能够改的微观改革。比如，训练内容如何适应现代战争的要求；以干部训练为重点如何真正落实；基层民主制度怎样进一步深化；等等。凡是看准了、研究透了的，改后有利于提高部队战斗力、促进部队建设的，都要大胆改，坚决改，做到开阔思路想改革，发动群众议改革，放开手脚抓改革。第二，要发动群众为宏观改革献计献策。军队改革这块土地，是需要全军官兵的关注和耕耘的。基层强烈要求并积极进行的改革，往往最符合部队的需要，最富有生命力。比如完善体制编制，是深化改革的重要内容。作为编制体制的直接执行者，对现行编制中存在的问题，往往最先接触，最先认识，最有发言权。因此，我们不仅有责任坚决执行新的编制，也有义务在执行中开动脑筋，认真思考，大胆探索，开展相应的论证，并及时向上级反映情况，使军委中央制订的改革措施更加符合客观实际。第三，还要积极创造条件，为大的改革做好舆论准备，理论准备和组织上的准备。总之，搞好宏观改革，能够促进职权范围内的改革；搞好微观改革，可以为宏观改革打下基础。坚持自上而下，有利于保证改革的方向；坚持自下而上，有利于改革措施的完善。应该把它们结合起来，使之互相配合，互相弥补。

努力拓宽改革思路

部队改革到底抓什么，从哪儿入手，朝哪个方向使劲呢？对于这个问题，不同单位、不同部门可以从不同角度、不同层次去思考。我觉得，作为各级领导机关，除了要抓好上面已经出台的改革措施的落实外，主要是就全局性改革向上级提出建议，并根据上级的指示，对属于自己职权范围内的改革项目进行研究探索。需要注意的是，在探索中应积极引进、消化和运用其他部队、兄弟单位创造的成功经验，努力把外军的长处、地方改革的经验、兄弟单位的创造与本单位的实际结合起来。这样，我们的改革就可以在较高的水平线上起步，走出一条新的路子。我觉得，应着重从以下几个方面做些探索工作。

第一，改进党委领导方式。多年来，我们每做一项工作，都强调"党委重视"，"领导挂帅"，机关的报告、总结几乎都有这一条。就是这条"全国通用"的经验，使党委管了很多不该管、也管不了的事。有些领导整天忙忙碌碌，大事想不深，小事脱不开。要改变这种状况，就有一个改进党委领导方式的问题。我认为，在这个问题上必须划清三个界限：（1）军队不能简单地提"党政分开"，但党委工作职责应严格加以规范，保证党委以主要精力抓好部队建设重大问题的决策，使党委真正起到统揽全局、协调全局、驾驭全局的作用，而不陷于事务性的工作。（2）军队必须坚持首长分工负责制，但领导方法需要改进。要根据部队的实际，进一步建立科学的领导制度，使各级领导以主要精力抓好职权范围内的工作，使各部门的工作为实现总目标而密切协作，有秩序、高效率地运行。（3）军队不宜笼统地提"权力下放"，但必须尊重基层自主权。要进一步强化层次领导，坚持一级指导一级，一级抓好一级，使每一级都有自主权。在改进党委领导方式问题上，各级领导同志负有重要责任，要虚心听取机关和基层的同志提出的一些有创见的建议，为实现科学的组织领导而努力。

第二，要把干部能上能下和在竞争中提高素质的路子走开。现在部队有一个可怕的现象，就是干部素质越低，工作就越忙；工作越忙，就越无暇顾及业务培训，于是素质更低，工作更忙。怎样打破这个恶性循环呢？关键是要通过稳定思想、提高素质、优化结构、展开竞争的途径解决。具体说主要靠三条：一靠教育。要通过教育使大家真正安下心来，懂得素质、才能、本事的价值，树立在部队建功立业的思想，靠本事谋出路，靠能力谋后路的观念。二靠培养。要有计划地抓好部分连排干部的"超前训练"；抓好学生官的"上岗前"训练；抓好各级主官的"换位训练"；抓好机关干部"知识更新"的训练。三靠制度。制度的关键是引进竞争机制。只有竞争，才能产生压力，增加动力，带来活力，鼓励能人，鞭策懒人，淘汰庸人；激发人们拼搏向上的热情和干劲，使人才脱颖而出。因此，要以工作实绩为主要标准，以责任制为主要依据，采取直接对话、个人述职、民意测验、群众评议、领导讲评、搞好鉴定等多种方法，全面地考核干部，为准确地使用干部作好准备。要逐步实行干部能上能下制度，对德才兼备，政绩突出的，要根据需要量提拔使用，不胜任的要培养提高，经教育进步不大的要降下来。还要在机关中广泛开展评比"最佳建议"、"最佳工作"的活动，并注意把评比结果与干部使用挂起钩来。切实做到以绩识人，以绩用人，防止和纠正职责不清，是非不明，赏罚不公的现象，真正实现"活力，效力，积极性"的提高。

第三，要研究解决"基层建设标准具体化、机关抓基层制度化"的问题。抓基层建设，我们喊了多年，研究了多年，现在回过头看一看，成效不少，问题也不少。下部队经常碰到这样一些现象：有时很小一件事，政治机关一个通知，司令部门一个指示，后勤部门一个要求，弄得下面无所适从。基层反映，"汇报应付不了，吃住招待不了，迎送奉陪不了"。而机关常常以此作为成绩向上汇报。这些问题的症结就在于，各级领导对基层建设缺少一个整体规划，还没有完全从突击式、运动式、随意性、盲目性中摆脱出来；机关各部门抓基层的地位、责任还没有明确规定，时常出现争时间、争人员、争中心、打乱仗的现象；基层自身建设也没有一个明确、具体的标准统一起来，往往是一个时期一个目标，一个单位一个标准，一届班子一个路数。实践证明，机关抓基层没有一套制度就不能形成整体力量，提高整体效益；基层建设没有具体目标就没有凝聚力和持续力，就难以摆脱低级循环。因此，我们要根据上级指示精神，结合部队实际，建立健全机关抓基层的制度，制定基层建设的具体目标，研究出一套相应的评比措施，把基层各方面的工作都覆盖起来，积极性都调动起来，促使基层建设年年都有新的进步。

第四，要把民主建设的路子走开。列宁曾经指出，"生气勃勃的创造性的社会主义是由人民群众自己创立的"。任何一项正确决策的产生，实施和完善，都离不开群众的智慧，离不开群众的积极性和创造性。民主的发展，是社会主义事业兴旺发达的重要标志，也是推进部队建设不可缺少的条件。近年来，部队在官兵关系方面出了不少问题，各级党委在自身建设方面也出现了一些薄弱环节。其中一个重要原因，就是上下左右缺乏沟通理解；群众对领导的决策意图、工作部署，和面临的困难不大清楚；群众的愿望和呼声、委屈和抱怨，领导听不到。因此，我们要适应全国民主政治建设的步伐，健全部队的民主生活制度。一要实行民主决策，严格坚持民主集中制原则，一切重大问题，都由党委民主讨论，集体决定。基层在发展党员团员、评功评奖、配备骨干、改选士官等重大问题上，也要充分听取战士意见，不能由哪几个人擅自决定。二要实行民主管理，充分调动群众参与管理的积极性，广泛开展兵管兵、兵助官活动，提高战士自我管理的能力，真正发挥战士在连队建设的主体作用。三要实行民主监督，引进必要的监督机制，努力创造一个监督有功、监督光荣，自觉接受监督的环境和气氛。民主建设的形式和方法，除了采用召开军人代表大会等传统形式外，也可开展征询、研讨和群众献计献策等活动。总之，要针对新形势下部队的特点，把我军民主建设的优良传统和制度坚持下去，正确运用，不断发扬广大，使三大民主成为下情上达，上情下达，彼此沟通，互相理解，激发干部战士主人翁责任感的有效途径。

第五，要把宣传教育改革的路子走开，改变政治教育内容杂、路子窄、方法老的状况。部队政治教育要按照教学大纲规范教育内容，采用民主讨论、"双向"交流等形式，建立部队、社会、家庭三位一体的教育体系，充分运用各种现代化教育手段，着力提高教育效果。各级宣传部门要重视研究地方改革给部队政治教育提出的挑战，研究社会主义初级阶段理论对思想道德建设提出的要求，研究宣传工作的基本规律，努力克服和避免教育中的形式主义、实用主义，使我们的宣传教育真正能够、说服人、打动人、感染人，使干部战士真正感奋起来，凝聚起来。

　　第六，改革训练中政治工作。训练中政治工作多年来一直是个难点，也是多年的薄弱环节，根本原因在于挂不上号，摆不上位，少数人抓，个别部门管。要改变这种状况，就必须开展"训练政治工作大合唱"，把上上下下、方方面面的力量动员起来，组织起来，形成一支协调一致的"合唱队"。党委要成为这一合力的核心，机关各部门要结合业务分工，确定在训练中政治工作的具体职责，要建立一支由研究员、信息员和思想骨干组成的骨干队伍，定期分析训练中政治工作形势，广泛开展训练理论研究，积极主动地做好训练中政治工作。"大合唱"的主旋律是调动和平时期练兵积极性。要进一步深化练兵价值观的大讨论，在部队中叫响"当兵不习武，不算尽义务，武艺练不精，不算合格兵"的口号，从根本上激发部队的练兵热情；要围绕军事训练内容，大力开展训练达标赛、选拔赛、攻关赛、对抗赛等各种评比竞赛活动，促使军事训练和训练中政治工作实现突破性进展。

适应地方深化改革形势
做好部队思想政治工作

当前，我国的改革正处在整体推进和重点突破的关键时期，部队的改革和建设也正在乘势而上。这种加快改革的新形势，既极大地推动了经济建设和部队建设的发展，又使一些潜在的问题暴露出来，使一些矛盾更加突出，由此也使人们思想认识上出现了一些新的迷茫和困惑，致使官兵的人生观、价值观遇到了新的挑战，部队的思想政治工作面临着新的课题。面对这些问题，一方面，我们要正视变化，处变不惊；另一方面，要研究这些变化，适应这些变化，用新脑筋、新思路寻找对策和措施。

一、要努力学习社会主义市场经济理论

部队反映出的许多问题，往往与官兵在这方面知识贫乏或仍受计划经济观念支配相关；因此，当务之急是组织大家学习社会主义市场经济理论和知识，帮助他们转换脑筋。部队官兵对于建立社会主义市场经济体制的方针政策的学习还只是初步的，对社会主义市场经济的许多问题，还没有真正搞清楚。比如，对现代企业制度，市场的功能作用分配的原则与现实，建立社会保障制度等问题，不少同志还一知半解、模模糊糊。这是需要引起重视的。解决

问题的办法就是加强学习。要调整当前干部理论学习的内容，在建设有中国特色社会主义理论学习中加大社会主义市场经济理论和知识的分量。学习的方法，除了集中轮训外，就是在党委机关的在职学习中充实这方面的内容，有计划地组织干部学习社会主义市场经济理论和知识。同时，要求个人自学。此外，还可以通过其他渠道，比如自修大学，各类院校开办的校外班、函授班等，学习这方面的内容。对营以下分队的学习，也要做出适当的安排。总之，各级领导和业务部门，要重视对社会主义市场经济理论和知识学习的组织领导，要根据各级各类干部的不同情况选择必要的内容，有计划，有安排，给教材，给时间，有布置，有检查，使广大官兵特别是各级干部在一两年内改变现状，以适应社会主义市场经济的发展。

二、要坚定改革的方向，坚定社会主义的信念

在整个改革的进程中，方向、道路问题是人们普遍关注的重点。要消除顾虑、坚定信念，必须使官兵弄清建立社会主义市场经济体制与坚持社会主义道路的一致性。由于在改革过程中存在着资产阶级自由化的干扰，人们关注改革的方向，担心"西化"，这是完全可以理解的。但是，据我对部队的调查，目前人家的担心情绪大多是由传统观念和"左"的思想影响所造成的。比如，对发展国有、集体经济没有看法，而对发展个体、三资、股份制经济就有怀疑，认为国有资产只能国家、集体占有、经营和使用，不能搞租赁、兼并、拍卖等；对平均分配、共同富裕思想上顺茬，而看到分配上拉开档次、一部分人先富起来就有

想法；对国家统一分配的劳动人事制度和国家统一管理金融很放心，而对搞劳动力市场，发展资本、证券市场，搞股票交易有疑虑；对过去一包到底的社会保障很赞成，对搞医疗、失业、养老保险有后顾之忧，等等。这些反映，说到底还是没有摆脱姓"社"姓"资"的束缚，担心发展市场经济会偏离社会主义方向，怕走到资本主义道路上去。解决这个问题必须在教育中讲清以下三点：

第一，要讲清我们搞的市场经济和社会主义的本质是一致的。社会主义本质最核心的内容是解放和发展生产力。毛泽东曾经说过，中国一切政党及其实践作用的好坏和大小，归根到底，是看它束缚生产力，还是解放生产力。这就告诉我们，看一种体制和政策是否优越、是否先进，最根本的是看它能否促进生产力的解放和发展，以及促进和解放之大小。我们国家从社会主义改造基本完成后，就建立起计划经济体制，应该肯定，这种体制在历史上曾起过重要的积极作用。但随着社会主义建设的不断发展，越来越暴露出它统得过死、浪费资源、抑制企业活力和劳动者积极性、经济效益低下等弊端，确实束缚了生产力的发展。这种体制不能再延续下去。只有建立市场经济体制，才能有效地促进社会资源的合理配置，改善经营，使有限的人力、物力、财力发挥最大的效益：充分运用利益驱动机制，最大限度地调动企业和劳动者的积极性，促进企业技术进步，提高经济效益。这就是说建立社会主义市场经济体制，可以运用经济规律来促进生产力更快地发展，创造更高的劳动生产率。在这一点上，市场经济所具有的作用，和社会主义的本质要求是完全一致的，实行这种经济体制，就能够更加充分地体现社会主义制度的优越性。

　　第二，要讲清我们搞的市场经济是和社会主义基本制度联系在一起的。社会主义基本经济制度最重要的内容是以公有制为主体的所有制关系和按劳分配为主体的分配关系。发展市场经济，不仅不会动摇和削弱公有制的主体地位，不仅不会丢掉按劳分配的基本原则，恰恰相反，这种体制正是建立在公有制和按劳分配基础之上的。从所有制关系上讲，这个结合，一方面能够充分发挥公有制经济在集中人力、物力、财力办大事等方面的优势，使市场经济取得更大效益；另一方面，可使公有制经济找到有效的实现形式，与市场机制结合，参与市场竞争，从而焕发它的生机和活力，使公有制的主体地位得到巩固。从分配制度上讲，一方面，把共同富裕作为发展市场经济的目标，在实现效率优先的同时兼顾公平，这就可以较好地避免和消除两极分化；另一方面，把效率原则放到优先的地位，允许一部分人先富起来，就能更好地体现按劳分配原则，为提高劳动者的生产积极性，促进经济的发展提供动力机制，并带动更多的人富裕起来。所以，发展社会主义市场经济，不仅是促进生产力发展的重要手段，而且是巩固社会主义制度的重要条件。

　　第三，要讲清我们搞的市场经济比资本主义市场经济具有更大的优越性。市场经济是靠价值规律调节和运行的，因而不可避免地存在着自发性，盲目性和滞后性的缺陷。这种缺陷在资本主义条件下，由于存在着生产的社会化与生产资料私人占有之间的根本矛盾，往往会造成宏观调控乏力和周期性经济萎缩、不景气。而社会主义条件下的市场经济是以公有制为主要基础的，因而可以通过法律、行政、经济等各种手段进行有力的宏观调控，从而把市场经济的缺陷控制在最小的范围之内。因此说，我们实行的社会主义市场经济比过去搞的计划经济更有活力，也比资本主义市场经济运行得更稳妥、更健康。所以，发展社会主义市场经济与坚持社会主义道路、巩固社会主义制度是根本一致的，没有必要担心它的前途，更不应该怀疑它的方向。

三、要正确认识利益关系的调整，转变观念，积极适应

现在国家出台的一些改革措施，是从适应建立社会主义市场经济体制的要求，从解放和发展生产力的需要，从全国人民的根本利益出发提出来的，是对旧体制、旧政策的否定。有些改革，就个人来讲不一定能马上得到实惠，甚至还可能对个别人的利益暂时产生一些不利影响。这是正常的。对这些问题，就要教育大家自觉站在全局的高度，从长远利益出发来认识，用新观念、新思路来看待。如果我们的思想还是停留在以往的认识上，仍然用老眼光来看问题，势必会这也不理解，那也不适应，甚至会产生抵触情绪。比如说，对军队转业干部的安置问题，党中央和国务院历来非常重视，各级也都做了很大的努力。可以相信，今后对军转干部的安排，国家仍会给予特别的关照。但是对个人来讲，就必须随着形势的发展，不断转变思想观念。要看到，发展社会主义市场经济，本身就要求人才必须走向市场。从发展趋势看，军队转业干部的安置必然要与人才市场接轨，采取多条腿走路的办法，不可能再由国家全部包下来统一分配。比如现在就有转业的，有复员的，有

自谋职业的，等等。如果还是抱着"只能完全靠国家包分配"、"必须进党政机关"这样一些观念不放，就必然会在市场经济的大潮中陷入被动。所以，对国家出台的一些新的改革措施，一定要转变观念，积极适应。

四、要坚持先进思想理论的灌注，讲牺牲，讲奉献

由于市场经济通行的是等价交换和利益驱动原则，这和我军历来提倡的全心全意为人民服务和无私奉献精神，确实存在着矛盾。对这个问题应当怎么看？我认为，发展市场经济，讲求物质利益原则是必要的，但这种原则只能通行于经济领域，而不能侵染到政治领域和党内生活中来，不能影响军人的价值观、道德观。我们的市场经济之所以要加上"社会主义"，其中的意义也就在这里。资本主义发展市场经济，往往以环境污染、道德沦丧为代价。我们不能走这条路。我们党提出在发展社会主义市场经济中要大力加强社会主义精神文明建设，就表明了这一点。军人的事业是奉献的事业，不要说在战场上要经受血与火的考验，就是在平时，也要随时准备执行急难险重的任务，这些都是无法用金钱来衡量的。所以，在市场经济大潮冲击面前，还是要理直气壮地讲理想、讲牺牲、讲奉献。没有这一条，很多问题就讲不通，不但无法凝聚部队，而且也就不可能保持人民军队的性质。我们要大力加强部队的思想政治教育，坚决反对和抵制拜金主义、享乐主义和极端个人主义，引导官兵树立远大的理想追求、高尚的道德情操和无私的奉献精神。

五、有鉴别、有选择地学习地方改革经验，不能照搬照抄

大量事实告诉我们，地方改革开放和社会主义市场经济的发展，也给部队政治工作提供了许多值得借鉴的经验。把这些经验引进来，对增强政治工作的活力是很有益处的。在这方面要打开思路，开阔视野，注意适应新的形势，把部队的政治工作做得更好。但是，还要明确，国有国情，军有军情，借鉴地方的经验，军队必须从"特殊武装集团"这个实际出发，不能盲目照搬。在现实生活中，有些东西在地方是可行的，在军队则是不可行的，有些允许在地方存在的东西，并不都允许在部队存在。比如说，炒股票、从事第二职业等，在地方是允许的，在部队是不行的；运用罚款等经济手段进行管理，在地方是可行的，在部队则是不允许的。可见，学习地方的改革经验，必须要有鉴别、有选择地加以利用，切不可盲目照搬。对社会上存在的一些消极腐败现象，必须保持清醒的头脑，该堵的就要坚决地堵住，决不能让那些消极腐朽的东西在部队中蔓延。同时，还要认真做好引导疏通的工作，坚持用健康向上的军营文化占领部队的思想阵地，经常不断地抓好拒腐防变的教育，从根本上增强官兵抵制腐朽思想侵蚀的免疫力。

加强和改进新形势
下的宣传思想工作

一、充分认识新形势下宣传思想工作的地位和作用，进一步增强使命感和自信心

大家知道，宣传思想工作历来是我们党的事业的重要组成部分，也是我军的优良传统和政治优势。无论战争年代还是和平时期，它都是全局中的关键部分，是实现党的政治任务的中心环节，是进行革命和建设的重要保证。当前，我国的改革和建设已进入了一个新的历史发展时期。在新的形势下，宣传思想工作地位更加重要，作用更加突出，做好这一工作也就显得更为迫切。之所以这样提出问题，是由新时期我们所面临的形势和任务的特点决定的。比如，我们要建设社会主义现代化强国，最重要的是要用科学理论武装头脑，科学理论武装头脑就离不开宣传思想工作的传播和灌输；建立社会主义市场经济体制需要不断解放思想，更新观念，而实现这一任务，也离不开宣传思想工作的教育和引导；随着改革深化，许多重大改革措施的陆续出台，必将带来利益关系的新调整，要使大家稳定思想，经得住考验，也离不开宣传思想工作的阐释和说服；我们要把新时期军事战略方针落到实处，坚定在现有条件下战胜强敌的信念，更离不开宣传思想工作的鼓舞和激励；

要造就一代代"四有"军人，使军队的精神文明建设走在全社会的前列，同样也离不开宣传思想工作的培养和塑造。从部队建设的大量实践看，哪个单位的宣传思想工作做得及时有力，部队建设就上得快、有生气；反之，部队的凝聚力、战斗力就会受影响、受削弱。这充分说明，新形势下的宣传思想工作，确实事关全局。在任何时候、任何情况下，宣传思想只能大大加强，不能有丝毫削弱；只能改进提高，不能止步不前。

当前，各级领导和政治机关对宣传思想工作应当说是很重视的，工作做得比较有成效。但由于受市场经济大环境的影响，也存在一些值得注意的问题。其中最突出的一点，是一些同志包括有些领导同志，对做好市场经济条件下的宣传思想工作存有一定的畏难情绪，信心不是很足。我们应该看到，现在正是做好宣传思想工作的大好时机，有利条件很多。从大的方面讲，党中央、中央军委对宣传思想工作非常重视，我国的改革开放已经取得了巨大成就，全社会都在强烈呼唤精神文明建设，这些都为做好宣传思想工作提供了坚强有力的保障；近几年来，各级宣传部门在继承优良传统的基础上不断创新，为宣传思想工作也积累了许多新鲜经验。所以，宣传思想工作是完全可以做好，也是一定能够大有作为的。各级领导尤其是宣传思想战线的同志，一定要充分认清肩负的历史责任，坚定信心，乘势而上，振奋精神，扎实工作，努力开创宣传思想工作的新局面。

二、认真贯彻新形势下宣传思想工作的方针原则，坚持坚定正确的政治方向

深入地进行党的基本路线教育，用科学理论武装官兵的头脑，是政治思想教育的根本内容，也是宣传思想工作第一位的任务。把新形势下的宣传思想工作做好，其中最重要的一条，就是必须始终把握正确的方针原则。新形势下，坚持以科学理论作为新时期宣传思想工作的根本指针，必须贯彻以下具体原则：比如，宣传思想工作必须服从大局，服务中心；必须重在建设，以立为本；必须坚持疏导，尊重人，关心人，理解人；必须坚持"二为"方向，坚持"双百"方针；必须坚持辩证法，防止片面性；必须实事求是，注重实效。就当前情况看，在把握宣传思想工作的方针原则问题上，以下几点要给予特别的注意。

一是要坚持团结、稳定、鼓劲的方针，着眼于调动一切积极因素。团结、稳定、鼓劲，是宣传思想工作的一贯方针，在当前强调这个问题尤为重要。随着改革的深化，国家和军队将陆续出台一些重大改革举措。这些对部队建设无疑会起到很大的推动作用，但随之也可能会产生一些新的问题。如军队实行干部年轻化，地方人事、劳动制度改革等等，都可能加剧一些干部战士心理上的不平衡，搞不好就有可能影响团结和稳定。因此，宣传思想工作必须加强教育引导，始终注意做好理顺情绪、化解矛盾、鼓舞干劲的工作，变消极因素为积极因素，切实把官兵的心思和劲头引导到想现代化、钻现代化、干现代化上来。

二是要坚持正面宣传为主。坚持正面宣传是对宣传思

想工作的一项基本要求。这些年，我们有经验也有教训。因此，我们必须把宣传正面的东西作为宣传思想工作的重要原则，真实而生动地宣传广大官兵的精神面貌，讴歌我军在革命化、现代化、正规化建设中出现的新人物、新思想、新经验。无论是对内的还是对外的；文字的还是图象的，都必须加强正面宣传，绝不能图新鲜、搞猎奇，或迎合某些不健康的情绪，去宣扬那些消极、灰暗的东西。

三是要弘扬主旋律，坚持高格调。我们部队是整个社会中的一个先进群体，广大官兵应该是社会的先进分子，我们的思想道德、文化生活，都应是高标准、高格调、高品位的。如果说，整个社会都要弘扬主旋律的话，我们部队的宣传思想工作尤其应当把主旋律奏得更响。应当明确，在现实生活中，有些客观存在的东西，并不都是我们提倡和鼓励的；有些允许在社会上存在的东西，也并不等于允许在部队存在。我们宣传思想工作就是要通过高扬革命理想、牺牲奉献、艰苦奋斗的主旋律，用强大的精神力量来振奋精神，鼓舞士气，凝聚军心。这既是宣传思想工作的重要原则，也是一项最重要的任务，任何时候都必须把握好、坚持好。

四是要始终坚持把社会效益放在第一位。随着市场经济的发展，有些精神产品也要进入市场，但精神产品必须始终坚持把社会效益放在第一位。当经济效益与社会效益发生矛盾时，应当无条件地服从社会效益。军队在这方面应该要求更加严格。部队的宣传文化工作，尤其是从事新闻、出版、文艺创作的同志一定要有崇高的责任感、使命感和职业道德，一定要把笔尖和镜头对准火热的军营生活，着力表现部队的现代化建设和官兵的精神风貌，多出好书，多出精品，为广大官兵提供丰富的精神食粮，而决不能简单套用商品交换原则，更不能见利忘义，出版和创作有损于国家和军队利益的东西。

三、紧紧围绕中心工作，全面贯彻落实新形势下宣传思想工作的各项任务

服从和服务于中心，是党的宣传思想工作的一个本质特征，宣传思想工作必须始终为军队的现代化建设服务。要通过宣传思想工作把官兵的注意力引导到学习建设有中国特色的社会主义理论上来，实现政治合格，与党中央保持一致；引导到学习英雄模范人物上来，努力争当"四有"革命军人；把注意力引导到贯彻落实《纲要》上来，不断打牢部队建设的基础；引导到学习贯彻新时期军事战略方针上来，全面提高部队的战斗力；引导到端正党风、军风上来，促进部队的团结和统一。根据目前的形势和部队的实际，宣传思想工作当前应当特别注意抓好以下几点：

第一，紧紧围绕"普及、深化"抓好科学理论的学习，把用"科学的理论武装人"的战略任务落到实处。这是当前政治工作的头等大事，也是宣传思想工作的根本任务。各级党委和政治机关要继续下大力把这件事情抓紧抓好，真正做到热起来，深下去，出成果，见实效。团以上干部的学习主要抓深化，基层官兵主要抓普及。团以上党委中心组和机关干部，要在通读的基础上，分专题搞好学习。对基层官兵主要是抓好基本观点的教育，运用多种形式，努力把教育搞深、搞活、搞实。要坚持学以致用的原则，真正使学习进入思想、进入工作，指导和推动部队的全面

建设。

第二，要加大对深化改革和形势任务宣传教育的力度，确保部队的思想统一和高度稳定。我国的改革已进入攻坚阶段，改革的力度在不断加大，我们对改革宣传的分量也必须相应加大。各级领导和宣传部门要切实关注和及时掌握部队的思想动态，有针对性地搞好教育引导。对已经和将要出台的各种改革措施，尤其是官兵关心的热点、难点问题，各级要组织力量，适时做好解疑释惑的工作。要继续搞好改革利益观的讨论，引导官兵正确对待改革中的利益关系调整，增强心理承受能力，切实把思想统一到党中央和中央军委的决策上来，使大家理解改革，拥护改革，支持改革，参与改革。

第三，要继续抓好新时期军事战略方针的宣传教育，促进和推动以军事训练为中心的各项任务的完成。保证新时期军事战略方针的贯彻落实，是部队宣传思想工作的一项经常性任务。各级宣传部门要下大力抓好这一方针的宣传教育。要经常进行形势战备教育、我军职能教育和革命英雄主义精神教育，通过教育，使广大官兵牢固树立战斗队的思想，增强立足现有装备打赢高技术条件下局部战争的信心和决心，在思想和行动上做好应付各种突发事件的准备。要大力加强军事训练和各项任务中的思想政治工作，把宣传教育贯穿到战备、训练、教学、科研第一线，充分调动练兵积极性，最大限度地发挥宣传思想工作的服务保证作用。

第四，要着眼于培养"四有"革命军人，进一步搞好人生观、价值观教育，努力使精神文明建设走在全社会的前列。宣传思想工作说到底是做人的工作。培养"四有"

革命军人，建设社会主义精神文明，既是部队建设的内在要求，又是宣传思想工作的根本目标，任何时候都要把这项工作抓紧抓好。当前，主要是进一步深入搞好人生观、价值观教育，叫响"讲大局、讲奉献、讲稳定、讲纪律"和反对拜金主义、享乐主义、极端个人主义的口号，抓好领导和机关的"过三关"教育，搞好优良传统教育，大力弘扬革命正气，引导官兵树立远大的理想追求、高尚的道德情操和无私的献身精神。

四、注意研究和改进方式方法，提高宣传思想工作的实际效能

宣传思想工作要适应新的形势，完成新的任务，必须注意改进工作方式和工作方法。应当肯定，近几年来，各级在这方面都已做了一些有益的探索，也取得了一定成效。但从总体上讲，差距还比较大，正像有些同志讲的，宣传思想工作的投入和产出不成正比，往往下的气力比较大，但收到的效果却不是很理想。出现这种情况，当然有多方面的因素，但工作方法不能完全适应形势的要求，是其中一个重要原因。因此，要自觉破除旧的思维方式，摒弃过时的工作方法，尤其要要正确处理好四个关系。

一是正确处理理论与实践的关系。理论与实际、认识与实践的统一，是唯物辩证法的基本要求。宣传思想工作要发挥应有的效能，就必须把二者有机地统一起来。但在实际工作中，我们有些同志往往处理得不够好。比如，在理论学习中，有的是学归学，干归干，不能很好运用理论改造思想，指导工作；有的则是不善于总结，不注重提高，

不能把感性的认识上升到理论的高度，致使自己的思想水平和工作水平提高不快。再比如，在思想教育中，还不同程度地存在着不分对象、不分层次的问题，有的教育内容紧贴官兵的思想实际不够，针对性不强，以致教育的效益不够明显，等等。改变这种状况，最根本的是要坚持从实际出发，切实搞好理论与实际的有机结合，在结合中创造，在创造中落实。对待学习和教育，不仅要看学了没有，学了多少，教育搞了没有，时间用了多少，更重要的是看被教育者的思想水平、工作水平提高了没有，思想问题解决了没有，部队建设的水平上去了没有。通过正确的引导，促进理论和实践的更好结合。

二是正确处理抓点与带面的关系。运用点上的经验指导面上的工作，是行之有效的工作方法。没有点上的经验，工作就缺乏活力，就上不了档次；而没有面上的普及，就不能形成规模成果，抓点也就失去了意义。这些年来，我们在抓典型上下了很大功夫，也取得了很大成效，先后涌现出了许多在全军乃至全国有重要影响的各类典型，特别是对"见义勇为的英雄战士"徐洪刚的宣传，更是在全国产生了轰动效应，对部队建设和全社会的精神文明建设都起到了极大的推动作用。这说明，抓典型对部队建设、对做好宣传思想工作确实是非常重要的。现在要注意的是，一定要把工作做全了，要把上篇文章和下篇文章结合起来做，特别是要更多地做好点上的经验和典型事迹的普及推广工作。我们有些单位在这方面往往注意不够，致使一些典型不能形成规模效应。这是应当注意加强和改进的。宣传思想工作既要下大力发现典型，培养典型，宣扬典型，更要注重用好典型，推广典型，使典型的经验真正在面上开花结果。

三是正确处理疏与堵的关系。随着市场经济的不断发展，部队官兵与社会交往日益增多，联系越来越密切，社会上一些不健康的东西难免会侵入到部队中来。如何解决好这个问题？我感到很重要的是要正确处理疏和堵的关系。在新的形势面前，宣传思想工作必须旗帜鲜明，对消极腐朽的东西，该堵的就要坚决地堵，决不能让那些乌七八糟的东西在军营中任意泛滥。但我认为更主要的还是要做好教育疏导工作，因为有些东西仅靠堵是很难堵得住的，必须把功夫下在搞好教育引导、提高官兵的思想觉悟上。有些单位往往比较多地注意了堵，疏的工作做得不够，这样就很难从根本上解决问题。所以，宣传思想工作一定要坚持疏堵结合，以疏为主。通过广泛深入的宣传教育和耐心细致的思想工作，陶冶官兵的思想情操，增强对各种腐朽思想侵蚀的免疫力、抵抗力。

四是正确处理继承与创新的关系。我军的宣传思想工作经过几十年的实践，积累了许多宝贵经验，形成了一整套独具特色的优良传统和方法。这些传统和方法，应当说许多在今天仍然是管用的，不能丢掉。但是也要看到，由于形势和任务发生了很大变化，部队所处的大环境和宣传思想工作的对象、手段、条件等也与过去有很大不同。宣传思想工作不能停留在已有的水平上，而应当在继承的基础上有所创新，在创新的过程中不断发展。这方面，许多单位都已进行了一些尝试，如充分发挥现代传媒的作用，广泛利用影视、广播、报刊杂志等手段，增大教育的信息量，拓宽教育空间，增强了教育的时效性；充分运用理论灌输、思想教育、行为引导、传统熏陶等多种手段和途径，形成全方位的综合教育，提高了宣传教育的感染力；充分利用本单位和驻地的特殊优势，形成独具特色的教育形式和方法等。这些既适应了时代的发展和青年官兵的要求，又增强了宣传思想工作的有效性。希望各单位在这方面要进一步研究总结，使我们的教育方法和手段不断完善，日趋科学，逐步形成宣传教育的新套路。

五、切实加强领导，确保宣传思想工作顺利进行

做好新形势下的宣传思想工作，不仅是宣传部门和宣传干部的任务，而且是各级党委和领导干部的共同责任。对这项工作，各级党委务必十分重视，务必加强领导，切实负起责任。加强领导，是做好宣传思想工作的根本保证。各级党委应切实把宣传思想工作管起来，努力造成党委重视、各方配合、人人来做的局面。

各级党委要把宣传思想工作切实摆到重要议事日程。党委领导要认真学习党中央、中央军委关于宣传思想工作的一系列方针、原则，统一思想，明确方向，以取得指导部队宣传思想工作的领导权、主动权。要经常分析官兵的思想状况，深入调查研究，掌握第一手资料，及时提出宣传思想工作的任务，明确工作重点，认真解决出现的问题。各级党委的主要领导，要把抓好宣传思想工作作为自己的一项重要职责，对一些大的工作不仅要挂帅，而且要出征，亲自抓，亲自管，并及时协调各方面的力量，形成拳头。对一些热点、难点问题，要同宣传部门的同志一起调查，一起研究，拿出解决的办法。要适当增加对宣传工作的投入，舍得花一点钱。各单位宁可在别的地方省一点，也要

给宣传部门解决一些急需解决的问题，提供必要的工作条件。

　　加强和改进对新形势下宣传思想工作的领导，关键是要建设一支政治强、业务精、作风正、纪律严的宣传干部队伍。新的形势和任务，对宣传干部队伍提出了新的更高的要求，必须把这支队伍进一步建设好。加强宣传干部队伍建设，我看无非是四条：一是健全组织。要把那些政治坚定、思想敏锐、能力较强、有奉献精神的同志，选拔到宣传干部队伍中来。同时，要注意做好稳定队伍的工作，防止人才流失。二是加强培养。要鼓励宣传干部自学成才，同时运用多种形式搞好培训，提高宣传干部的素质、能力。三是关心支持。对宣传干部既严格要求，又不求全责备，多为他们排忧解难，在政治上、思想上、工作上和生活上多给些关心。四是严格纪律。要教育宣传干部熟悉和遵守党的宣传纪律，遵守国家和军队的有关法律、法规。对重大问题的宣传，领导要亲自把关，杜绝政治性错误和失泄密问题的发生。

在改进中加强 在创新中发展

最近，我在部队中调查研究感到，各级对市场经济条件下思想政治工作的地位作用有了新的认识，履行为"打得赢、不变质"提供强大的精神、智力支持的使命感进一步增强，加强和改进思想政治工作的良好局面正在形成。探索氛围浓厚了，创新领域拓宽了，改进力度加大了，思想政治工作在探索实践中迈出了新的步伐。同时也看到，部队思想政治工作创新和改进的现状，与党中央和中央军委的要求、与国家改革发展的形势、与部队建设的需要相比，都有不同程度的差距，需要改革的方面还很多。因此，我们应该抓住机遇，乘势而上以强烈的政治责任感和使命感，把思想政治工作的创新和改进推向一个新水平。

一、创新和改进思想政治工作，必须确立与时代要求相适应的观念

从调查情况看，这些年部队思想政治工作的每一项创新成果，都是从转变思想观念开始的，深深地打上了时代的烙印。一些单位积极适应科学技术不断变革的时代要求，大力开展"网上政工"；积极适应青年官兵的思想特点，组织实施心理教育，进行心理咨询服务和模拟战场心理训练，深受官兵欢迎。现在看，一种先进技术手段的运用，不仅

是方式方法的更新，更重要的是开阔了眼界，更新了观念。确立与时代要求相适应的思想观念，这是当前思想政治工作亟需研究解决的问题。首先，要在不断学习中打开思路。学习马克思主义哲学和社会主义市场经济理论，都应把更新思想观念作为一个重要课题。特别是对中央军委关于加强和改进思想政治工作的许多战略性思考，提出的新思想、新理论、新观点，要紧密结合实际认真学习领会，切实使这些基本精神、基本要求变成思考问题的方法论，成为指导思想政治工作创新和改进的基本遵循。其次，要在吸纳借鉴中开阔视野。不论是处在改革开放前沿的部队还是驻内地部队，都要以开阔的视野、开放的思路、全新的视角做工作，不能把自己封闭起来。可经常走出去看一看，请有关专家学者到部队来讲一讲，从社会大课堂中汲取营养，从改革实践中获取真知。再次，要在适应形势变化中跟上时代。从调查情况看，不少青年官兵对"经济全球化"、"信息网络化"、"四个多样化"以及"加入世贸"等很感兴趣，这说明，要把握官兵的思想脉搏，必须先要把握住时代脉搏。各级政治干部应经常研究追踪国际形势变化、市场经济发展和军事变革，使自己的思想观念不断跟上时代前进的脚步。第四，要在深入群众中增强创新意识。创新的思路和成果大都源于基层。情况来自于群众，经验来自于群众，具体办法也来自于群众。只要经常深入群众，以官兵为师，虚心向官兵求教，就可以从群众中开掘出丰富的教育资源、知识资源和技术资源，不断获取创新的勇气、动力和力量。第五，在实际工作中推陈出新。思想观念和工作思路是实实在在、丰富生动的，转变观念不能与实际工作搞成"两张皮"，一定要具体化。不仅要解决好

"出发点在哪里"、"着眼点是什么"、"用什么统揽"等指导思想问题，而且要把转变观念体现和渗透到各项实际工作中去。只要把不适应形势发展要求的老观念、老思路突破了，观念转变也就在其中。

二、创新和改进思想政治工作，必须确立着眼特点找规律，贴近实际抓具体的工作思路

一是要研究如何把握好环境特点。这些年，部队驻地环境发生了很大变化。"岗楼靠着酒楼、操场连着舞场、军事禁区对着三资企业"的情况，在许多部队驻地随处可见。特别是近年来大量出现的"网吧"、练歌房和音乐茶座，对一些官兵具有很大的诱惑力。某团有个战士，入伍前是个"网迷"，一次在"网吧"呆了两天两夜，营里找遍驻地所有的练歌房和20多个"网吧"才找到他。面对复杂的社会环境，许多单位敢于迎接挑战，主动适应，思想政治工作跟得上，做得实。环境影响人，但不能决定人，重要的是把握好特点，敢于正视，积极应对，因势利导，打好主动仗、进攻仗；善于从社会环境的变化中，预测和把握官兵思想变化的特点，始终把灌注先进思想作为培养官兵良好思想道德素质的根本途径，帮助官兵划清是非美丑界限，提高自我免疫能力。特别是驻城镇部队，应借鉴有些单位的成功经验，广泛开展军警联防联治、军民共管共育活动，不断优化部队驻地环境。

二是要研究如何把握好任务特点。创新和改进思想政治工作，就要贴近工作实际，把任务特点作为探索规律的切入点，干什么就研究什么，干哪一行就研究哪一行，工

作任务进展到哪个阶段就探索实践到哪个阶段。不仅要研究不同类型部队的特点和规律，分类搞好指导；即使对同一单位，也要研究不同工作性质、不同阶段性任务的特点，有针对性地做好工作，不能搞"一刀切"、"一锅煮"。搞同一个教育，内容应各有侧重；开展同一个活动，组织形式也应有所区别。哪个单位把自己的工作任务特点研究透了、把握准了，哪个单位工作的针对性就强，也就有自己的特色。

三是要研究如何把握好对象特点。这些年，青年官兵思想变化的频率明显加快，文化素质、年龄结构、社会阅历、家庭富裕程度和性格特征的差异明显拉大，思想观念、价值取向、精神追求和行为方式也都发生了较大变化。特别是少数年龄小、学历低、单亲家庭、性格孤僻的战士涌入军营后，给部队的教育管理带来较大难度。据某部统计，属于单亲、孤儿或父母离异的战士多达243人。某团有名战士14岁入伍，已有6年的"烟龄"，一遇到想不开的事就想离队。某团一名14岁入伍的战士，参军不到3个月，父母来队看望8次，几天不见父母就想"跑"，家长只好在当地租房子住了半年，为孩子"跟踪服务"。对这些现象到底应该怎么看？一要敢于正视，看到部队是社会的缩影，发生这样那样的问题不足为怪。二要看本质、看主流、看发展，尽管他们有这样那样的缺点，但只要工作得法，就能够把他们培养成为合格军人。三要深入研究官兵的思想特点和心理生理特点，积极做好一人一事的工作。

四是要研究如何把握好时空特点。这些年发生的一些案件事故和严重违纪问题，大都发生在八小时之外和营区之外，发生在小散远单位和单独执行任务的人员身上，具有明显的时空特点。中央军委强调思想政治工作不能留下"盲点"，具有很强的针对性。我在部队调查时发现，部队思想政治工作同样存在一些关注不够、研究不够、教育管理不够的"盲区"和"盲点"问题。某部近年来发生的严重问题中，"盲点"人员占37%。我们还了解到，某部服务中心的一名战士经常在夜间收听电台"空中交友"节目，入伍一年写了105封交友信，交友范围涉及6个省20个地市31个县，与12名女青年有联系。某部修理连的一名战士，租用老百姓一部手机，经常利用业余时间打信息台，一个月通话费高达1.5万元。基层同志说得好，"不怕重点，就怕'盲点'，要把'盲点'当作重点来抓"。对此，各级领导特别是一线带兵人应以高度的政治责任感，经常分析官兵思想情况，切实弄清和知道各类人员在哪里、在干什么、在想什么、需要什么，把工作跟上去。特别要针对这部分人员"平时难见面、思想难掌握、活动难控制"的特点，建立有效的监控制度、报告制度和教育管理制度，确保所有人员始终处在组织、教育和管理之中。

三、创新和改进思想政治工作，必须抓住根本问题，在坚定官兵理想信念上多下功夫

思想政治工作的核心内容是解决理想信念问题。而从调查看，解决"信什么，不信什么"的问题，恰恰是许多政治干部感到最难办的。有的同志概括为"四难"：面对当代社会主义处于低潮的历史条件，许多理论问题难讲清；面对改革利益关系的调整，许多思想问题难打通；面对进步与落后观念的相互交融，许多错误东西难抵制；面对

"四个多样化"的出现，许多认识问题难统一。据对500名官兵调查，有60多名地方大学生入伍的干部认为，马克思主义与萨特、尼采学说等西方哲学不矛盾，社会主义市场经济与资本主义市场经济没有多大区别；有200多名官兵对解决党内腐败现象和社会上的"黄、赌、毒"信心不足；有80多名官兵藏有《周易》、《八卦》书籍或佩带迷信饰物。这些都说明，坚定理想信念既是当前理论战线迫切需要回答的重大时代性课题，也是思想政治工作迫切需要解决的重大现实性问题。

坚定官兵理想信念，办法有千条万条，最重要的是要抓住"真理的力量"和"人格的力量"这两条。一要增强马克思主义真理的说服力。要下大力改变思想政治工作中存在的"讲理不多、要求过多，触及思想不多、空洞说教过多"的状况，善于结合新的实际，增强马克思主义的说服力和战斗力。把影响官兵思想活动的重大理论问题把握住，把回答和解决现实思想问题的具体道理研究透。加强科学知识、科学思想、科学方法、科学精神的学习教育，增强官兵识别和抵制各种唯心主义、封建迷信及伪科学的能力。二要增强领导形象的感召力。青年官兵中存在的"不信、不听、不服"的现象，很大程度上与一些干部特别是领导干部带头作用、表率作用不好有关。不信马列的人讲马列，谁信？不廉洁的人讲党风，谁服？台上讲真理，台下搞歪的，只能损害党的形象，削弱真理的说服力。各级党委领导和政治干部，要自觉把端正党风与端正学风紧密结合起来，把"立言"与"立行"统一起来。抓理论学习和思想政治教育要把各级干部特别是领导干部作为重点，使教育者首先接受教育。考核干部、宣扬典型，也要把是否坚持理论联系实际、是否言行一致作为重要条件。

四、创新和改进思想政治工作，必须积极探索与部队建设发展相适应、与地方改革相衔接的新机制

从调查看，当前困扰基层、困扰官兵的问题主要有三类：一类是多年没有解决好的老大难问题；一类是老问题出现新特征、新表现；一类是新形势下遇到新矛盾、新问题。解决这些问题，关键是要有一个新的思路和视角，力求形成一些与市场经济相接轨、与部队建设发展相适应的新对策、新机制。从目前情况看，需要着力研究解决以下三个方面的问题：

一是要积极探索激发干部队伍活力的新机制。干部队伍动力不足、活力不足，一个重要原因就是缺少竞争激励机制。在这方面，地方党政机关的改革力度比较大，部队有的单位也做了一些探索，如研究提出或实行任职资格制、任期考评制、末位淘汰制等。各级应着眼部队建设的特殊要求，依据有关政策规定，紧紧围绕如何把引进人才与培养人才结合起来，如何把物质奖励与精神奖励结合起来，如何把改善物质文化生活环境与营造良好用人环境结合起来的问题，大胆引入竞争机制，激励能人，淘汰庸人，鞭策混事的人，努力在干部队伍中形成"靠素质进步，凭本事立身"的良好风气。

二是要积极探索依法维护军人合法权益的新机制。近年来，官兵及其家庭涉法问题逐渐增多。各级领导机关要

改变那种"不善于、不习惯、不重视"运用法规制度解决问题的工作思路，把依法决策、依法指导与依法解决官兵涉法问题紧密结合起来。要建立健全组织，充分发挥职能部门和律师队伍的作用，组织他们讲法送法到一线、咨询服务到一线、培训骨干到一线。要充分利用现有机制，积极疏通渠道，通过建立"维权联系卡"和"法律咨询专线电话"等形式，积极创造条件，为官兵提供及时有力的法律援助。

三是要积极探索伤病残官兵和随军家属就业安置的新机制。急基层所急，解基层所难，就应在研究解决困扰部队的急难问题上多下气力。建立完善伤病残人员安置机制，需要上下共同努力，特别是师以上领导机关，要加大同地方政府部门协调的力度，力求建立起与市场经济相适应的新政策、新办法，不断拓宽安置渠道。随军家属的安置难度大，潜力也很大，关键是要善于把政策指导、社会保障、内部挖潜与引导家属转变观念、提高素质紧密结合起来。某部探索形成的"地方政府指令性安置、部队内部挖潜安置、企事业单位'变通'安置、依托企业'挂靠'安置和自谋职业安置"的五种模式，提供了很好的经验。要采取多种安置方式，重视搞好教育培训，突出解决难点问题，逐步形成多渠道、多模式安置的格局，努力实现"人有所业、业有所收，岗有所依、生活有靠"的目标。

五、创新和改进思想政治工作，必须切实转变领导作风，努力创造运用高效快捷的工作方式和方法

调查中感到，基层思想政治工作存在的问题，根子在

于领导机关工作指导的针对性、实效性不够强。突出表现在以下几点：一是有些工作部署脱离部队实际。调查发现，部署任务不给时间、不从部队实际出发的情况，在有些单位还比较突出，致使工作超负、时间超支，给基层造成忙乱。部队反映，现在临时性工作多、考试考核多、背记题目多、参加上级会议多、各种本本多。他们说，"老'五多'不但没减少，而且还下了'崽'"。二是形式主义的东西依然存在。有些单位一讲改革创新，就出一些中看不中用的"花花点子"，把简单的问题搞得非常复杂繁琐。基层官兵特别反感的有两件事，一是"扫"，二是"背"。工作组未到，"扫地"先行；政治理论学习要背，知识竞赛要背，法规条令要背，而且层层加码，多头考、重复考，一年要背的题达上千个。有时为了应付检查考试，指导员一个晚上搞两三个教育，战士吃不好，睡不好，甚至还要打通宵。三是有些领导机关的工作精力不够集中。往往把过多的时间、精力用在了应酬和接待上，常常是围着上级领导转、围着招待所转、围着酒桌转，很难把主要精力用在抓部队、抓基层上。因此，创新和改进思想政治工作，首先应从领导机关的工作作风、工作方法和工作手段改起。

部署工作要从部队实际出发。师以上领导机关要多在"减"字和"统"字上做文章，旅团领导机关要多在"结合"和"变压"上下功夫，善于搞好"分流"，在结合中落实，在落实中创新。组织政治教育，就是要从实际出发，不管上边怎么部署，对那些最核心、最基础、官兵最关注的经常性教育内容，要始终抓住不放。做到需要搞什么教育，就安排什么教育；有什么问题，就讲什么道理；解决谁的问题，就选择适合谁的内容。不能用千篇一律的道理，应对千变万化的思想；用上级部署的集中教育，代替基层需要的随机教育。

检查指导要注重实际效果。一切创新和改进都应着眼实际和实效，把"要精、要管用"作为重要指导原则，把有利于发挥我军的政治优势、有利于提高部队战斗力作为根本出发点。如理论学习和政治教育考核，对基层官兵来说，有些基本观点和重要条文，不可不背、不可不考，但不能背得过多、考得过频。重要的是引导官兵养成看书读报的习惯、积累资料的习惯、思考问题的习惯，切实在联系实际、解决问题上见到成效。特别是对各级领导干部的政治理论考核办法要做些改革，应重点考三条：一考学习态度端正不端正，二考基本理论观点掌握了多少，三考实际应用得怎么样。主要是结合年终领导干部述职搞好"述学"，让机关干部参与"评学"，不搞死记硬背，不搞闭卷考核。通过建立和运用新的考核机制，引导各级领导和广大官兵自觉把所学的理论转化为观察分析问题的思想方法，转化为履行职责的工作思路，转化为干好本职的自觉行动。

改进方法和手段要着眼提高工作效率和质量。形势的发展，要求我们敢于开风气之先，积极创造一些快捷高效的工作方式和方法。有的单位已经把有线、无线、网络等通信手段与信息技术融为一体，为工作指导提供了方便条件。只要各级把科学求实的精神树立起来，把先进的科技手段运用好，工作方式方法就可以不断创新，工作效率也就会大大提高。

坚持与时俱进 积极改革创新

"在新世纪新阶段，发展要有新思路，改革要有新突破，开放要有新局面。"我理解，贯彻落实党中央这些新思想、新观点、新要求，与时俱进地推进部队建设与改革，关键是要真正学懂弄通党的理论创新成果，把新理论转化为观察分析问题的新观念；紧密结合部队建设实际，把新观念转化为谋划指导工作的新思路；扑下身子、真抓实干，把新思路转化为部队建设的具体实践；不断总结反思、探索规律，把实践经验转化为理性认识，实现思想认识上的第二次飞跃。

一、认识问题要有新观念

与时俱进，改革创新，必须以更新观念为先导，以理论上的创新推动工作上的跃升。这些年，各级在党的创新理论指导下，不断解放思想，在部队建设实践中逐步形成和确立了一些适应时代发展要求、推进部队建设的新观念。像讲政治的观念，坚持从政治上观察分析处理问题，用理论上的清醒保证政治上的坚定，注重从思想上政治上掌握和控制部队，进一步强化了官兵高举旗帜、维护核心、听党指挥、严守纪律的政治意识，把党对军队绝对领导的原则落到了实处，确保了政令军令畅通，保持了部队高度稳定和集中统一。科技强军观念，坚持以科技为先导，加大科技创新力度，广泛开展学科技、用科技活动，取得了一大批科研成果，推进了科技练兵深入发展，使科学技术成为提高部队战斗力的新的增长点。人才为本观念，各级在培养人才上认识统一，措施有力，形成了一整套富有特色、行之有效的制度规范，领导的校长意识、机关的育才意识、官兵的成才意识进一步增强，官兵的整体素质明显提高，知识结构不断改善，适应打仗要求的人才群体逐步形成。质量效益观念，坚持从实际出发，按规律办事，防止和克服重形式轻内容、重过程轻结果、重投入轻产出的现象，讲质量求效益已经成为各级抓工作、搞建设的根本着力点。公平竞争观念，坚持以公开求公正，以公正求公道，在干部选拔任用、重大工程招标、物资经费管理、基层"双争"评比、热点敏感问题处理上实施"阳光操作"，较好地形成了竞争进取、优胜劣汰的良好局面。揭短求实观念，打破报喜得喜、报忧得忧和消极保安全的思想障碍，上下形成了发现问题是水平、揭露问题是党性、汇报问题是觉悟、解决问题是政绩的共识，增强了以务实求落实、以创新求突破的自觉性，等等。实践一再证明，观念一新，遍地黄金，观念滞后，面貌依旧。进一步解放思想、更新观念，切实迈开改革创新的步伐，需要做多方面的工作，当前应着重处理好以下四个关系：

一是要处理好继承传统与改革创新的关系。我党我军在长期实践中总结和积累了一系列反映规律、行之有效的优良传统，这是一笔宝贵的精神财富，要很好地继承和发扬。但继承传统也要与时俱进，只有发展传统、创新传统，才能真正继承和发扬传统。我们必须以新的眼光、新的视角、新的标准审视传统，大胆冲破老经验、老办法、老框框的束缚；必须有敢于超越前人、否定自我的勇气，不要怕因为改变某些传统做法而被指责为忘记历史、丢掉传统；必须根据形势任务的发展变化，不断赋予传统以新的内涵，使其更具有现实生命力。比如，在加强基层党组织建设上，我们既要坚持"支部建在连上"的优良传统，又要适应编制体制调整和未来战争需要，注重抓好"所、室、站"等基层单位的党支部建设；在党员发展上，既不要忘了"老黄牛"精神，更要注重科学文化素质；在"双争"评比上，既要激励先进连队保持荣誉，又要注重调动后进连队争先创优的积极性。去年以来，各部队自觉打破靠历史荣誉连队打天下、人为搞"几连冠"的思维定势，集中帮抓 139 个连续 6 年不是先进的连队，使其大部分改变了面貌，跨入了先进行列。还有，像民主集中制，这是我们党内生活的根本制度，要毫不动摇地坚持下去，但是在新的形势下，必须同贯彻"十六字方针"紧密结合，注意做到抓住重点出议题，调查研究作准备，个别酝酿求共识，集体研究作决策，明确分工抓落实。

　　二是要处理好执行指示与改革创新的关系。不折不扣地贯彻落实上级指示，确保政令军令畅通，是领导工作必须始终坚持的一个基本原则。但执行指示的坚决，这决不意味着对上级指示照抄照转、机械地执行，关键是要找准上级指示与本单位实际的结合点，创造性地抓好落实。毛泽东早就说过，对抗上级指示最妙的办法，就是机械地执行上级指示。这一针见血地批评了执行上级指示缺乏创新精神的问题。这些年，有的单位埋怨上级指示多、文电多、教育安排多，这确实有上面工作指导不够科学的问题，但仔细分析起来，也与一些单位特别是旅团一级，对上级指示不能从全局上把握理解，满足于当"传声筒"、"传达室"有很大关系，有的怕搞创新多了被说成执行指示不坚决，万一出了问题怕承担责任。事实上，要确保上级指示真正落实，一刻也离不开各级的创新精神和主观能动性的发挥。某部执行上级关于军人不准炒股、不准参与"空中交友"、不准上国际互联网等规定，没有一味地"禁、堵、卡"，而是组织部队广泛开展"八个应该不应该"的大讨论，在疏堵结合中增强了官兵执行上级规定要求的自觉性。医院系统自觉把为兵服务与"以院养院"结合起来，以改革创新为动力，以科技兴院为支撑，在培养引进人才、发展先进医疗设备、改善基础设施等方面狠下功夫，取得了明显成效。当然，强调改革创新，并不是离开政策、原则和法规另搞一套，不能因为利益驱动而违背政策，不能因为感情因素而放弃原则，不能因为从众迎合而不讲法规。

三是要处理好保持稳定与改革创新的关系。实践证明，凡是领导观念新，在人才建设、制度建设、基础设施建设等方面改革力度大的单位，官兵的思想就稳定，部队的凝聚力、战斗力就强。反之，思想封闭、观念保守、部队建设长期处于落后状态的单位，人心就散，问题就多。比如，过去有的旅团生活服务中心副食品采购，往往是搞"暗箱操作"，官兵反映很大，被一些同志称作是"意见中心"。为解决这一问题，某集团军引进市场竞价机制和群众监督机制，对主要副食品实行"阳光采购"，既有效地堵塞了副食品采购中的漏洞，提高了标准经费的使用效益，又找到了新形势下基层发扬经济民主的实现形式，增强了官兵的主人翁意识和对领导的信任度，取得了经济、政治双重效益。据某师统计，实行"阳光采购"后，全师每天节约伙食费 3000 多元，一年可达上百万元。这就启示我们，改革创新与保持稳定并不矛盾，越是求稳怕乱、不思创新，问题和矛盾就会越积越多，不稳定的因素和出问题的概率就会越大；只有以与时俱进为前提，以改革创新为动力，以谋求发展为目的，才能从根本上奠定稳定的基础，确保部队的高度稳定和集中统一。

　　四是要处理好学习借鉴与改革创新的关系。一位地方领导干部说，他们坚持跳出粮食抓农业，跳出农业抓农村，一下子把农业和农村工作搞活了。这个思路很有借鉴意义。在与时俱进的大环境里，在信息化步伐不断加快的社会条件下，孤立地、封闭地搞创新是没有出路的。只有不断接受新事物，善于学习借鉴别人的创新成果，才能进一步增强开拓意识，提高创新的质量和效益。我们一定要防止和克服孤芳自赏、盲目排外的狭隘思想，走出"别人的经验不愿学，自己的高招又不多，总是'近亲繁殖'、低层次徘徊"的怪圈。要组织官兵经常到改革开放第一线走一走、看一看，感受人民群众的生动实践，同与时俱进的人多接触、多交流，到思想解放的地方去解放思想，到观念更新的地方去更新观念，到改革创新的地方去学习改革创新。既要学习地方的，又要学习军队内部的，还要学习外军的，乃至世界上的一切优秀文明成果。学习借鉴还要善于利用地方改革开放的物质成果，解决部队建设中的急难问题；利用地方改革开放的科技成果，加快科技强军的步伐；利用地方改革开放的精神文明成果，加强部队的思想政治建设；利用地方改革开放的文化教育成果，促进部队的人才培养和官兵素质的提高。

二、筹划建设要有新思路

　　观念决定思路，思路决定出路。只有紧密结合实际，把符合时代要求的新观念转化为部队建设的具体思路，才能使改革创新保持正确方向，使各项工作始终充满生机与活力。近几年来，我们在筹划部队建设中，积极贯彻改革创新精神，形成了许多好的工作思路。在党委支部建设上，坚持抓书记带班子，抓学习强素质，抓风气树形象，抓制度严规范，一年突出一个重点，每年都有新发展。在军事斗争准备上，坚持理论牵引，以具体求深化，在解决问题中求发展，各部队结合作战任务，探索解决未来作战重点难点问题，用理论研究成果带动训法战法改革，使军事斗争准备在积小成为大成中逐步走向深入。在基层建设上，围绕"四个基本"，坚持基本教育抓质量，基本队伍抓素质，基本制度抓落实，基本设施抓配套，从而抓住了基层建设的规律性要求，为全面落实"五句话"和《纲要》提供了有效载体。在部队管理上，深入做好"两个经常"工作，坚持党委统一领导，司、政、后、装密切配合，各职各类干部齐抓共管，形成了上下左右相互衔接的"大管理"格局。在中心组理论学习上，坚持找准问题、学习研究、进入决策、抓好落实，每次重点解决一两个突出问题，将学习纪要下发部队，以自身学习成果带动机关和部队的学习。在基础设施建设上，坚持集中财力办大事，发动群众拿办法，上下结合抓落实，解决了许多实际问题，使部队工作生活条件已经和正在发生新的变化。从这些思路带来的巨大效益看，思路对于推动部队建设与改革太重要了，只要思路一转变，工作就有新局面。

为什么在相同的政策、差不多的条件下，有的单位进步快一些，变化大一些，而有的单位进步慢一些，变化小一些，甚至部队建设多年在低层次徘徊，我看主要差距就在思路上。作为一级党委和领导干部，谋求部队建设新发展，一定要吃透上级精神，深入调查研究，集中群众智慧，拿出符合实际的科学工作思路。具体说，应把握好以下四点：一是要体现先进性。工作思路是否具有先进性，决定着部队建设的起点和标准，决定着部队建设的发展方向与质量效益。确定工作思路，一定要围绕"打得赢"、"不变质"两大历史性课题，充分考虑是否有利于促进部队建设跨越式发展，有利于满足广大官兵愿望，有利于提高部队的战斗力，有利于保持部队的高度稳定和集中统一。这些年，各部队之所以能够经受住各种复杂情况和重大政治斗争的考验，经受住急难险重任务的考验，保持了部队建设的持续发展和进步，很重要的就是工作思路跟上了时代发展的步伐，体现了先进性要求。二是要突出开拓性。谋求部队建设新发展，必须有敢为人先的勇气，充分体现开拓性要求。如果墨守成规，不敢越雷池一步，或者拾人牙慧，跟在别人后面亦步亦趋，就不可能迈开改革创新的步伐。省军区系统发动民兵开展的科技扶贫活动，就是为党分忧、为民解难、为军争光的开创性工作。三是要注重系统性。部队是一个大系统，未来作战也是整体与整体、系统与系统的对抗。这就要求我们，必须善于站在部队建设的全局上，运用系统的观点思考和谋划各项工作，不能搞"单打一"，顾此失彼，抓住一点不及其余。比如，机关各部门安排工作，不能"一人一把号，各吹各的调"，一定要加强协调，整体筹划，否则就会造成政出多门，搞乱部队。我们抓基层强调全面建设、整体提高，就是系统观点在部队建设中的具体运用。某集团军把落实《干部学习三年规划》与提高干部学历层次捆在一起组织进行，既完成了学习任务，又改善了干部知识结构，也满足了干部的成才需要，就很好地体现了系统性的要求。四是要着眼长远性。党委领导作决策、搞建设，一定要正确处理眼前利益与长远发展的关系，有前人栽树、后人乘凉的胸怀，决不能以牺牲长远利益为代价，搞"应景工程"、"门面工程"，更不能搞破坏性开发，靠"吃子孙饭"过日子。

确定工作思路，还要善于总结反思，做到打一仗进一步。既要总结成功的经验，也要汲取失败的教训。年终总结，要下决心改变翻"流水账"的现象，要在充分肯定成绩基础上，发动各级"翻箱倒柜"查找问题，特别要注意反思观念和工作思路上的问题，有针对性地制定改进措施，真正把总结工作的过程，变成查找问题、汲取教训、谋求发展的过程。

三、解决难题要有新突破

坚持与时俱进、改革创新，目的在于解决问题、突破难点。往往一个难题的突破，既能促进重点工作的发展，也能推动部队全面建设。当前，尤其要在解决以下几个方面的重点难点问题上下功夫、求突破。

一是要在思想政治教育改革上求突破。部队教育改革虽然下了很大功夫，取得了明显成效，但也存在一些不容忽视的问题。比如，有的仅靠一块黑板、一支粉笔、一张嘴巴搞教育，方法手段呆板单一；有的教育一抓再抓，官兵就是不能入心入脑；有时刚搞完教育，战士上一趟街、收一封家信、接一个电话，思想又出现反复。解决这些问题，根本出路在于深化教育改革，努力实现由零打碎敲式的教育向规范化教育转变，由封闭式教育向开放式教育转变，由灌输式教育向群众性自我教育转变，由运用传统手段搞教育向运用现代化手段搞教育转变，进一步增强教育的时代感和针对性、有效性。要深入研究青年官兵的思想特点和变化规律，坚持把思想调查作为教育的第一环节，做到有什么问题就搞什么教育，官兵需要什么教育就搞什么教育。要针对兵役制度改革后兵员结构的变化，切实走开干部、士官、义务兵分层施教的路子，尤其要积极探索如何加强士官教育问题。要在充分发挥课堂教育主阵地作用的基础上，努力形成民主讨论、寓教于乐、法规戒勉、政策激励、心理调适、环境熏陶等多种方法并举的大教育格局。某师开展"以案说法"教育活动，不仅满足了官兵渴求法律知识的需要，而且丰富了群众性自我教育的内容和方法。要积极利用现代科技手段搞教育。现在各级相继建立起了功能齐全的局域网，如何充分利用网络提供的丰富信息资源和快捷便利方式，开展网上政工，扩大政治工作的覆盖面和影响力，需要各级很好地进行研究探索。要重视提高基层政治教员队伍能力素质，通过学习培训、领导干部传帮带、岗位练兵比武等形式，使他们达到"会搞思想调查、会计划安排教育、会备课讲课、会运用现代化教学手段"的要求，以教员队伍素质的提高促进教育质量的跃升。

二是要在提高部队打赢能力上求突破。各级要认清形势，正视差距，积极攻关，努力突破制约提高部队打赢能力的"瓶颈"问题。要深化军事斗争准备和形势战备教育。组织官兵深入学习贯彻党中央提出的战略思想，用军委、总部的决策指示统一思想，引导大家自觉强化职能意识、使命意识、责任意识，牢固树立当兵打仗、带兵打仗、练兵打仗的思想。要深化作战理论和重点难点问题的研究攻关。围绕"动得快"、"过得去"、"攻得下"，围绕强敌介入背景下的联合登岛作战和战区防卫作战，着力回答未来作战不可回避的重点难点问题，每年突出研究解决一两个问题，以"点"的积累推动"面"的发展，以具体的突破和局部的拓展，带动整体的提高和跃升。要在创新中落实新一代训练大纲。当前，要着力解决好军官对分队训练不敢放手、自身训练不够落实，部分士官难以担当组训任务，训练保障设施不配套等问题。要不断强化按纲施训的意识，进一步探索和规范分队军官的组训形式与方法路子，努力提高士官队伍素质，加大训练保障力度，提高领导机关指导训练的效能。要进一步加大重点部队建设力度。应急机动作战部队要深入贯彻"三个特殊"、"一个特别"要求，按照由重基础性建设向提高实战能力转型的思路，努力实现建设标准、建设指导、战斗力形成、官兵素质、建设内容、保障建设上的"六个转变"；战略预备队部队要调整建设思路，提高建设起点和标准，下大力解决战备建设基础薄弱、人才队伍贫乏、武器装备老旧、保障能力滞后等问题。要继续抓好现有装备特别是新装备成建制成系统形成作战能力建设，努力使人与装备更好地结合起来，既催生人才，又提高战斗力。民兵预备役部队要按照适应"两场"、提高"两力"的要求，自觉在经济建设主战场上练兵、用兵、强兵。

三是要在选拔培养新型军事人才上求突破。育才理论创新是最大的创新，培养出一批现代化人才是领导干部最大的政绩，往培养人才上投资是领导干部有远见卓识的表现。近几年，在军事斗争人才准备上，各级党委领导高度重视，工作力度比较大，取得了明显成效，但与未来军事斗争需要还有较大差距。当今世界的竞争，从根本上说是人才的竞争；未来战争的较量，说到底是人才的较量。培养人才必须有战略眼光，采取超常措施，在增强针对性、提高质量上狠下功夫。当前尤其要突出选拔培养年轻复合型军事指挥人才和主战装备高科技尖子人才。在继续抓好选拔培养主战装备工程技术专业研究生的基础上，还要选拔培养一批军事指挥专业硕士研究生，同时进一步加大作战部队优秀年轻干部选拔使用力度。建立健全改革创新激励机制，对改革创新政绩突出的，给予重奖和重用。应瞄准作战需要，采取有力措施，尽快形成优势人才群体，最大限度地满足军事斗争准备对人才的需求。

四是要在端正部队风气上求突破。这些年，各级在加强部队风气建设上下了很大功夫，但官兵反映比较大、领导感到比较挠头的仍然是风气问题。问题反映在部队，根子在领导机关。比如，在干部调整、战士考学、技术学兵选调、士官选取、兵员调动等问题上，之所以始终刹不住跑、要之风，就是因为有的通过跑要能够达到个人目的。再比如，有的单位乱写告状信问题屡禁不止，要提拔谁就告谁，甚至要挟领导、恐吓组织，一方面是因为我们有些干部自身形象确实不好，另一方面也是因为有的单位民主渠道不畅，还有一个重要原因，就是领导对歪风邪气查处不力。事实告诉我们，风气好人人受益，风气坏人人受害，端正风气人人有责。风气正，就出人才、出政绩、出经验；风气不正，就出问题、出矛盾、出教训。搞好风气建设，思想教育是前提，完善制度是根本，领导带头是关键。各级要加强对干部特别是团以上干部的教育管理，引导大家自觉从永葆我军性质、宗旨和本色，增强部队凝聚力和战斗力的高度，充分认识加强风气建设的极端重要性，切实打牢端正风气的思想基础。要充分发挥制度的规范和约束作用，对军委、总部有关改进作风的制度规定，各级必须严格执行，同时要注重进一步建立健全制度，努力在形成按制度办事的氛围。领导干部要率先垂范做好样子，切实在讲政治、守纪律上作表率，在求真务实、狠抓落实上作表率，在廉洁自律、从严要求上作表率，经得起权力、地位、名利和美色的考验。同时，要坚持党性原则，敢于同歪风邪气作斗争，对有损党的形象和威信、侵害官兵利益的人和事，特别是对那些无中生有、捏造事实、诬告他人的行为，要严肃查处，决不能让搞歪门邪道、败坏风气的人沾光。

四、指导工作要有新方法

毛泽东曾把工作方法形象地比作"桥"和"船"。这就告诉我们，科学方法对于指导工作实践有着十分重要的作用。尤其是在新形势下搞好改革创新，更要讲究科学的指导方法，决不能盲目蛮干。搞好工作指导，我觉得应主要把握好以下几点。

第一，既要在重大任务中靠前指挥，更要坚持层次指导。在急难险重任务面前，深入一线，身先士卒，靠前指挥，是对领导干部的基本要求，也是我军的传统工作方法。但不是所有的工作都需要靠前指挥，更不能事无巨细、大包大揽。如果老是干一些不该自己干的事，什么事都一竿子插到底，不仅容易打乱部队正常秩序，还会挫伤下级的积极性。正像有的同志说的那样，你不放心、我不尽心，你不放手、我不动手。在实际工作中，应当分清轻重缓急，该靠前的就要靠前指挥，经常性工作必须明确责任，按级负责，各级干好各级的事。就拿抓基层来讲，各级有各级的分工，各层有各层的任务，需要上下齐抓共管，形成合力。领导和机关一定要严格按职责办事，特别要充分发挥旅团一线指挥部作用，努力强化基层的主体意识，把本来属于基层的权利还给基层。要建立健全党委宏观调控机制、基层自建机制和具体工作运转机制，确保党委统得住，机关合力大，基层有活力。领导机关为部队服务，首先要把自己该做的事情做好，解决好部队自身难以解决的问题，这是最基本、最实际的服务。对领导机关派工作组下部队也要辩证地看待，解决问题的工作组越多部队越欢迎，不解决问题的工作组部队一个也不欢迎。

第二，既要注意统一部署，更要坚持分类指导。部队的多样性，决定了在工作指导上既要抓住普遍性问题，搞好统一部署，更要区分不同情况，搞好分类指导。如果我们用普遍性要求代替分类指导，不加区别地搞"一刀切"、"一锅煮"，就难以保证工作指导的针对性和有效性。兵役制度改革以后，部队人员构成发生了很大变化，特别是士官比例明显增大，官兵的思想基础、生活阅历和岗位要求有很大差异。我们必须根据不同层次、不同类型人员特点，有针对性地搞好教育管理。某部曾对 5000 名义务兵进行专题调查，比较全面地掌握了各类义务兵的思想状况，有针对性地研究了加强和改进部队教育管理的对策，思路和对头，效果显著。各级要进一步加大探索研究力度，努力把教育管理工作做得更加深入扎实、富有成效。

第三，既要注重思想引导，更要坚持法规政策指导。加强思想引导，把一切工作的进步建立在思想进步的基础上，是我们必须始终坚持的工作方法。但是，确保各项任务有效落实，仅靠思想引导是不够的，还必须重视发挥法规政策的调节、规范和强制作用。搞好法规政策指导，一方面，要严格按法规政策办事，自觉维护法规政策的严肃性和权威性，凡是法规政策明确的，就不能另起炉灶，另立章法，更不能搞一些与之相悖的土政策、土规定，坚决克服工作指导上的随意性和"以权代法"、"以言代法"、"以情代法"的现象，努力在形成党委依法决策、机关依法指导、干部依法带兵、部队依法运转的良好局面。另一方面，要根据不断变化的形势，进一步建立和完善有关政策制度。政策制度带有根本性和长远性。出台一个好政策，就能惠及一片。各级要进一步强化运用法规政策指导工作的意识，加大探索研究力度，已有的积极落实，过时的要赶快修改，不配套的抓紧完善，没有的积极研究制定，力争在这方面取得更大成效。

第四，既要搞好一般号召，更要坚持典型指导。一般号召与典型指导是紧密相联的，二者互为补充，相互促进。只有在搞好一般号召基础上，充分发挥典型的示范导向作用，才能推动各项工作向更高层次发展。一个典型就是一面旗帜，就是一个解决问题的办法，就是一条发展的路子。

作为领导干部，一定要胸中有全局，手中有典型，善于在工作中发现典型，运用典型指导工作。前不久我到南阳市对"编外雷锋团"的先进事迹作了进一步了解，很受感动，很受教育。我给"编外雷锋团"写了两句话："与时俱进学雷锋精神，开拓创新做雷锋传人。"意思是，学雷锋也要与时俱进，真正学出时代精神来。只有紧扣时代脉搏，总结宣扬典型，才能使典型具有旺盛的生命力，推动部队建设迈上新的台阶。

五、抓好落实要有新风貌

搞好改革创新，推动工作落实，必须有良好的精神风貌。要始终保持共产党人的蓬勃朝气、昂扬锐气、浩然正气。弘扬共产党人的蓬勃朝气，就是要忘我工作，真抓实干，始终保持旺盛的革命斗志。有的干部年龄不大，朝气不足，在一个职位上工作多年没有多大建树。这种状况，与新形势、新任务的要求格格不入，更谈不上开创新局面，谋求新发展。作为领导干部，一定要倍加珍惜党和人民的信任，真正像党中央要求的那样，以寝食不安、夙夜在公的精神，勤政敬业，恪尽职守，扑下身子，真抓实干。一些任职时间较长的军师职领导干部，德才优秀，政绩突出，但由于受岗位、专业、机遇等因素的制约，没有得到提升使用，但他们不攀不比，无怨无悔，一心扑在工作上；有许多同志年龄不到"杠"，但由于任职时间到"杠"被免职，他们不但愉快服从组织安排，有的还离职不离岗，仍然兢兢业业发挥自己的余热；还有一些同志年龄即将到"杠"，有的夫妻长期分居两地，家庭面临许多实际困难，仍然一门心思干工作，从不向组织提要求。这些同志的崇高思想境界和高风亮节，值得我们很好地学习。要像这些同志那样，无论在什么职务、什么岗位上，无论在什么时候、有什么实际问题，都应当把干好工作放在第一位，力求有所作为、有所建树。

弘扬共产党人的昂扬锐气，就是要积极进取，百折不挠，始终有一种永不止步的精神。改革创新的过程就是不断解决矛盾和问题的过程，必然会遇到各种风险和阻力，甚至会遭受暂时的挫折。只有以创新的勇气直面现实，以无畏的气概攻克难关，才能真正在创新中推动部队建设的发展与进步。我们这几年取得的一些改革成果，可以说没有一个是一帆风顺、一蹴而就的，都是经过多年摸索和千百次试验才取得成功的。这启示我们，在改革创新道路上，认准了的，要大胆地闯、大胆地试；遇到困难和挫折时，要有坚韧不拔的毅力和锲而不舍的精神，迎难而上，知难而进，一抓到底，不出成效不罢休，决不能怕担风险、患得患失、回避矛盾、安于现状、不思进取。

弘扬共产党人的浩然正气，就是要立党为公，廉洁自律，始终做到上不愧党、下不愧兵。领导干部手中有权、身后有兵，始终保持一股浩然正气，对抓好工作落实、促进部队建设至关重要。我们一定要认清肩负的责任和使命，自觉做到牢记宗旨，全心全意为部队服务，把官兵满意不满意、答应不答应、赞成不赞成，作为一切工作的出发点和落脚点。要坚持摸实底，说实话，报实情，不弄虚作假，不报喜藏忧，使各项工作真正经得起上级检查、群众监督、历史检验。要正确行使手中权力，常思贪欲之害，常除非分之想，常怀律己之心，常修为官之德，做到自重、自省、自警、自励，真正把自己管住管好，把亲属和身边人员管住管好，切实守住党性原则的防线、思想道德的防线、法规制度的防线，以良好的自身形象影响和带动部队。

深化民兵工作调整
改革势在必行

民兵是我国武装力量必不可少的组成部分，是保证国家安全稳定、促进两个文明建设的重要力量。加强民兵建设是我党我军的优良传统，是党的三代领导核心的一贯思想，是贯彻落实新时期军事战略方针的重大举措。深化民兵工作调整改革，是加强后备力量建设的实际行动，是坚持人民战争思想、做好军事斗争准备的客观要求。调整改革有利于民兵工作更好地适应建立社会主义市场经济体制的新形势，有利于开创民兵预备役工作新局面。

一、把握关键环节，高标准地完成调整改革任务

深化民兵工作调整改革，涉及到上上下下、方方面面，牵涉到军队和地方。因此，必须用军委、总部的指示精神，统一各方面的思想。既要统一各级领导的思想，又要统一广大武装干部和民兵的思想；既要统一军事系统的思想，又要统一地方领导和广大人民群众的思想。要利用各种途径，采取多种形式，大力宣传深化民兵工作调整改革的目的、意义和要求，并结合调整改革的任务，广泛开展以爱国主义为核心的国防教育，增强广大武装干部和民兵群众履行国防义务的责任感和自觉性，为搞好民兵工作调整改

革奠定良好的思想基础和社会群众基础。深化民兵工作调整改革的目的，是适应战场、市场要求，建设一支规模适当、布局合理、重点突出、可靠管用的基干民兵队伍。

首先要注重质量建设。质量建设是民兵建设的核心，也是深化调整改革的核心。要按照减少数量、合理布局、突出重点、分类建设的原则和"五个有利于"（即：有利于领导、有利于提高质量、有利于开展活动、有利于执行任务、有利于平衡负担）和"两个扩展"（即：城市基干民兵的编组，在坚持以国有企业为主的前提下，根据形势的发展有计划地向新兴企业扩展；农村基干民兵的编组，在坚持以行政村为主的基础上，适当向乡镇企业扩展）的编组办法，不断优化民兵组织的结构；按照训用一致、突出重点、分类施训、注重实效的原则和"两个改变"（民兵应急分队和专业技术分队的军事训练，从过去以基础训练为主，改变为以应用训练为主；从过去以新入队单个人员训练为主，改变为以按建制训练为主）的要求，大力加强民兵的军事训练；按照政治教育落实、思想工作活跃、服务保证作用明显的标准，加大民兵政治教育的力度，全面落实教育的内容、时间，严格搞好民兵政治审查，确保民兵组织纯洁巩固，加强专武干部队伍建设，保持基层武装部的稳定；按照控制数量、提高质量、保证重点、合理配备的原则，积极改善民兵的武器装备。通过加强质量建设，努力提高民兵的军政素质，增强执行任务的能力。

二是抓好重点。集中有限的人力、物力和财力，以主要精力抓好海防地区、大中城市的民兵工作和骨干力量建设，是深化民兵工作调整改革的关键。民兵应急分队是民兵队伍的"拳头"力量，是基干民兵建设的重点。要按照

"五统一"（统一组织编制、统一组建范围、统一编组方法、统一教育训练、统一武器装备）的要求，加强应急分队的规范化建设，努力提高执行参战支前、制止突发事件、维护社会治安、参加抢险救灾等各种任务的能力。民兵专业技术分队是民兵队伍的骨干力量，是战时民兵参战支前和兵员动员的重要部分。要根据现代战争的要求和民兵建设的需要，逐步扩大规模，提高科技含量，并做到训练有素。

三是健全法规。建立健全民兵工作的法规体系，使民兵工作真正做到有法可依、有章可循，走上依法办民兵的轨道，是适应建立社会主义市场经济体制的新形势，健全社会主义法规的要求，也是深化民兵调整改革的保证。各地要不等不靠，依据党和国家的有关政策和法律法规，积极主动地做好工作，协助地方政府制定有利于民兵建设的地方性法规政策，对现有地方性法规与新情况不相适应的地方，要进行修改补充，搞好现行法规的配套建设，以巩固深化民兵工作调整改革的成果。

四是发挥民兵作用。组织民兵带头参加两个文明建设，发挥生力军和突击队作用，为国家的安全稳定和改革发展作贡献，既是新时期民兵工作的一项重要任务，也是深化民兵工作调整改革的基本要求。各级人武部门要在地方党委、政府和上级军事机关的统一领导下，充分利用民兵的优势，采取多种形式，组织民兵带头参加经济建设和社会公益事业，完成急难险重任务，搞好以劳养武，减轻政府和群众的负担，深入开展"读好书、做好事、树新风、创先进"活动，锻炼民兵队伍，增强民兵工作的活力，在各项群众性精神文明创建活动中发挥模范带头作用。

总之，要在军委、总部关于深化民兵工作调整改革的方针指导下，紧紧围绕"两个适应"这个中心任务，认真抓好各项工作的落实，积极探索新形势下民兵工作的特点和规律，不断总结新经验，解决新问题，创造新成果，推动民兵建设提高到一个新的水平。特别是在民兵组织调整、训练任务调整和武器装备调整过程中，要切实做到：扎扎实实，不图形式走过场；科学合理，不顾此失彼；严守纪律，不自行其是；保质保量，不打折扣；安全周密，不发生问题。

二、做好深入细致的思想工作，保证调整改革工作顺利进行

深化民兵工作调整改革，对民兵的规模、编组、布局、结构、训练、装备等都作了较大的调整，推出了一些新的办法和规定。这必将使各级人武部门的思想观念、思维方式、工作方法产生一系列新的变化。同时，深化民兵工作调整改革也会使一些编兵单位和出入队民兵的情况产生变化。如：有的单位要新建，有的单位要撤编，有的单位要扩编，有的单位要减编，有的单位的任务要加重，有的单位的任务要减轻，有的人要入队，有的人要由基于民兵转为普通民兵，等等。这必将触及到一些单位和个人的利益问题。各级党委和机关要及时掌握不同反映，针对不同情况，做好深入细致的思想政治工作，使大家增强大局意识、改革意识、进取意识和安全意识，保证深化民兵工作调整改革的顺利进行。

一是增强大局意识。针对一些单位把民兵工作当成"额外负担"的思想，大力宣传《国防法》、《兵役法》和

《民兵工作条例》等国防法规，引导他们增强依法履行国防义务、依法开展民兵工作的观念：正确处理经济建设与国防建设、国家利益与集体利益、全局利益与局部利益、长远利益与眼前利益的关系，积极主动地承担民兵工作，落实调整改革任务。

二是增强改革意识。针对一些同志思想不解放，在新情况、新问题面前无所适从的现象，引导他们正确处理继承传统与改革发展的关系，解放思想，转变观念，大胆实践，勇于创新，努力探索具有中国特色的民兵工作新路子，积极开创民兵建设的新局面。

三是增强进取意识。针对部分同志存在的畏难情绪和无所作为的思想，帮助他们明确，党中央、国务院、中央军委及各级党委、政府对民兵工作高度重视，民兵建设的大政方针早已确定，各项法规日臻完善，国家的经济发展为民兵工作奠定了物质基础，这些都为深化民兵工作调整改革创造了有利条件。从而树立信心，积极进取，充分发挥主动性和创造性，积极搞好民兵工作调整改革。

四是增强安全意识。在调整改革中要高度重视安全工作，切实加强重点部位人员的教育，加强对人员、财务、文件、武器装备的管理，做到思想不散，文件不丢，财务不乱，武器不损坏、不丢失。

三、切实加强组织领导，确保调整改革各项工作的落实

深化民兵工作调整改革，是当前后备力量建设的一项重要任务。省军区系统要高度重视，列入重要议事日程，

作为一件大事，主要领导亲自抓。要在深入调查研究的基础上，制订周密的实施计划，有计划、有步骤地抓好落实。各级领导和机关要改进领导作风，深入基层具体指导，总结推广典型经验，及时发现和解决调整改革中遇到的实际问题，推动面上工作稳步发展。重视发挥人武部"一线指挥部"的作用，充分听取人武干部和专武干部的意见和建议，调动他们抓落实的积极性。要坚持依靠地方党委、政府的领导做好调整改革工作。各级人武部门要主动向地方党委、政府汇报，各种调整改革方案要经过地方党委、政府批准，重点工作要在地方党委、政府统一组织领导下进行。要积极协调好各部门、各行业的关系，调动各方面的积极性，形成各部门、各行业都关心、支持深化民兵工作调整改革的局面，推动调整改革的各项工作落到实处。

积极开展扶贫帮困活动
努力为党分忧 为民解难 为军争光

　　山东省人武系统开展扶贫工作有着良好的传统和基础，十多年来做了大量工作，取得了显著成绩。特别是沂蒙老区在全国18个连片贫困地区中率先实现整体脱贫，各级人武部门发挥了至关重要的作用，涌现出了像熊子和等一大批在全军全国都要有重要影响的先进单位和个人，在地方党委、政府和人民群众中产生了很好的影响。山东省人武系统的帮扶活动，上下思想统一，行动自觉，思路清晰，重点突出，方法可行。各级在帮扶工作中开动脑筋，大胆创新，立足实际，真帮实扶，各唱各的拿手戏，各打各的优势仗，探索和创造了一些比较有价值的新鲜经验和做法。概括起来讲就是，抓班子，建强队伍；抓关键，理清思路；抓弱项，治理难点；抓制度，促进经常；抓示范，以点带面。现在看，这项活动已基本形成了军地携手、上下联动、各方支持、合力帮扶的良好局面，取得了阶段性成果，一些后进村的面貌已经和正在发生可喜的变化。

　　帮扶后进村活动，虽然开展得时间不长，但带来了很好的政治效益、经济效益、军事效益和社会效益。一些军地领导评价说，这项工作军地都支持、群众得实惠、干部受锻炼、工作有作为，是一项为党分忧、为民解难、为军争光的大好事。我感到，帮扶后进村活动作为新形势下人武系统为地方经济建设服务的一种新形式，具有重要的政治意义和时代意义。从政治上看，开展帮扶活动是践行我军宗旨的实际行动。人武系统开展帮扶后进村活动，是落实党中央关于领导干部要"深怀爱民之心、恪守为民之责、善谋富民之策、多办利民之事"要求的具体行动，是新形势下密切与人民群众血肉联系的重要途径。从职责上看，开展帮扶活动是人武系统义不容辞的责任。当前，我国已进入全面建设小康社会的新的发展阶段，各级正为人民群众的共同富裕而大打攻坚战。对于军队参加地方扶贫开发工作，党的三代领导核心都有重要论述，党中央有战略规划，总政治部有具体部署，我军有光荣传统，各地有先进典型。作为地方党委的军事部和军地的桥梁纽带，人武系统开展帮扶后进村活动，是使命所系，职责所赋，也是军队服从和服务于国家经济建设大局的具体体现。从军事上看，开展帮扶活动是做好军事斗争准备的重要举措。我军具有战斗队、工作队、生产队的光荣传统和政治优势，战争年代走一路红一线，和平时期应驻一地富一片。通过帮扶后进村，使基层政权巩固了，集体经济壮大了，人民生活富裕了，群众觉悟提高了，军民关系密切了，就能为军事斗争准备打下雄厚的物质基础和群众基础，就是最有效的战争动员。从现实来看，开展帮扶活动也是维护社会稳定的迫切需要。后进村大都存有"两委"班子软弱、干群关系紧张、宗族矛盾突出、封建迷信抬头、村风民风不正等问题，这些都是影响社会稳定的潜在因素。通过帮扶活动把这些问题解决好，既发展了经济，造福了群众，又有利于促进社会的稳定和发展。进一步加强对这项活动的正确领导和科学指导，需要把握好以下几个问题。

一、要把依靠地方党委、政府领导与充分发挥人武系统自身优势结合起来

帮扶后进村是一项需要社会各界共同参与的系统工程，社会性、综合性、政策性很强，靠人武部门单枪匹马抓不行，就事论事抓不行，脱离当地经济与社会发展规划另搞一套更不行，必须紧紧依靠地方党委、政府的领导，协调多方力量，实行配套帮扶，谋求综合效益。淄博市委和军分区坚持建立军地合一的领导机构，建立军地协同的工作制度，建立军地共担的责任体系，在全市上下较好地形成了目标具体、责任明确、军地结合的帮扶格局。济南市长清区人武部始终坚持党委统一领导，积极争取有关部门支持，主动联合驻军单位共帮共扶，使帮扶工作的标准和质量不断提高。无棣县委在支持人武系统开展帮扶活动中，努力尽好统一领导之责、尽好服务保障之责、尽好激发动力之责，为人武系统创造了良好的帮扶工作条件，使武装工作和经济建设取得了"双赢"效果。从许多单位的实践看，帮扶活动之所以展开顺利、运作规范、效果明显，很重要的一点就是，人武部门在帮扶活动中能够自觉接受双重领导，注意找准定位点，没有离开地方党委、政府的领导和有关部门的支持，没有做超越人武系统能力和职责范围的事，较好地形成了统一领导、齐抓共帮的整体合力。各级在今后的帮扶工作中，一是要积极争取地方党委、政府的领导和有关部门的支持配合。无论是班子的调整、规划的制定，还是资金的筹措、项目的引进，都要及时了解领会地方党委、政府的意图，注意与地方的工作相吻合，

争取把帮扶工作纳入当地扶贫开发整体规划，纳入党政干部驻村包点工作制度，纳入各类干部政绩考评机制。二是要立足自身实际充分发挥主观能动性。要防止和克服畏难情绪，立足人武系统人力物力财力有限的实际，摆正位置，发挥解放军善抓党建的优势、会做思想工作的优势、紧密联系群众的优势、信息来源广的优势，及时请示汇报工作，积极为地方党委、政府当好参谋，出好主意。同时要加强与地方有关部门的联系协作，切实发挥好军地之间的桥梁纽带作用。三是要积极发挥民兵组织在"两个文明"建设中的生力军作用。民兵预备役人员有组织、守纪律、年纪轻、有文化，要充分发挥他们在精神文明建设中的带头作用，科技致富中的示范作用，完成急难险重任务中的突击作用，维护社会稳定中的卫士作用，确保帮扶活动始终保持旺盛的生机与活力。

二、要把解决当前急难问题与着眼长远发展结合起来

后进村的问题大都比较复杂棘手，既有影响群众生产生活的急难问题，又有制约长期发展的根本性问题，解决这些问题需要一个长期奋斗的过程，不可能一蹴而就、一劳永逸。人武系统开展帮扶活动以来，各级坚持把解决群众最关心、最迫切的难题作为帮扶工作的切入点，在短时间内就让老百姓得到看得见、摸得着的实惠，使他们看到了希望，增强了信心。同时，积极为帮扶村跑项目、引资金、传技术、育人才、建规章、治村风，为后进村的发展积攒了后劲。青岛警备区积极适应沿海开放地区经济发展

速度快、产业结构调整步子大、市场竞争机制健全等特点，坚持高起点规划，高标准运作，实行"跨越式"、"开发式"、"搭载式"帮扶，走出了一条既具有本土特色，又符合市场要求的帮扶路子。昌邑市人武部充分发挥当地环境资源优势，大力实施科技兴农，积极引导帮扶村调整种植结构，带动49个村、1.3万农民发展起了以种植"脱毒有机生姜"为支柱的绿色农业，年增加收入达700多万元，受到中央农村政策研究室的充分肯定。实践证明，给钱给物、修路打井是必要的，但这种"救济式"的帮扶只能帮助群众缓解一时的生产生活困难，不能真正使他们甩掉落后帽子。要从根本上改变落后面貌，必须坚持标本兼治，既要解决当前问题，更要着眼长远发展，真正在建强"两委"班子、理清致富路子、搞好长远规划、调整产业结构、提高村民素质等根本性、长远性问题上下功夫，为后进村留下不走的"工作队"，栽下致富的"摇钱树"。开展帮扶后进村活动还要注意端正指导思想，千万不能搞急功近利，图出名挂号，更不能搞那些劳民伤财的"门面工程"和"盆景工程"。要坚持一切从人民群众的愿望出发，想群众所想，帮群众所需，把群众受益不受益、满意不满意，作为帮扶工作的出发点和落脚点。对已经取得的成绩不能估价过高，更不能搞虎头蛇尾和一阵风，务必保持一股锲而不舍的劲头，真正把帮扶村当成家来建，把帮扶工作当成事业干，把人民群众当成衣食父母看，铺下身子真帮实扶，做到不解决问题不撒手，不帮助群众致富人不走，切实把对人民群众的真挚感情体现到尽好责任、搞好服务的具体行动上。

三、要把外力帮扶与激发内在活力结合起来

改变后进村的面貌，既需要借助外在力量的帮助，更需要后进村干部群众自身的不懈努力。各级人武部门在地方党委、政府的统一领导下，坚持从后进村的实际出发，积极探索帮扶工作的特点规律，带领后进村干部群众艰苦创业，依靠自身的苦干实干，使后进面貌有了初步改观。实践证明，把外力帮扶与激发内在活力有机结合起来，是改变后进村面貌的有效途径。实现二者的结合，必须注重在三个方面下功夫。

一是要教育引导干部群众解放思想、更新观念。凡是经济发展速度快、增长幅度大的单位，干部群众的思想观念大都比较解放，能够跟上时代发展的节拍。宁津县人武部充分发挥退伍军人见识多、信息广、观念新、闯劲足的优势，协调地方有关部门大力扶持他们发展民营经济，有力地带动了全县经济的发展。必须坚持治穷先治愚，致富先治乱，扶贫先扶志，采取各种办法，教育引导干部群众坚持与时俱进，转变抱残守缺的陈旧观念，改变传统生产生活模式，认清农村发展形势和当地自然优势，因地制宜找出路，励志图变谋发展，大力发展特色产业，宜工则工，宜农则农，宜商则商，宜养则养，真正走出一条适合自身特点的致富路子。

二是要努力提高干部群众的自身素质。要正确处理"输血"与"造血"、"授鱼"与"授渔"的辩证关系，不断在提高干部群众思想素质、科技素质、文化素质上下功夫。要大力传播党的方针政策、先进思想文化和农业实用

技术，努力提高干部群众的综合素质，提高他们自我积累、自我解决问题的能力。

三是要充分调动干部群众依靠自身力量发展致富的积极性和内在动力。帮扶不是包办。我们必须尊重帮扶村干部群众的意愿，坚持引导而不干预，带动而不强迫，真正让他们自己当家作主。同时要教育引导他们克服依赖思想，强化主体意识，坚持自力更生，自强不息，团结协作，同舟共济，自觉向贫穷和落后宣战，真正把蕴藏在群众中的积极性和创造力充分调动发掘出来，切实增强他们自我发展和参与市场竞争的能力。

四、要把抓帮扶点与搞好典型辐射结合起来

运用典型指导工作，是我党我军的优良传统。抓典型的过程，就是推动工作落实的过程，就是工作深化发展的过程，就是谋求整体效益的过程。山东省人武系统开展的帮扶后进村活动，从省军区到每个军分区、人武部都分别抓了各自的帮扶点，形成了一级带着一级干，一级做给一级看的良好局面。特别是省军区机关带头把济南市长清区马山镇最偏僻、最贫穷的双泉庄村作为帮扶点，经过大半年的时间就使村里的面貌发生了巨大变化，为全区立起了标杆，做出了样子。各级还利用多种宣传形式，大张旗鼓宣扬了一批各具特色的帮扶先进典型。既有带领群众致富的人武专武干部典型、积极创建富民工程的民兵带建典型、倡导文明公德的先进民兵典型，又有坚持科技兴农的典型、敢于同歪风邪气作斗争的典型等。我们要谋求帮扶工作有新的发展和突破，一方面，要进一步发挥典型的示范作用。

各级自身的帮扶点要成为本单位的活样板，使大家学有榜样，赶有目标。要善于不断总结提高，切实把点上的经验变成面上的成果，做到帮扶一村惠及一片。要注意在工作中发现、培养、宣传更多叫得响、推得开的帮扶典型，利用各种新闻媒体、多种宣传渠道，广造声势，大力宣传帮扶工作中的先进事迹和经验，该表彰的表彰，该奖励的奖励，真正发挥好典型的示范带动效应，推动面上帮扶工作深入开展。另一方面，要进一步增强学习借鉴意识。善于学习别人的，形成自己的，变成大家的，是各级领导和机关做好工作的明智之举。在国家实施扶贫开发的大战略中，全国各地涌现出了不少的突出典型，山东省各级在抓帮扶工作中也创造了许多好的经验做法，这些都值得我们很好地学习和借鉴。各级人武部门一定要始终保持谦虚谨慎的作风，打开视野，拓宽思路，自觉学习各地的好典型、好经验、好做法，不断推动帮扶工作整体水平的提高。

五、要把开展帮扶活动与做好民兵预备役工作结合起来

人武系统的本职工作是抓好民兵预备役建设，但抓帮扶与强武装是一致的，决不是"种了别人的地，荒了自家的田"，更不是额外负担。我觉得，对人武系统来讲，搞好帮扶活动至少有三个好处。一是有利于促进基层民兵工作的落实。后进村帮扶前，民兵组织大都有名无实，民兵活动长期开展不起来，民兵的作用得不到发挥。各级在帮扶过程中，把民兵组织建设纳入村级政权建设的轨道，组织民兵开展经常性活动，带头参加办厂修路、挖渠植树、巡

逻执勤，既出经济效益又出军事效益，既出生产力又出战斗力。二是有利于提高武装工作的地位。各级人武部门坚持与地方党委、政府同念一本经，共唱一台戏，在扶贫开发战场上带了好头，做出了贡献，地方党委、政府和人民群众就会对武装工作更加看重，更加厚爱，更加支持。有的同志说，武装工作的地位等不来，要不来，要靠我们自己干出来，有作为才能有地位，做好帮扶工作就是实实在在的作为。我们许多人武战线上的同志，正是因为有了响当当的工作成绩，才赢得了地方党委、政府的尊重和重用。三是有利于摔打锻炼人武系统干部队伍。大家通过驻村帮扶，不仅能够增长知识，开阔眼界，而且能够学会做群众工作的方法，提高组织协调能力，特别是能够从人民群众身上体察到纯朴善良、吃苦耐劳的优良品质，使自己的思想受到教育，心灵得到净化，觉悟得到提高。各级一定要充分认清人武系统的职能作用，坚持把武装工作与帮扶工作有机结合起来，积极寻求发展地方经济与促进民兵工作的结合点，把投身帮扶工作作为赢得武装工作地位的有效途径，自觉在经济建设主战场上练兵、用兵、强兵，积极谋求两个成果一起出的综合效益，努力实现武装工作与帮扶工作相互促进，协调发展，整体提高。

第四篇　基层建设

政治工作要贯彻
尊重人 理解人 关心人的原则

政治工作如何把握和贯彻尊重人、理解人、关心人这个原则，值得深入研究。

一、尊重人、理解人、关心人是我军政治工作的优良传统

尊重人、理解人、关心人这条原则，并不是近几年才提出来的，而是我军在长期的革命斗争中逐步形成的优良传统。早在红军时期，我军就确立了正确处理内外关系的基本原则，初步奠定了尊重人、理解人、关心人的理论基础。

红军初建时，相当一部分干部来自旧军队，打骂士兵的现象比较普遍。1927 年"三湾"改编时，毛泽东明确规定："军官不许打骂士兵"，"士兵有开会说话的自由"，"实行经济公开"，"官兵待遇平等"等，初步确立了新型的官兵关系。1928 年 1 月，红军俘虏了大量的敌军官兵。如何对待俘虏，既是急待解决的现实问题，又是一个原则问题。毛泽东从分析敌军士兵的本质入手，从尊重人、理解人、关心人的原则出发，亲自为红军制订了宽待俘虏的四项政策：不打、不骂、不杀、不虐待；不准搜腰包；受伤

给治疗；愿去愿留自愿。1929 年底召开的古田会议，第一次用文件的形式规定了正确处理内外关系的原则。决议指出："官兵之间只有职务的区别，没有阶级的分别，官长不是剥削阶级，士兵也不是被剥削阶级，官长应爱护士兵，关心士兵的政治进步和生活状况，保障士兵的民主权利，尊重士兵的人格，坚决废止肉刑，纠正打骂士兵等旧军队的管教方法。士兵要尊重官长，自觉接受管理，遵守纪律，纠正极端民主化和平均主义、雇佣思想等错误倾向。"1930 年，在反围剿斗争中，毛泽东亲自到打骂士兵比较严重的红四军二纵队调查研究，根据部队的实际情况，总结了七条经验，其大意是：干部要深入群众，要群众化；干部要关心战士，体贴战士；干部要以身作则，作战士的表率；干部要学会发动战士自己教育自己，管理自己；说服教育重于惩罚；宣传鼓动重于指派命令；赏罚要分明。这些经验深刻揭示了我军管理教育的本质，体现了尊重人、理解人、关心人的原则。聂荣臻回忆在中央根据地做好政治工作的体会时归纳了七点，其中第四点是，必须从政治上到物质生活上关心群众，越是在困难时刻，越要注意关心群众的疾苦。1934 年 1 月 27 日，毛泽东发表了《关心群众生活，注意工作方法》的重要讲话，他提醒大家要注意"解放群众的穿衣问题、吃饭问题、住房问题、柴米油盐问题、疾病卫生问题、婚姻恋爱问题"。他指出，如果这些问题解决了，"群众就会真正团结在我们的周围，热烈地拥护我们"。长征途中条件十分艰苦，气候非常恶劣，老一辈革命家和政治工作者，不仅身体力行地关心群众，而且还发动大家互相关心，互相帮助，共同战胜困难。毛泽东、周恩来、朱德等他们经常给伤员让马，让水，让粮。总政治部当时曾发出指示：要求各部队对沿途寄留的伤病员，"必须派人去慰问，并解决他们的困难"，还要求各部队"组织健强的收容队"，关心每一个伤病员与老弱战士，发动群众为他们背包，扛枪，烧洗脚水等，从各方面减少他们的痛苦。1935年6月，中央红军在抢渡大渡河后，碰到了大雪山的阻挡，当时的红四团在翻越雪山前，号召全团同志"以强帮弱，大帮小，走不动的扶着走，不能扶的抬着走，让每个战友安全越过夹金山。"在翻越夹金山时，虽又碰到气温骤降大雪纷飞的恶劣气候，但全团干部战士团结一致，一人掉队大家帮助，一人出事，大家相救，克服了重重困难，全团人马安全翻过山顶，无一掉队，征服了雪山的艰险。长征途中，总政治部还多次发出指示和训令，要求各级政治机关动员部队想方设法解决草鞋、喝水和粮食等问题，鼓励全体指战员，提高他们的胜利信心。

　　抗日战争时期，我军明确而完整地提出了政治工作的三大原则，充分体现了尊重人、理解人、关心人的精神。1937年10月25日，毛泽东在《和英国记者贝特兰的谈话》中，对我军政治工作的历史经验作了科学概括，明确而完整地提出了政治工作的三大原则：官兵一致的原则，就是在军队中肃清封建主义，废除打骂制度，建立自觉纪律，实行同甘共苦的生活；军民一致的原则，就是秋毫无犯的民众纪律，宣传、组织和武装民众，减轻民众的经济负担，打击危害军民的汉奸卖国贼，瓦解敌军和宽待俘虏的原则。三大原则的实质是正确处理人与人之间的关系，其基本精神就是尊重士兵，尊重人民和尊重已经放下武器的敌军官兵，调动一切积极因素，去赢得战争的胜利。1942年2月，全军开展了整风运动，把反对军阀主义作为重大原则性问题，广泛开展批评和自我批评，取得了很好效果。整风就是从政治上关心人、爱护人、帮助人。1944 年，针对当时官兵关系上存在的一些问题，全军又普遍开展了以反对新军阀主义为重要内容的"尊干爱兵"运动。这次运动，"强调关心战士与爱护战士，提倡干部与战士同生死共患难，更多的照顾到战士的切身利益（政治的、工作的、生活的、家庭的等）"。1944 年 12 月，毛泽东在《一九四五年的任务》中，指示全军：应在每一部队内部举行拥干爱兵运动，号召干部爱护士兵，同时号召士兵拥护干部，彼此的缺点错误，公开讲明，迅速纠正，这样就能达到很好地团结内部之目的。各部队普遍召开连队民主大会（有的叫官兵关系检讨会），广泛开展谈心活动，制订尊干爱兵公约，使尊干爱兵贯彻于战斗、训练、生产和日常生活之中，成为经常性的群众运动。尊干爱兵运动是整风运动的深入，是军队内部民主精神的集中体现，是我军长期处理官兵关系的经验结晶，是对官兵一致原则的丰富和发展。朱德在"七大"报告中，把它称之为"我们在带兵方面的新发展新创造"。在这次尊干爱兵运动中，总政治部还宣扬了中央警卫一旅一团三连一排排长马仁义的爱兵事迹。马仁义同志关心战士，耐心教育战士，帮助战士学文化，注重提高战士的思想觉悟。总政治部专门发出通知，号召全军干部向他学习。

　　解放战争时期，我军进一步丰富了尊重人、理解人、关心人的原则内容。1946 年 12 月，全军普遍开展了团结互助运动和"王克勤运动"。王克勤是一个"解放"战士，他参加解放军后，经过两种军队的对比，经过党的教育和同志们的帮助，阶级觉悟很快得到提高。当班长后，他发扬高度的阶级友爱精神，处处关心同志，努力启发解放战士和新战士的觉悟，并在全班成立了 3 个互助组，平时互帮互学，团结友爱；战时开展战斗互助，带领战士英勇杀敌。1946 年 12 月 26 日，延安《解放日报》发表了《普遍开展王克勤运动》的社论，推动了团结互助运动的深入开展。团结互助是人民军队阶级友爱精神的集中体现。在人与人的关系上，它打破了旧社会那种靠封建统治、私人感情的结合，而代之以无产阶级的思想一致、目标一致、利害一致的阶级自觉基础上的互相帮助，亲密团结，更好地发挥了人民军队官兵一致的优良传统。1947 年 10 月，毛泽东亲自起草了《中国人民解放军宣言》，以总部训令的形式重新颁布了三大纪律八项注意。三大纪律八项注意，深刻反映了人民军队的性质宗旨，是我军政治工作三大原则的生动体现。如果说互相尊重、理解、关心是增强内部凝聚力，提高部队战斗力的话，那么尊重群众，理解群众，关心群众则是赢得最后胜利的可靠保证。1948 年 1 月 30 日，毛泽东在为中央军委起草并发布的关于军队内部民主运动的党内指示中，第一次提出了政治、经济、军事三大民主，并确定为"军队内部政治工作方针"。三大民主的核心是尊重官兵的人格和民主权利。三大民主的发扬，使我军内部的民主生活更加健康地向前发展。

　　新中国成立以来，我军政治工作进一步坚持和发展了尊重人、理解人、关心人的原则，使我军的内外关系发展到了一个新水平。在抗美援朝战争中，志愿军官兵异国作战，"一把炒面，一把雪"，尊重朝鲜人民，"爱护朝鲜的一山一水一草一木"，涌现出罗盛教等舍己救人的国际主义战士。在著名的"上甘岭"战役中，志愿军战士一壶水传着喝，一个苹果让着吃，充分体现了官兵之间的亲密团结。对越自卫还击作战中，我军官兵在条件极为艰苦的情况下，饥饿时让粮，干渴时让水，寒冷时让衣，防炮时让洞，伤病时让药，战评时让功，危急关头干部用身体保护战士安全，体现了深厚的战斗情谊。

和平时期我军多次修订政治工作条例，都把开展政治、经济、军事民主，列为军队政治工作和各级政治机关工作的主要内容，把指导部队开展三大民主作为各级主官的主要职责之一。1984年9月6日颁发的《中国人民解放军内务条令》，具体地规定了"尊干爱兵的基本要求"（即"双七条"），从政治、思想、作风、纪律、训练等方面，阐述了官兵互相尊重、理解、关心的原则。近年来，全军各部队深入持久地开展了拥政爱民、军民共建、军地共育和尊干爱兵等活动，普遍实行民主对话、"首长接待士兵日"等制度，进一步贯彻了尊重人、理解人、关心人的原则。

尊重人、理解人、关心人是我军政治工作的优良传统。几十年来，无论条件如何变化，斗争多么艰苦，情况怎样复杂，我军政治工作始终坚持了这一原则，从面使我军保持了健康的内部关系，凝成了强大的战斗力。在新的历史条件下，我们更应该继承和发扬这个优良传统，把我军的政治工作提高到一个新的水平。

二、市场经济条件下，官兵的思想观念发生了许多变化，政治工作仍然需要贯彻尊重人、理解人、关心人的原则

马克思主义认为，社会存在决定社会意识，物质生活

的生产方式制约着整个社会生活、政治生活和精神生活的全过程。发展市场经济的社会环境，必然会引起人们思想观念的变化，这些新观念有积极的一面，也有消极的一面。政治工作只有因势利导，兴利除弊，才能取得实际的成效。

第一，官兵的物质利益观念增强，政治工作应在提高思想觉悟的基础上，关心官兵的物质利益。马克思曾说：人们奋斗所争取的一切，都与他们的利益有关。列宁也曾指出：如果你不善于把理想与经济斗争参加者的利益密切结合起来，与该阶级的公平劳动报酬这种"狭隘"、"琐碎"的生活问题结合起来，那么，最高的理想也是一文不值的。我们党的政治工作历来十分重视关心群众的物质利益。民主革命时期，在用共产主义的远大理想感召人的同时，十分重视以"打土豪、分田地"、"打倒蒋介石，翻身得解放"等与劳苦大众切身利益紧密相连的激励，最大限度地调动人民群众的革命热情，从而涌现出无数"甘愿为革命效死的英雄"。试想，如果战争年代我们离开打土豪、分田地，离开劳动人民的翻身解放，能动员浩浩荡荡的革命大军，打倒蒋介石，建立新中国吗？当然，当时官兵利益观念主要体现在消灭敌人、夺取政权这一根本利益和长远利益上，而不是物质利益的分配上。长期的和平环境，使官兵的利益关系遇到了战争年代很少遇到的新情况、新问题，如婚恋、住房、工资待遇、家庭随军、探亲休假、子女入学就业、复员转业安置等，这些涉及官兵切身利益的问题不解决，政治工作就会缺乏应有的说服力。近几年来，随着物质利益原则在全社会的贯彻，人们的物质利益观念日益强化，如：相当一部分官兵不再把当兵尽义务狭义理解为不计报酬，而是把这当作特殊的社会劳动，应该得到合理的物质利益，特别在地方与部队的物质待遇反差较大的情况下，感到当兵吃了亏。讲求个人利益不再羞羞答答，遮遮盖盖，而是公开化，表面化了。面对这一新情况，政治工作必须加强对官兵利益调整的教育引导。一方面，要加强理想教育，引导官兵正确认识并处理利益关系，自觉摆正个人利益与党、国家、军队利益的关系，树立正确的利益观和牺牲奉献精神；另一方面，要摒弃过去"言不敢及利"的"左"的一套，敢于正视物质利益原则，切实关心干部战士的切身利益，满腔热情地解决他们的实际困难，力所能及地确保他们正当的物质利益需求得到满足。不这样，就会脱离发展市场经济的客观要求，脱离干部战士的思想实际，削弱政治工作的针对性和有效性。近年来，部队思想政治工作的实践使我们对此有切身体会。某部 6 连是一个具有光荣传统的连队，战争年代曾荣获"刺刀见红连"的光荣称号。对越自卫还击作战中荣立集体二等功，以后的几年也一直是全团的先进连队。1985 年精简整编时，原连队一些干部不为后人着想，不仅搞空了连队家底，还欠款 5000 多元，欠粮近 2 万斤。新班子组建后，虽然重视用艰苦奋斗的光荣传统教育大家，但战士们仍听不进，说干部是"不食人间烟火的空头政治家"，一时官兵关系搞得很紧张。师团领导调查分析了这个英雄连队落后的原因，感到虽然因素很多，但连队太穷，物质文化生活太差，战士对干部失去信任感是个重要原因。于是在进行组织调整、加强艰苦奋斗教育的基础上，指导该连从治穷入手改变落后面貌。连队大抓了养猪种菜等农副业生产，办起了小作坊自制咸菜、蛋卷、豆皮等，不仅改善了伙食，还清了所欠粮款，而且陆续添置了彩电、收录机，购买了各种文体用品和书刊。一年后，连队发生了很大变化，6 次参加师、团组织的各类比赛都取得了好成绩，当年荣立集体三等功，党支部被集团军评为先进党支部，连长被军区树为"标兵连长"。市场经济条件下，政治工作既要注意提高官兵的思想觉悟，又要十分关心群众的物质利益。如果不把群众的实际问题放在心上，只讲大道理，群众不但不买账，而且还会产生逆反心理。近几年来，给基层干部发放岗位津贴，给两地分居干部发给分居费，边远地区干部的家庭随军可在家乡就地安置，增加干部的假期，给有功官兵一定的物质奖励等措施，对稳定部队起了积极的作用。正像毛泽东指出的那样，只有从增加群众的物质福利入手，才能在这个基础上一步一步地提高群众的政治觉悟。

第二，官兵的民主意识增强，政治工作应在保证部队高度集中统一的条件下，尊重人格，尊重官兵的民主权利。毛泽东早就明确指出：中国不但人民需要民主主义，军队也需要民主主义。部队内部政治工作方针，是放手发动士兵群众，指挥员和一切工作人员，通过集中领导下的民主运动，达到政治上高度团结，生活上获得改善，军事上提高技术和战术的三大目的。市场经济条件下，官兵的思想空前活跃，民主平等意识明显增强。从我们掌握的情况看，主要表现在以下六个方面：一是要求平等相待，反对搞亲疏远近。二是要求让人发表意见，反对压制、报复。三是要求干部为人表率，反对只说不做。四是要求以理服人，反对粗暴训斥。五是要求参与管理，反对个人说了算。六是要求经济民主，账目公开，反对侵占战士利益的行为。以上情况告诉我们，政治工作一方面要引导官兵划清民主与极端民主化、自由与自由化的界限，把握好民主生活的

"度"，要坚决维护部队严格的纪律，高度的集中统一和稳定，反对极端民主化和无政府主义。另一方面，要采取措施加强军队的民主建设，尊重官兵的人格和民主权利。

一是要强化官兵的民主意识。教育干部认清发扬民主是建设高度文明、高度民主的社会主义国家的总体需要，是增强内部团结，发挥集体智慧，提高部队战斗力的有效途径。纠正"我讲你听、我管你服"的倾向，自觉地发扬民主。

二是要拓宽民主渠道。政治教育要改变"我说你听"的老方法，采用讨论式、谈心式、启发式的方法；经常性思想工作要发动群众一道去做；管理上要实行民主化，发扬三大民主的优良传统，使下级和战士在部队建设的各个方面有充分发表意见和建议的机会，特别在讨论和决定基层一些重要问题时，要尽量让战士参与，听取他们的意见。

三是要维护和保障官兵的民主权利。要制定切实可行的规定，把传统和近年的一些民主生活的好方法明确下来，使民主生活制度化、经常化，并建立有效的民主监督制度，确实保证官兵的切身利益不受侵犯。

第三，官兵的成才意识增强，政治工作应在鼓励官兵爱军习武的前提下，为他们学习科学文化知识创造条件。知识、人才在市场经济条件下愈显重要，这就必然出现人才的竞争。在部队，绝大多数官兵面临"第二次就业"，对后路有危机感。在人才竞争不断加剧的情况下，没有专业知识和技术，在社会上难于立足。因此，好学上进，渴望成才，已成为官兵的迫切愿望和要求。正如有的战士所说："国事、军事、家事、个人的事，不成才就成不了事。"这种渴求知识、渴望成才的紧迫感虽然可贵，但对爱军习武的影响不可低估。因此，政治工作一方面要教育官兵摆正学军事技术与学民用技术的关系，立足本职成才。要进行我军根本职能教育，把"训练搞不好，不算好领导；武艺练不清，不算合格兵"的口号在部队进一步叫响。要采取有力措施激发官兵的爱军习武热情，如广泛开展"练兵价值观"大讨论，宣扬立足本职成才的典型。另一方面，要千方百计为官兵成才创造必要的条件，如组织干部战士参加函授学习，举办专业知识讲座，请专家、学者、企业家传授专业技术和管理经验，建立两用人才培训基地，组织开展专业知识竞赛和专业比赛等。同时，还要办好文化补习班，为战士报考军校创造条件，不断提高入学录取率，为部队培养大批的人才。要使官兵感到在部队同样有知识技术可学，同样可以大有作为。

总之，市场经济条件下，政治工作既要引导官兵抵制消极影响，又要尊重、理解和关心官兵的正当愿望和需求。这样，才能增强政治工作的针对性和有效性，提高政治工作的质量。

三、贯彻尊重人、理解人、关心人的原则，要树立唯物辩证法思想

一个倾向掩盖另一个倾向，从一个极端走向另一个极端，这是政治工作多年来存在的一个问题。近几年来，有些同志受资产阶级自由化思潮的影响，对市场经济条件下官兵的思想特点缺乏具体的分析，对尊重人、理解人、关心人的原则，从理解和执行上都有偏差。有的只讲适应，不讲引导；只讲尊重，不讲批评；只讲理解，不讲教育。

结果适应变成了迎合，关心变成了迁就，工作中以情代理，以利代义，以罚代教，以小道理代替大道理的现象比较普遍。因此，贯彻"尊重人、理解人、关心人"的原则，就要克服思想方法上的片面性和绝对化，树立唯物辩证法思想，正确把握以下几种关系：

一是要正确把握解决实际问题和解决思想问题的关系。物质鼓励和精神鼓励相结合，解决思想问题和解决实际问题相结合，是我军思想政治工作长期坚持的原则。在形而上学猖獗的年代，关心群众切身利益成了政治工作的"禁区"，谈利色变，谁要一讲物质利益就被说成个人主义。这几年，随着市场经济的发展，我们把马克思主义的物质利益原则引入思想工作，坚持"义"、"利"结合，改变了长期以来不敢言"利"的不正常状况，有效地增强了政治工作的效果。但是，由于受"向钱看"、"讲实惠"的影响，有的过分强调贯彻物质利益原则，面对提倡奉献精神、解决思想问题有所忽视。有的甚至单纯以解决实际问题满足某些人的物质要求，以给钱给物给假期代替深入细致的思想工作。比如有的单位为解决干部不出操问题，采用扣生活补助费的办法。战士不愿退伍，就在医疗救济费上做文章。官兵思想不稳定，就在发钱发物上想点子。这些现象必须坚决纠正。

我们不否认，市场经济条件下，人们的物质利益观念明显增强，政治工作需要摒弃过去"左"的做法，特别是有的思想问题是由实际问题引起的，实际问题解决不了，思想问题也解决不好。如果光讲革命道理，不注意解决实际问题，就会重犯"空头政治"的毛病。但是，军队是一个执行政治任务的武装集团，不是经济实体，不能照搬照套地方企业实行经济手段和奖金制度的那套办法。全心全意为人民服务是我军的唯一宗旨，无私奉献，勇于牺牲是军人的本分。我们不是雇佣军，不能用金钱去买战斗力。我们要培养的，是在紧急关头能用身体"堵枪眼"，"炸碉堡"，慷慨赴死，从容就义的精神，它是金钱买不来、"重赏"赏不来的。靠金钱收买人心的队伍是经不起生死考验、打不了胜仗的。物质待遇与奉献精神并不能成正比。仅靠物质利益、经济手段刺激出来的积极性，只能管一时，不能管长远，搞多了还会起副作用。生活中常常有这样的情况：受组织上照顾最多的人往往也是找组织上麻烦最多的人。有的人你给他"实惠"不少，但思想问题并没有解决，反而问题越来越多，要求越来越高。如有的人职务升了，工资增了，家属随军了，但得了温暖不知暖，精神不振，工作滑坡，积极性还是调动不起来。这说明，政治工作不能只重利，不重义，要坚持义利相济，义利统一。即使在帮助官兵解决实际问题、改善物质利益时，也要坚持思想领先原则，帮助官兵确立观察处理问题的正确态度。如果只关心官兵物质利益，不坚持思想领先，即使解决再多的实际问题，也满足不了一些人的私欲。相反，只会把一些人的胃口越吊越高，引向"讲实惠"、"向钱看"、斤斤计较个人得失的邪路上去。政治工作历来提倡关心群众的冷暖疾苦，同时更注重提高人们的思想觉悟。革命道理虽然不能直接解决人的实际困难。比如战士伤残时，如果领导能对他讲讲保尔、张海迪的人生观，我想会比只送些救济费、营养品效果要好得多。列宁早就说过：在关心群众物质利益的同时，要使他们"在道德上、精神上、政治上也成长起来"。我军是新型的人民军队，任何时候都必须坚持以精神鼓励为主，物质鼓励为辅的方针。对精神激励的手段，如宣扬典型、评比先进、建立健全荣誉室，学团史唱团歌、佩戴立功奖章、授予光荣称号等，要很好地运用起来。当然，我们也不能否定物质激励的必要性。在条件允许的情况下，逐步改善干部战士的物质生活，对有突出贡献和实际困难的同志，给予一定的物质奖励和补助，都是应该的。问题的关键在于坚持实事求是，是什么问题就解决什么问题，对正当合理的要求，应该满腔热情、想方设法地加以解决，不能用一句"正确对待"打发了事；而对个人主义的无理要求，不但不能照顾，还应进行严肃地批语教育。

　　二是要正确把握"以情感人"和"以理服人"的关系。政治工作是做人的工作的，人是有思想、有感情的高级动物。因此，政治工作要对工作对象动之以情，晓之以理。"情"和"理"是不可分割的统一体，如果不以真诚的情感去说理，就会出现"话不投机半句多"的现象。通情才能达理。对工作对象有深厚的感情，你讲的道理才容易被对方所接受。所以，有人把"动之以情"看作是"晓之以理"的基础。特别是对缺点较多的战士，干部不能把自己摆到与他们对立的位置上，简单粗暴地训斥，而应该本着与人为善的态度，进行同志式的交谈，兄弟式的开导。这样，才能使他心悦诚服地接受教育。某部有个战士，经常不干工作，不请假外出，打架斗殴，多次受到领导批评。由于没从思想上解决问题，他对批评采取"软抗"态度，把各类检讨书复印几十份，以随时准备应付领导。一次，这个战士又睡懒觉不出操课，连长叫不起来，一气之下把他从床上拖了下来，他躺在地上继续睡，连长气得直握拳头。为促使他转变，教导员、指导员不歧视，不动火，满腔热情地帮助他，给他讲怎样生活才有意义，并向他推荐好书，教育他学理论，学雷锋，树立革命的人生观。后来，这个战士变化很大，成为师、团学理论先进个人。可见，以情感人和以理服人是相辅相成，相得益彰的。这些年，政治工作清理"左"的影响，从改变对战士的根本态度入手，强调以情感人，以诚待人，这是完全正确的。但是，有的政工干部对"动之以情，晓之以理"的理解片面，一味追求什么"感情带兵"，"义气带兵"，结果出现了以情代理，以感情代替原则的倾向。有的即使讲道理，也是只讲小道理，不讲大道理。如有的搞名利刺激或私下许愿；有的搞温情安抚，用同情换取"听话"。这种低格调的思想政治工作，使基层在思想、组织、作风建设上存在的问题长期得不到解决，而且还带来了严重的"后遗症"。

贯彻尊重人、理解人、关心人的原则，必须正确处理"情"和"理"的关系。首先，要明确动之以情的"情"，说的是同志之情，革命之情，而不是庸俗的个人感情，也不是小资产阶级"温情"。其次，要明确思想政治工作的根本任务是用马列主义、毛泽东思想教育人、培养人、改造人，帮助人们树立共产主义的理想和信念，学会用科学的世界观和方法观察问题、分析问题和处理问题。为此，就要坚持马列主义、毛泽东思想的理论灌输，理直气壮地讲革命道理。"动之以情"的目的是为了"晓之以理"，前者是手段，后者是目的。离开教育人、培养人、改造人这个根本任务，孤立地强调以情感人，政治工作就失去了目标和方向，也就从根本上失去了原则性和战斗性。正确的方法应当是情中达理，理中动情，情真理实，情理结合。决不能用私人感情代替讲革命道理。再次，要处理好讲大道理与小道理的关系。恰如其分地讲好小道理，对增强政治工作的有效性有一定作用。但是大道理是管根本、管长远的，小道理要服从大道理。做好思想政治工作，首要的是讲好大道理，而不能离开大道理，片面强调小道理的作用，更不能以小道理代替大道理。比如，解决入党问题，必须坚持用党的宗旨、党的纲领和党员的标准教育大家端正入党动机，而不能只讲个人的荣誉和要求。解决安心服役问题，必须用军人的责任、国家的利益、全心全意为人民服务的思想教育大家树立献身国防精神，而不能只讲个人的需要和愿望。第四，政工干部要努力提高讲好革命道理的本领。一些官兵不愿听大道理的一个重要原因，是少数政工干部理论功底浅，大道理讲不到人的心坎上，点燃不了人们的理想、信念之火。因此，要讲好革命道理，政工干部要带头学习马列主义、毛泽东思想，掌握思想理论武器，做到"给别人一碗水，自己首先要有一桶水"。要注意联系实际，找准大道理和现实的结合点，防止把大道理讲空讲偏。要坚持耐心说服，以理服人。要尊重被领导者的平等地位，既把他们看成教育的对象，又把他们看成教育的动力，坚持平等交流思想，耐心商讨问题，不能以势压人，板起面孔训人，甚至借机整人。耐心说服，以理服人，体现了我军的性质，反映了我军内部的平等关系，符合人的心理特点，是做好思想政治工作的客观要求。

三是要正确把握关心爱护和严格要求的关系。政治工作讲的关心人、爱护人，是指政治上严格要求，生活上严格管理，而不是迁就照顾，放任自流。只图个人满意，迁就照顾，不是对同志真正的关心爱护。这几年，有的人一味强调"宽松、宽容、宽厚"，使一些同志不敢严格要求部属，不敢开展积极地思想斗争，不敢理直气壮地批评个人主义，甚至把迁就照顾不合理要求，也认为是关心人。有的违反政策规定，以"办实事"为名，做"老好人"。要随军就批，要事假就准，要补助就给，要转业就放，丧失了政治工作的原则性。有的对个别人"出格"的事听之任之，睁只眼，闭只眼或故作"开明"放行，或变通对付，搞"上有政策，下有对策"。有的也想坚持原则，但经不起对方的软缠硬磨及美酒佳肴的吸引，丰盛礼品的诱惑等，只好大开方便之门。有的同志错误地认为：批评人，得罪人；照顾人，落好人。所以，抱着"多栽花少栽刺，留得人情好办事"的处世态度，搞无原则的一团和气。有的单位"宽松"之风盛行，姑息情绪泛滥，赏罚不严明。有的严下不严上，严兵不严官，严"疏"不严"亲"，严"软"不严"硬"，怕得罪人，怕丢"选票"，大事化小，小事化了，不得不批评时便搞"弯弯绕"，含糊其词，不痛不痒，致使是非不分，原则性越来越差。这种风气必须坚决扭转。

政治工作要贯彻"尊重人、理解人、关心人"的原则，就要正确认识和处理好关心爱护和严格要求的关系。关心人、爱护人有着丰富的内涵，它既包括物质生活上的关心爱护，更包括精神生活、政治思想上的关心爱护。因此，关心人首先要从政治思想上关心。各级领导要组织干部战士认真学习马列主义、毛泽东思想，帮助他们树立科学的世界观和方法论，帮助他们学习文化、学习知识，为他们成才创造必要的条件。其次，对干部战士政治上要求要严，对他们的缺点错误要敢于及时和不留情面地批评，这是对同志最大的关心和爱护。恩格斯曾说过，从自身的痛苦经验中得到的教育更深刻。对缺点的批评帮助，从某种程度上讲，比物质生活上的关心更重要。贯彻尊重人、理解人、关心人的原则，就是勇于拿起批评与自我批评的武器，开展积极的思想斗争，发挥政治工作的原则性和战斗性。对个人主义的无理要求，要严肃地进行批评，不能迁就照顾；对弄虚作假和做表面文章的坏作风，要勇于揭露，不掩盖袒护；对干部战士的实际困难，既要热情帮助，又要按章办事，不能以感情代替政策。领导干部对自己身边的人员，更要严格要求，严格管理，对他们的成长负责，对部队建设负责，而不能"淡化缺点"，迁就弱点。许多事实说明，当"好好先生"，看起来对同志很热情、很关心，实际上长久下去，干部战士是不欢迎的。干部讲原则、讲党性、讲纪律，不但不会影响自己的威信，反而会提高自己的威信。

　　当然，我们强调思想政治工作要增强原则性、战斗性，而不是搞"左"的那一套，搞无限上纲，乱批乱斗。这几年，有的同志之所以放弃原则，不敢批评，与消极的接受过去的教训有关系。其实，我们批评文革中人整人的那一套，在同志之间、上下之间讲感情、讲友谊、讲团结，正是为了恢复党的优良传统。我们党历来提倡批评要注意方法，注意政治；要和风细雨，与人为善；要实事求是，不无限上纲。要纠正一种糊涂观念，即担心开展思想斗争会激化矛盾，酿成事故。有的基层干部不敢大胆管理，生怕管严了会发生问题。这种"怕"的重要原因是不能全面地分析事故发生的根源，把政治工作的战斗性与安全防事故对立了起来。应该看到，一些单位之所以发生事故，不是因为坚持了政治工作的战斗性；恰恰相反，是因为政治工作不深不细，发现不了问题，或者是发现了问题也不敢认真解决，政治工作的战斗性不强。大量的实践证明，正确地开展思想斗争不仅不会激化矛盾，酿成事故，而且有利于防止事故的发生。错误的东西也像"弹簧"，你"软"它就"硬"，你"硬"它就"软"。越怕问题越多，越怕越容易出事。只有大胆地正视矛盾、解决矛盾，才能解决问题，防止事故那种怕得罪人而采取"躲"的办法，怕丢单位的丑而采取"捂"的办法，怕矛盾激化而采取"哄"的办法，都是十分有害的。当然，我们强调政治工作要发挥战斗性，并非不分对象，不讲方法，一味地强硬，而是要讲政策、讲原则、讲方法，有理有据，刚柔相济。只有这样，才能既解决问题，又防止矛盾激化。

　　四是要正确把握"罚"和"教"的关系。政治工作强调严格要求，严格管理，主要是强调从政治思想上严格要求，包括对干部战士进行严肃的批评教育和必要的纪律处分。处罚本身也是教育的一种手段。官兵关系是人与人之间关系的一种特殊形式，对部队的管教是领导的重要任务和责任，不进行严格的管教就是失职。但是，任何事物都有一个"度"。严格要求要严而有度，严得合理。如果把"严格要求"变成"严格整治"，就违背了我军的根本宗旨，官兵关系就不可能搞好。处罚虽然也是一种教育，但处罚之前必须要把思想做通，不能"不教而诛"。当前，部队以罚代教，以行政手段代替思想政治工作的现象比较普遍。具体表现在两个方面：一是不尊重人格。有的干部崇拜巴顿的带兵方法，错误地认为粗野是军人的气质，遇事不讲道理，甚至打骂战士。二是滥施处分。有的单位不是把功夫下在做好深入细致的思想工作上，而是热衷于制订一些"土政策"、"土规定"，动不动就处分人。有一个团半年就处分了18名干部，有一个连半年处分18名战士，其中一名战士两年中受 8 次处分。对那些违犯党纪、政纪、军纪及其他纪律的人必须给予必要的纪律制裁。但是，处分人一定要慎重，要多教育，少处分，思想教育从严，组织处理从宽。即使非要执行纪律，也应当加强思想教育，把思想教育贯穿于纪律处分的全过程。古人说："卒未亲而罚之，则不服。"不做思想工作就处分，致使有些处分没有达到教育人的目的，反而越处分，违反纪律的人越多，产生了负效应。因此，政治工作贯彻尊重人、理解人、关心人的原则，必须尊重干部战士的人格和感情，坚决反对打骂体罚战士；要坚持以思想教育为主，反对滥施惩戒。要对干部普遍进行我军光荣传统教育，使他们真正懂得打骂体罚战士是旧军队的习气，必须彻底清除；要教育大家自觉遵守"三大纪律八项注意"和"八不准"的规定，进一步开展尊干爱兵活动，不断增强官兵团结；要教育全体政工干部懂得，处分人的目的是要教育人，改造人，而不是为了把人整倒搞臭。不能用行政的、经济的手段代替思想政治工作。另外，尊重战士要真心实意地尊重，而不能搞"假尊重"。有的同志不会表扬人，往往使表扬变成了讽刺，战士很反感。特别是对一些后进战士，表扬时不能浮光掠影地收集一些大家都已经做到的事例宣扬一番，那样他很快就会意识到你是在有意"调动"他的积极性；表扬也不能搞"前后对比"，那样很容易捅到战士的"伤疤"上，事与愿违。正如有的战士说的那样，"批评和表扬都要实在一点。实实在在地批评，我们服气；实实在在地表扬，我们高兴"。

五是要正确把握理解与服从的关系。理解是双向的，而不是单方面的理解，这就是我们常讲的要"换位思考"，"换把椅子坐一坐"。这几年，少数干部战士片面理解这个原则，只要组织理解个人，而个人不理解组织；只要组织照顾，不要组织纪律；有的甚至以此为借口闹个人主义，搞极端民主化。如有的干部家属来队，又要接又要送，领导不同意，就埋怨领导不理解他们的难处；有的志愿兵家属长期住在部队，你要动员他返回，他说你不近人情，不关心战士；有的干部家属没到随军年限，却要组织上照顾提前随军，如果不批准，就说组织上不讲感情，不给温暖，如此等等。我们贯彻尊重人、理解人、关心人的原则，就要教育官兵正确认识理解的含义，摆正理解和服从的关系。要使大家懂得，军队有特殊的纪律，高度的集中统一是军队的特性。革命军人都要以服从命令为天职。没有严格纪律的军队打不了胜仗。所以，军人既要讲理解，更要讲服从。理解与服从的关系，实际上就是民主与集中，自由与纪律的关系。作为一名军人，既要让组织理解个人，个人也要理解组织。对上级的指示，有时可能不完全理解，但也要坚决执行，在执行中逐步加深理解。干部提倡了解战士，上级要了解下级。要大力开展谈心活动，互相交流思想，加深理解；干部要定期向群众作述职报告，汇报自己的工作等情况，争取大家的了解和监督；领导干部要经常深入群众，了解群众的愿望和要求，设身处地帮助他们解决实际困难；在安排工作、布置任务时，要充分考虑到下级的难处，留有一定的余地。实践证明，加强官兵之间、上下之间的了解是极为重要的，了解是理解的基础，只有了解才能理解。当前，要特别注意强化官兵的组织纪律观念，纠正极端民主化和个人主义。对那些只要组织照顾，不要组织纪律的干部，经教育不改，就要给予适当的纪律处分，该撤职的撤职，该降级的降级。去年，某部对一部分探亲超假、私自离队的干部给予了纪律处分，对少数严重违犯纪律、屡教不改的战士，分别给予除名和提前退役等处理，纠正了部队的松散乱现象，保证了部队的高度集中和稳定。

六是要正确把握"疏"和"堵"的关系。市场经济条件下，人们的思想比较活跃，政治工作贯彻疏导方针是正确的。疏导就是要讲清道理，排除思想上、认识上的障碍，达到提高思想觉悟的目的。但是，思想政治工作不能没有堵。"堵"，即是告诉大家什么是不应该做的，做了就是违犯纪律，甚至要制定某些规定来约束人们。比如总政规定的"八不准"，后来在平息动乱和反革命暴乱期间，总政又规定了"四个不得"，有的军区和集团军也依据实际情况作了一些规定，这些就是堵。这就是说，提倡什么，反对什么，应该干什么，不应该干什么，政治工作都应该明确地告诉大家。前几年，我们的思想政治工作只强调"疏"而忽视了"堵"，因而造成一些错误思想泛滥。如有的人受自由化思想的影响，说话随便，甚至使谣言和小道消息在部队流传。一些宣扬色情、暴力、宗教迷信的书刊和音像制品也流入部队，给部队建设造成了很大的危害。所以，政治工作既要讲究疏，又要有一定的堵。特别是在部队应付突发事件，执行急、难、险、重任务的时候，有时官兵思想准备不足，是非还分辨不清，又没有充分的时间做疏导工作，政治工作就必须简明地告诉大家，应该做什么，不应该做什么，以便统一思想、统一行动，保证部队的集中统一。如果没有这些规定，没有严格的纪律，就可能使一些同志犯错误，甚至造成不应有的损失。

抓好"四个基本"
促进基层全面建设 整体提高

搞好基本教育、建强基本队伍、落实基本制度、完善基本设施，是落实基层经常性基础性工作的内在要求。要不断加大工作力度，通过抓"四个基本"，推动和促进基层全面建设、整体提高。

一、基本教育要抓质量，在解决问题上见成效

基本教育包括落实中央军委提出的四个教育和《纲要》规定的党的基本路线、时事政策、我军优良传统、法律常识、形势战备和遂行各项任务等内容。这些教育对于提高官兵的基本觉悟，坚定政治信念，爱军习武，建功立业，走好人生之路必不可少。搞好基本教育，要注重抓好四个环节。一是要抓好调查研究，摸清官兵的现实思想，做到有的放矢。这是搞好基本教育的前提。搞任何一个教育，首先要把官兵的思想了解清楚，这样才能提高教育的针对性。可采取找官兵谈心、问卷调查、组织骨干座谈等多种形式，了解大家有什么想法，有哪些热点、难点、疑点问题。讲课的质量就是看针对性强不强，针对性强才能同频共振，质量才能上去。无的放矢是搞不好教育的，还会降低教育者的威信。教育要从实际出发，有什么问题就

解决什么问题。有的单位教育效果不好，原因就是缺乏针对性。有的指导员讲课就是念念报纸，对连队官兵的思想问题不了解，不能有的放矢地进行教育；有的教育内容离战士太远，道理讲得大而空，不科学、不实在、不能令人信服，大家不愿听。凡是一堂成功的课都是情况摸得准的课，都是针对性强的课。二是要搞好集体备课。集体备课并不是找资料，找大道理，而是共同分析影响官兵思想的主要问题是什么，原因是什么，研究如何讲清道理。然后统一思想，针对问题找武器，准备资料。同时，集体备课的过程也是培养指导员的过程。通过集体备课，指导员的文字水平、思想水平、调查研究水平也就上来了。三是要抓好授课的环节。备好课还要授好课。一堂课的效果怎样，关键是看它是否具有以下作用：正确道理的启迪作用。这些道理必须是自己亲身感悟的，不是抄的。优良传统的熏陶作用。把我党我军的优良传统传授给官兵，使大家自觉在实践中继承发扬这些好的传统。英雄模范人物的激励作用。用英模人物的形象、英模人物的语言教育激励官兵，在头脑中打下深刻烙印。生动形象教育的感化作用。如观看教育影片、组织演讲等，每堂课要有生动精彩的例子，必要时可以让战士上讲台，讲课不能老是念稿子，那样就把课讲死了。人格的感召作用。课上讲的就是自己做的，说起来让人信服，做起来让人佩服，战士才会相信。不能讲得好，做得不好。为什么有的人讲课效果不好，就是说做不一，一方面在讲反对吃喝，可自己还在到处吃喝；一方面在反对不正之风，可自己还在搞不正之风。政工干部授好课首先要做好人，言行一致，说到做到，发挥人格的感召作用。四是要抓好讨论收集。组织讨论、收集讲评很重要。一堂课讲完后，要让大家好好讨论，看解决了什么问题，有些什么深刻的认识，有些什么生动的事例，然后进行归纳小结，用群众的认识，深化讲课效果，推进教育向前发展。现在有一种观念，认为政治教育是虚的。这是不对的。比如：人生观、价值观、世界观的教育，你对改革大局怎么看、你学习工作图什么、你人生追求为什么等问题一看就能清楚。战士能不能正确对待改革利益的调整，能不能正确对待荣誉、挫折，能不能正确对待家庭困难，能不能正确对待疾病，能不能正确对待婚恋，怎么对待金钱等等，这些问题都要体现出来。政治教育是实实在在的。

二、基本队伍要抓素质，在发挥作用上见成效

"四个基本"的关键是"基本队伍"，即："一个班子"、"三支队伍"。一个班子是指基层党支部领导班子，三支队伍是指干部队伍、党员队伍、班长骨干队伍。基本教育和基本制度的落实，最终要靠基本队伍；基本设施要发挥好服务作用，也取决于基本队伍的有效管理。因此，要始终抓住基本队伍不放，通过基本队伍素质的提高促进"四个基本"的全面落实。抓基本队伍，重在抓素质能力的提高，使他们在基层建设中真正发挥骨干作用。一是要选拔好。要把文化素质高、发展潜力大、有培养前途、各方面比较拔尖的人，选进"一个班子、三支队伍"中来。作为领导干部，千贡献、万贡献，培养人才是最大的贡献；这政绩、那政绩，多出人才是最大的政绩。要从"根"上开始，从班长开始选拔人才。没有班长哪有将军？还要大

胆选拔年轻有为的干部。有句老话讲，能者使能，贤者荐贤。领导干部要把培养年轻干部作为重要责任，不要怕别人超过自己。二是要培养好。具体可采取以下措施：把骨干选送教导队、院校培养；组织函授学习，提高他们的文化素质；集中培训，增强系统理论知识；加强岗位锻炼，增强实践才干；搞好传帮带，在实践中提高政治、军事、管理、领导素质，打牢政治基础、文化基础、作风基础和领导基础。三是要使用好。使用干部要做到"三交待"，即：交待任务，交待标准，交待方法。使他们能够冲得上去、拿得下来。这样他们的威信才能提高，大家才能信服。四是要管理好。无论是对干部队伍，还是党员、骨干队伍，都不能只用不管。要坚持思想上严格要求，政治上关怀，生活上体贴；有成绩及时表扬，使他们受到鼓舞；有问题及时指出，使他们不走歪门邪道。好的骨干，应该是思想工作上的骨干，专业技术上的尖子，士兵的模范，领导决策的助手，会提建议、出主意，能解决问题。一个单位有这样一批好骨干、好干部，这个单位的全面建设就有了良好的基础、可靠的保证。

三、基本制度要抓落实，在养成上见成效

部队基层建设的方方面面，都要靠一整套严格的制度法规来调整和规范。制度带有根本性、政策性，只有坚持规章制度，各项工作才能有序进行，有效落实。落实基本制度，就是要落实好条令条例和《军队基层建设纲要》规定的各项制度，包括战备、军事训练、行政管理、组织生活、政治教育、经常性思想工作、伙食管理、武器装备管

理、营产营具管理等制度，这些都是做好基层工作的基本制度。认真落实这些基本制度，就能使基层建设保持正规的秩序，并沿着法制化、规范化轨道不断前进。抓好基本制度落实，应发挥四个作用：一是教育的引导作用。建章立制、严格制度是毛泽东军队建设的一贯思想，也是新时期依法治军的重要内容。要教育引导官兵充分认识制度建设的重要性，确立制度是法规，必须严格按照制度办事的强烈意识。二是监督的约束作用。领导机关要紧紧围绕条令条例和《纲要》规定的各项制度，经常深入基层，进行全面检查督导，看哪些制度落实了，哪些制度没有落实，哪些制度落实好一些，哪些落实差一些。要经常进行讲评，对落实制度好的及时表扬和肯定，对制度落实不好或违反制度的人和事，要毫不留情地予以纠正和处理，使上上下下都养成自觉落实制度，严格按制度办事的良好风气。三是典型的激励作用。落实制度要树典型、立标杆，以典型为样板，激励大家跟着典型学，照着样板做。要建立奖惩机制，把落实制度的情况纳入落实《纲要》和"双争"评比之中，作为评比的一个重要条件，与评先评优、干部讲评和提升使用等挂起钩来，以调动基层落实基本制度的积极性。四是领导的带头作用。制度能不能落实，落实得质量如何，归根结底要靠领导的带头。领导干部不带头，一切制度都等于零，抓落实也无从谈起。因此，领导干部要在落实制度上起到"领头雁"作用，强化以法治军的意识，严格按制度法规办事；要确立经常抓的思想，经常检查督促；要带头落实制度，要求人家落实的自己先落实，要求人家做到的自己先做好，这样才能上行下效，抓制度落实才更理直气壮。

四、基本设施要抓配套，在管理使用上见成效

基本设施作为保障战备、训练、工作和生活的硬件，是部队建设运行的必要载体，是基层建设发展的物质基础，它与基本教育、基本队伍、基本制度共同构成了军队这个大厦的根基。基本设施包括：战备设施、训练设施、文体设施、基本生活设施等。不断完善基本设施，充分发挥基本设施的作用，是实现保障有力、增强部队凝聚力、提高战斗力的重要保证。搞好基本设施建设，要坚持"三抓"：一是抓配套。目前，不少单位的基本设施还不配套、不完善，影响了功能作用的发挥；有些单位的基本设施建设由于种种原因，欠账还比较多；有些已经配套的设施，随着时间的推移不同程度地有了损坏或短缺。因此，完善基本设施是一个不断发展的动态过程，既不能一蹴而就，也不能一劳永逸，必须常抓不懈，不断完善、巩固、发展和提高。需要特别指出的是，各级在基本设施建设上，不能把财力物力都用在"面子工程"上，只看建了几块草坪，装修了几间房子，要在完善配套各种战备、训练和文化、生活设施上加大力度，提高档次。二是抓管理。完善基本设施，既要靠建，更要靠管。建得再好，管理跟不上，再完善的设施也难以长期发挥作用。现在一些单位的基本设施，一边建一边坏、一边配一边丢的现象还很普遍。要本着建管结合，以管促建的原则，建立健全各项管理制度和落实管理责任制，不断加强群众性、经常性的管理，形成人人爱设施、管设施的浓厚氛围，使各项基本设施始终保持良好的状态。三是抓使用。基本设施不仅要建

好、管好，更要用好，光建不用，就失去了建的意义。有些单位的军官训练中心、指导员之家、战士学习娱乐室，虽然投了很多资，设施也比较齐全配套，有的档次还比较高，但很少使用，一年也开不了几次门，活动不了几次，官兵对此意见很大。要把基本设施"用"起来，该开放的开放，该活动的活动，使其真正发挥作用。通过抓基本设施的配套、管理和使用，切实为官兵创造一个工作生活的良好环境。

　　总之，加强"四个基本"建设，概括起来就是要发挥基本教育的引导作用，基本队伍的骨干作用，基本制度的规范作用，基本设施的保障作用，以更好地推动和促进基层全面建设、整体提高。

抓好"两个经常"
需要把握的几个问题

加强经常性思想工作和经常性管理工作，从领导工作的角度讲，我认为需要着重把握以下几个问题：

一、抓转变，切实端正领导思想和作风

"两个经常"的工作，贵在经常，难在经常，真正起作用的也在经常。而要真正做到坚持经常，在领导思想和工作作风至少要实现四个转变。一是要从抓抓停停转到常抓不懈上来。一些单位存在的共同问题，就是有的领导同志和基层干部还没有完全摆脱过去那种"运动式"的工作方法，往往是大轰大嗡一阵风，热一阵冷一阵，时紧时松，甚至"上级不强调不抓，领导不检查不抓，部队不出事不抓，战士不找上门来不抓"，即使抓一下，也是不痛不痒，走走过场。解决这个问题，最重要的是要增强各级干部的责任感，以对战士和部队建设高度负责的精神，自觉地做好"两个经常"的工作。二是要从说的多、做的少转到立说立行上来。检验"两个经常"工作的成效，不是看会上表态怎么样，也不是看制订了多少措施，而是要看说了是不是做了，订了是不是办了，是不是一条一条抓好落实，在实际工作中见成效。衡量"两个经常"工作好不好的根

本标准看两条：一条是看经常不经常，一条是看落实没落实。三是要从就事论事转到抓根本、提高人的基本素质上来。做"两个经常"的工作，当然要解决官兵在日常工作和生活中遇到的各种具体问题，当然要强调防事故、防案件，但根本目的在于提高人的觉悟，提高人的基本素质，保持人民军队的性质，保证各项任务的完成。如果离开了这个根本，头疼医头，脚疼医脚，把"两个经常"的工作局限在预防事故案件、拾遗补漏上，往往会按下葫芦浮起瓢。正如江主席在视察驻豫部队时指出的，核心的问题还是人，关键是千方百计地提高干部战士的基本素质。这就抓住了"两个经常"的要害。这个问题抓不住，事故案件就会防不胜防，堵不胜堵。我们强调抓"两个经常"的落实，就要下功夫调查研究，掌握新时期战士的特点，有针对性地抓好以树立革命人生观为主要内容的经常性思想教育，经常灌输怎样学习、怎样工作、怎样生活、怎样做人的基本道理，打牢官兵的思想道德基础，增强自我约束和自我调节能力。四是要从少数人做转到"大家来做"上来。"两个经常"的工作，实际上是群众性的工作。它内容多，范围广，难度大，单靠哪一个领导、哪一个部门、哪一部分干部来做，都是远远不够的，必须大家都来做。一些单位"两个经常"的工作成效比较明显，关键是各级党委、领导，机关各个部门齐抓共管，有一批素质较高、能够发挥作用的基层干部骨干队伍；有些单位"两个经常"工作之所以落实不好，与基层干部骨干能力较弱，作用发挥不好，领导机关合力不强，仅靠少数人跳"光杆舞"有直接关系。因此，抓好"两个经常"的落实，必须努力形成大家来做的局面。

二、抓反复，发扬一抓到底的狠劲和韧劲

没有反复，就谈不上经常，也难以出成效。从部队的特点看，它是一个流动的集体，老的一茬人培养教育好了，新的一茬人又需要培养教育，从老百姓到合格军人的转变需要反复做工作；从人的思想变化规律看，旧的问题解决了，还可能冒出新的问题，既使原来已经做好的工作还会有反复，已经解决了的问题还会重新出现，不可能一劳永逸；从客观环境和条件看，也是不断变化的，难免带来一些新情况、新问题，需要及时地有针对性地做工作；从"两个经常"的根本着眼点看，提高人的基本素质，不是一日之功，需要下细功夫、慢功夫、实功夫。因此，做"两个经常"的工作，要抓反复、反复抓，不见成效不撒手，见了成效不松劲。一是对初见成效的工作要反复抓，不能见好就收。还要进一步抓紧抓好，不断发现新问题，解决新问题，摸索新经验，巩固和发展已有的成果。二是对容易反复的工作要反复抓，一抓到底。比如部队的日常养成，很容易出现反复。良好的作风纪律培养难，保持下去更难，需要反复抓。反复抓教育、反复抓活动、反复抓典型、反复抓检查，使容易反复的问题不再出现。三是对人的教育培养要常抓不懈。做重点人的转化工作是这样，提高干部骨干做好"两个经常"的能力也是这样。干部骨干某个方面的素质提高了，并不等于方方面面都提高了；一部分人素质提高了，并不等于所有的人都提高了；这一茬人会做"两个经常"的工作，并不等于下一茬人也会做。因此，对十部骨干的培训要常抓不懈。

三、抓结合，在贯穿和渗透上下功夫

　　落实"两个经常"，一定要搞好结合。结合得好坏，直接影响着落实的效果。不会抓结合，也就不会抓落实。我们下部队了解情况，经常听到一些反映，说是工作忙，任务重，没有时间和精力抓"两个经常"。实际上，这只是问题的一个方面，还有一个不会结合的问题。怎样搞好结合，具体来说要做到两点：一是必须与中心工作和各项任务结合起来。不能离开中心工作、各项任务和部队的活动孤立地去做，也不能总想着用专门的时间、专门的场所单纯去做"两个经常"的工作，在结合上做文章。比如在军事训练中，就需要把"两个经常"贯彻进去，通过搞好思想发动和宣传鼓动，不断克服各种思想障碍，充分调动官兵的练兵积极性；通过严格管理，抓好养成，培养部队严明的纪律，优良的作风。又比如，要提高干部骨干做"两个经常"工作的能力，光靠专门培训不行。如果和各级教导队培训干部骨干、各种类型的短期集训结合起来，把"两个经常"作为培训的一个重要内容，就会收到较好的效果。二是"两个经常"本身也要结合起来。经常性的思想工作离不开经常性的管理，经常性管理也离不开经常性的思想工作，两者相辅相成，很难截然分开。离开思想工作抓管理，必然导致重强制、简单化；离开管理抓思想工作，往往造成迁就照顾。为什么有的单位对战士除名、处分多，事故案件也多，就是"两个经常"结合不好；相反，有的单位处分少、除名少，部队事故案件也少，一个重要原因就是结合搞得好。要把"两个经常"有机地结合起来，关键是要牢牢把握"两个经常"的工作对象，把两者的着眼点都集中在提高人的基本素质上。素质高了，"两个经常"也就容易落实了。

四、抓重点，着力解决主要矛盾

突出"两个经常"工作的重点，就要坚持重点单位重点抓，重点人工作重点做，重点时间重点防，重点目标重点管。从单位上看，要重点抓好直属分散单位，彻底解决"灯下黑"的问题。从一定意义上讲，直属分散单位管好了，预防事故案件的工作就做好了一半。一些单位把直属分散单位的管理摆到党委工作的重要位置，机关相对固定人员抓直属分散单位，业务部门按系统、按专业承包直属队，把放心的干部用在不放心的位置，还对机关勤杂人员实行集中居住、集中教育、集中训练、集中管理。这些做法都是行之有效的。从人员上看，要着重做好重点人，或者说个别人的转化工作。事故案件的发生，往往总是集中在少数重点人身上。因此，教育和管理好重点人，转化好重点人，应当引起各级领导的高度重视。做重点人的工作，还是要落实三句话：及时发现，确实弄清，妥善处理。坚持"两手抓"，一手抓教育转化，一手抓组织处理，把着眼点放在教育转化上。从时间上看，要重点做好八小时以外的工作。八小时以外，历来是事故案件的多发时段，是教育和管理工作的重点时段。做八小时以外的工作，就要坚持条令条例规定的各项规章制度，保证各类人员八小时之外都在管理之中；就要广泛开展文化娱乐活动，满足官兵的精神需求，培养健康向上的道德情操，促进"两个经常"

的落实。从目标上看，要着重抓好"五库一室"（武器库、弹药库、爆炸物品库、油料库、毒气库和连队兵器室）的管理。在抓好基本设施达标的同时，严格各项制度，经常检查督促，加强安全警戒，确保万无一失。只要重点抓住了，教育和管理工作跟上了，就能有效地防止恶性事故和案件发生，部队内部稳定就有了可靠的保证。

五、抓难点、在解决困扰部队的棘手问题上见成效

抓不住难点，"两个经常"就难以有突破，就难以向深度发展；难点问题解决得好坏，是检验"两个经常"有没有战斗力的重要尺度。那么，什么是"两个经常"的难点呢？从多年教训和现实情况看，主要是对三类人员的管理：一是志愿兵的管理。志愿兵是一支相当大的队伍，管好了，能够发挥骨干力量，促进部队建设；管不好，也容易变成一种消极能量。只要志愿兵的管理形成了基层天天管、旅团月月抓的局面，就不愁志愿兵管不好。二是"关系兵"的管理。这些人虽然人数不多，但管理的难度较大。对这类人员除了教育帮助之外，最主要的是严格管理，不能看背景，不能论来头，不管是谁都要一视同仁严格要求。除此之外，就是要采取措施，在征兵、调动上把关，尽量减少"关系兵"。对私自招来的"关系兵"，在做好工作的基础上，要坚决清退，以维护兵员管理的严肃性。三是伤病残战士的处理。对暂时走不出去的应加强管理。在看病治病上要提供方便；对一些尚能坚持工作的，尽量让他们干一些力所能及的事情，使他们同样处在组织中、管理中、

工作中。事实证明，做"两个经常"的工作，不能避难就易，而要迎难而上，敢于啃硬骨头，越是难解决的问题，越要下功夫解决好。

六、抓典型，不断增强工作的生机和活力

做"两个经常"的工作，同样需要有一批叫得响、推得开的典型。从目前情况看，抓典型需要注意以下几点：一是要代表广泛，不能一花独放。既要有单位的典型，也要有个人的典型；既要有已经宣扬过的老典型，也要有新典型；既要有稳步发展的典型，也要有短时期内进步快的典型；既要有部队的典型，也要有机关的典型。二是要实事求是，不能涂脂抹粉。典型并非十全十美，只有正确看待它的缺点和不足，才会使典型真实可信。"两个经常"工作的内容是多方面的，不可能一个单位所有方面都做得好，因此，不能搞"高大全"式的典型，尤其不能什么样的典型都出在一个单位。三是要一视同仁，不能搞"特种喂养"，既送"特供药"，又施"特供肥"。靠"吃小灶"成长起来的典型，是难以让人服气的。四是要正确估价。典型的成长离不开大家的支持和帮助，一个单位的成绩往往是多方面的合力产生的。为了突出典型，采取不适当的方法搞纵向对比和横向反衬，把过去的工作说得一无是处，把现在的工作吹得天花乱坠；或者把其他单位说得如何如何糟，把典型单位说得如何如何好，都是不符合辩证法的。五是要突出个性。典型只是某方面的先进代表，并不是说一方面好各个方面都好。因而，不能把典型当成一条捕鱼的船，得什么风就扯什么篷，需要哪方面的典型，就往哪

方面扭。这样的"多角度"典型是推不开的。各级党委机关要从政治上爱护典型，关心其成长进步，当典型出现问题时，要勇于揭露和帮助解决，一视同仁地进行处理。既要大力宣扬推广典型的先进事迹和经验，也要正视他们缺点和不足，不能姑息迁就。同时，要教育典型谦虚谨慎，虚心学习别人的长处，不断丰富和提高自己，取得新的更大的进步。

基层"三讲"教育
要在联系实际解决问题上下功夫

当前基层党组织和党员队伍的建设现状，与党的先进性要求还有较大差距。有的讲政治意识不强，原则性和战斗性比较差；有的理想信念茫然，党性修养和组织观念淡薄，模范作用发挥不好；也有的对日益紧迫的军事斗争思想准备不足，心理准备不足，打赢信心不足。怎样使基层党组织和广大党员在实践党的宗旨上体现先进性，在确保"打得赢"、"不变质"上体现先进性，在适应新形势新环境、经受各种考验上体现先进性，是衡量基层工作是否见成效的标准。现在有的基层党组织和党员认识不到自己的差距，讲问题轻描淡写，甚至自我感觉良好，很重要的原因就是标准不高，问题没找准。因此，应结合"三讲"教育，对基层党组织建设现状作认真的调查分析和摸底排队，确定要解决的主要问题，确定要帮抓的重点单位，特别要解决好理想信念问题。坚定的理想信念，是党员思想政治素质的核心，是一切问题的"总开关"。没有正确的理想信念，党员就没有精神上的支撑力，国家就没有发展的原动力，民族就没有团结的凝聚力，军队就没有制胜的战斗力。

解决问题的基本途径主要是依靠基层党组织自身的力量。要善于运用科学理论来分析解决现实问题，运用组织生活制度来解决党内矛盾，运用党员之间的思想互助来克服不足，解决问题，化解矛盾。特别要把开好民主生活会、开展批评与自我批评、搞好民主评议党员作为正面教育的重要阶段，相对集中时间和精力，确保教育实效和质量。从实际情况看，党组织原则性和战斗性不强、党内批评开展不起来的现象，在基层带有一定的普遍性，不仅直接影响党组织的凝聚力和战斗力，而且会带坏基层风气。要帮助广大党员放下思想包袱，打消各种顾虑，进一步浓厚党内学习的空气、原则的空气、求实的空气、批评的空气。

解决问题一定要以班子成员和干部党员为重点。"部队好不好，关键在领导；班子行不行，就看前两名。"我们曾对部队基层党组织建设情况作了些调查和分析，发现突出的问题是，一些基层党组织管干部、管党员不够严格，解决支部班子和干部队伍中的问题不够有力，有些支部正副书记自身素质也比较弱，运转班子能力不够强。这说明，目前基层的问题主要表现为支部班子和干部党员的问题，班子的问题主要又是两名主官的问题。从一些单位的情况看，这方面的问题特别是主官的问题解决起来难度比较大。因此，要重点抓好支部"一班人"特别是正副书记，引导他们带头学好理论，带头从严解剖自己，带头纠正存在的问题，通过解决干部党员的问题带动其他党员问题的解决。团以上党委常委要分别联系一个基层党组织，上党课、抓教育，既要把人员定到点，更要把工作做到位，进行蹲点帮助，加强具体指导。各级党委常委也要深入下去，搞好传帮带，跟踪抓落实。这样，不仅能保证部分基层党组织教育的质量，而且有利于领导同志从点上了解真实情况，及时发现和解决问题，取得指导面上教育的主动权。坚持抓具体、具体抓。教育抓质量，制度抓经常，队伍抓素质，设施抓配套。各级要从实际和实效出发，深入具体地抓好教育的每个步骤，指导好每个基层单位。比如，对不同类型、不同基础的基层党组织，要在指导力量、帮抓方法上有所区别、有所侧重，好的要提高，中间的要帮助，差的要整顿，不能搞一线平推。再比如，教育展开前，要采取多种形式，把机关工作组和基层党支部书记、党小组长培训一遍，使他们成为组织指导和具体实施正面教育的明白人。只要指导工作抓得具体，具体工作做得有力，教育就能够落到实处。

领导机关在指导上要注意处理好三个关系。一是处理好领导机关具体指导与基层依靠支部自身的关系。党委和机关既要加强具体指导，又要敢于放手，多当"参谋"，不当"保姆"，做到计划安排由支部订，组织实施由支部抓，思想互助和党性分析在支部内部进行，真正使"三讲"正面教育的过程，成为提高党支部解决自身问题能力、增强组织功能的过程。二是处理好进度与质量的关系。要坚持时间服从效果，进度服从质量，既确保教育有计划、有步骤地进行，更要确保效果和质量，做到搞完一批，验收一批，合格一批。三是处理好从严抓教育与保持基层稳定的关系。既要把从严治党的方针贯穿教育始终，对问题较多的支部要整顿，对民主评议不合格的党员要处理，又要注意掌握政策，不搞人人过关，不搞"无限上纲"，不搞"开门整风"，不留后遗症，防止矛盾激化和影响基层稳定。

要坚持抓正面教育促全面建设。围绕中心任务抓党的建设，是我们党的一条重要经验。用教育促进工作，用工作检验教育。这一原则应很好地贯彻到每一次教育之中，真正做到教育与工作两不误、两促进。如果顾此失彼，或搞成"两张皮"，即使教育落实了，也不是完整意义上的教育效果。扎实的教育效果，应当是正面教育搞得好，工作任务完成好，全面建设上水平。包括：基层党组织"一班人"政治头脑更加清醒，思想政治领导更加坚强，党员的党性观念进一步增强，基层的思想政治建设得到新的加强；建设的思路更加清晰，各项工作无明显的薄弱环节，各个单位无明显的薄弱部位，先进的能百尺竿头更进一步，中间的能提高标准、奋起争先，后进的能克服弱项、改变面貌，在推进"全面建设、整体提高"上有新的发展；基层干部队伍、党员队伍的精神状态更加振奋，事业心、责任感明显增强，党支部的战斗堡垒作用和党员的先锋模范作用得到充分体现，部队的精神面貌、各项工作、全面建设充满生机和活力；基层风气建设进一步加强，各种不良习气、不健康行为和庸俗作风明显减少，形成积极向上、扶正祛邪的良好氛围；以军事斗争准备为龙头的各项工作起点高、落实快、有质量，任务圆满完成，部队安全稳定。

　　确保教育效果真正到位，还必须注意两个方面：一方面，要搞好教育与工作的结合，正面教育与帮建支部结合起来，与其他政治教育结合起来，与经常性思想工作和经常性管理工作结合起来，与做好军事斗争各项准备结合起来，切实把开展教育作为抓基层的主要举措，把教育中焕发出来的政治热情引导到完成各项工作任务上，做到教育工作一起抓，两个成果一起出。另一方面，各级党委机关重点要在基层党组织正面教育结束后，进行一次认真的总结反思，透过部属的问题看领导责任，从基层的困难看机关的工作，进一步改进领导作风和方法。这样上下联系起来抓党建，不仅能提高解决问题的层次，促进基层党建水平整体提高，而且有利于团以上党委机关巩固和深化教育成果，进一步加强自身建设，改进工作指导，推动部队建设上台阶。

指导员应具备的"四个能力"

指导员要成为经常性思想工作的行家，必须具备并不断提高"四个方面"的能力：组织领导思想工作的能力，观察分析问题的能力，疏导说理的能力，解决棘手问题的能力。这"四个能力"是指导员做好经常性思想工作的基本功。把"四个能力"具体化，对于帮助指导员正确认识自己的不足，瞄准薄弱环节下功夫，争当经常性思想工作的行家里手，是有积极意义的。

一、组织领导思想工作的能力

（1）会调查和组织分析连队思想情况，针对问题及时提出对策。指导员要通过与战士实行"五同"、谈心、发动骨干等形式，了解掌握官兵的思想；要会组织党支部"一班人"及时分析连队思想情况，针对问题提出切实可行的对策，使连队思想情况，针对问题提出切实可行的对策，使连队经常性思想工作有计划、有步骤、有目的地开展。（2）会检查讲评督促，把经常性思想工作落到实处。指导员是连队经常性思想工作的直接组织者和带头人，不仅自己要带头做，而且要对连队经常性思想工作的情况及时检查讲评，表扬做得好的，指出存在问题，明确改进措施，督促落实各项制度。（3）会培养和组织思想骨干开展工作，形成"大家来做"的局面。指导员要善于培养和使用思想骨干，经常给他们交任务、提要求、教方法、带作风，不断提高他们开展思想工作的能力，逐步达到"四会"。（4）会发挥连队"三个组织"的作用，在经常性思想工作中形成合力。"三个组织"的作用，就是党支部的领导作用和团支部、军人委员会的助手作用。党支部要统揽连队经常性思想工作，做到有布置、有活动、有检查。团支部和军人委员会要积极配合，开展各种健康有益的活动，创造一个人人都参与、人人受教育的良好环境。（5）会培养和宣传典型，形成人人学先进、赶先进、当先进的浓厚气氛。指导员要善于发现和培养各类典型。在典型的宣传上，要做到事迹真实可信，经验实在可学。同时，还要加强对典型的教育和引导，使他们不断进步。（6）会把握政策界限，法规意识强。指导员要熟悉方针政策和法律法规，不仅自己要带头执行，还要教育干部骨干掌握政策，做到严之有理，严之有情，严之有度。（7）会总结和积累点滴经验，有一套做经常性思想工作的路子。指导员要注意把平时所做的思想工作上升到理性认识，总结和积累那些小型管用、现实针对性强的经验；要根据形势任务和官兵成分的变化，摸索新办法，拓宽新路子。（8）会结合经常性管理工作一道去做，保证部队安全稳定和各项任务的完成。指导员要善于在管理工作中抓教育，在思想工作中抓管理，使二者有机结合，相互渗透。

二、观察分析问题的能力

（1）能通过表面现象看到问题的本质，不被现象所迷惑。指导员了解和掌握官兵的思想情况，要善于分析、比较，注重看思想基础，看一贯表现，不被一时一事的假象所迷惑。否则，思想工作就掌握不了重点，无的放矢，甚至会"下错药"。（2）能通过个别问题看到倾向性问题，不让其形成气候。许多个别问题与倾向性问题有着密切的联系，个别问题解决不好，就可能导致倾向性问题。指导员头脑必须很清醒，要小中见大，对个别问题早抓早治，防止蔓延，形成气候。（3）能通过简单问题看到潜在的复杂问题，及时消除隐患。要善于运用发展的观点、联系的观点观察事物，分析问题，及时发现隐患，争取工作的主动权，有苗头抓，没有苗头也抓。有些指导员眼里没有活，心里不装事，出了问题，四处"救火"。这是需要认真克服的。（4）能通过实际问题看到思想问题，工作针对性较强。指导员对干部战士的各种实际问题，要实事求是地进行分析，会透过实际问题看到由此引发的思想问题，把解决实际问题与解决思想问题结合起来，防止片面性。（5）能通过现实表现预测未来发展，实施正确引导。干部战士的思想活动是有规律可循的。指导员要认真学习和运用"交换、比较、反复"的方法，潜心观察，掌握规律，预测发展，积极引导，为干部战士的成长进步创造有利条件。

三、疏导说理能力

（1）能用革命大道理说服人。指导员一定要坚持正面灌输的原则，联系实际理直气壮地讲大道理，把大道理讲得实实在在，讲得入情入理，造成讲大道理、信大道理、用大道理的氛围。（2）能用方针政策说服人。做思想工作要符合党的方针政策和上级规定，并处处维护它的权威，防止和克服哄骗、许愿和矛盾上交的现象，坚持思想工作的原则性和战斗性。用方针政策说服人，指导员首先要说服自己，说服"一班人"，说服干部。只有这样，才可能说服群众。（3）能用光荣传统说服人。善于运用我党我军的优良传统，本单位的好传统和好作风，进行生动的思想教育，激发官兵的荣誉感和使命感。（4）能用事实说服人。事实胜于雄辩。指导员要学会用身边的事，用报纸、广播宣传的事来教育人，说服人。指导员平时要注意积累，用的时候就会得心应手。（5）能用典型说服人。连队天地虽小，但也不乏各种各样的典型。指导员运用大家看得见、摸得着的典型示范引路，就会使人信服，连队正气就会不断上升。

四、解决棘手问题的能力

（1）善于克服连队的不良倾向。指导员要敢于扶正祛邪，通过解决不良倾向培养部队的良好风气。克服不良倾向的一个好办法，就是开展一事一议，进行民主讨论，用大道理管小道理。通过讨论一件事，使大家受教育，使不良倾向没有立足之地。（2）对干部的问题敢抓善管。要敢于开展积极的思想斗争，讲真理，不讲面子；要充分发挥党支部的战斗堡垒作用和群众的监督作用，真正把干部管住、管好，用干部的模范行动影响和教育战士，增强思想工作的说服力。（3）会做后进同志的思想转化工作。做好后进战士的思想转化工作，是衡量指导员做思想工作能力的一个重要标志。指导员要善于发现他们的闪光点，调动积极因素；要反复抓，抓反复，主动亲近，关心体贴，发动大家帮助，切实创造一个有利于他们转化的良好环境。（4）对干部战士的实际问题尽心尽力帮助解决。要关心干部战士的疾苦，特别是对他们的婚恋、疾病、家庭困难等实际问题，不能当包袱甩，要积极想办法帮助解决，力不从心要尽心，事没办成要讲清，让干部战士切身感受到兄长之情和组织的温暖。

加强政治建设是落实
《军队基层建设纲要》的首要任务

　　《军队基层建设纲要》有一个鲜明的特点，就是把加强政治建设、保证政治上永远合格，放在了突出的位置，同时也对新形势下加强基层建设提出的更高要求。为什么要把政治建设作为基层建设的首要任务呢？我认为至少要从以下几个方面来认识。

　　一是在国际国内斗争新形势下，保证基层在政治上永远合格的迫切需要。我军的革命化现代化建设，是在国际国内斗争的复杂环境中进行的。从国际上看，西方垄断资产阶级从来就没有放松对社会主义国家的颠覆和破坏活动，加紧向社会主义国家推行"和平演变"战略，东欧剧变的事实就是例证。我军担负着对外反侵略，对内反颠覆的双重职能。国内外敌对势力总是把我军视为他们推行"和平演变"战略的巨大障碍，千方百计地进行渗透、腐蚀和破坏。基层是军队建设的基础，是反渗透、反颠覆、反"和平演变"的前沿阵地。为了保证部队在任何情况下都毫不动摇地坚持党的绝对领导，同党中央在思想上、政治上、行动上保持高度一致；在任何情况下，都把党和人民的利益摆在高于一切的位置，全心全意为人民服务；在任何情况下，都坚定对社会主义、共产主义的信念，旗帜鲜明地坚持四项基本原则；在任何情况下，都严守纪律，保持高度的的稳定和集中统一；在任何情况下，都能应付各种突发事件，胜利完成保卫国家安全与稳定的光荣任务。这就要求我们必须把加强政治建设放在各项工作的首位，确保每个连队、每个官兵在政治上永远合格。只有这样，才能使我们军队经受住反"和平演变"的严峻考验，保证党和国家永不变色。

二是提高基层战斗力的客观要求。《纲要》指出，战斗力是检验基层建设的根本标志。基层建设一切工作的出发点和落脚点，都要放在提高战斗力这个根本目的上。要提高基层战斗力，就必须首先抓好政治建设。政治素质是基层战斗力的重要因素，增强政治素质的过程，就是提高基层战斗力的过程。基层战斗力的诸因素，只能在加强全面建设中不断提高。政治建设在基层全面建设中既起着把握方向的作用，也起着必不可少的服务保证作用。只有加强政治建设，才能从根本上提高战斗力。

三是培养"四有"合格军人的根本途径。培养有理想、有道德、有文化、有纪律的革命军人，保证每个干部战士都在政治上合格，是《纲要》提出的重要目标。加强政治建设，是完成这一任务的根本途径。从这个意义上讲，政治建设不仅要解决基层建设的方向问题，也要解决基层官兵做人的方向问题。把基层官兵培养成"四有"合格军人，首先要在政治上合格，也要在军事训练、作风纪律、体能以及完成任务等各个方面都合格，而这些都是以强有力的思想政治工作为前提的。从当前基层情况来看，只有不断对干部战士进行我军根本性质、根本职能以及反"和平演变"的教育，使大家居安思危，增强政治上的坚定性，才能激发大家的练兵热情，搞好军事训练，提高军事素质；

只有不断帮助干部战士树立忠于党、忠于国家、忠于社会主义、忠于人民的无私奉献精神，才能保证官兵安心本职，自觉完成好各项工作任务；只有不断帮助官兵树立高度的纪律观念和正确的民主意识，清除资产阶级自由、民主、人权等思潮的影响，才能有效地提高官兵的作风纪律素质。

四是我军基层建设长期实践中形成的"传家宝"。我军在初创时期，就注重从组织建设、政治原则上奠定无产阶级军队的基础。战争年代，我军十分重视提高基层政治素质，完善了基层政治、军事、经济三大民主，明确了支部建在连上的原则和制度；宣扬了一大批英雄模范人物，极大地提高了基层官兵的政治觉悟，增强了战斗力，为战争的胜利奠定了基础。全国解放后，我军基层政治建设进一步得到完善和发展。军队建设指导思想实行战略转变以来，中央军委和总部先后颁发了一系列有关加强基层政治工作的文件，使基层政治建设逐步走向规范化、制度化、系统化，全军政工会议又重申了 政治工作是我军的生命线，要求把政治建设作为我军的首要任务。《纲要》更加明确地提出了加强基层政治建设的根本要求和具体措施。由此可见，把政治建设放在首位，保证基层政治上合格，不是一时的权宜之计，而是我军基层建设经验的结晶，是我军的"传家宝"，任何时候都不能丢，要一代代地传下去。

在实际工作中，应该怎样把政治建设作为首要任务呢？我觉得要做好以下几个方面的工作：

首先，必须强化加强政治建设的意识。从基层现状来看，政治建设在总体上是好的，在政治上是合格的。但也要看到，由于受"军队非政治化"、"党军分家"等自由化思潮的影响，在有些基层单位，只讲"宽容、宽松、宽让"，不讲严格要求，只讲"理解、关心、尊重"，不讲政治工作的原则性、战斗性，只讲物质利益原则，不讲为人民服务、无私奉献；政治工作生命线的地位被忽视，政治建设受到削弱。因此，必须强化加强基层政治建设的意识，引导大家联系国际国内斗争形势以及基层建设的需要，认识加强基层政治建设的必要性和紧迫性。

其次，注意在解决方向性、根本性问题上下功夫。加强基层政治建设，内容丰富，工作很多，但最重要的是要抓住带方向性根本性的问题。要保证部队在任何情况下，都能忠实地履行我军根本职能，必须下力抓好以下四个问题：一是坚持不懈地抓好坚持四项基本原则、反对资产阶级自由化的教育，做到政治坚定。二是坚持不懈地加强基层党组织建设，做到组织坚强。三是坚持不懈地强化政治纪律，做到步调一致。四是坚持不懈地抓好基层干部队伍建设，做到德才兼备。

第三，坚持用科学的理论教育、培养和改造基层官兵。《纲要》明确提出，基层建设必须按照"四有"目标培养基层官兵。在当前就是要在基层大张旗鼓地开展"学理论、学传统、学雷锋"的活动，用正确的思想教育人、培养人、改造人。要教育基层官兵把争当"四有"合格军人，贯穿到日常工作、学习和生活之中，正确对待和处理工作调动、入党入团、转改士官、报考院校、转业退伍、奖励处分、婚恋受挫、负伤患病等问题。在进行积极思想引导的同时，还必须主动开展反腐蚀斗争。针对意识形态领域里资产阶级思想欺骗性大、诱惑力强、传播快的特点，经常对干部战士进行反腐蚀反渗透、反策反教育，并把这一教育同道德品质、革命气节、艰苦奋斗教育结合起来，运用正反两方面的典型，帮助大家划清是与非、美与丑、善与恶的界限，提高免疫力，从思想上筑起抵制腐朽思想侵蚀的堤坝。

第四，把加强政治建设贯彻到以军事训练为中心的各项工作中去。要正确处理基层政治建设与军事训练的关系。从根本上说，把政治建设放在首位与以军事训练为中心是一致的。以军事训练为中心，是就和平时期基层经常性工作而言的，必须在时间、人才、物力上把军事训练摆在中心位置；强调把政治建设放在首位，是保证人民军队性质和发展方向的需要，是任何时候都不能忽视的。军事训练是和平时期提高基层战斗力的基本途径，加强政治建设是提高基层战斗力的根本保证。因此，决不能将二者对立或割裂开来。必须把加强政治建设，贯穿到以军事训练为中心的各项工作中去。具体地说，就是要求基层的军事训练、后勤建设、行政管理等各个方面，都要在政治合格这个总前提下进行，都要围绕这个前提展开；同时，也要把政治建设和基层各项工作紧密结合起来，在完成具体的工作任务中加强政治建设，通过弘扬先进思想，调动积极因素，解决倾向性问题，消除思想障碍，促进基层建设的整体水平不断提高。

第五，必须建立健全基层政治建设的制度。要建立起领导机关抓基层政治建设制度，基层政治建设形势分析制度，连队党支部以主要精力抓政治建设，军事、政治、后勤、技术干部共同抓政治建设等加强基层政治建设的各项制度，确保政治建设这一首要任务落到实处。

抓基层要注意克服四种认识偏差

调查中发现，在深入基层、抓基层建设的问题上，一些领导和机关人员认识上存在偏差，应该引起我们的重视，并尽快加以克服。

一是要克服"我们都是一级一级成长起来的，有一定的实际工作经验，不会出大的问题"的认识偏差。应当承认，我们各级干部都是从群众中成长起来的，都是经过基层锻炼，一级一级走上领导岗位的，在实践中积累了一些经验，这是我们做好工作的宝贵财富。但是，我们更要看到，情况是在不断变化的，在改革开放的新形势下，新情况、新问题层出不穷。过去的经验不一定能解决现实的问题、动态的问题，不能保证以后的工作不出偏差。实际上，我们一些领导和机关还存在着凭经验办事、凭经验决策、凭老印象用人的问题。有的决策靠"拍脑袋"制定，不符合部队的实际。决策快，变得也快；在决策的执行过程中，缺乏检查、监督和反馈，有"半截子"工程的现象，这在一定程度上影响了群众的积极性和创造性。只有时时联系群众，事事联系群众，处处联系群众，坚持深入基层，从群众中来到群众中去，才能保证领导决策的正确性，才能使正确的决策转化为群众的自觉行动，把我们的各项工作做好。

二是要克服"我们是面对面领导，整天在基层转，联系群众是上边的事"的认识偏差。领导干部热情高，干劲大，经常往基层跑，在基层转，是很辛苦的，也解决了下面的不少问题。但是，这不能简单地和联系群众划等号，还有个怎么下、怎么转的问题。为什么我们有的领导对基层的情况若明若暗，对事故苗头不能及时发现，出事前不知道，出了事吓一跳？为什么有的领导对群众疾苦不了解，没有想方设法去解决？联系群众不仅对上面重要，对下面也重要。有些基层干部不也存在着"离兵"现象吗？我们各级干部都有一个时刻联系群众的问题。当前要切实解决跑面多，蹲点少；了解一般情况多，解剖麻雀少；会上号召多，典型指导少；单线抓得多，综合抓得少的问题，真正使我们的工作作风有一个根本的转变。

三是要克服"关心群众要给物，没钱没物想解决问题也解决不了"的认识偏差。联系群众，给基层办实事，需要钱需要物，"巧妇难为无米之炊"嘛，但解决基层的问题并不是都要花钱给物。比如抓好部队的政治教育，做好后进战士的转化工作，清退劣迹兵等，主要的就不是花钱的问题。相反，有了钱，有了物，也不一定就联系了群众，还有一个往哪花，往哪用的问题。钱物用不到点子上，不仅联系不了群众，还会更加脱离群众。有的单位钱物不多，但有一点就往基层使，群众很满意；而有的单位经济条件比较好，由于用的不适当，群众也是有意见的。这说明联系群众不全在钱多钱少，关键是要一心想着群众，一切为了群众，千方百计地解决群众的问题。

四是要克服"一级抓一级是科学的工作方法，不需要深入到底"的认识偏差。抓工作应当是一级抓一级，不能越俎代疱。把该下面做的事情包揽过来，不但揽不了，包不好，而且也束缚了级的手脚，挫伤了下级的积极性。但一级抓一级并不是不要联系群众，并不是不要深入基层了解掌握基层的情况。如果把二者对立起来，就从根本上失去了这种科学的工作方法的意义。无论哪一级，要指导好下一级，都需要深入实际，深入群众，倾听群众的呼声，掌握基层的真情实况。我们要把下基层形成一种制度，长期坚持下去，使我们在对基层工作指导上更具有及时性、针对性、有效性。

适应新的形势和任务要求
努力提高基层后勤建设整体水平

我军建设指导思想的战略性转变，对部队基层后勤建设提出了新的要求。进一步研究基层后勤建设的新内容，探讨抓基层后勤建设的新方法，打牢基层后勤建设的基础，努力提高基层建设的整体水平，是我们面临的一项基本任务。

一、深化认识，明确基层后勤建设的重要性

基层是军队的基础。在新的历史时期，对基层后勤建设的重要性，必须用新的观点进一步深化认识。一是从服从、服务于国家经济建设大局的需要看，必须加强基层后勤建设。在今后相当长的时期内，部队建设需要与经费可能的矛盾仍非常突出。军队后勤系统必须从全局出发，正确处理好国家经济建设与军队建设的关系，在这期间，我们将有限的经费，重点用于基层建设，打好现代化建设的基础，这本身就是服从国家和军队建设大局的实际行动。二是从适应军队建设指导思想战略性转变的需要看，必须加强基层后勤建设。和平时期，是我们现代化建设的有利时机，而现代化建设必须从基础抓起。抓基层建设是战略性转变后军队建设的重点工作之一，而基层后勤能否建设

好，又直接关系到军队基层建设的绩效。某集团军一年评出的达标连队和标兵连队，在基层后勤建设方面都是比较好的连队；而处于较差状态的连队除了其他原因外，绝大部分是因为基层后勤建设没有搞好。因此，根据军委战略意图，创造性地搞好基层后勤建设是适应战略性转变的一项重要措施。三是从我军后勤建设的实际需要看，必须加强基层后勤建设。例如，一些基层连队与当地群众在生活、居住、文化娱乐等方面存在明显的"反差"，需要大力改善基层的居住和生活设施，补助生活费的不足，创造良好的物质生活条件，以利于稳定部队思想，全面提高战斗力。由此可见，加强基层后勤建设，反映了我军后勤长远发展的需要。军队的基础在基层。基层后勤建设搞得如何，直接关系到基层建设的全局和部队战斗力的提高。基层连队的后勤建设搞好了，其他各项工作也就有了保障。加强基层后勤建设，是关系部队建设全局的大事，不仅后勤部门要抓，而且各级领导、司令部门和政治部门也要抓。

二、赋予新内容，增强基层后勤建设的活力

经过多年的努力，基层后勤建设的面貌发生了很大变化，较好地保障了部队建设需要。但是，按新时期军队建设的要求，我们在基层后勤建设上仍有不少差距：缺乏长远规划、系统建设的思想；建设标准低，整体效益不高；基层物质文化生活条件对战士缺乏吸引力；管理工作跟不上，浪费大，漏洞多；基层后勤人员素质尚不适应军队后勤建设的要求等。因此，必须按照和平时期军队建设特点，

从长远建设出发，积极探索和赋予新时期基层后勤建设以新的内容。具体有以下三点：

1. 增强基层自我解决问题的能力。有的连队农副业生产年收益上万元，实现了"三机"进宿舍（电视机、收录机、洗衣机）。"五机一箱"进伙房（和面机、绞肉机、切菜机、馒头机、磨浆机、电冰箱），改善了物质生活条件，战士思想稳定，情绪高昂；而有的连队年收益仅几百元，靠上级供应标准生活，战士反映就很大。因此，在当前供需矛盾突出，基层实际问题又很多的情况下，帮助基层发展生产，增加收益是加强基层建设的重要一环。我认为，应在抓好部队全面工作的同时，抓好基层的农副业生产，指导基层搞好科学养猪、种菜，发动群众，因地制宜地开展养殖、种植、采集、捕捞等生产活动，增加基层收益，从根本上提高基层解决自身问题的能力。

2. 造就得力的基层后勤管理队伍。素质良好的基层后勤管理队伍，是加强基层后勤建设的关键。因此，必须十分重视提高后勤管理队伍的素质。一是要针对营连主官新、不会"当家"等问题，组织他们学习后勤业务知识、标准制度、管理方法，提高他们当家理财的能力。二是要抓紧司务长队伍的建设。当前基层合格的司务长数量不足，业务管理水平不高，且经常换茬，影响了基层后勤建设。因此，从士官学校毕业的司务长应全部充实到基层，对代理司务长人员要慎重选配，每年组织1—2个月的业务培训，提高他们的管理能力。三是多渠道、高层次地为基层培养后勤专业人才。基层后勤人员的两用人才培训应该从等级上升格，内容上扩展。如把炊事员培养成等级厨师；军械员达到地方技工出徒标准；给养员兼学地方企业财务；卫生员兼学人畜医学知识。同时，还应该跳出后勤自育自用的"小圈子"，多渠道开展"两用人才"培训，培养一大批后勤专业的"能人"。

3. 综合治理，全面而长远地建设基层后勤。要把基层后勤建设作为部队正规化建设的一项重要内容，同政治工作、行政管理有机地结合起来。评比先进营、连，要把基层后勤建设作为标准之一；要从长计议，改变过去零打碎敲、修修补补的临时建设观念，高标准地搞好基层营房生活设施的配套建设，为部队创造良好的居住生活环境。

三、掌握新方法，提高基层后勤建设的整体效益

实行战略性转变后，领导机关抓基层的工作方法也要有新的改进，以适应新形势的要求，更有效地提高基层后勤建设整体效益。

1. 重视智力服务，"授人以渔"。过去抓基层后勤建设，有的同志不太重视为基层提供智力服务。如帮助建设猪圈、菜园，但指导科学养猪种菜不够，影响了基层生产的长期稳定发展。因此在基层后勤建设中，应把重点放在搞好连队长远建设，放在提供智力服务、"授人以渔"上，把物质服务和智力服务有机地结合起来，发挥有限经费的最大使用效益和基层的内在潜力。

2. 搞好规划论证，突出重点。当前基层后勤建设要办的事情很多，如果盲目地"四面出击"，全面开花，很难奏效。因此，要从长远和整体效益出发，安排基层建设。深入调查，科学论证，突出重点，制定好基层后勤建设三年

或五年规划，报上级机关审批后，逐年付诸实施，每年有重点地解决几个实际问题。

3. 加强科学管理，建管结合。加强管理是新时期后勤工作的重点。在基层建设中，必须正确处理"建与管"的相互关系，采取切实可行的措施，实行科学管理。如改变单纯靠行政手段管理的方法，把行政手段和必要的经济手段结合起来；把先进的目标管理方法推广应用于基层，建立与基层目标管理相适应的各种管理制度和考评标准等。使基层学会按制度、按标准管理的方法，提高自我控制和自我管理能力，促进后勤各项工作的落实。

抓基层三题

一、要扬随机教育之长

随机教育是我军政治工作的一个重要方法。见缝插针、三五分钟、三言两语和各种灵活多样的宣传鼓动形式，是我们政治干部做思想政治工作的传统做法。联系当前部队开展随机教育的实际，深感搞好这项工作，对提高部队的战斗力，使干部战士健康成长，具有十分重要的意义。

"一支歌引出一堂课"、"三五分钟不嫌短，三五句话不嫌少，站着走着都能讲"的随机教育形式，是我军政治工作的光荣传统。战争年代，由于战事频繁，环境恶劣，对部队开展教育，常常是"一边走路一边鼓动，一面作战一面宣传"，这种形散神聚的教育形式，极大地发挥了政治工作的服务保证作用，使官兵愈艰愈奋、愈苦愈强，始终保持高昂的战斗热情。

可是，目前随机教育在一些单位并没有得到足够的重视，问题的症结在于认识上的偏差。有的认为随机教育属雕虫小技；有的认为它零打碎敲，劳神费力；还有的甚至觉得它是"过时的土办法"。不少指导员在抓思想教育时，习惯于搞大块的课堂教育，不会在课外随机施教；只会搞"运动式"教育，不会抓点滴的培养和熏陶；只会照本宣科，生搬硬套，不会结合实际创造性地开展思想工作。思想工作的被动，造成了一些基层单位问题迭出。扬随机教育之长，把看家本领学好用活，并不是一件轻而易举的事，它需要干部骨干有高度的政治责任感。要深入实际，铺下身子，蜻蜓点水不行；要满腔热情，呕心沥血，热一阵冷一阵不行；要坚持长久，慢功细做，急于求成不行。只有带着对部队对士兵高度负责的责任感，充分认识随机教育的价值，才能不怕苦、不怕累，在工作中自觉做到眼勤、嘴勤、手勤、脑勤，潜心钻研随机教育的规律，努力提高自身的政策水平和文化素质，掌握随机教育的技能，做到"随机"而不"随意"，立意高而不玄虚，达到思想性、知识性、趣味性的完美统一。

二、"不能种了别人的地，荒了自家的田"

常见有些工作组下基层，事事过问，处处插手，甚至连战士的鞋子怎么放置、衣服怎么摆，墙上刷什么涂料、地里种什么菜等，都要加以干涉。有的还撇开营、连干部，直接插手班、排，甚至抓到战士个人。这种越俎代疱、大包大揽的做法，战士们好有一比，叫作"种了别人的地，荒了自家的田。"为什么会出现这种现象呢？主要是我们一些同志弄不清机关抓基层的职责，在下面管了许多基层职责范围内的事。

连队干部战士是基层的主体，基层建设的大量工作应当靠他们去做。领导机关的责任，主要是帮助和引导他们更好地开展工作。有些事情的确棘手难办，机关理应亲自解决，并教给基层以解决的方法；但切不可不讲层次、不按职责，事无巨细，一概包揽。否则，不但会造成工作的重复，给基层增添忙乱，影响基层干部的积极性，窒息其抓工作的生机和活力，还会使机关陷于基层的琐碎事务，舍本逐末，不能很好地发挥自身的职能作用。

三、抓基层不一定非要"兜里有钱，手中有物"

不知从什么时候起，在我们一些同志的头脑中形成了这种偏见：抓基层就得"兜里有钱，手中有物"，不给钱给物，就谈不上为基层服务。

抓基层非得"兜里有钱，手中有物"不可吗？部队干部战士对这种看法并不赞同。他们说得好："给钱给物，不如建设一个好支部。"机关为基层办实事、解难题，绝不仅仅是给钱给物。更大量、更经常的工作，是调查研究，进行政策性指导；培训干部，搞好传帮带，增强他们的"造血功能"，提高他们解决自身问题的能力；等等。即使你是管钱管物的"衙门"，抓基层也不能仅限于给钱给物，还要帮助基层掌握治家过日子的本领；那些不管钱、不管物的"清水衙门"，在抓基层中也大有可为，同样可以为基层办实事。

振奋精神抓落实
推进省军区系统基层全面建设

面对新的形势和要求，如何更好地完成上级赋予的各项工作任务，确保省军区系统部队和民兵预备役建设不断发展，很重要的一条就是要振奋精神，埋头苦干，扎扎实实做好抓落实的工作。

一、振奋精神，必须有很强的事业心和责任感

省军区系统摊子大，担负的任务重，要抓好各项工作的落实，各级领导干部是关键。省军区团以上党委班子成员年龄普遍偏大，任现职时间较长，这就有一个正确对待进退去留、保持良好精神状态的问题。能不能把这个问题解决好，是对党员领导干部党性观念强不强、思想觉悟高不高的实际检验。要把重事业、淡名利作为不懈的追求，自觉做到党的事业第一，部队、民兵预备役建设第一。在个人问题上，要始终保持一颗平常心，不能想得太多、看得过重，"要立志做大事，不要立志当大官"。只有摆脱功名利禄的束缚，才能轻装上阵，自觉做到拉车不松套，奉献到永远。要把安心与尽职很好地统一起来。应当说，省军区系统的干部多数思想比较稳定；但安心必须尽职，尽职要创政绩。作为一名领导干部，如果在一个岗位上工作

几年，政绩平平，没有什么建树，说重一点，就是一种失职。我们要看到，一个人的任职时间是有限的，但党的事业是无限的。每个领导干部都应当自觉强化党性观念和大局观念，树立有所作为的思想，以寝食不安、夜以继日的精神，做第一等的工作，创第一流的业绩，无愧于党和人民的重托。

二、振奋精神，必须进一步转变领导作风

领导作风扎实，从根本上说是一个指导思想问题，也是一个精神状态问题。它不仅关系到领导机关的形象，而且关系到抓工作落实的质量。因此，我们必须在转变领导作风、增强工作实效上下功夫。要切实把工作指导思想搞端正，坚持求真务实，不搞急功近利，不作表面文章，力戒形式主义。要正确处理局部与全局、眼前与长远的关系，把对上负责与对下负责一致起来，扎扎实实做好打基础的工作。致力于做好那些虽然榜上无名，但对部队、民兵预备役建设十分重要的工作；做好那些不容易被领导看到，但基层官兵和群众普遍欢迎的事情；做好那些一时难以见效，但部队、民兵预备役建设可以长期受益的工作。要按照"五句话"总要求，依据《军队基层建设纲要》，加强基层全面建设。省军区系统点多线长，高度分散，各级领导和机关要努力克服"五多"现象，尽量减少应酬活动，坚持工作重心下移，坚持聚精会神抓基层，防止和克服下不去、蹲不住，走走转转、听听看看的飘浮作风。多到艰苦的地方去，多到困难多的单位去，多到工作薄弱的部队去，蹲下来，摸实情，想实招，把握指导工作的主动权。要牢

固树立"基层第一、士兵至上"的思想，心想基层，情系官兵，急基层所急，帮基层所需，设身处地为基层排忧解难，做到党委集中精力，机关增强合力，基层提高能力，促进基层全面建设、整体提高。

三、振奋精神，必须瞄准薄弱环节做工作

近年来，通过各级的共同努力，省军区部队、民兵预备役建设有了长足的进步，呈现出了良好的发展势头。在这种情况下，我们更要保持清醒的头脑，越是取得成绩的时候，越要注意查找和反思存在的问题。实践告诉我们，只有坚持固强补弱，瞄准薄弱环节做工作，基层建设的基础才牢固，发展才有后劲。有些单位之所以多年面貌依旧，发展变化不大，甚至出现严重的事故和案件，很重要的一条原因就在于不敢揭露矛盾，不敢正视问题。大家常说，成绩不讲跑不了，问题不找不得了。事实上，即使是先进单位，也难免有"家丑"。大家都要牢固树立"发现问题是能力，解决决问题是政绩，汇报问题是觉悟"的思想。要敢于正视问题，敢于解决问题。要有敢于较真碰硬的决心和恒心，碰到问题不推诿，遇到困难不绕道，受到挫折不后退。基层建设中的问题和矛盾是多方面的，对那些影响和制约基层建设的根本问题，我们就要紧紧扭住不放，做到不解决问题不撒手，不总结出经验人不走，只有这样，才能收到事半功倍的效果，才能在克服薄弱环节中不断提高基层建设的整体水平。

四、振奋精神，必须研究新情况解决新问题

认真研究治军特点和规律，这既是形势所迫，也是质量建军所必须。随着改革开放的深入和社会主义市场经济的发展，部队、民兵预备役工作遇到了许多新情况新问题，需要我们去研究、去探索。能不能摆脱陈旧的思想观念和思维方式的束缚，不断增强创新意识，提高创新能力，也是衡量精神状态如何的一个重要标志。当前，我感到有这样几个方面的问题需要各级认真研究思考，提出对策，拿出办法。比如，国家和军队加大了改革力度，面对新的利益关系调整带来的影响和冲击，如何增强思想政治工作的针对性、有效性，提高部队的凝聚力和战斗力；面对各种社会思潮特别是"法轮功"流毒的影响，如何深化马克思主义唯物论和无神论以及保持革命气节的教育，坚定广大官兵的理想信念，确保部队的纯洁稳定；军队体制编制调整改革后，省军区预备役部队数量增加、规模扩大，跨地区组建，如何发挥新体制编制的效能，进一步理顺关系，加强预备役部队质量建设；省军区基层单位多，驻地高度分散，如何更好地发挥团一级一线指挥部的作用和基层党支部的战斗堡垒作用，提高自建能力；随着新的兵役制度的实行，如何加强兵员管理，调整训练周期，搞好骨干配备，进一步做好征兵动员、复转安置等工作；现代战争特别是高技术战争条件下，如何加强国防后备力量建设，更好地发挥人民战争的威力；民兵预备役建设面临着市场经济的挑战，如何从政策法规上解决长期困扰民兵、预备役工作的组织难落实、经费难解决、活动难开展的问题；如

何管好用好现有经费，提高经济效益，增强保障能力，等等。各级党委、机关要紧密结合实际，解放思想，更新观念，迎难而上，勇于实践，在研究新情况、解决新问题中推动民兵、预备役建设的新发展。

抓基层要从机关抓起

领导机关是部队建设的组织者、指导者，是党委、首长抓基层的参谋和助手，在加强基层建设中有着举足轻重的地位和作用。

一、统一思想认识，牢固确立抓基层必须抓好领导机关的观念

有人说：机关是刀柄，基层是刀尖，刀柄往哪里用力，刀尖就往哪里使劲。这个比喻非常形象。抓基层必须抓好领导机关。现在，有的同志身在群众之中，心里想的却不是基层的困难、官兵的疾苦，而是总琢磨怎样讨好领导和机关，与基层的感情疏远了；有的习惯于高高在上，不善于倾听基层的呼声，把基层官兵当主人的意识有所淡化；有的热衷于迎来送往，对基层的急难问题不注意及时了解和掌握，解决起来力度也不大，缺乏为基层服务的思想；有的把过多的精力放在抓形象工程、争个人政绩上，抓基层的精力不够集中，等等。这些问题的根本症结，就在于没有牢固确立起基层第一的观念，就在于我们的思想和感情疏远了基层，脱离了官兵，忘了根本。机关是为基层而存在的，全心全意为基层服务是机关义不容辞的责任，也是机关一切工作的出发点和落脚点。

　　抓基层必须抓好领导机关，是解决基层突出问题的关键。基层的许多问题，虽然表现在基层，但根子在机关，关键在领导。这些年基层忙乱的现象一直没有得到很好解决，根源就在于领导机关的"五多"和工作指导不科学；基层干部素质弱、流动快，很重要的是领导机关培养不力、转业安排和计划控制不严；一些连队连续多年未创先，与领导机关工作指导思想不端正，人为地保先进有一定关系；一些长期困扰基层的突出问题得不到有效解决，关键是领导机关重视程度和解决力度不够；基层风气建设上的一些屡禁不止的问题，领导机关插手干预基层热点敏感问题是重要的原因。基层的同志说，领导机关有官僚主义，基层就搞形式主义；领导机关好大喜功，基层就报喜藏忧；领导机关人浮于事，基层就敷衍了事。说明解决基层的问题不能就基层抓基层，必须先从领导机关抓起，领导机关的问题解决好了，才能带动和促进基层问题的解决。从这个意义上说，抓基层领导建设先领导机关，就抓住了问题的要害。

　　抓基层必须抓好领导机关，也是提高基层建设层次和质量的客观需要。多年的实践告诉我们，有什么样的领导，就会带出什么样的部队；只有高水平的机关，才能抓出过硬的基层。当前，改革开放和发展社会主义市场经济的新形势，加紧做好军事斗争准备的新任务，部队自身的新变化，都对基层建设提出了新的标准和要求。在这种情况下，基层建设如何进一步发展，怎样才能再上一个新台阶，与领导机关提高自身素质和指导水平，特别是提高研究新情况、解决新问题、探索新办法、总结新经验的能力，有着很大关系。可以说，只有把领导机关的自身素质、指导水平抓上去，才能保证基层建设上层次、上质量。我们要站在政治和全局的高度，充分认识抓基层必须抓好领导机关的极端重要性，把机关与基层捆在一起抓，通过抓机关促进抓基层，使基层建设跃上新台阶。

二、坚持按纲指导，努力提高领导机关抓基层的效能

领导机关按纲指导基层，当前尤其要在三个方面下功夫。

一是要切实强化按纲指导的意识。强化《纲要》意识，按照《纲要》抓基层，我们讲了多年，但在这方面仍然存在一些问题。有的抓基层随意性比较大，想起什么抓什么，抓到什么程度算什么程度；有的凭经验抓基层，认为对基层建设很熟悉，不用《纲要》照样能抓；有的认为按照《纲要》抓基层，都是一个模式，工作没棱角，也不容易出政绩，喜欢另搞一套；还有的机关和部门各唱各的调、各吹各的号，争中心、抢跑道，形不成抓基层的合力。不按《纲要》抓基层，跟着感觉走，凭着经验干，可能一时会出彩，但最终的结果是工作受影响，基层全面建设受损失。要牢固树立《纲要》就是基层建设基本法规的思想，始终念好《纲要》这本经，切实把落实《纲要》当日子过。要坚持做到：思考问题、谋划工作自觉与《纲要》接轨，反对貌合神离；部署任务、开展工作自觉用《纲要》统揽，反对政出多门；检查工作、评比考核自觉以《纲要》为尺度，反对随心所欲；解决问题、改革创新自觉以《纲要》为遵循，不能偏离方向，确保基层建设始终沿着《纲要》

的轨道运行。

二是要不断提高按纲指导的能力。当前，机关干部成分新、任职经历单一、基层经验缺乏的问题比较普遍。部分机关干部不懂《纲要》，不会按纲指导的问题比较突出。有的下基层，说不上话、插不上嘴、帮不到点子上，甚至还帮倒忙；有的对基层的问题有看法没办法，有说法没做法，只能原则来原则去。机关干部按纲指导能力弱的问题，已经成为制约基层建设与发展的"瓶颈"。要改变这种状况，一方面要抓好《纲要》的再学习、再教育。各级要采取集中培训、业务研究、对口帮带、经验交流、典型引路等形式，组织机关干部反复学习《纲要》，使他们熟悉《纲要》的基本内容，通晓抓基层的基本套路，把握基层建设的基本规律，清楚在基层建设中的地位作用，真正成为抓基层的"明白人"。另一方面，要加强实践锻炼。采取下连当兵、蹲点代职、岗位轮换、师傅带徒弟等形式，让机关干部在实践中不断积累经验，增长才干，练好按纲指导的"内功"，提高抓基层的能力。需要特别强调的是，旅团机关处在抓基层的第一线，按纲指导能力的高低，直接关系到基层建设的成效，师以上各级都要重视抓好旅团"一线指挥部"的建设，帮助他们提高面对面指导基层建设的能力，提高调查研究、分析问题的能力，能参善谋、组织协调的能力，真抓实干、解决问题的能力，善于总结、勇于创新的能力，使他们在按纲指导基层中真正唱好"主角"、当好主力，发挥应有的作用。

三是要以与时俱进的精神落实《纲要》。近几年，随着军队改革的不断深入，部队的编制体制、人员结构和担负的任务都发生了很大变化。既有应急机动作战部队，又有战略预备队和其他部队，还有军旅营体制的部队；兵种连队的数量大大增加，干部与战士的构成也出现了新的变化，士官占到士兵总数的三分之一左右。而且，各单位的基础不同，发展也不平衡。这些都要求我们，抓基层不能一成不变、一个模式，而要自觉探索和把握新形势下部队基层建设的特点规律，把《纲要》精神与本单位实际紧密结合起来，创造性地抓好基层建设，切实提高按纲指导的科学性、有效性。要特别重视政策指导，为基层建设制定一个好政策，就能惠及一片；重视思路指导，帮助基层理出一个好思路，就能促进基层建设上质量、上水平；重视典型指导，树立一个好典型，就能带动基层建设整体提高；重视组织指导，为基层选配一个好班子，就能使基层的面貌焕然一新。基本教育抓质量、基本队伍抓素质、基本制度抓落实、基本设施抓配套，就是创造性落实《纲要》的具体体现，要一以贯之地坚持下去，创造性地抓好落实。当前，尤其要针对落实《纲要》中出现的新情况和遇到的新矛盾，解放思想、更新观念、与时俱进，用新的视角去审视，用新的思路去探索，用新的办法去解决，在改革创新中不断提高按纲指导的效能。

三、注重率先垂范，坚持以好的作风和形象抓基层

党委和机关以什么样的作风抓基层，以什么样的形象影响基层，关系到抓基层工作的成效和基层建设的发展。认真抓好机关的作风和形象建设，把机关自身作风搞端正，把良好形象树起来，切实增强抓基层的说服力和感召力。

（一）　牢固树立群众观念，全心全意为基层服务

我们在任何时候任何情况下，与人民群众同呼吸共命运的立场不能变，全心全意为人民服务的宗旨不能忘，坚信群众是真正英雄的历史唯物主义观点不能丢。这"三个不能"，应该成为各级领导机关履行职责、为兵服务的座右铭。基层的实际困难很多，有些问题仅靠基层自身解决确实很难，机关为基层办点实事对官兵的鼓舞确实很大。我在某要塞区工作时，岛上生活非常艰苦，每逢大节日，上级领导和机关的同志都带着东西上岛慰问。上级领导和机关人员临走时，官兵们包括家属孩子，都敲锣打鼓到码头上欢送，一直到船看不见了还不愿离去，场面非常感人，至今难以忘怀。领导机关给基层送一份温暖，就能调动基层十分的积极性；为基层解决一个难题，就能鼓舞基层十分的士气。我们常讲，领导就是服务，服务就要解决问题。但这个问题仍没有得到很好解决。有的不是把为基层办实事、解难题当成义务和责任，而是当成施舍和恩赐；有的让下面围着自己转、搞"倒服务"，随意改变部队的工作计划，随意借调干部、超占兵员；有的机关办公、生活和接待条件越来越好，而对改善基层的物质文化生活投入不够，甚至对应该发给部队的正常经费和物资，层层挪用、截留和克扣，等等。这些问题都说明，还没有真正把官兵放在第一位，真心服务基层的思想还没有牢固树立起来。领导机关要切实强化宗旨意识，确立服务观念，端正工作指导思想，把工作重心放到基层，设身处地为基层着想，千方百计地为基层排忧。真正做到为基层真心服务不讲价钱，全力服务不论条件，公正服务不分亲

疏，长期服务不搞一阵风。对那些影响和制约基层建设的突出问题，要坚持重点难点问题集中解决，热点敏感问题立项解决，容易反弹的问题反复解决，新出现的问题探索解决。各级应结合自己的实际，对伤病残人员安置、打骂体罚战士、收受士兵礼物、机关长期超占兵员、小散远单位管理、基层自建能力弱等反映比较集中的问题，认真进行梳理，不等不靠、积极主动地拿出解决办法，能办的立即办，能解决的尽快解决，让基层官兵真正感受到领导的关心、机关的温暖。

（二）进一步改进工作作风，把功夫下在狠抓落实上

当前，领导机关的工作作风还存在不少问题。工作组多、文电多、达标评比多的问题仍然没有得到很好解决。有的同志讲，现在"五多"不但没减少，而且出现了"新五多"，就是临时性工作多、考试考核多、背记题目多、参加上级会议多、各种本本多。领导机关作风不深入问题也比较突出。有的机关干部贪图安逸，害怕基层艰苦，冬怕冷，夏怕热，不愿走出高楼深院，即使下到基层也是走马观花，浮在表面，沉不到底，抓不到位。有个多年未创先的连队，这几年帮抓的工作组先后去过十几个，但大都是到连队转转、到班排看看，始终没有把连队帮上去。官兵们说："来去匆匆的是工作组，面貌依旧的是党支部。"这些情况都说明，在改进领导作风和工作作风上，我们还要下大功夫、用大气力。把转变作风提到讲政治的高度、提到党性原则的高度来认识，坚决克服形式主义和官僚主义。切实把工作重心放到基层，把领导的精力聚焦到基层，把各方面的力量投入到基层，真正做到聚精会神地抓基层，

扎扎实实地打基础。要从文山会海中解脱出来，从繁杂应酬中解脱出来，腾出身子，沉到基层，了解真实情况，倾听官兵心声，做到下得去、蹲得住、看得准、帮得实。要防止一提大抓基层，就一窝蜂地往基层涌，造成基层新的忙乱。党委召开民主生活会和机关半年、年终总结，都要把改进领导作风和工作作风作为重要内容，以基层为镜子，反思自己的责任和问题，制定整改措施，并发动基层官兵评议机关，以基层满意不满意为实施奖罚的尺度。把转变作风、狠抓落实，真正贯彻和体现到抓基层的各项工作中去。

（三）自觉树好形象，以自身模范作用影响带动基层

领导干部特别是高级干部以身作则非常重要，领导干部率先垂范，就是下级和部属的一面旗帜，就是无声的命令，就可以对群众产生巨大的感召力、影响力和说服力。从部队的情况看，哪个单位的领导机关自身正、形象好，在部队的威信就高，部队的凝聚力就强；反之，部队的风气就差，领导机关在官兵那里就缺乏影响力和感召力。当前，基层反映比较突出、意见比较大的，是领导机关插手基层热点敏感问题。我下部队调查时，听到基层反映：在战士考学、士官选取、技术学兵选调等时候，电话、条子、打招呼的比较多，尽管各级按政策规定把了关，没有完全按条子、电话办，但有时也觉得很为难，对下面干扰很大。我们有些机关干部，把这类问题看成是个人私事，甚至认为是能办事、有本事的表现。但基层官兵往往从机关干部身上看领导机关形象，甚至看党的形象。所以，我们决不能把个人形象仅仅看成是个人行为，应从维护党的形象和

领导机关威信的高度重视个人形象问题，像珍惜生命一样珍惜自己的形象，切实以自身的良好形象取信广大官兵，带动和促进部队的全面建设与发展。

第五篇　机关建设

学习实践科学理论
提高军区机关干部队伍素质

军区机关是战略性战役指挥机关，在未来作战中担负着战役谋划、作战指挥、力量协调和组织作战保障等重要职责，地位重要，责任重大。特别是现代高技术条件下局部战争，对指挥、谋略、科技素质提出了更高的要求。机关的"头脑"作用发挥得好，部队"拳脚"才能硬，在未来作战中才有胜算把握。当前我们机关的整体素质还存在不少差距：一些同志的思想理论素养与大区机关的职能任务还不够适应；指挥现代战争的能力与现实军事斗争准备的迫切需要不够适应；思想观念同与时俱进的时代要求还不够适应。面对新的形势和任务，每个同志都要经常想一想：军委的要求有哪些，军区的使命任务是什么，我们实际准备的状况怎么样，个人素质差距在哪里。勇于正视问题，看到不足，不断增强打赢的使命感和提高素质的紧迫感，努力做高素质的智囊型人才，建设过硬的领率机关。

一、要下大力提高政治素质，自觉用科学理论统领和谋划军事斗争准备

我军是执行政治任务的武装集团，提高政治素质尤为重要。未来作战，既是高技术的军事较量，又是高强度的

政治对抗。打与不打、什么时候打、怎么打、打到什么程度，都不单是个军事问题，而是统帅部根据世界政治格局、周边政治环境和国家最高利益所决定的。我们只有善于从政治上、全局上观察思考问题，把政治作为指导军事的灵魂，把讲政治作为第一位要求，才能拿出既符合国家政治需要、又符合军事需要的意见和建议。不论是政治机关还是军事、联勤、装备机关，不论是部长、处长还是参谋、干事、助理员，都要坚持讲政治、想大事、抓思想，从思想上政治上为党委领导当好参谋。

　　提高政治素质，根本的是用党的最新理论成果武装头脑、指导实践。部队的同志经常讲："代表不代表，行动见分晓；先进不先进，实践作结论。"对军队来说，学习贯彻科学理论，就是要落脚到想打赢、谋打赢、练打赢上，真正使党的创新理论成为做好军事斗争准备的强大思想武器。在这方面，军区机关不仅要加强对部队的教育指导，更重要的是率先垂范，当好标杆，自觉走在学习实践的前列。要更加深刻地认识我们党所处的历史方位和科学理论的历史地位，深刻认识党的理论创新成果的重大理论价值、政治价值和实践价值，进一步兴起学习科学理论的热潮，努力在把握科学体系、掌握理论精髓、落实根本要求上见成效。要注意防止和克服深入学习实践中的满足情绪、畏难情绪和学用脱节现象，下力解决好以下几个问题。

　　一是提高运用科学理论把握政治方向的能力。军事斗争是国家战略的重要组成部分，每个局部、每个关节点都事关全局、牵动全局，一丝一毫含糊不得、马虎不得。我们任何时候都要保持政治上的清醒和坚定，坚持着眼政治抓军事，着眼全局抓业务。提建议、搞谋划、抓落实，要充分考虑政治因素，顾及政治影响，预测政治后果，使军事斗争装备的各项工作符合党中央、中央军委的战略意图，符合国家改革发展大局的总体需要，符合军队建设全局的发展要求，确保党对军队的绝对领导，确保党重要大决策意图的实现。

二是提高运用科学理论筹划和指导军事斗争准备的能力。科学理论具有鲜明的时代性、实践性，对军事斗争准备提出了更高的标准和要求。要切实以此为统揽，把发展的思路、先进性要求、创新的精神以及全面提高人的素质等新思想、新观念、新论断，贯穿于筹划、指导军事斗争准备的全过程。方方面面的准备工作，都要坚持以"创新理论"为指导，以"理论创新"为先导，进行综合思考、综合筹划和综合部署，力求有一个长远的考虑、发展的思路和具体的设计，能经得起未来战争实践的检验。

三是提高运用科学理论凝聚军心、激励斗志的能力。崇高的使命需要强大的精神支柱，科学理论就是凝聚部队意志和力量的旗帜。要教育部队深刻认识到，实现祖国统一是最广大人民群众的根本利益，确保决战决胜是先进战斗力的根本体现，本职岗位是践行科学理论的最好舞台。只要铸牢创新理论之魂，就能不断增强打赢信心，激发打赢斗志，真正把思想和行动聚焦到想打赢之招、练打赢之功、谋打赢之策、干打赢之事上。

二、要下大力提高谋略素质，善于从战略全局上为党委领导当好"高参"

战争实践反复告诉我们，作战指挥水平与机关谋略水平密不可分、相互依存，许多成功战例就在于谋略制胜。老一辈革命家曾把司令机关比作部队的"头脑"；大力培养"智囊型参谋人才"。讲"头脑"也好，讲"智囊"也好，实质就在于能参善谋，能出大主意，善提大建议。看一个机关强不强，看一名机关干部称职不称职，很重要就是要看这一点。现在机关干部中"事务型"的比较多，"谋略型"的比较少。事务工作必不可少，但不能满足于埋头事务，满足于忙忙碌碌、跑跑颠颠。要切实把提高谋略素质作为一项紧迫任务，作为很高的素养追求，坚持不懈地为之付出努力。

提高谋略素质，把握大势是前提，全局在胸是基础，理性思考是关键，进入决策是目的。如何把握大势？叶剑英元帅曾对参谋人员提出一个形象的要求："你们要注意按准地球的脉搏。"用今天的话说，就是要用深邃的历史眼光、宽广的世界眼光和长远的战略眼光，观察国际形势走势，跟踪军事变革潮流，研究地区局势动向，作出合乎实际、适应发展变化的分析和判断。"变"是事物发展的客观规律。谋略的最高境界就是预见在先、料敌在前、及时应对、随机应变，甚至要知变在未变之际，应变在敌变之前。这就要求大家胸中经常装着大事，头脑中有一张敌我态势的"活地图"，思维触角要伸向军事领域的最前沿，努力在动态中知己知彼。把握大势，最重要的一点是胸有全局、谋好全局。关注全局不是让大家都去想司令员和政委的事，而是要立足全局谋部、立足宏观看微观、立足整体抓具体，在大局的指导下思考和谋划业务工作。现在机关常常有这样一种现象：上级的文件来了，简单翻翻就过去了；拿到部队的情况，简单汇总一下就报上来了；首长交待的意图，过程走了就算落实了。缺乏那种认真学习、深入领会、高标准落实的精神，提不出高水平、高质量的主意和建议。在演习中就反映出这方面的问题。有的对情况判断不够准确，头脑中没有真正装着敌情；对任务理解不够全面，研究部门业务多、考虑战役指导少；制定的原则针对性、可行性不强；拿出的对策措施不切实际、不便操作。这说明，把握全局说起来容易，做起来很难。做到这一点，重要的是提高站立点，把握好上情与下情、敌情与我情、军情与社情、战略层面与战役层面的结合点。这个结合点，就是带有全局性、战略性、方向性和倾向性的问题，就是"领导最关注、最需要领导关注"的问题。这就需要我们善于在头脑中"加工制作"，善于搞好综合思考、综合分析、综合判断，善于运用科学理论进行理性思考。理性思考有深度，拿出的建议和方案才有质量、有层次、有针对性。提高谋略水平，仅靠个体经验积累是远远不够的，要下决心抓好针对性训练。过去有人说西方军队不重视谋略训练，其实不然。有的国家军事学院专门开设了谋略学课程，其中不仅包括如何指挥部队，还包括如何在国会作证、如何参与外交谈判、如何为总统提供咨询等内容。我们的谋略训练说的多，做的少。因此，要进一步加强谋略研究和训练，举办一些以提高谋略水平为主要内容的专题讲座，研究一些古今中外靠谋略制胜的成功战例，组织介绍当参谋、出主意的经验体会。领导要经常结合工作搞好传帮带，引导大家自觉想全局、谋大事、干本行，努力使思考问题与党委首长同频，思维轨迹顺应工作走势，为探索制胜之道贡献自己的聪明才智。

三、要下大力提高科技素质，牢牢掌握驾驭和指导现代条件下局部战争的主动权

这些年，我们在提高机关干部科技素质上采取了不少措施，机关人员结构和知识结构有了明显改善。但就整体而言，差距依然不少，科技素质仍然是我们的"弱中之弱，短中之短"。比如，现在机关确实增添了一些具有高学历的"新面孔"，但处以上领导大都没有经过正规培训；机关干部的学历确实"升"上去了，但文多理少、含"军"量低的问题客观存在；部队不少单位的武器装备已经实现了"换代"，而我们许多同志对这些装备的战技性能和作战运用还不够了解，至于指技合一、高智多能的复合型干部就更少了。从近期几场高技术局部战争中，我们可以强烈感受到军事变革浪潮的冲击。知识已成为提升战斗力的"倍增器"；信息战已成为基本的战争形态；机械化建设和信息化建设的双重历史任务已经很现实地摆在我们面前。面对这场前所未有的变革，不学习就意味着淘汰，不懂高科技就可能打败仗。我们讲能参善谋，关键是要足智多谋；培养智囊型人才，最紧要的是提高科技素质。谋略的头脑，不仅要以理性思维为基础，还必须凭借科技的力量。

从这些年的实践看，要提高学习高科技知识的实效，一定要坚持"五个贴近、三个结合"。就是贴近作战任务，贴近作战对手，贴近实战环境，贴近本职业务，贴近现有装备；把学好共性知识与精通专业知识结合起来，学好基础知识与涉猎前沿知识结合起来，加强军事理论研究与掌握应用技术结合起来。"五个贴近、三个结合"，核心内容

是学习信息知识、提高信息素质。有人认为，信息化建设离我们很遥远，部队在这方面很难有所作为。我感到，看待这个问题的视野要更开阔一些、想得要更深一些。当年多国部队能在海湾战争中创造"一边倒"的局面，美国能在科索沃战争中创造"零伤亡"的神话，就是因为他们抢占了信息权这个军事制高点。正是基于这一点，中央军委提出要在2010年之前基本完成"双重历史任务"的要求。可以预料，实现部队跨越式发展的过程，就是"信息化含量"不断加大的过程。在这么短的时间内，我们能做点什么？我看首先要在思想观念、发展思路、人才培养上做好跨越性准备、拿出超前性措施。从现在开始，就要把学习信息作战理论、掌握信息作战手段、提高信息素质作为高科技知识学习的核心内容。要继续采取一些有效措施，引导大家依托重大演习学科技，依托新装备学科技，依托军地教育资源学科技。也可搞一点新装备展示，组织人员到海军、空军、二炮参观见学，请专家学者辅导授课，还要安排一些同志跨军兵种代职锻炼。

四、要下大力提高创新素质，与时俱进地探寻和解决军事斗争准备中的重大现实问题

古往今来，军事领域最富有挑战性、最富有创新性，许多战役战斗胜在应变创新、败在墨守陈规。兵无常势，战争不会简单重复；我们在发展，对手也在发展。我们惟有与时俱进、开拓创新，才能积蓄优势，超越对手，立于不败之地。领率机关在创新实践中，既肩负着领导和指导部队的责任，又是创新的主体力量。从某种意义上讲，智

囊型人才的本质就是创新，善于创新人才才是真正的高素质人才。

任何创新之举，都是以观念更新、思维创新为先导的。观念陈旧，工作落后，思想老化，没有办法。正像有位军事家所讲的，"伟大的观念要比伟大的将军影响力更大"；部队的同志说得更明白："先换脑子，后想法子。"这些年下部队每到一个单位，都能发现一些改革创新的亮点，广大官兵那种锐意进取的虎劲和闯劲，使我们深受教育和感动。与部队相比，机关方面的差距不少。原因恐怕就在于离部队实际远了些，头脑中积淀的老套套、老框框多一些。突破这些老套套、老框框，关键是要在具体工作、具体问题上除旧布新，把解放思想、与时俱进具体化。当前有4个问题需要认真思考和解决。

一是如何用创新精神对待传统军事理论。要珍惜传统，但不能把传统当作"包袱"背起来，一定要以新的眼光、视角和标准去审视传统军事理论。比如，现在一讲到党委对作战的统一领导，想到的就是会议领导，就是按部就班地研究决策，而在作战力量多元、编成复杂、战场广阔的未来作战中，不可能面对面地开那么多会，很重要的是研究如何充分利用现代科技手段，实现"远程异地"的集体决策；一讲到"以劣胜优"，一些同志就把这个"传统精神"当作"普遍规律"去看待，现在迫切需要研究的是，在武器装备存在"局部技术差"的情况下，怎样以我们的整体实力、综合战力和局部优势克敌制胜；一讲到树立敢打必胜信心，有的就容易回避敌人的强点、夸大我们的优势，这种盲目性是十分有害的。战胜对手首先要研究对手，研究对手的关键是要勇于正视甚至要"学习"对手"强的一面。正视对手的强点才能拿出"制强"之策，客观分析对手的弱点才能"以强击弱"。因此，我们既要珍惜传统继承传统，更要创新传统，大胆扬弃那些过时的、不符合时代要求的东西，努力在创新中发展和"增值"传统。

二是如何用创新精神贯彻党委首长意图。对党委首长的决策指示，一要正确领会，二要坚决贯彻。不论平时还是战时，这一点都不能含糊。但"正确"不是"教条"，"坚决"不是"机械"。特别是高级领率机关干部，不能满足于当"传令兵"、当"传达室"。要注重把党委首长的一贯思想联系起来思考，把上情与下情结合起来把握，努力在悟深悟透、搞好细化、创造性落实上下功夫。领悟、细化、落实的过程，就是创新。做到这一点，才是工作的高标准，才是真正对党委首长负责。

三是如何用创新精神对待以往的经验。任何经验都是在一定时空条件下产生的，实践过程中必然会暴露出不完善、不适应的问题，因而不能用经验主义的态度对待经验。既要有一种吸纳借鉴的宽广胸怀，又要用与时俱进精神去完善、发展和超越，不断为经验赋予新的时代内涵。

四是如何用创新精神解决好各种现实矛盾和问题。创新的目的是解决问题，创新的本质也是解决问题。对机关干部来说，能够发现问题、抓住问题、提出问题，是一个不小的本事；而能够运用创新理论去分析、回答和解决问题，就是更大的本事。军事斗争准备是一个动态的过程，每个阶段、每个部位、每个环节都会遇到这样那样的矛盾和难题。随着军事斗争准备的深入，一些深层次的矛盾和难题还会逐步暴露出来。我们研究越深入，对敌情了解越透彻，发现问题就会越多。推进军事斗争准备创新，就是要把解决现实矛盾和问题作为创新的切入点，把党中央关于解决台湾问题的战略思想作为解决问题的"总钥匙"，把群众实践和现实工作作为解决问题的"平台"。发现问题——探索解决——指导实践——总结提高，把这四者有机结合起来，改革创新就可以打开新的思路，进入新的天地，取得新的突破。

　　要成为一名高素质的优秀机关干部很不容易，需要付出艰辛的努力。一些同志的成才之道，是一个"勤"字。勤奋是觉悟、勤奋长才干、勤奋有作为。一是勤于学习。面对许许多多不懂得、不了解、不熟悉的东西，每个同志在学习上只有"毕生"没有"毕业"，永远没有"老本"可吃。更何况知识发展是动态的，人才没有终身制，再高的学历都有"保值期"。要牢固树立终身学习、不断学习的观念，始终保持一种如饥似渴的精神、"本领恐慌"的压力、真学真钻的动力，不断提高学习能力。应该说，军区机关的学习条件是很优越的，关键是要走出浮躁的心态，走出不必要的交往圈子，走出"被动式"的学习状态，充分利用好8小时以外和节假日这个丰厚的时间资源，广泛涉猎知识，扩展知识领域，优化知识结构，不断打牢思想理论和知识基础。二是勤于思考。做机关工作，舍得"用力"是基本要求，善于"用脑"才能出精品，一定要坚持在学习中思考、在思考中学习，在工作中思考、在思考中工作，千万不能"两腿勤、思想懒"。要学会辩证思考，注重运用马克思主义立场、观点、方法分析和认识问题，力戒主观性、片面性和想当然的思维方式；要学会量化思考，善于对问题作出定性定量分析，不能靠拍脑袋作结论、靠感觉提建议；注重换位思考，经常站在军区党委首长的角度想想全局的事，站在部队官兵的集团想想基层的事，不断提高领导机关工作的思维层次和思想深度。三是勤于实践，实践出真知、实践长才干。凡是在机关能挑大梁、独当一面的干部，都是在长期刻苦实践中干出来的，拼出来的。要把起草每一份材料，作为了解全局、把握全局、谋划工作、提高思维层次的过程；把组织每一次大项活动，作为提高组织协调能力、培养严谨扎实作风的过程；把解决每一个棘手问题，作为提高政策水平、积累办事经验的过程；把下部队搞一次调查研究，作为学习官兵、开阔视野、丰富头脑、经受实际锻练的过程。还要组织大家多接触一些社会的改革实践，多总结一些部队改革创新的经验，多结合业务工作搞研究、搞创新，在改革实践中丰富头脑、打开思路，提高创新能力。四是勤于总结。总结好，大有益。既要重视总结成功的经验，又要注意总结失败的教训；既要总结历史的经验，又要重视总结现实的经验；既要总结个人的经验，又要善于把别人的经验教训变为自己的财富。总结的过程，就是"悟"的过程；"悟"得深与浅，就看是否有心和用心。通过总结思考，做到吃一堑、长一智，打一仗、进一步，干一项工作、有一次提高。提高机关干部素质，还要求各级领导进一步强化育人意识，切实加强领导、加大培养、建立机制，为机关干部学习成才创造良好环境和条件。

加强司令机关建设要大兴"五风"

司令机关是军队的指挥中枢和军事领率机关，毛泽东曾把司令机关比喻为军队的"头脑"，这一重要地位和作用决定了司令机关必须有很高的素质。搞好司令机关建设，必须加强思想作风建设。通过抓思想、正作风，保持军事工作的正确方向，为"不变质"提供思想保证，为"打得赢"提供精神动力，促进各项任务的圆满完成。

一、深入调查研究，大兴求真务实之风

坚持求真务实，是这些年各级领导反复强调的一个老问题，也是各级机关始终需要解决的一个大问题。为什么我们年年讲揭短求实，弄虚作假的问题总是得不到根治？为什么我们年年讲克服"五多"，部队忙乱的问题还没有得到有效解决？为什么我们对部队反映的热点问题年年立项解决，部队仍有不少反映？根本原因就在于领导和机关思想作风不端正、工作作风不扎实、领导方法不科学。解决这个问题，必须特别注意以下三个方面：一是要进一步端正工作指导思想。我们干工作，根本的是为了推进部队的建设和改革，提高部队战斗力。从这个目的出发，就一定会把对上负责与对下负责一致起来，坚持摸实情，想实招，讲实话，办实事，求实效。如果是为了做给上面看，为了

出名挂号，就必然会搞形式主义，做表面文章，报喜藏忧。其结果只能是经验往上报，问题往外冒，部队往下掉。部队弄虚作假，根子在领导机关，也是对领导机关掩盖矛盾的惩罚。领导机关有官僚主义，部队就搞形式主义；领导机关听真话，下级就报真情；领导机关办实事，下级就动真心。因此，端正工作指导思想，须从领导机关抓起。二是要深入实际了解真实情况。没有调查就没有发言权，更没有决策权。司令机关给首长出主意当参谋，为首长决策提供依据，如果不深入实际调查研究，吃透上头精神，掌握部队情况，就出不了好点子，当不了好参谋，甚至给领导帮倒忙，造成决策失误。调查研究是一项艰苦细致的工作，必须做到身入心入，真正扑下身子到一线去了解情况。如果蜻蜓点水，走马观花，就会被表面现象所迷惑，部署任务，检查指导工作，就只能想当然，搞"概略瞄准"。现在有一种情况，领导和机关下部队，部队光给讲好的、看好的、吃好的，就是不愿意汇报问题。我们机关的一些同志到部队调查研究，也不会发现问题，分析问题找不到症结和原因，解决问题拿不出对策和办法。这种情况应当引起各级高度重视。三是要讲究科学指导，坚持按规律办事。条令条例、训练大纲、基层建设《纲要》，都是部队建设规律的总结，都必须严格遵循。但实际工作中违背规律的现象依然存在。比如：一强调从严治军，有的就抛开条令条例，另搞一套土政策、土规定，引起官兵反感；一强调从难从严抓训练，有的就违背训练规律，随便增大训练强度，增加训练内容和时间，搞得部队过度疲劳、紧张，以致训练事故增多；一强调科技大练兵，有的就忽视基础训练，盲目攀高；一强调安全防事故，有的就故意避开难度大、危险性大的训练课目，出现偏训和漏训，使训练质量打折扣。因此，司令机关指导工作时，必须注意讲究科学，坚持按规律办事。

二、增强成才意识，大兴勤奋学习之风

我们正处在知识经济、知识军事的新时代，科学技术日新月异，国家改革不断深化，军事变革方兴未艾，军事斗争准备任务十分艰巨。在新的形势任务面前，我们不懂得、不了解、不熟悉的东西很多，只有不断加强学习，才能使思维层次和知识水平适应时代要求，更好地发挥机关的职能作用。一个高素质的参谋群体，会使首长的智慧倍增；相反，参谋群体素质差，会直接影响首长的指挥水平。各级参谋长要有求才之心，识才之眼，用才之胆，育才之方，选拔好、培养好、使用好参谋人员。广大参谋人员要有成才意识，大兴学习之风，在刻苦学习中不断提高素质。抓学习要首先增强紧迫感。从目前参谋人员的知识结构看，具有大学本科以上学历的还不算多，而且还有相当一部分是通过函授取得的。各级司令机关中科技型、复合型、谋略型的人才还不是很多，懂两个兵种以上专业的参谋人员也还比较少，老参谋不懂新装备，新参谋缺乏"六会"基本功的现象比较普遍。要认清形势，看到差距，围绕提高"两个能力"，少一些应酬，多一些学习，紧密结合实际，勤奋学理论、学军事、学科技、学历史、学经济、学法律，学习一切需要学习的知识。要正确处理好工学矛盾。有的同志感到，司令机关平时工作忙，很难挤出时间学习。工作忙是客观事实，但也不至于忙到连学习的时间都没有的

地步。关键是有没有刻苦学习的精神，有没有"挤"劲和"钻"劲。往往工作任务最多、压力最大的人，也是学习最好、进步最快、最有政绩的人。在军队建设的历史上，真正有作为的人是勤于学习的人，是善于动脑的人，是理论知识和实践经验"两个翅膀"都过硬的人，不然他担当不起重任。司令机关的同志要把学习当作第一位的任务、第一位的需要、第一位的责任，养成看书读报的习惯，思考问题的习惯，积累资料的习惯，集思广益的习惯，写心得体会的习惯，日积月累，不断长进。再就是要坚持有效的学习制度。近几年，团以上机关坚持周六上午学习制度，每月请专家作一次专题辅导讲座，每周拿出一两个晚上组织业务学习，机关干部人人都有自学计划。各部队也采取短期集训、辅导讲座、参加函授、开办夜校、定期组织学习交流等形式，狠抓学习提高。结合半年和年终总结，个人述学，群众评学，领导讲学。这些被实践证明行之有效的学习制度，应坚定不移地坚持下去。

三、转变思想观念，大兴改革创新之风

军事领域是最富有竞争性和挑战性、最需要改革和创新精神的一个领域，最忌思想守旧和僵化。我们搞改革创新，就是要紧紧围绕提高高技术条件下作战指挥效能和提高"打赢"能力这个主题，把着力点放在解决制约部队建设与发展的突出问题上，在抓住重点，突破难点，克服弱点，跟踪热点上下功夫、见成效，加速部队全面建设。当前，军事工作还有许多新情况、新问题，需要探索和研究，像作战理论的创新、新型军事人才的培养、联合作战的研

究、野战指挥自动化系统配套建设、指挥运行机制的优化，等等。解决这些问题，没有现成的经验可循，没有固定的模式仿照，必须紧跟时代发展的潮流，站在军事变革的前沿，不断研究探索，形成新认识，创造新理论，开创新局面。改革创新要有超前意识，讲究实际效益。既要提出看法，拿出办法，又要改进工作，促进落实。坚持做到搞一次集训，就要有一次集训的收获，不能总在低层次上循环；组织一次演习，就要围绕演习课题，把情况研究透，形成配套的战法训法，不能满足于练程序、写文书、走过场；推广一项创新成果，就要闯出一条发展的路子，把这方面的工作和建设带动起来，不能光开花不结果。改革创新需要一个良好的环境。各级党委领导要注意调动和保护广大官兵勇于探索改革的积极性，尽可能地为他们提供必要的条件。对取得突出成绩的，要给予表彰和奖励；对改革创新中遇到困难和挫折的，要给予鼓励和帮助，努力营造改革创新的浓厚氛围。

四、严守法规纪律，大兴令行禁止之风

司令机关是"一声令下，千军万马出动、千万发炮弹出膛的地方"，必须做到有令必行，有禁必止，才能保证部队指挥有力、步调一致，圆满完成各项任务。首先，要强化政治意识，把思想政治建设摆在司令机关建设的首位，把讲政治的要求落实到机关建设的各项工作之中。不论是制定政策、拟制作战方案，还是筹划工作、布置任务，都要注意从政治上考虑问题，保证党委的决策指示和要求在机关得到坚决贯彻落实。牢固树立党指挥枪的观念，做到

任何时候、任何情况下，都讲党性、守规矩、听招呼，坚决听从党的指挥，自觉地在思想上、政治上、行动上与党中央、中央军委保持高度一致，确保政令军令畅通。其次，要严格执行条令条例和各项规章制度。要带头学用条令条例，严格依法管理部队，严格落实战备制度，严格按纲施训，切实保证部队正规的战备、训练、工作和生活秩序。第三，要坚持原则，秉公办事。司令机关的很多工作涉及到部队的"热点"、敏感问题，官兵都很关注，处理不好，就会直接影响自身形象。一定要以对部队建设高度负责的精神，认真履行职责，公正选人用人，公正评价工作，公正分拨钱物。组织检查考核、评比竞赛、训练保障，要按章办事，公道正派。特别是在一些敏感问题上，要增强原则性，坚持有政策用政策，没有政策用规定，没有规定靠党性，用自身良好形象获得领导权。

五、树立大局观念，大兴团结协调之风

军事工作涉及部队建设的方方面面和机关各部门，具有很强的综合性和整体性。未来高技术战争是诸军兵种联合作战，怎样保证部队开得动、联得上、合得成、打得赢，不是一件轻而易举的事情，很大程度上需要通过司令机关的组织指挥来实现。这些年，各级司令机关在组织部队参加重大军事演习、抢险救灾、处置突发事件、支援国家重点工程建设等方面，发挥了重要的组织协调作用，为圆满完成任务作出了贡献。司令机关搞好与其他机关、军兵种部队的团结协调，是保证首长决策落实、部队行动统一的重要条件。搞好团结协调，必须牢固树立"一盘棋"思想。

司令机关与政治、后勤、装备机关的工作都是党委工作的重要组成部分，要保证党委军事工作决策意图的实现，离不开其他机关、部门的配合和支持。因此，司令机关在工作中，应多从全局上考虑问题，处理好与政治、后勤、装备机关的关系，加强联络，协商通气，合作共事，注意及时向他们传达党委、首长有关军事工作的命令、指示，相互之间不要推诿，防止和克服相互争位置、争时间、争权力的现象。各级司令机关要把任务与时间的区分，目标与过程的控制，力量的组织与使用，经费与物资的筹措等，都纳入协调范畴，善于用条例赋予的权利和义务开展各项工作。要摆正位置，谦虚谨慎，尊重上级，理解同级，体谅下级，要高人一筹，不要高人一等。安排部署工作，要主动与其他部门协商通气，正确处理业务工作与中心工作的关系。工作中遇到矛盾和问题，部门之间能协调解决的，不要捅到党委那里去，让党委首长当"裁判"。制定建设规划、出台政策规定，要广泛听取各方面的意见和建议，不要主观武断。总之，处理任何工作和事情，都要力求把问题想全面，把协调工作做到位。做到既有牵头协调的风格，又有牵头协调的水平，说的让人信服，做的让人佩服。要靠作为增强协调的说服力。无论哪个机关，协调能否到位，很大程度上取决于自身工作的质量。工作标准高，完成任务好，发生问题少，党委首长就信任，在机关和部队就有威信，说话就有人听，协调工作就好开展。各级司令机关一定要把做好协调工作建立在高标准完成任务、高效率履行职责、高风格处理问题的基础上，用扎实的工作、高超的艺术，保证各个环节协调运转，把各项工作落到实处。

政治机关干部要善于
运用辩证法思考和解决问题

加强学习、提高素质，这是一个终身课题。我认为，机关干部通过学习提高素质，最重要的是提高按辩证法办事的素质。毛泽东同志50年代就讲过：全党都要学习辩证法，按辩证法办事。小平同志一贯坚持按辩证法办事。陈云同志在延安也讲过：学习哲学使人开窍，学好哲学终生受益。掌握马克思主义的立场观点方法，是个人素质的灵魂。机关干部提高按辩证法办事的素质，应注意在以下四个方面加强锻炼：

一、观察问题要讲政治

政治就是大局。讲政治就是要把任何工作放在大局的背景下思考和谋划。比如，政治工作是一个大系统，组织工作就是这个大系统中的一个子系统，必须紧紧围绕政治工作的全局开展。否则，工作就很难到位，不到位就是失职。反之，工作过了头，就是不顾其他。所以，机关干部必须善于站在大局上思考具体工作，只有这样，各项具体工作才能保证正确的方向。从这些年的实践看，凡是有影响的典型，其事迹都是直接反映时代精神的，也都是站在大局下发现和总结出来的；凡是有创造性的工作，都是在大局下运筹的。比如徐洪刚这个典型，当时社会风气不好，在一些危难关头既缺乏挺身而出、振臂一呼的人，也缺乏壮阵助威、群起响应的人，即使有英雄挺身而出，也常常会遭到旁观者的冷漠甚至嘲讽和奚落。在这种背景下，倡导见义勇为，弘扬社会正气，就成为时代的需要。这时徐洪刚站出来了，使人们看到了社会主义精神文明建设的希望，所以他成了时代英雄。因此，我们政工干部观察问题要讲政治，特别是抓典型，不放在大背景下观察和思考，就很难抓出过硬的典型。再比如，前些年一些同志认为，双拥工作要靠感情。但在发展社会主义市场经济条件下，光靠感情管不了长远，感情代替不了法律，必须靠法规政策。近几年，在军区的建议和倡导下，鲁、豫两省地方政府加大了拥军工作的立法力度，所有县以上单位都制定了关于双拥工作的地方性法规，使双拥工作走上了法制化的轨道。还比如，市场经济条件下，军人军属涉法问题不断增多，依法维护军人军属合法权益势在必行，否则军心难稳。后来，我了解到河南省汤阴县人武部与县法院共同协商创办了"维护军人军属合法权益巡回法庭"，感到这一做法不仅有利于密切新形势下的军政军民关系，而且有利于提高军属的社会地位，解除军人的后顾之忧，保证部队的安全稳定，是一个创造，是一项十分有意义的尝试。所以，机关很快派工作组前往调查总结这个经验，进行广泛宣传，结果上下反响很大，成为一个重大典型。观察问题一定要讲政治，不讲政治就上不了层次。小平同志有个思想叫作讲大局干本行。我理解于本行就要讲大局，本行要体现大局、服从大局，这就是哲学的思想。哲学是讲联系的，不能孤立地看问题。否则，干本行就干不出名堂来。

二、分析问题要抓本质

本质是我们分析问题的要害。抓本质就是抓主要矛盾，抓住主要矛盾，其他矛盾就迎刃而解了。事物的本质是由主要矛盾决定的。比如，组织工作头绪很多，业务性也很强。那么，组织工作究竟抓什么？我看关键是班子、要害是书记。部队建设靠班子，班子建设靠书记，一个好书记能带出一个好班子，一个好班子能带出一支好部队。凡事抓住了主要矛盾，就势如破竹。总结经验时就出好经验，抓典型就能叫得响、推得开，提建议就能上档次。再如，部队建设抓人才，这也是主要矛盾。领导要有校长意识，个人还要有成才意识，必须是外因和内因统一。领导是外因，个人是内因，外因和内因结合，才能成才。否则领导再有校长意识，个人不努力，也成不了才。我们抓人才建设，必须要说两句话：领导要有校长意识，个人要有成才意识。这样，就抓住了人才建设的本质，才符合事物发展的本质的必然的规律。

三、解决问题要讲成效

讲成效就是要理论联系实际，用理论指导实践，再把实践上升到理论。这样，解决实际问题才有方向，学习才有目的。一个决策对不对，最重要的衡量尺度，就是看为部队解决了多少实际问题；机关工作好不好，最终的衡量尺度，也是看部队满意不满意，官兵受益没受益。解决问题讲成效，一要依靠群众想办法，二要依靠群众去落实。

这样的办法就是好办法，否则，办法再多也没有用，花花点子越多，部队就越忙乱。实践证明，凡是在部队引起强烈反响的决策或工作，必然充分体现了官兵的根本利益，也反映了基层建设的规律。还有一个问题需要注意，就是有些决策反映了规律、形成了套路就要常抓不懈，不要年年变。根据实际进行修订是可以的，但不能丢。一个领导没有新思想不是个好领导，一天一个新思想也绝对不是个好领导。政治工作不光是讲道理的，也要着力解决官兵的实际问题。官兵的情绪理顺了，事情就好办了。总之，受部队欢迎的事情一定要多办，而且要办好；给部队造成忙乱的主意一定不要出。讲政治是很具体的。在一定意义上，政治就是利益，代表群众利益才能受到群众欢迎，才能推动历史前进。

四、总结经验要看规律

规律是事物的本质的必然的职系。如果一条经验不但对今年工作有用，对今后几年的工作也有指导作用，这样的经验才反映了规律，才不是摇摆不定的东西。比如，我任某集团军政委时，在集团军党委书记培训班上，根据个人的体会讲了当好党委书记的辩证法，主要有四点：一是统揽不包揽，统揽揽不住是失职，包揽过多是事务主义；二是敢断不武断，当断不断是没有胆识，武断就是家长作风；三是放手不撒手，对副职不放手就调动不了积极性，撒手出了事就是没有尽到责任；四是大度不失度，不大度就不能容人，没有凝聚力，班子就搞不好团结，失度是不讲原则，班子团结也是假的。这个讲稿大家普遍感到反映了规律，后来还被作为研究土教材刊印。由此可见，反映规律性的、有长远指导意义的，就有生命力，这样的经验一旦总结出来，就能留下痕迹。真理是非常朴素的，是非常通俗的，所以能够普及。把深奥的道理通俗化，这才是本事。在领导干部中要提倡，大道理会讲实，老道理会讲新；难道理会讲懂。对待马克思主义就是三句话、九个字：一是不能丢，那些本质的不能变，要继承好，丢了就失去了根本，就丢了看家本领；二是讲新话，要不断创新，讲新话马克主义才能发展；三是要管用，马克思主义全在应用，检验马克思主义全在实践。学习马克思主义，一定要在掌握立场、观点、方法上下功夫。立场、观点、方法本身就是反映规律的，是我们认识问题、分析问题、解决问题的武器。总之，机关干部在工作和学习中一定要善于总结带规律性的东西，经过长期磨炼，综合问题的能力才能不断提高。我们讲思维上层次，就是要上辩证法层次；我们讲提高精神境界，就是要提高辩证法境界；我们讲改进工作方法，就是要坚持按辩证法办事。我建议大家要多学一点哲学。

搞好学习，一要靠勤奋扎实的学习打牢理论根基，切实掌握辩证法的基本原理；二要勇于实践，在实践中探索规律，积累经验；三要善于总结，对了的就坚持，错了赶快改，不足的加把劲，总结一次进一步；四要加强改造，要树立正确的世界观，没有正确的世界观，就学不好辩证法，掌握不了辩证法的实质。

提高机关干部素质的基本途径

机关工作是一本无字书，其间的许多奥妙，常常是只可意会，难以言传，要靠我们在学中干，干中学，在实际工作中去体验、摸索、领悟。

一、勤于学习——打牢理论根基

对于学习，干部要抓紧，战士要抓紧，各级机关更要抓紧，因为我们的许多工作本身是说理的，不学习就不明理，不明理就不会讲理。目前我们正处在一个改革的年代，政策出台多，知识更新快，不学习就跟不上形势。所以，机关的每个同志都应高度重视学习问题，努力达到六个熟悉：熟悉马克思主义的基本原理；熟悉建设有中国特色的社会主义理论；熟悉党的路线方针政策；熟悉我党我军的优良传统；熟悉高科技知识；熟悉本职业务常识。要达到这六个熟悉，首先要有一种如饥似渴的紧迫感。有的同志为什么进机关时间不短，而理论水平提高不快呢？主要原因是对理论学习认识不足，自觉性不高，感到坐下来啃书不如跑跑转转痛快，读马列著作不如读杂志、小说有味儿。这些同志有时间吹牛、摔"老 K"，没时间读书；有的一天到晚忙于事务，"以干代学"、"忙起来忘学"的现象没有根治。因此，必须大讲学习的重要性，强调自觉性。要在机关反复宣传理论对实际工作的指导意义，使大家明了理论是"钥匙"，是"武器"，是"方向盘"的道理，机关干部只有具备一定的理论水平，协助首长决策才有预见性、系统性和创造性，才能得心应手地指导部队开展工作。有了紧迫感，也就有了挤劲和钻劲。机关工作忙是事实，但也并非所有的人都忙，也不是忙得抽不出一点时间读书。党中央要求各级干部多挤一点时间学习，少搞一些应酬；多做一些调查研究，少一些主观主义；多干一些实事，少说一些空话。我们一定要照着去做，刻苦认真地学习，扎扎实实地读书。二是要处理好广博与专深的关系。有的同志看书学习涉猎面很广，天文、地理都爱看，但对与自己业务工作有密切联系的专门知识却掌握不多，结果书读的不少，本职业务能力提高不快。还有的同志喜欢读小说，看杂志，而对马克思主义的一些原著，领导人的政论讲话则不感兴趣。这些都是需要克服的。作为机关干部，不仅要有理论分析能力，还应有把握政策、协助决策的能力。这就需要每个同志尽可能地多读一些马列经典著作，以及一些重要文件和领导人的重要讲话；同时，也学习要党史、军史、理论著作，对军事、后勤工作有所了解。这样就能开阔视野，活跃思想。三是要特别重视高科技知识的学习。新时期军事战略方针确定后，军委领导反复强调要搞好干部高科技知识的培训。这是时代发展的需要，也是打赢高技术条件下局部战争的需要。不要以为机关干部学不学高科技知识无关紧要，事实上高科技知识不仅军事指挥员要学，机关干部同样要学。大家看过一些海湾战争的资料，多国部队的好多宣传鼓动工作都是运用了高科技手段。学习高科技知识，一靠办培训班，二靠自己学，三靠结合演习实践学。四是要理论联系实际，努力在研究和解决现实问题上下功夫。当前，主要着眼解决以下四个问题：联系国际政治风云的变幻和国家重大方针的实际学理论，进一步坚定社会主义信念；联系市场经济对部队官兵影响的实际学理论，进一步增强政治工作的针对性和有效性；联系思想实际学理论，自觉过"三关"；联系一个时期内部队工作的重点学理论，给党委首长出好主意，当好参谋。

二、善于调查——掌握部队的真情实况

我们开展的每一项工作都有很强的实践性、指导性，必须坚持"从实践中来，到实践中去"的工作方法，必须全面真实地了解部队情况，这样，工作才能有的放矢。现在为什么有的机关部门分析形势老话多，新问题少；汇报工作空话多，实例少；制定计划上下一般粗的多，具体化的东西少，原因就是调查研究不够。要解决这个问题，首先，要纠正认识上的偏差。有的同志认为，师以下特别是旅团机关离连队近，与战士抬头不见低头见，早上不见晚上见，没有不清楚的情况；有的认为旅团机关干部大都是从营连上来的，对基层的那一套随便就能说出个一二三来，没必要天天往下跑。于是，要么不愿下去，要么下去了也不用心了解情况。结果，该知道的不知道，知道的也是只知其一，不知其二，只知局部不知全局，只知老情况不知新变化。这说明，离基层近不一定情况明，从连队来的不一定始终了解连队。机关干部不仅要参与党委、首长的决策，帮助党委运筹谋划，还要随时向党委提供真实、可靠、

有用的决策依据。工作性质要求我们应当成为"活字典"、"信息库"，因而必须勤动脑、动嘴、动腿，深入实际调查研究，全面掌握部队真实情况。其次，在调查的内容上要突出重点。要掌握情况，但也并不是事无巨细，什么问题都去亲自调查一番，这样没必要也不可能。机关了解情况的重点，我认为主要是达到五个清楚：所属连队的大概面貌要清楚，部队思想动态要清楚，一个时期的倾向性问题要清楚，对基层存在的困难和实际问题要清楚，本系统、本行业的典型要清楚。除此之外，对你分管业务工作的数质量状况，应当达到"一口清"、"问不倒"。再次，师以下机关搞调查要有适应自身特点的方式和方法。师旅团机关离基层近，管辖的范围不大，需要的情况有时比较急。因此，你搞调查，就不能像高级机关那样过多地搞汇报会，搞抽样分析。除了坚持正常的蹲点跑面，少量的听取汇报之外，主要应采取以下几种形式。一是亲自查、亲自看。比如，保卫部门检查武器弹药，就要亲自到弹药库、军械库、兵器室去查看，去清点。二是直接参与基层的活动。营连召开会议，举行军事科目比武等活动，可以直接去听、去看。三是建立联系点制度。每个干部都有一个挂钩点，一方面通过点上的情况掌握面上的动向，另一方面可以直接帮他们抓训练、抓管理、抓思想工作，大家相互建立了感情，有话愿意讲，出事不隐瞒。四是结合分析工作形势掌握情况。特别是半年和年终总结期间，机关应尽可能多派一些同志参加下面的总结会，这个时候了解的情况既真实又全面。

三、精于思考——提高思想认识水平

在机关里，能力提高快、素质好的干部，一定是肯动脑筋想问题的人。有的同志之所以提不出好建议，写不出好材料，不完全是理论素养、文字水平低的问题，主要是不动脑筋不想事，想不到自然就说不出、写不出。机关干部要养成思考问题的习惯，我看起码要注意三点：一是不能当无所用心的"懒人"。就是脑子不能懒，要勤想事。脑子里要经常地思考着本职工作，对分管工作的现状，存在的问题，措施和打算，发展的趋势等，做到心中有数，思路清晰；要经常思考国内外形势变化给部队带来的影响，及时把握官兵的思想动向，研究制定对策；要经常思考一个时期党委、首长所关注的重点工作，及时提建议，出主意；要经常思考部队中存在的带倾向性问题，提出解决的办法和意见。二是不能当头脑昏昏的"糊涂人"。机关干部一定要思想敏锐，头脑清醒，遇到每一个问题，做每一件工作，都要想一想符合不符合马克思主义的基本理论，首先在理论上站住脚；想一想符合不符合上级的方针政策，把政治方向把握好；想一想符合不符合我党我军的优良传统，经得起历史的检验；想一想符合不符合部队建设的客观规律，经得起实践的检验。三是不能当教条死板的"机械人"。机关干部想问题、办事情一定要灵活，不能死板。领导交办某项工作、处理某件事情，由于多种原因，可能只交原则、只交思想。在这种情况下，我们办具体事的同志就应开动脑子，多想办法，在原则思想指导下把工作做好，把事情办妥。机关干部还要善于把领导的决心具体化、思路清晰化、想法系统化。做到了这些，我们的思想认识水平就会大大提高。

四、勇于实践——在实际工作中增长才干

纸上得来终觉浅，绝知此事要躬行。知识只有在实践中才能转化为能力。就机关干部而言，我觉得有三个方面的实践活动是必不可少的。一是多深入基层，在指导帮助基层中锻炼提高自己。指导基层、服务基层，是机关的一项重要职责和经常性工作，也是锻炼提高机关干部素质的一个重要途径。不少同志有这样的体会：到基层蹲一次点，就有一次收获；帮助基层解决一个难题，自己分析问题、处理问题的能力就有所提高。抓基层，可以说是对机关干部素质的全面锻炼和提高。现在，有些机关干部有一个很不好的习惯，就是下不去，蹲不住，整天在机关跑跑转转，忙忙碌碌，这样长此下去是不会有多大出息的。二是多参加中心工作，在完成大项工作任务中锻炼提高自己。部队一个时期的中心工作、大项任务，都是带全局性的，涉及面广，要求高，组织复杂，对于机关干部提高把握问题、组织协调、文字写作等能力，是难得的机会，要积极参与。每当大项工作任务到来时，要统一组织力量，各机关部门积极参加，通力合作，在完成工作任务的过程中，锻炼培养人才。三是多练笔，在写作文字材料中锻炼提高自己。文字材料功，是机关干部的基本功，也是检验机关干部素质一个很重要的尺度。提高文字写作能力，不是一日之功，也没什么捷径可走，就是要有吃苦精神，要勤写多练。

五、长于总结——不断积累工作经验

实践、认识、再实践、再认识，这是认识问题的基本规律。机关干部能力素质的提高也是一个实践与认识循环往复的渐进过程。一项工作或一个阶段工作做完后，回过头来总结一下，看看哪项工作做得好，想想是怎么干的，有什么经验；哪件事出了纰漏，分析一下是什么原因造成的，有什么教训。通过总结，吸取经验教训，打一仗，进一步，使感性的认识理性化，零碎的东西系统化，这对于提高自身的素质是非常重要的。因此，我们每一个机关干部，都要重视总结工作，擅长总结工作，不能像猴子掰包米一样，只知埋头干，不懂回头看，工作做了不少，自身提高却不大。同时，还要注意积累资料，养成收集资料，作笔记的好习惯。读书、看报、交谈、工作中，有用的东西都收集、摘抄下来，有什么启示和心得都记下来。一个人脑子里装的东西毕竟有限，正所谓"好脑子如烂笔头"。

提高政治干部队伍素质
是加强思想政治建设的关键

作为政治干部，要做到不辱使命、有所作为，需要从多方面努力，但最重要的是提高素质。提高素质是加强思想政治建设的关键。

一、要进一步增强提高自身素质的紧迫感

提高政治干部素质，事关思想政治工作的质量和效果，事关部队的全面建设，既是加强思想政治建设的必然要求，更是落实"两个提供"要求的重要保证。

当前，我国正处于发展社会主义市场经济的关键时期。应当说，改革开放和社会主义市场经济的不断发展，既有利于综合国力的增强，也有利于官兵新思想、新道德、新风尚的形成；但在社会重大转折时期，思想领域的矛盾和斗争不可避免地反映到军队内部特别是官兵思想上来，新情况、新问题、新矛盾会不断出现。科学技术的迅猛发展，既给国家和军队现代化建设带来机遇，注入生机和活力，又使我们面临着严峻的挑战。更需要注意的是，当前国际形势复杂多变，和平中潜伏着动荡与不安，合作中交织着对抗与冲突。西方敌对势力，对我推行西化、分化的图谋始终没有改变。尤其是 1999 年的科索沃战争，以美国为首

的北约空袭南联盟、悍然轰炸我驻南使馆，"法轮功"邪教组织闹事和李登辉炮制的"两国论"，都使我们清醒地看到，国际斗争的形势异常复杂尖锐，国内思想领域的矛盾和斗争非常激烈。党中央提出的"两个历史性课题"非常现实，思想政治建设面临的任务非常艰巨。我们政治干部只有不断提高素质，才能在纷纭复杂的局势中，保持清醒头脑和高度的政治警觉性，准确把握引起部队思想变化的各种因素，正确认识和解决思想政治建设中遇到的各种问题，增强工作的预见性、主动性和有效性。

近几年，各级围绕提高政治干部队伍素质，做了不少工作，但是，从整体上看，我们政治干部队伍的素质与当前面临的形势和任务、与落实"两个提供"的要求还有不小差距。突出表现在三个方面：一是学历偏低。目前在政治干部中，本科以上学历的数量不多，中专和高中以下的却占着相当的比例。这种学历状况，不仅没法与发达国家的军官相比，甚至低于印度、土耳其等发展中国家军官的水平。这种状况，很难适应科技强军和高科技局部战争的需要。二是经历单一。"瘸腿"现象比较普遍。有的懂基层不懂机关，有的懂机关不懂基层；有的对政治工作比较熟悉，而对军事、后勤、装备技术工作了解很少，真正称得上复合型人才的不多。三是能力不够强。集中反映在理论素养与形势发展的要求不相适应，思想观念与改革创新的要求不相适应，科技素质与现代化建设的要求不相适应，领导能力与岗位职责的要求不相适应。还有个别同志自身形象不够好，影响了政治工作的感召力和说服力。我们只有下大力改变这种状况，才能无愧于党和人民的重托，才能担负起为"打得赢"提供强大的精神动力、为"不变质"

提供可靠的政治保证这个光荣的历史使命。

二、要确立提高自身素质的高标准

要适应军队现代化建设需要，就必须培养造就具有良好的思想政治素质、军事专业素质、科学文化素质和身体心理素质的全面发展的新一代官兵。因此，政治干部要提高全面素质，必须坚持高标准，严要求。

首先，要有深厚的理论功底。一个缺乏马克思主义理论素养，不善于运用正确的立场、观点、方法分析和解决问题的共产党员，不可能发挥应有的作用，更不可能成为党的合格的领导干部。政治理论素养是政治干部思想政治素质的根基，是指导和从事政治工作的重要依据。没有科学理论的指导，就不会有强有力的政治工作，不用科学理论武装头脑，政治干部就难以胜任本职工作。在复杂的形势面前，如何保持政治上的坚定性；在各种腐朽思想侵蚀面前，如何保持思想道德上的纯洁性；在各种非马克思主义的特别是自由化思潮冲击面前，如何保持清醒的头脑和坚定的政治原则性，坚决听从党中央、中央军委的指挥，这不是凭个人主观愿望能够决定的，必须靠坚实的理论基础。反思我们政治工作存在一些问题的深刻教训，有的同志在类似"法轮功"这样的重大是非问题上，之所以见事迟、反应慢，缺乏应有的政治警觉性和敏锐性；有的同志工作时间不短，但决策水平上不去，思维和领导层次不高，认识不到事物的本质和规律，驾驭全局的能力弱；有的同志在工作中存在主观片面性，不能客观认识问题、辩证分析问题、正确解决问题；一些政治机关干部之所以给党委、首长出不了大主意、当不了"高参"，一些基层政治干部之所以老道理讲不新、大道理讲不实、新道理讲不好；等等。根本原因还是思想政治素质不高，理论功底浅。所以说，提高这素质、那素质，首要的是提高思想政治素质，打牢思想、理论根基。

其次，要有扎实的科学文化基础。政治干部是做人的工作的，教育人、培养人是政治干部的使命。当今时代，是迅速走向知识经济的时代，是实施科技兴国、科强军跨世纪发展战略的时代。政治干部没有扎实的科学文化基础，没有丰富的现代知识特别是高新科技知识，就没有立身之本，就担当不起育人的责任。政治干部不仅靠道理说服人，还要靠知识启迪人；不仅要提高官兵的思想政治觉悟，还要开发官兵的智力。某部一营教导员李国发是部队从地方招收的大学生，知识面宽，兴趣爱好广泛，他运用所学的知识讲军事课、搞教育，官兵百听不厌。他当排长时，有一年辅导 14 名战士考军校，考上了 11 名；当教导员 3 年，先后有 41 名战士考上军校。他琴棋书画、吹拉弹唱都比较在行，编导、演出的文艺节目经常在当地电视台播放，他还是国家军事心理学协会会员，篮球三级、乒乓球二级裁判。先后在两个连队担任指导员 4 年，所在连队年年被评为先进连队；担任 3 年营教导员，所在营连续 3 年被评为先进营。他个人先后一次荣立一等功、两次荣立三等功。这说明，政治干部掌握丰富的知识，做工作才有本钱，才能得心应手。当前部队正广泛开展科技大练兵活动，政治干部只有掌握现代军事科技知识，才能把政治工作渗透到科技大练兵的方方面面，充分调动广大官兵的积极性，为科技练兵提供动力和智力支持。否则，我们就靠不上边、使不上劲，就很难有大的作为。

　　第三，要有创新精神和创新能力。创新也是军队进步的灵魂，一支没有创新能力的军队，难以立于不败之地。军队的创新能力，关键取决于有一支具有创新精神和创新能力的干部队伍。一个政治干部的创新精神和创新能力，起码应体现在这样几个方面：一是要有很强的改革创新意识，有一种自觉向改革要效益、向创新要质量的开拓精神；二是要有遵循科学的态度，掌握科学的思维方法，使改革真正建立在保持优势、创新发展、科学求实的基础上；三是善于把原则的东西具体化，拿出既符合上级精神、又切合本单位实际的工作措施和办法，能够敏锐地发现、正确地分析和创造性地解决问题；四是善于在学习和借鉴先进经验、运用现代科技中改革创新，能够抓准新问题，研究新对策，总结新经验。

　　第四，是要有良好的自身形象。思想政治工作要有威力，一靠真理的力量，二靠人格的力量。而人格力量，主要是通过政治干部在群众中的良好形象来体现。正反两个方面的经验教训告诉我们，良好的形象是做好政治工作的基本条件，最具说服力、最有号召力；形象不好，就没有威信，就不可能做好教育人的工作。基层官兵对政治机关和政治干部形象的希望和要求是全方位的，概括地说，一是坚持原则，公正处事，平等待人，不分亲疏；二是廉洁自律，不插手基层热点问题，尊重下级和战士应有的权力；三是实事求是，抓工作讲实际、重实效，不搞形式主义；四是言行一致，表里如一；五是有真才实学，能够解答战士遇到的疑难问题，能够在战士求知成才上给予具体帮助；六是多才多艺，会指导和组织丰富多采的文体活动。总之，政治干部要努力成为忠于理想、献身事业的模范，发愤学习、开拓进取的模范，廉洁自律、保持气节的模范，联系群众、艰苦奋斗的模范。

三、要在学习、实践、总结上下功夫

提高政治干部素质，是一项艰巨的任务，需要付出艰苦的努力。对每个政治干部来讲，提高素质既要靠组织培养，更要靠个人勤奋学习、勇于实践、不断总结。

首先，要勤于学习，打牢基础。学习是提高素质的必由之路。古往今来，凡是有所建树的人，皆得益于勤奋好学。有统计资料表明，知识倍增期，20 世纪 60 年代是 10 年，70 年代是 6 年，90 年代是 4 年。比较明显的是电子计算机，一到两年更新一代甚至几代。近 50 年来，世界上的新发明、新创造超过了近两千年的总和。这说明，不论学历高低，无论是谁，不学习新东西，肯定要落伍。全面提高官兵素质，必须把"两个武装"作为基本途径。政治干部要带头落实"两个武装"，不仅要掌握科学理论知识，精通本职专业知识，而且要多学一些高科技知识、现代军事知识以及法律、哲学、心理学和文学艺术等方面的新知识。要注意克服浮躁心理，防止集体学习坐不住，个人学习不自觉，把学习当差事、装门面的倾向。要排除干扰，减少应酬，挤时间多读书。要把学习和思考结合起来。思考既是对学习内容加深理解的过程，也是对现实问题进行理性思考、寻求解决办法和对策的过程。要善于带着现实问题去学习，在不断学习中思考，真正使所学的东西入心入脑，融会贯通。善于运用是检验学习成效的根本标准，被证明和解决的问题越多，学习的成果就越大。就政治干部来讲，用，要体现在改造思想、树立正确的世界观、人生观和价值观上，体现在深入调查研究、掌握部队的真实情况上，体现在科学决策、减少工作失误上，体现在狠抓落实、解决部队的问题上，体现在总结经验、把握部队建设规律上。同时，要在政治干部队伍中大力营造学科学、用科学的浓厚氛围，坚持在学中用、用中学。政治干部要注意带头结合新装备学习新知识，通过学习新知识，更好地掌握和驾驭新装备，取得科技练兵中政治工作的主动权。

其次，要勇于实践，积累经验。在实践中接受锻炼，经受考验，增长才干，是我们党培养和造就干部的基本途径。政治干部提高指导和做好政治工作的能力，也必须向实践这个最好的"老师"学习。实践是一个充满风险的艰苦过程。对新形势下思想政治工作面临的新情况、新问题、新矛盾，要拿出有效的办法和措施，就必须解放思想，敢于试验，大胆地闯，对的就坚持，不对的赶快改。不怕没经验，就怕不实干，坐在屋子里是想不出好办法的。只有到实践中去，才能学到真本事，找到好对策。当然，敢干不是盲干，敢闯不是瞎闯，还要善于实践。要运用科学理论指导实践，把学到的知识和技能运用于实践，边实践、地总结，不断在实践中积累经验，增长才干。要把研究探索新形势下思想政治工作的特点规律，作为重要的实践活动，作为培养干部、提高素质的重要途径来抓。不论是机关的同志，还是部队的政治干部，都要结合本部门、本单位的实际，结合工作指导和工作落实，深入实际调查研究提高独立思考和分析解决问题的能力。

第三，要善于总结，巩固提高。在实际工作中，处于同样的环境、干同样的工作，有的同志素质提高快，有的提高慢，这与他们注重不注重、善于不善于总结有很大关系。有的同志实干精神不错，这是可贵的，但不注意总结，尽管很辛苦，素质上却没有大的提高。有的同志虽然注意了总结，但往往就事论事，不会从具体工作中分析把握特点规律，流水帐记了一大本，真正有价值的东西不多。还有的同志搞总结的指导思想不够端正，把总结的着眼点放在出名挂号上，热衷于摆成绩、报经验，不注意查问题、找教训，甚至弄虚作假，一项工作还没怎么抓，就急于报成果经验，这样的总结不仅不利于素质提高，而且会害了自己。善于总结无外乎两个方面，一是把实践过程中一些感性的认识理性化，把一些零碎的经验系统化，进行归纳梳理，变成自己的财富；二是对工作中走过的弯路、出现的问题进行认真反思，吸取教训，及时改进。

如何提高参谋素质

参谋人员作为军事首长的助手，直接参与决策，传达贯彻首长的指示命令，掌握军队行动的机密，岗位重要，责任重大。参谋人员的职责要求其必须具有很高的素质，提高参谋素质是一项长期的任务。各级党委、首长应从实际出发，针对所属参谋人员的具体情况，采取具体有效的措施，大力提高参谋的素质。

一、教育参谋人员热爱本职工作，树立默默奉献的思想

影响参谋工作的主要思想倾向大致有这么几类：一是由于我军长期处于和平环境，使有的参谋人员认为自己的工作无实际意义；二是认为参谋业务不如干事、助理员，转业到地方全无用处；三是有的参谋工作专业性强，在职务的提升和发展方面受到一定限制，想转工作岗位或趁年轻到地方干一番事业；四是有的同志感到，参谋参谋，"参谋"对了，成绩是领导的，"参谋"错了，后果是自己的，比带"长"的进步慢，没带"长"的说了算，责任大而权力小。以上种种，根子只有一个，即：考虑个人发展多，考虑工作需要少。上述考虑虽然都有一定的现实性，但又必须正确认识、正确对待。首先，要帮助他们认识参谋工

作的重要性，认识军队工作的重要性，破除名利思想。有针对性地对他们进行教育，帮助他们正确对待自己，对待领导，对待他人，对待参谋工作和军队事业，以做好参谋工作为己任，树立起贪图名利为耻、无私奉献为荣的风气，树立起"要想有地位，就得有作为"的风气，树立起"千里之行始于足下"，从本职工作做起，从一点一滴做起的风气。对那些兢兢业业、素质较好的参谋，要注意大胆使用他们，为他们的进步和发展创造条件。事实上，一个好参谋需要极高的分析判断能力、运筹谋划能力、组织协调能力，这种种能力无一不是成才的基本能力。同时，大力宣扬参谋典型。这些年，各个方面都树立了不少典型，但宣扬和树立参谋典型却很鲜见。把那些热爱参谋工作，不计个人名利，踏踏实实工作的参谋典型树起来，既是对他们工作的认可，又能为参谋人员树立学习的榜样，进而提高参谋队伍的整体素质。

二、要真正打牢参谋人员政治合格的基础，增强党性观念

参谋人员做为首长的助手，直接参予决策，掌握军队的机密，政治上合格尤为重要。长期以来，敌对势力一直把渗透、策反军队人员作为重点，而掌握部队机密，在要害岗位上工作的人员又是他们策反的主要对象。在这种情况下，尤其要注意提高参谋人员的政治素质。首先要加强参谋人员的政治理论学习。有的领导同志对政工干部的政治理论学习比较注意，而对参谋人员的政治理论学习重视不够，有的参谋人员本身也有轻理论学习的倾向。政治上

的坚定来自理论上的不断学习。因此，要加强参谋人员的马克思主义教育，加强坚定党的领导信念、坚定社会主义信心的教育。使他们养成凡事想一想，这样做符不符合马列主义、毛泽东思想，符不符合四项基本原则，符不符合党的基本路线和我军的基本传统，在任何纷繁复杂的情况下都能始终保持清醒的头脑和立场，自觉地为实现党的路线、方针、政策而努力工作。其次要教育参谋人员严守政策纪律。要严守政治纪律，在思想上、政治上、行动上同党中央保持一致。要按政策规定办事，熟悉、掌握政策，违犯政策的事坚决不办。要加强请示报告，对于下级和本级需要向上级请示的问题，要逐级请示报告，不得擅自决定、越权办事。尤其是在动用兵员、武器装备上，一定要严格按规定办理，按程序报批。

三、要切实加强参谋人员的业务学习，提高业务水平

参谋队伍的文化水平有了很大的提高，但由于业务学习培训不够，出现了文化水平高但业务能力低的现象。从领导身上找原因，就是对参谋人员重使用不重培养。因此，必须从加强参谋人员的学习和培训入手，提高他们的业务水平。各级、各部门要按照业务学习计划，认真抓好落实，分期分批地轮训参谋人员。要注意区分层次，对新参谋的培训要从参谋知识的 ABC 学起，从"六会"基本功练起。要注意结合平时的工作实践，如让参谋人员参加上级、本级组织的演练等，锻炼提高业务技能。另外，要监督检查参谋人员自学，运用日画一图，周写一文的传统

练兵方法，做到"拳不离手，曲不离口"。鼓励、支持参谋人员参加院校举办的函授学习，结合训练任务组织函授作业。同时，要注意克服两种倾向：一种是光想研究高深的理论问题，放着基本知识和技能不去掌握的倾向；另一种是满足于已经掌握了一些基本功，不愿再作深一步的理论学习研究的倾向。针对目前师团两级参谋人员基本功差的状况，应重视和加强参谋基本知识的培养训练，以适应工作的需要。在此基础上，提倡和鼓励拓宽知识面，向更高的层次发展。

四、要着力提高参谋人员围绕中心开展工作和抓落实的能力，增长指挥和组织管理才干

一个合格的参谋除了应当具备熟练的业务基本知识外，还要善谋略，会协调，能组织，懂管理。这样才能充分发挥作用，提高工作效能。但有的参谋不了解全局情况，出主意、干工作往往和领导意图相悖；有的不会组织部队训练，下基层解决不了问题等。因而，应着力提高和加强参谋人员的实际工作能力。

首先要树立全局观念，提高谋略和协调能力。要经常对参谋人员进行全局观念的教育，使每一个参谋人员明确我军是一个战斗整体，各个机关，机关各部门分管的工作，都是这个整体的一部分，不能各吹各的号，各唱各的调。要求参谋人员了解上情，熟悉下情，谙熟全局的情况，对全年及一个时期的工作做到心中有数，知道中心工作是什么，首长的意图是什么，围绕首长的意图和中心工作出主意，提建议，办事情。参谋人员要能根据变化了的情况，

主动及时地进行计划协调和业务部门之间的直接协调，防止扯皮、推诿，政出多门。其次是采取多种形式，提高组织管理能力。现在机关的"文参谋"多，"武参谋"少，抓落实的能力弱。应采取分期分批安排参谋到营、连代职，跑面、蹲点了解情况，解剖麻雀，下基层抓试点等方法，提高他们指挥管理部队的能力。领导同志还要克服参谋抓全局工作是"种了别人的田，荒了自己的地"的思想，让参谋参加司政后机关组织的综合工作组，多方面的培养锻炼他们。这样有利于参谋了解全局做好本职工作，有利于提高组织管理能力，也有利于参谋今后发展。

五、要注意培养参谋人员良好的工作作风，端正求实严谨的工作态度

　　培养参谋良好的工作作风是提高参谋素质的重要方面。没有一个良好的工作作风是做不好参谋工作的。在诸多的工作作风中，要特别注意强调和培养求实、严谨的作风，坚持从点滴抓起，在平时的工作中养成。培养良好的工作作风不是一蹴而就的事情，要在平时细小的工作中长期养成。在平时的工作中，要求参谋人员了解情况要实，汇报情况要实，制定计划要实，处理问题要实。布置工作，下达指示，总结经验都要深入调查研究，从实际出发，防止和纠正主观主义、弄虚作假、做表面文章。要从值班日志的记录、日常文电的处理、图表的填写标绘、各种请示、汇报严起，认真细致，一丝不苟，防止和纠正粗枝大叶、马虎草率、漏事忘事等现象。要抓根本，增强参谋人员的革命事业心和责任感。要教育参谋人员把自己所从事负责

的每一项具体工作都同党的事业和军队建设联系起来，以高度负责的精神做好每一项工作。同时，司令部门的领导要带头发扬求实、严谨的作风，为部属做出好样子，搞好传帮带。

领导机关在讲政治上
要自觉做到"四个带头"

讲政治不仅仅是一个理论问题，更主要的是实践问题，要在实际中体现，在工作中兑现。特别是高级领导机关，讲政治更为重要。必须真正进入思想、进入决策、进入工作。具体说，要自觉做到"四个带头"。

第一，要认真看书学习，在学理论上带头

一个没有用理论武装起来的党不可能成为先进的党；一个没有用理论武装起来的共产党人不可能有坚强的党性；一个没有用理论武装起来的领导干部不可能担当改革开放和现代化建设的大任。学理论是讲政治的基础。没有理论上的坚定，就不可能有政治上的坚定。当前国际国内形势复杂多变，改革开放各种新情况、新问题不断涌现，我们的干部要保证在任何情况下都不动摇，保证经受住各种风浪的考验，不学理论是不可能的。理论上不清楚，对一些问题的认识就可能是似而非，或者是人云亦云。就一个干部成长来看，要有所作为，做一个称职的领导，必须具备两个方面的素质，一方面是理论素质，要有坚实的理论根底；另一方面是实践经验，有实际工作能力。这就好像是鸟的两只翅膀，只有两只翅膀都过硬，才能飞得更高，飞

得更远。我们有些干部之所以发展潜力不大，后劲不足，主要原因就是理论素质不高。因此，一定要在这方面下功夫。学理论，除了学习马列主义基本理论外，当前有三个方面的理论知识尤其是要加强学习。一个是要学习市场经济的理论知识，以适应市场经济形势发展的需要；一个是要学习新时期军队建设思想和高科技知识，以适应打赢高技术条件下局部战争的需要；再一个就是要学习领导科学理论知识，以适应所担负领导职务的需要，提高工作效能。学习，没有什么高招，只能是按照毛泽东要求的，挤时间学，钻进去想，在实践中用。学习只有挤才有时间，长期坚持必有好处；学习一定要联系实际，这样才能学得深、学得透；学习的目的在于运用，只有进入决策，进入工作，理论学习才会有血有肉。

第二，要认真改造世界观，在保持思想道德的纯洁性上带头

为什么在大事大非面前，有的人是非分明，有的人却犯了错误？为什么在金钱女色面前，有的能拒腐蚀永不沾，有的却成了俘虏？为什么在权力面前，有的能秉公办事，有的却以权谋私？为什么在职务面前，有的感到是压力、是动力，而有的在抱怨不满？根本的是世界观问题。实践反复证明，世界观问题，早改造早进步，晚改造晚进步，拒绝改造犯错误。就高级领导机关来讲，加强世界观改造，当前我感到主要是做到"四个正确对待"：一是正确对待职务。要相信，只要你出于公心，群众就会有公论，领导就会有公道，组织就会有公正。二是正确对待权力。要坚持

秉公用权,秉公办事,决不能滥用职权,搞权权交易甚至以权谋私。有的人讲"有权不用,过期作废",叫我说也有一句话,那就是"滥用权力,必然犯罪"。三是正确对待享乐。生活上要多向低标准的同志看齐,要多想想那些连温饱问题都还没有解决的贫困农民,盲目追求高消费只能把自己引向邪路。四是正确对待苦累。机关同志长年压力重重,经常加班加点,顾不了家,没有星期天、节假日。怎么看待这个问题,我认为压力就是动力,动力就是能力。实践证明,凡是吃苦多、压力大的,进步就快;反之,一天到晚一点压力没有,一点苦都不愿吃,那他无论进机关时间多么长,他都不会有多大的出息。压力、动力和能力是成正比的。加强世界观改造,一靠自我修养、自觉慎独;二靠领导教育,加强引导;三靠群众监督,接受组织管理。做到了这些,就一定会做一个纯洁的人。

第三,要加大整改力度,在端正风气上带头

每次教育整顿,起码要出两个成果,一个是思想上的成果,学习理论,改造主观;另一个就是实际上的成果,纠正问题,改进工作。对问题,既要一个一个地认真查清,更要一个一个地纠正、解决。而解决这些问题,既要坚持高标准、严要求,又要坚持实事求是,力争更主动一些,能够为大家所接受,从而在遵守政策、执行纪律方面为部队做出好样子。

第四，掌握辨证的思维方法，在改进领导作风上带头

　　思想方法决定工作方法，正确的思想方法来源于正确的理论指导。实践证明，这个方面掌握得好一些，工作指导就会好一些；掌握得不好，工作指导就可能出现失误，造成领导不满意，群众有意见。比如召开会议是指导工作的一种重要形式，但是会议多了，就可能导致"半截子工程"；又比如，机关工作主要是为领导出主意、献计策，但主意多了，就可能是花花点子；再比如，下工作组对落实各项工作是个促进，但工作组多了，就会给基层造成忙乱。还比如，转发材料也是指导工作的一种有效形式，但转多了，甚至搞转发文电比赛、搞纯学术性的交流，那对部队只能是一种灾难。还有，各级领导机关，一定要实行科学领导、层次领导，不能包揽过多，不然，包揽多了，下边就不会有积极性、主动性。机关为党委首长出主意，一定要从实际出发，超出部队承受能力的主意不要出；召开会议一定从实效出发，能不开的会就不开，能合并的就合并；抓典型一定要从效果出发，对工作推动不大的典型就不要抓。总之，认识问题要坚持两点论，思考问题要坚持两分法，指导工作要坚持两手抓，树立典型要坚持两面看，评价工作要坚持两个成果一起衡量。

领导机关应做
精神文明建设的表率

领导干部、领导机关做表率，是加强精神文明建设的一个重要思想，是领导机关履行职责的基本要求。我国发展战略部署包含两个基本方面：一个是物质文明的发展，一个是精神文明的发展。与精神文明主要内容相一致的有中国特色社会主义文化，是凝聚和激励全国各族人民的重要力量，是综合国力的重要标志。领导机关在加强精神文明建设中做表率，是部队精神文明建设形势发展的客观要求。

一、强化表率意识，在精神文明建设中自觉坚持高标准

当前部队对精神文明建设极为重视，工作力度大，在提高官兵素质、营造政治氛围、美化营区环境、净化军营风气等方面，都有明显进步，涌现出各个层次、各种类型的先进典型。在部队精神文明建设蓬勃发展的势头面前，领导机关如果不进一步提高标准，采取更加积极的行动，就难以更好地担当起领导全区精神文明建设的责任。同时，随着国际形势的发展、我国改革开放的深化和社会生活的深刻变化，也使我们面临一些新的挑战。比如，世界军事

斗争形势的迅速发展，给机关的素质带来新的挑战；市场经济条件下物质利益驱动作用增强的趋势，给官兵安心服役、献身国防带来新的挑战；经济形式的多样化使一些人产生思想观念的多元化，给我们树立革命的人生观、价值观带来新的挑战；"酒绿灯红"消极影响的腐蚀性、渗透性日益增强，给我们保持政治坚定和思想道德纯洁带来新的挑战。面对这些情况，机关只有大力加强自身精神文明建设，全面提高素质，进一步把自身搞坚强，才能增强感召力、说服力，肩负起率领部队完成各项任务的使命。

二、抓住育人这个根本，在提高思想道德素质和科学文化素质上下功夫

精神文明建设的内容覆盖机关工作和自身建设的方方面面，必须全面抓，但关键是要抓住提高人的素质这个根本。机关的精神文明建设需要采取一些形式，开展一些活动，搞一些硬件建设，但决不能就事论事，见物不见人。拿文明办公来讲，主要是通过提高人的文明素养和能力，提高工作质量和效率，如果仅仅停留在打扫卫生、整理办公物品和一些表面化的工作上，就很难体现文明办公的本质要求。再如，环境卫生和绿化美化，这是文明程度的一个重要标志，但抓环境建设必须从提高个人的卫生观念、审美观念和培养人的良好生活习惯抓起，不然，人的素质上不去，环境建设不会搞好，即使一时搞上去了也难以持久。因此，只有紧紧抓住人的素质这个根本，精神文明建设才能提起纲来。从面临的形势任务和机关的实际情况来看，当前要注重提高这样几个素质：

　　首先，要提高政治理论素质。理论素质是人的整个素质的核心内容，对高级领率机关来说显得尤其重要。应当承认，我们的理论素质状况与现实要求还有很大差距。对理论学习总的要求是，自觉性要进一步增强，制度要继续坚持，联系实际要更加紧密，进入思想、进入工作的成效要更加明显。

　　其次，要提高思想道德素质。高尚的思想道德情操，是精神文明的重要标志。领导机关思想道德水准如何，对部队有着重要的辐射影响作用。应该看到，领导机关的同志身居闹市，与地方联系广泛，手中握有一定权力，面临的腐朽思想文化侵蚀的考验更加严峻。有的同志就因为经受不住权力、金钱、美色的考验和诱惑，出现了贪污、腐化等严重问题。虽然犯错误是个别的，但是部分同志中存在着理想信念倾斜、原则观念淡化、贪图安逸滋长、职责意识弱化等现象也不容忽视。加强机关的思想道德建设，当前要突出强调发扬奉献精神、强化进取意识和树立服务思想。提高思想道德素质，很重要的是要发挥党管干部的作用，搞好思想教育，加强管理、监督的力度，进一步引导大家加强自我修养，努力做到自重、自醒、自警、自律。

　　再次，要提高科学文化素质，掌握高科技知识。机关的同志虽然大都是大专以上文化程度，但学文科的占多数，对科技知识特别是高科技知识了解不够多；尽管这两年我们组织了一些学习，但差距仍然比较大。所以，在高科技知识武装方面要切实解决"学起来"的问题。要请有关专家教授作辅导，要把学习、研究、运用结合起来，注意结合研究课题一道进行，带着问题去学习、思考，不断深化学习成果。

　　第四是要提高业务素质。高层次的机关，需要高素质的干部。在提高业务素质上，要有很强的人才意识，一手抓工作，一手抓人的素质的提高，做到工作和人才两个成果一起出。要营造有利于人才成长的氛围和条件。领导同志要搞好传帮带，多给年轻同志交任务、压担子，多让他们在实践中锻炼，对那些能力强、贡献大的同志，在奖励和提拔使用方面的优先考虑，真正形成有利于人才成长的正确导向。要引导大家把心思和精力用在钻研业务上。切实克服钻研业务无用、怕艰苦的思想，真正坐得住、钻得进、学得精，使机关的同志对上能出主意，发挥参谋作用；对下能抓落实，发挥助手作用；对同级能进行帮助，发挥骨干作用。

三、搞好结合渗透，把精神文明建设的要求贯穿到工作实践中去

　　精神文明建设要提高质量、增强实效、坚持经常，必须搞好结合渗透。如果离开各部门的中心业务工作，孤立地就精神文明抓精神文明，就难以发挥精神文明建设对业务工作的推动和促进作用，就会流于形式，难以坚持下来。要搞好结合，需要把握这样几点：

　　一要增强结合的意识机关。任何一个部门的工作都需要精神文明提供精神动力和智力支持。各部门只有在抓业务工作时不忘体现精神文明的要求，工作才有高质量，精神文明建设才能落到实处。我们一定要防止活动归活动、工作归工作，或者以工作代替活动的现象，真正把创建精神文明活动纳入业务工作的整体布局中，研究部署工作、

下部队调查研究、组织活动、总结讲评都要体现和贯穿精神文明建设的内容和要求。比如，抓训练和管理工作，要把文明带兵、科学管理的要求贯穿进去；各项政治工作，都要突出培养人、教育人这个要求；后勤各部门的工作，要充分体现优质服务的要求。这样才能使精神文明建设与业务工作融为一体。

二要选准结合的突破口。结合渗透的工作能不能搞好，关键在于能不能选准突破口。如，军事部门应针对打赢现代化战争和指挥现代化战争"两个能力不够"的问题，着眼现代化要求，全面提高自身素质，在指导训练改革和战法研究上有新的突破；政治部门应针对职业道德建设要求高、难度大的问题，注意在业务工作、自身建设实践中强化高尚的道德观念，明确道德规范，树立公道正派的政工干部良好形象，带动自身建设和各项工作；后勤部门应针对市场经济条件下服务保障遇到的新情况新问题，强化"基层第一、士兵至上"的观念，想方设法为基层办实事、解难题。机关各部门业务性质和实际情况不同，结合的重点也有所不同，但共性的要求是，要注重解决好秉公用权、优质服务和发扬奉献精神的问题，解决好规范机关的正规化秩序、落实好条令条例的问题。

三要运用好结合的载体。加强精神文明建设离不开一定的载体，有了载体就有了抓手、有了路数、有了比头。搞好"创建"活动，应当争在平时、重在经常、贵在具体。防止出现平时无工作，年终一评了事的现象。应结合年终总结搞好检查评比，注意总结经验，丰富和完善"创建"的具体做法，更加扎实有效地开展好这一活动。

四是要健全结合的机制。机关开展精神文明创建活动，要有针对性地研究一些制度和规范性的做法，保证创建活动持久有效地开展下去。比如，要建立指导机制，针对形势任务的变化和思想反映，及时加强舆论指导；针对机关不同业务部门的情况和特点，注意搞好分类指导；针对机关建设中容易反复的问题，切实加强重点指导；针对创建活动中遇到的情况和需要回答的问题，注重加强典型指导，带动创建活动深入发展。再比如，要建立激励机制，各单位要有检查、有评比、有讲评，真正使创建活动与干部的晋职晋级、调整使用和奖惩挂起钩来，以激发争先创优的内在动力。再比如，要建立保障机制，要舍得投入，努力加强硬件建设，尤其在文化设施建设上，要搞好规划，努力解决好机关干部文体活动有场所的问题。通过各种机制的建立和运作，使精神文明建设走上制度化、规范化、经常化的轨道。

四、坚持领导带头，以实际行动促进机关和部队的精神文明建设

搞精神文明建设，关键是以身作则。领导干部率先垂范，就是下级和部属的一面旗帜，就是无声的命令，就可以对群众产生巨大的感召力、影响力和说服力。事实证明，文明的领导才能带出文明的部属，文明的机关才能带出文明的部队。在精神文明建设中领导机关要尽两种责任，一个是指导好，一个是自身做好。也就是既要言传，讲清道理让人信服，又要身教，做好样子让人佩服。现在，有些事情不是规定得不好，往往是由于领导没有带头做好；有些问题总是屡禁不止，也往往是由于领导没有率先禁止。

从这个意义上说，领导机关精神文明建设能不能搞好，关键取决于领导同志模范带头。坚持领导带头，需要在自身建设的各个方面发挥模范带头作用，从当前实际情况看，需要在这样几个问题上正确对待、率先做好。

一要正确使用手中权力。机关各个部门手中都有一定权力。能不能用好这些权力，是衡量领导机关精神文明建设状况的重要标志，也是领导干部履行我军宗旨的重要体现。特别是随着改革开放和市场经济的发展，在对待和使用权力上将会不断遇到一些新的考验，需要我们不断强化在使用权力上的原则意识。机关在秉公用权上起码应当做到"四个公正"：公正使用干部、公正分配钱物、公正实施奖惩、公正评价工作。要做到"四个公正"，关键是要树立正确的权力观，防止把党和人民给的权力作为个人谋私的手段，搞权钱交易；防止单凭个人的好恶，使用手中权力；防止不按程序、背着组织越权办事的现象，真正经受住权力的考验。

二要正确对待名利职位。有些同志任职时间较长，年龄较大。这些同志大都有较强的能力素质，不计个人名利得失，兢兢业业工作，为机关和部队建设作出了贡献。但由于受各种因素的制约，有些同志的任职问题不可能在短期内得到解决。作为机关的同志一定要从全局上考虑问题，把名利职位看得淡一些，始终保持积极进取意识和旺盛的工作热情，把全部心思和精力用在党的事业上，用在抓好部队建设上。

三要努力改进作风，尤其是解决好"五多"问题。这方面问题仍然比较突出，部队也有些意见。对"五多"问题要进行认真分析研究，力争在克服"五多"问题上有新突破。要端正工作指导思想。抓工作、搞活动、办事情，一定要着眼于部队建设的需要决不能图名挂号。要真正转变观念。不能认为下部队多就是作风深入，转发材料多就是工作成绩大，活动搞得多就是工作活跃，点子出得多就是水平高，要看实实在在的成果。还要把住关口。克服"五多"各级有各级的责任，积极要把好积极关口，做到脱离实际、干扰部队的点子不出，违反条令条例规定、增加部队忙乱的活动不搞，指导意义不大的会议不开，没有用的文件不发，让部队领导集中精力抓好工作。

四是要保持和发扬艰苦奋斗的作风。领导干部要做艰苦奋斗、廉洁奉公的表率，大力倡导清正、节俭、守纪之风。继续下大力解决好公款吃喝问题，严格执行不插手基层热点问题的规定，坚决纠正利用各种名目违反规定购买交通、通讯工具的问题，坚决制止利用公款到高级娱乐场所享乐的现象。保持正确的生活态度，文明的生活方式，高尚的生活情趣，严肃的生活作风。

改进机关作风必须改进文风

文风直接影响会风。当前，机关在文风上存在的问题主要有：不从事实出发，而是从原则出发，缺乏中肯分析；不从解决问题出发，切中要害提出问题，而是从一般经验和情况出发；不是用群众的思想，而是用自己或东抄西拼的东西代替群众的东西，缺乏有生命力的思想、观点和表述。

写讲话、搞要讯也好，提建议开会也好，抓典型也好，还是按毛主席讲的，首先要抓住、抓准问题，抓不住问题就失败了。指挥员指挥打仗，选对了突破口，仗就胜了一半。写讲话前要先弄明白为什么讲这个话，针对什么问题讲；提建议开会，也要弄明白为什么提这个建议，解决什么问题。不解决问题的建议不提，不解决问题的会不开，不解决问题的话不讲，不解决问题的文字不写。我们一些成功的经验、解决的许多问题，就是逼出来的。像"汤阴经验"中抓伤病残官兵安置，就是因为官兵的许多实际问题不解决不行；"干部工作要'阳光操作'"、"党委的'五个不研究'"也是针对时弊提出来的；徐洪刚、姜升立两个典型也是适应时代的要求立起来的。士官队伍建设也是这样，问题摆在那儿，不抓不行。

机关的本事就在于能抓住带全局性、根本性、长远性的问题，一碰就响的问题。具体讲，就是抓领导关注的问题，与领导同步思维，同频共振；就是抓影响部队建设的棘手问题；就是抓上级关心的、影响中心的问题。机关要有这样的功夫。

机关是个加工厂。但是，首先要有充分的材料，才能谈得上加工。自己没有材料，只是找人家的，找报纸的，找古人的，找外国的，都不能加工好。不结合实际，再好的道理也没有用。要认真调查研究，要从大量的材料和问题中进行抽象，进行概括，找出规律。只有掌握了大量的材料，分析问题才能不从定义出发，而从事实出发。做机关工作要靠真理吃饭，靠实事求是吃饭，靠科学吃饭，靠总结经验吃饭。

第六篇　人才培养

人才是科技强军之本

任何科学技术的突破，运用到经济上，就是生产力；运用到军事上，就是战斗力；运用到保障工作上，就是保障力。有了火药的发明和来复枪的使用，才有了散兵队形和纵深配置的新战术；坦克装甲车大量运用于战场，才有宽正面大纵深的作战原则；电子信息技术的广泛运用，才有了电子战、信息战的理论；有了航天技术，才有了空地一体战理论。战术是由军事技术决定的，作战理论也是由军事技术决定的，技术是推动作战理论、作战方式改革的第一动力。这是反映客观规律的真理。

历史证明，凡是观念更新比较快，重视科技运用和发展的军队，往往是打胜仗的军队；凡是观念陈旧、战术死板，往往是吃败仗的军队。第二次世界大战时，法军沿袭一战时线式防御的作战方法，寄全部希望于马奇诺防线，虽已装备了大量坦克，却把它分散配置在第一线防御阵地上，作为发射点来使用，没有形成拳头，结果被德军出其不意地从阿登山迂回，用大量集群装甲快速突击，一举击破，全线瓦解，所谓"攻不破"的防线被攻破了。苏军之所以在二战初期失利，也是这个原因。论兵力、火力，当时苏军并不比德军差，且占有地理优势，但战争没开始几天，德军就推进了数百公里，苏军受到重大损失。为什么？就是因为苏军作战观念陈旧。苏军本来在边境上装备了大量的坦克，占有明显的优势，但由于作战条例、条令奉行骑兵优先这样一个原则。后来，斯大林才请出朱可夫等一大批掌握现代技术的军事人才，改变了不利的作战形势，并最后取得胜利。这说明，随着技术的变化，必须要进行思想、战术的变化，进行作战观念的更新，否则的话，必败无疑。对于一个指挥员来讲，任何一项新的技术运用于作战，都应该积极地进行战法、训法的探索，以推动训练和作战的改进。在过去的战争年代，在常规武器装备条件下，毛泽东曾讲过"没有文化的军队是愚蠢的军队，愚蠢的军队是不能打胜仗的"。在高技术条件下，从一定意义上也可以说，没有高科技的军队是愚蠢的军队，是不能打赢现代条件下的战争的。

从我们部队的实际情况来看，高科技学习还有待深入。新的战略方针的确立，广大官兵逐步认识到了科学技术的重要性，并开始形成了学习高科技知识的风气。这是主流。但对科技强军这个方针，理解上还不够深透，贯彻还不够自觉。各级领导要认真研究高技术对未来作战的影响，积极探索打赢高技术条件下局部战争的对策，包括高技术条件下的训练、作战、部队的管理等问题。要进一步确立科学技术就是战斗力的意识，向科技要质量、要效益。进一步强化科技意识，确立有所作为的意识，就是要在立足本职上为科技强军做出自己的贡献，贡献自己的聪明才智。要强化人在科技强军中永远是决定因素的意识，努力在提高自身素质上下功夫。要克服单纯强调传统优势，忽视改革创新问题。传统要发扬，但只拘泥于传统，而不改革创新，就是一种危险。要克服单纯强调人的决定因素，而忽视科学技术作用的问题，明确只有掌握科学技术的人才才是决定因素。还要克服仅仅强调有什么武器打什么仗，而忽视打什么仗造什么武器的问题。没有高科技，我们就没有国际地位；没有"杀手锏"，我们同样没有国际地位。这是唯物主义的态度。

曾经看过这样一个资料：第二次世界大战结束前夕，苏、美同时占领了德国，在苏军忙于往家中搬运机器的时候，美军则把 4500 名德国优秀科学家带回了美国。美国负责组织研制第一颗原子弹的格罗夫斯将军，在德国崩溃前夕，下令搜捕一个名叫海森堡的著名科学家时说，得到海森堡要比得到 10 个师的德国军队还要有价值得多。从一定意义上讲，当今美国之所以能成为军事上的强国，除了它的综合国力之外，重视科技人才，是相当关键的一招。

从当前部队干部的素质现状看，高科技学习的任务非常紧迫。当今世界综合国力的竞争，主要是高科技领域的竞争，谁掌握了高科技，谁的竞争能力就强。科技的竞争说到底又是人才的竞争，有了掌握科技的人才，没有科技可以发展科技，有了科技可以掌握科技。在部队，先进的军事理论要靠人去研究；先进的装备，要靠人去掌握；人与武器装备的结合，也要靠人去实现。因此，科技强军，关键是培养人才。谁有了科技人才，谁就有了强军之本；谁培养了科技人才，谁就为科技强军做出了重大的贡献。所以，我们要在高科技领域占有一席之地，就是这个道理。前几年，部队有的同志给我讲：没有新装备盼新装备，盼来新装备又怕新装备。主要是不会应用新装备，不会应用就没法显示新装备的战斗力。现在，我们的许多装备还没有完全发挥它们的作用。作为一个指挥官，如果不重视科技，不重视科技人才，可以就不能算是一个合格的指挥官，是很难担当起大任的。从部队干部的文化程度来看，虽然军官的文化基础不断提高，但是从总体来看培养层次比较低，发展也很不平衡。另外，我们的科技干部还比较贫乏。一方面，业务素质参差不齐；另一方面年龄结构不合理，相当一些有才能的都老化了；再就是配置上也不合理，有的长期缺编。这些问题的存在，对学习高科技知识提出了迫切的要求。

要把培养人才作为一项战略任务来抓。首先，要加强在职干部的培养，改变其知识结构。几个参加高科技集训的部队政委谈收获时说，感到高科技知识重要了。有这么一条就是很大的收获。认识到重要性就会有紧迫性，学习才有自觉性。"学然后知不足，知不足更需要学习。"领导干部应该成为学习上的带头人，成为组织高科技知识学习的明白人，这样才能成为现代条件下合格的指挥官。需要指出的是，学历低的领导干部需要学习，学历高的也需要学习。因为学历低的不学习跟不上去，学历高的不用心同样也会被淘汰。在知识爆炸的年代，大家都要加强学习，大家都处于同一起跑线上，都是平等的，不能满足。在学习高科技知识经验交流会上，有一个同志说：靠关系吃饭，是个泥饭碗，随时可能打掉；靠文凭吃饭，是个铁饭碗，随时可能生锈；靠本事吃饭，才是金饭碗，到什么地方都能发光。这话是很有道理的。要提高学习高科技知识的实效性，特别需要在"四新"上下功夫：

第一，要提高新认识。要把学习科学技术当作贯彻新时期军事战略方针的一个重要内容，切实把它摆到党委的重要议事日程，作为领导干部的重要职责。做到经常分析形势，克服学习中的思想障碍；经常研究对策，解决好教材、教员、保障等问题。

第二，要学出新水平。坚持学用结合，在应用中学，才能学得更深，才能不断地自我加压。这是在职学习的一个根本路子。通过学习，把科学知识转化为领导的素质，提高指挥员的思维和指挥层次；把科学知识转化为推动训练改革的动力，用所学的知识研究训练改革、战法改革；要把科学知识转化为研究军事理论、形成军事理论突破的动力。军事理论的落后，必然导致作战方式的落后。理论上先进，加上科技先进，再加上人才的素质，就是高科技条件下的作战能力。要把知识转化为能力，转化为战斗力，这是学习的根本目的。

第三，要培养新典型。榜样的力量是无穷的，典型决定学习的高度和深度，树立典型，就可以为学习高科技知识树立样板，激励学习不断深入。不少同志感到学习高科技知识有难度，把知识转化为能力有难度。越是在这样的情况下，越是需要发现、培养和宣传这方面的典型，以激励大家克服畏难情绪，把学习深入持久地进行下去。

第四，要探索新路子。只有探索新路子，才能使学习高科技知识的热潮既能掀起来，也能够延续下去，还能保证学出成果。学习的成效好坏，需要到作战、训练之中去检验。学习的成果越多，推动部队的训练、推动部队的改革的成效越大。能够用高科技知识解决一两个训练中的难题，形成一两个作战理论、作战方法上的突破，就说明有了收获。探索学习的新路子，一要把经常学和集中学结合起来，经常学打牢基础、养成习惯，集中学主要是解决一些难点问题；二要把送院校学和在职学结合起来，院校学习基本原理，在职学习运用、研究和交流；四要把学习和训练改革、战法研究结合起来，在战术改革上想点子，在战法研究上求突破。这样才能学出成果，学习的自觉性才能逐步提高，学习才能坚持下去。需要特别强调的是，不能把"忙"作为逃避学习的借口。一些同志总是讲工作忙，没有马克思主义经典作家，其思想理论最成熟的时候，都是革命工作最忙 的时候。列宁主义成熟于 1917 年夺职政权前后，革命理论、政权理论等一系列理论在夺取政权与反夺取政权的斗争中逐渐成熟；毛泽东思想成熟于延安时期，当时既要组织抗战，还要运筹如何解放全国，还要准备怎么建设国家，但也正是在这个时候，毛泽东思想成熟了。"忙"与学习不仅不矛盾，还是一个相互关联的互动关系。一定要养成学习的好习惯，越忙越要挤时间学，长期坚持，必有好处。

着眼军事斗争
和部队现代化建设
需要大力推进人才队伍建设

人才匮乏是制约部队现代化建设和军事斗争准备的"瓶颈"。要从根本上解决这个问题，确保"打得赢"，就要以坚定的政治信念与良好的军事素养相统一、高超的指挥艺术与精湛的专业技术相统一、广博的知识与适应本职需要的工作能力相统一、深厚的理论功底与丰富的实践经验相统一、高素质的个体与优势互补的群体相统一，作为基本标准，大力推进人才队伍建设。

一、积极探索创新，求人才培养的新突破

人才培养是一个新课题，在实施过程中必然会遇到许多新情况、新问题，只有贯彻改革精神，在创新中寻求新思路、研究新对策、解决新矛盾，才能取得新突破、新成效。应主要在以下几个方面求突破：

（一）在重点人才的培养上求突破

实施人才培养，目的在于提高整个人才队伍素质，但重点是培养四种类型的人才。一是复合型指挥人才。指挥

人才作为支配部队行动的中枢，是确保打赢的关键所在。在未来军事斗争中，要实现中央军委的战略意图，既需要特别过硬的部队，更需要特别优秀的复合型指挥人才。按照党中央"既懂政治又懂军事、既懂指挥管理又懂专业技术"的要求，要把各级领导干部培养成复合型人才，任务相当艰巨。发达国家军队重视军官经历的做法，很值得我们借鉴。美国军官从排长成长为将军，必须进8次以上院校，有14个以上岗位的经历。英军规定，军官两年必须变换一次岗位。日本、德国、意大利等国军官平均一年要变换一次岗位。一个岗位就是一所学校。只有复合的经历，才有复合的素质。如果机关干部不懂部队、部队干部不懂机关，指挥干部不懂技术、技术干部不懂管理，步兵干部不懂兵种、兵种干部不懂合成，就难以成为复合型人才，也很难适应高度合成的现代战争要求。二是智囊型参谋人才。参谋人才作为指挥员的"外脑"，在作战中负有提供信息、出谋划策、上通下达、组织协调、检查指导等责任。能不能与党委首长同步甚至超前思维，适时提出高质量的意见和建议，对首长能否实施正确指挥起着至关重要的作用。而在目前机关干部中，高学历的人多、高素质的人少；单一型的人多、复合型的人少；事务型的人多、谋略型的人少；经验型的人多、创新型的人少，真正能够协助党委首长提出大主意，组织大活动，总结大经验的不多。三是专家型科技人才。随着部队高新武器装备日益增多，需要越来越多的专业技术精、学术造诣深、创新能力强的高素质科技人才。现在，专业技术干部尤其是作战部队工程技术干部不仅在数量上严重短缺，而且文化层次低、攻关能力弱，难以适应提高部队现实作战能力的要求。有个单位新装备的气象雷达在野外训练时发生故障，没有一人能够修理，只好到数千公里之外的厂家求援；有个单位配发了价值数千万元的先进雷达设备，因没有相应的专业技术人员，至今仍躺在仓库里"睡大觉"；有个单位配发了先进的导弹装备，由于缺乏专门的维修人才，只好请厂家的技术人员在部队当"常驻代表"。一些领导同志面对这种状况，感慨地说，"盼新装备盼红了眼，来了新装备又傻了眼"。四是骨干型士官人才。士官在军队建设和作战中具有特殊的作用，是一支重要的人才群体，是军官联系义务兵的桥梁和纽带，是做好"两个经常"工作的主力，是组织士兵训练和操作、使用、维护及管理武器装备的骨干。士官队伍的素质怎么样，作用发挥得如何，直接影响部队建设的质量。要研究加强士官选拔、培训、使用和管理的有效途径和办法。这四类人才在培养上必须作为重中之重，拿出切实可行的规划，采取具体有力的措施，给予充分到位的保障。同时，各级还应重视对地方入伍的学生干部的培养，尤其是对具有发展潜力的，要大胆放到主官岗位上摔打磨练，让他们上好基层这一课，积蓄发展能量。

（二）在培养渠道上求突攻

一要继续发挥军队院校培养的主渠道作用。在每年选拔优秀干部送校深造的同时，积极借助军队院校师资、设备的优势，采取联合办班、委托培养等形式，有计划地选送需要重点培养的骨干人才脱产学习。陆军学院和其他训练机构也应扩大培训范围、增加培训容量、调整培训内容、提高培训质量。二要依托国民教育使育才向纵深发展。主要是向培养模式多样、专业需求对路、数量规模扩大、超前培养储备的方向发展。比如，可考虑每年从部队选拔部分有大专以上学历、年龄较轻、有发展潜力的团、营、连主官，到地方知名高校学习理工专业和高科技知识。三要依托新装备催生人才，使人才培养向成建制形成战斗力拓展。要使新装备成建制、成系统形成战斗力，既需要操作使用人才、维修保障人才，也需要懂行的指挥人才。以新装备为载体，发挥新装备的"活教材"作用，通过成建制形成战斗力的实践培养人才，是最直接、最快捷、最有效的人才培养方式。要进一步强化岗位锻炼。岗位既是获取真知、积累经验、增长才干的平台，也是基础知识转化为应用知识、学历转化为能力的载体。在干部年培训率很低的情况下，绝大多数干部的成长提高基本靠岗位锻炼。各级应本着对部队建设和干部成长高度负责的精神，切实解决不舍得放、不愿意要、交流不动等问题，真正走开机关、部队、院校之间干部交流的路子，搞好旅、团主官兵种间换岗，基层营连主官兵种间、军政间及指技间的换岗锻炼。

（三）在吸纳招揽人才上求突破

从地方积极吸纳引进部队急需、培养难度大的特殊人才，是部队人才队伍建设的重要途径和必由之路。各级领导既要有识才的慧眼、育才的方法、用才的气魄，又要培养爱才的情感、拿出聚才的招数、营造留才的氛围。从当前情况看，引进优秀人才有两点需要特别注意：一点是要提高物质待遇。在职级确定、家属就业、子女入学、岗位津贴、住房、用车等方面给予特殊政策。特别是在引进高层次人才上，一定要打破传统观念，舍得下本钱。另一点是改进引进方式。针对师以下单位在引进高层次人才上联系路子窄、协调难度大、实际问题不好解决的情况，大单位应统一组织力量，采取上下结合、"集团采购"的办法加以解决。还可以采取利用军内外高层次人才的智力和技术优势，聘请知名专家学者当顾问、作导师，为部队建设出谋划策，帮助解决重大技术难题。同时，要注意保留人才，用良好的工作、学习、生活环境聚合人才，坚决杜绝人才流失现象。

（四）在健全人才成长的动力机制上求突破

要激发人才成长的动力，需要靠思想教育，启发觉悟，自觉成长；靠事业凝聚，实现事业有成，人尽其才；靠竞争激励，奖优罚劣，盘活人才；靠典型示范，立起标杆，形象引导；靠制度约束，规范行为，促其成才。但是，最重要的是靠公正用人的激励作用。实践证明，用人公，人才兴；用人歪，人才衰。党委用人看德才、重政绩、听公论，官兵就会爱学习、强素质、干事业。公正用人，关键是在两个方面下功夫：一方面是以公开求公正。在领导干部选拔任用上，要实行民主推荐、晋升考评、任前公示，解决干部任用中的公开公正问题，使干部的选拔使用变暗箱操作为开箱操作，变注重"相马"为注重"赛马"，变少数人选才为群众荐才。另一方面是以公道求公正。用人要公正，关键是领导要公道。军区党委常委在干部调整使用上立了"五个不研究"的规矩，即：下级党委不推荐不研究，政治机关不提名不研究，群众评议通不过不研究，常委酝酿不充分不研究，进本级班子两个"一把手"不共同认可不研究。实践证明，效果很好。通过公开公正用人，真正使那些埋头苦干、思路清晰、政绩突出的得到重用，使那些不思进取、工作平庸、打不开局面的产生危机感，使那些弄虚作假、欺上瞒下的受到处理，彻底扭转那种"自己提升找关系、别人提升查背景"的不良风气，形成"靠素质立身、靠品德做人、靠实干创业、靠政绩进步"的良好氛围。

二、切实履行抓落实的责任，保各级党委培养人才的决心和意图落到实处

一是主官挂帅，尽好责任。我们讲"一把手"要管全局、抓大事，很重要的就是抓好人才培养这件事关部队建设全局的大事，进一步强化"校长"意识，强化人才培养工程是"主官工程"的意识，强化出人才就是最大政绩的意识，切实负起谋划统筹、提出思路、拿出对策的责任，协调关系、组织力量、形成合力的责任，检查督促、跟进指导、解决矛盾的责任；提供服务、搞好保障、排忧解难的责任。真正使人才培养工程责任到位、保障到位、措施到位，确保落到实处。

二是端正思想，注重实效。人才培养工作是一项实打实的工作，必须有科学的态度和求实的作风。以往部队开展一些活动，往往容易出现开始的时候"刮风"、搞一段时间就放松的现象。加强人才队伍建设，从一开始就要坚持"实"字当头，少说多做、真抓实干，一步一个脚印地抓落实，决不能搞"应景工程"、"半截子工程"。人才培养工作是部队建设的一个永恒课题，必须长计划、短安排，持之以恒，常抓不懈。决不能"上面大讲就大抓，上面小讲就小抓，上面不讲就不抓"。也不能急于求成、急功近利，要

下真功夫、长功夫、慢功夫、细功夫，甘于做默默奉献的工作。人才培养工作还是一项很复杂的工作，需要统筹兼顾，把握方向，正确处理人才培养与部队全面建设的关系，实现相互促进、协调发展；正确处理提高思想政治素质与提高其他素质的关系，确保德才兼备、全面过硬；正确处理打牢文化基础与增强实际能力的关系，做到理论和实践两个"翅膀"都硬起来。

三是尽力而为，加大投入。人才培养工作离不开强有力的经费物资保障。各级应牢固确立"在人才培养上的投入是部队建设最根本的投入"、"往人才上投资就是往'打赢'上投资"的思想。在经费比较紧张的情况下，应把握投资方向，尽可能向人才培养上倾斜。部队也要广开渠道，多方筹资，采取"单位补贴一点、地方支持一点、个人自付一点"的办法，努力满足人才培养的需要。

四是正确引导，加强规范。首先要规范学历升级教育。现在，学历升级教育的秩序比较乱，官兵所学专业离本职需要比较远，重文凭、轻水平的现象比较突出。有的单位多头联系办学，有些官兵自己联系函授学习，缺乏统一组织。对学历升级教育，方向要坚持、结构要调整、渠道要精选、质量要提高。在摸清底数的基础上，坚持以军为主，控制和压缩函授规模，扩大军队自学考试数量，严把质量关口。切实克服学文的多、学理的少，学民用的多、学军用的少，学平时需要的多、学战时需要的少等现象，确保文凭、水平双提高，使学历升级教育逐步正规、有序。其次要规范在职培训。军区主要是依托陆军学院、合同战术训练基地、干部培训基地和各类专业训练机构，负责师、旅以上领导干部理论和高科技知识轮训，"四级书记"、"四长"的培训，师、旅、团参谋长和政治部（处）主任轮训，新提升师职干部培训，有组织、有计划地抓好团以上机关干部和部队难以承办的专业技术骨干的培训。军级单位主要负责团职干部的理论和高科技知识轮训，新提升团职干部培训，营职干部的短期业务培训，相应职级的专业技术干部培训，与师级单位一起抓好连长、指导员的培训。旅、团级单位主要负责连队副职、排长、司务长的集训，新毕业学员的上岗前培训，以及转岗干部的补差培训。各级各类培训要增强计划性、连续性和针对性，确保质量和效果。

五是提高素质，以身示范。领导抓育才，首先要有才；领导尽责任，首先强素质。领导带头学习，是一种重要的导向。现在，有的领导同志不是把主要心思用在工作、学习上，而是用在应酬、享乐和琢磨个人问题上；不是尽心育才、甘为人梯，而是嫉贤妒能、害怕部属超过自己；不是选贤任能、让人才脱颖而出，而是论资排辈、压抑人才成长。这样，既影响自身形象，也影响下面成才。实践证明，"有德无才干不成事，有才无德干坏事，德才兼备干大事"。我们每个同志都应刻苦读书学习，不断积累知识；努力改造思想，不断提高境界；自觉参加实践，不断增长才干。要切实做到：在认认真真学习上有新进步，在堂堂正正做人上有新追求，在兢兢业业做事上有新成效，在清清白白做官上有新形象，在扎扎实实育才上有新政绩。在自己的任期内，既要干出一番事业，又要带出一批人才。

从四个方面入手提高干部素质

"刻苦学习，勤奋工作，勇于创造，自觉奉献"，这既是各级干部素质的基本要求，也是培养人才需要把握的主要方面。因此，各级党委和领导在人才培养上，应注重从这四个方面入手提高干部素质。

一、刻苦学习，打牢理论功底，改善知识结构

当前，部队广大干部学习情况总体上是好的，特别是理论学习，制度坚持得比较好，内容比较落实。这对于提高干部队伍素质、加强部队建设起到了积极的作用。但是，也有明显的不足，主要表现是"三个不够"：一是学习的紧迫感不够强。有的认为工作忙，没有时间学；有的感到理论离实际远学了用不上；有的以为随着职务的提升，工作水平和领导水平也会自然而然地提高；还有的觉得自己对眼前的工作干得很顺手，学与不学关系不大。二是掌握的知识面不够宽。部队干部中虽然多数具有大专以上学历，但第一学历大多在高中以下，而且初中以下的占相当比重。就已有的大专学历来看，大多是政治和军事专业方面的，科学文化基础知识比较薄弱，干部对天文、地理、历史、经济、法律、文学艺术和国际政治等知识更是知之不多。知识结构上的缺陷，已经成了一些同志领导层次上不去、

指挥能力提不高的制约因素。三是学以致用不够好。有的干部学习不善于与部队建设和个人实际相联系，缺少科学的态度和务实精神，图形式走过场，片面追求读了多少本书，写了多少笔记，甚至把上级转发了多少学习经验、报刊上发表了多少体会文章作为衡量学习成效的标准。这些现象，必须下决心克服和纠正。

要进一步提高对学习重要性的认识。刻苦学习是时代对我们提出的迫切要求，是个人成长成熟必不可少的前提条件。我们正处在充满激烈竞争的世纪之交，国际形势复杂多变，国内改革开放各种新情况、新问题不断涌现，现代科学技术日新月异，军事科学突飞猛进。在这种情况下，各级干部只有加强学习，增长知识，提高政治水平，打牢理论功底，才能在复杂形势下保持政治上的清醒和坚定，把握好部队建设的方向；才能适应"两个根本转变"的要求，提高现代技术特别是高技术条件下局部战争的谋略水平和组织指挥能力；才能有较高的精神境界，增强拒腐防变的能力。有些部队干部之所以发展潜力不大、后劲不足，就是因为理论素质低、知识面窄，认识、分析问题的能力弱。因此，我们每个干部对学习都应该有紧迫感，以如饥似渴的精神发愤学习。

要努力学习基本理论和相关知识。要认真学习马列主义、毛泽东思想和中国特色社会主义理论，在掌握理论的科学体系上下功夫，在掌握基本原理及其精神实质上下功夫，在掌握立场、观点、方法上下功夫。要认真学习马克思主义哲学，掌握科学的思维方法，提高分析认识部队建设各种矛盾和问题的能力，克服思想认识上的片面性和工作方法上的简单化、绝对化。要刻苦钻研高技术知识尤其是与军事斗争有关的知识，了解当今世界上最新的科技发展动向及其对国家政治、经济、军事和社会生活各领域广泛深刻的影响，研究探讨打赢高技术条件下局部战争的作战原则和战略战术，取得驾驭未来战争的主动权；还要学习历史、地理等有关方面的知识进一步开阔眼界、拓宽思路，不断提高学习的层次和标准。

要在联系实际上下功夫。提高学习质量，根本的是要联系实际。要联系国家改革开放、发展社会主义市场经济的实际学习，用科学理论武装头脑，在重大问题上要分清是非；要联系当前的形势和任务，认清前进道路上的矛盾，明确肩负的历史重任；要联系部队建设的实际，运用所学到的知识，研究解决部队建设中遇到的新情况、新问题，提高领导水平和实际工作能力；要联系自己的思想实际，自觉加强党性锻炼和世界观改造，确立正确的人生追求和高尚的道德情操，抵制拜金主义、享乐主义和个人主义的影响，过好金钱、权力、女色关，永葆共产党员和人民公仆的本色。

二、勤奋工作，在实践中锻炼自己，增长才干

勤奋工作，是干部爱岗敬业的职责，也是提高自身素质的根本途径。从调查情况看，当前干部队伍中绝大多数精神状态是好的，工作是积极主动的，但是，也有一部分干部事业心不强，工作不够勤奋。有的不安心本职，缺乏在部队长期干的思想；有的工作标准低，在职不尽责，熬年头、混日子、守摊子，得过且过，无所作为；还有的贪图安逸，不愿在艰苦环境中摔打锻炼，基层的想往机关调，

作战部队的想往省军区系统调，驻地偏僻的想往驻城市部队调，离家远的想往家门口调。前几年学员分配，托关系找门子的很少，而现在或是人未到电话先到，或是带着条子报到，领着报到的也屡见不鲜。这样的干部是不会有什么大出息的。我们要自觉地把自己的工作同党的奋斗目标、国家的前途命运联系在一起，奋发图强，知难而进，在为党的事业不懈奋斗中实现自己人生的价值。要有执著的职业荣誉感，热爱人民军队，热爱所在部队，热爱自己的战斗岗位，自觉地把本职工作同整个军队现代化事业有机联系起来，把做好自己的工作当成最大的光荣，干一行，爱一行，专一行，兢兢业业，任劳任怨，脚踏实地，埋头苦干。要正确对待工作中的压力，事实证明，压力和能力是成正比的。压力就是动力。凡是吃苦多、压力大的，进步就快；反之，一天到晚一点压力没有，一点苦不吃，就不会有出息。过去有句老话，叫做自在不成才，成才不自在。要想成才，必须要自我加压。要敢于到艰苦和困难多的地方去接受锻炼。环境越艰苦越能磨炼人的意志，困难越多越能培养人的聪明才智。我们党、我们军队有许多干部都是在艰苦的环境中、在与困难作斗争中成长成熟起来的。这几年，各级普遍实行了下连当兵、代职制度，领导和机关干部都应该积极主动地参加，多到条件艰苦、困难多、基层官兵最需要的地方去，在熟悉部队、了解基层中积累经验、增长才干。要坚持工作的高标准。要有完不成任务，就寝食不安的精神；要有见红旗就扛，见第一就争的劲头，做到对上负责，让领导放心；对下负责，让群众满意；对自己负责，终生无悔。

三、勇于创造，在开拓进取中建功立业

勇于创造，锐意进取，不仅是一个干部素质的重要表现，也是确保工作任务全面落实的客观需要。只有在继承中创新，在创新中发展，大胆探索，突破陈规，才能开创工作的新局面，才能把我们的事业推向前进。从当前部队建设的实际和干部队伍素质现状看，创造性地开展工作，有以下三个方面的问题需要解决：

一是要摒弃照抄照转的工作方式。现在部队中有些干部做工作照抄照转的现象不少，满足于上传下达，"领导咋说就咋办"。这种做法，名义上是执行指示不走样，实际上是思想懒惰、工作图省事的表现。长此以往，不仅影响部队建设，而且有误干部个人成长进步。毫无疑问，上级的指示必须认真贯彻执行，必须一步一个脚印地去落实。但是，如何把上级指示落实好，就有个结合实际创新的问题。事情总是千差万别的，上级的指示只有同本单位的具体情况相结合，才能发挥它的指导作用。没有结合实际的落实，是盲目的落实；缺乏创新的工作，必然是低标准和一般化。结合创新，既要领会好上级指示精神，又要全面掌握本单位情况，还要注意学习借鉴兄弟单位的经验，这就是我们经常说的，吃透上边的，摸清下面的，了解横向的，形成自己的。生搬硬套、机械地执行上级的指示决定，就难以达到预期目的。

二是要克服等、靠、要的依赖心理。当前部队建设面临的困难很多，突出的是经费紧张，装备落后，训练条件简陋，还有吃水、用电、洗澡、看病难，干部子女入学、

入托难，家属就业难等问题。这些都影响和制约着部队的战备训练和现代化建设，影响着官兵的思想稳定。怎样对待这些问题，能否有所作为，是对一个干部素质高低最实际的检验。面对困难，有的干部不是积极主动地想办法，而是等着领导出主意，依赖上级去解决，"等、靠、要"的思想比较突出，有的甚至哀声叹气，怨天尤人。等，只能丧失良机；靠，只能致人懒惰；要，是无所作为的表现。出路还在自身的努力。只有迎难而上，才能克服困难。办法总比困难多。在这些方面，许多部队进行了有益的探索，做了大量的工作。有的积极研究探讨立足现有装备打赢高技术条件下局部战争的战略战术；有的积极挖掘潜力，革新发明训练器材，改善训练条件；有的采取多种途径，解决官兵生活中的老大难问题；等等。这些做法，既推动了部队的建设，也使干部增长了才干。

三是要消除怕担风险的思想障碍。有的干部之所以创新意识不强、劲头不足，很重要的一个因素是怕担风险：顾虑别人说闲话，害怕出问题承担责任，担心改革失误影响单位成绩和个人进步。改革创新，没有现成的经验可供借鉴，难免要冒一些风险。但只要有利于部队建设，有利于战斗力的提高，在遵循客观规律办事前提下，看准了的，就要大胆地试，大胆地闯。当然，勇于创造，绝不是乱出点子，乱搞花样，盲目蛮干。一定要把创造精神和科学态度结合起来，求发展，出实效。只要我们注意不断地总结经验教训，正确的就坚持，错误的就纠正，相信群众是可以理解的，领导是会支持的自己也会有提高的。

四、自觉奉献，保持高尚的人品官德

这是共产党人崇高的精神境界，是干部自身素质的集中体现。从当前情况看，多数干部在这方面做得比较好，但也有的奉献意识不强，人品官德不正。有的把个人名利地位看得过重，主要心思和精力没有放在工作上；有的瞄着位置干工作，精神状态、工作标准跟着仕途发展走；有的把工作当作表现自已的舞台，搞形式主义，做表面文章，文过饰非，弄虚作假；还有的不信组织信个人，不靠实干靠关系，为了个人名利搞感情投资和人身依附，个别的甚至跑官要官。这些问题既损害干部队伍的风气，也影响干部素质的提高。消除这些现象，需要每个干部从自身做起，做到"三不"：一是不计名利，端正工作指导思想。每个干部尤其是领导干部，一定要有共产党人的事业观、责任感，有前人栽树后人乘凉的胸怀，树立当一任领导负几代责任的思想，始终坚持党的事业第一，人民的利益第一，部队的建设第一。每出一个主意，每作一个决策，每抓一项工作，都要把有利于打牢部队基础、提高战斗力作为出发点和立足点，绝不能一事当前，先考虑个人出什么名、能得什么利，更不能急功近利，搞短期行为。要力争在任职内打下一个好基础，留下一个好家底，培养一个好作风，带出一支好部队。二是不谋私利，正确使用手中权力。权力就是责任，职务就是担子。权力越大，责任就越重。权力是党和人民给的，就要为党和人民服务。如果只要权力，不尽职责，甚至以权谋私，那就是对权力的亵渎。每个干部要时刻想到组织的重托，想到广大官兵的期望，破除私心，立党为公，掌权处以公心，用权一身正气。绝不能贪小私而忘大义，更不能把权力当作交换钱物的资本，个人索取的工具，贪图享乐的温床。三是不计得失，甘愿牺牲个人利益。奉献是以牺牲个人某些利益为前提的，舍不得失去一己私利，就难以做到自觉奉献。我们每个干部都要以焦裕禄、孔繁森、李润五、李国安、苏宁等英模人物为榜样，正确处理好个人利益与党和人民利益的关系，正确对待职务晋升、生活待遇、工作岗位，始终以个人利益服从党和人民的利益，从而为党和人民的利益自觉奉献、无私奉献。

下大力提高干部科学文化素质

　　提高干部队伍的科学文化素质，既是贯彻科技强军战略思想的长远大计，又是部队现代化建设的当务之急，也是干部自身成长进步的重要基础。因此，一定要把提高干部的科学文化素质作为一项重要任务来抓，采取多种途径，下大力气，努力培养和造就一批现代军事人才。

一、严把第一学历关，提高选拔培养干部科学文化素质的起点

　　目前部队伍科学文化素质不够高，一个重要的因素是没有把好第一学历关。许多干部在第一任职可以胜任，但发展潜力不大。每年报考军校人数不少，但录取率不高，即使考上的，相当一部分文化基础不是很好。从干部晋升的情况看，许多晋升对象没有经过本级院校培训。因此，提高干部科学文化素质，必须从起点抓起，严格把好"四关"：一是把好新兵入伍关。要加大高中、中专毕业生征招比例，并且实行必要的入伍文化考试，为报考军校、选拔军官提供更多更好的预备人选。二是把好士兵提干关。凡预提对象，除必须具备德才等条件外，必须进行严格的文化培训和考试，不合格者原则上不能提干。三是把好军校招生关。凡符合报考条件的，军、师要在层层筛选的基础

上统一组织复习文化，时间以 3—6 个月为宜，使考生能在现有基础上巩固提高。四是把好军官晋升关。军官凡提升职务，必须经过本级培训，具有胜任本级指挥能力和与之相适应的科学文化水平。情况特殊的也要先入校培训后到部队任职。

二、改革院校教学，进一步提高培训数量和质量

从部队近年来接收毕业学员的情况看，有几个问题值得注意和重视。一是军官入院校培训的数量较少，跟不上部队建设和发展的需要。二是培训层次不高。毕业学员中，中专、大专较多，本科少，研究生、博士生更少。由于毕业学员中拥有较高科技素质的人才不多，直接影响了整个军官队伍科技素质的提高。三是一些院校教学内容中科学文化知识含量少，学员达不到与地方同等学历毕业生相应的文化水平。有的本科生看不懂新武器装备的英文说明，为弄清新装备的性能，不得不到生产厂家或找专家请教。四是个别毕业学员综合素质差，科学文化水平和实际工作能力较弱，不能成为部队建设的骨干。因此，必须进一步改革院校教学，加大科学文化知识教学的比重，军事基础课，要把世界新武器装备概况、主要新型攻防兵器性能、新武器装备发展动向等作为重点科目；使教学内容和方法从整体上与提高干部队伍科学文化素质的目标相一致；要扩大军官入校深造培养的数量，满足各级军官晋升的培训要求，对特别优秀、发展潜力大的，要加以重点培养；要实行严格的淘汰制，全程跟踪，确保学员质量；要有选择

地尽可能接收地方大学毕业生，经过短期培训提升为军官，既加快培训速度，又提高培训质量。

三、健全自学机制，拓宽军官学习科学文化知识的路子

提高干部的科学文化素质，除少数同志可以入院校深造培养外，大多数干部要靠在职自学和实践锻炼。为确保自学质量，要进一步完善机制，加强组织领导，确保自学劲头不减，质量不断提高。在组织领导上，要有统一计划，时间上有安排，经费上有支持，不能不管不问；在学习内容上，要加强引导，坚持以提高科学文化素质、提高现代战争指挥能力为主，确保能够学到真知识，不能单纯为文凭而学；在舆论导向上，要大力宣扬那些自学刻苦、成绩突出的典型，对自学成才、对部队做出贡献的，要及时给予奖励，不能学好学坏一个样。同时要进一步拓宽自学的渠道，如在军队院校开办一些面向全军各级各类干部不完全在校学习的本科班、研究生班，为干部自学成才创造条件；充分利用地方大专院校的优势，走出去学，请进来教；组织干部参加地方一些电大、函大学习；等等。

四、着眼培养合成人才为目的，全面提高干部素质

提高干部科学文化素质，目的是使广大干部能够胜任高技术局部战争的各项组织指挥工作。未来高科术战争，

不是单一兵种的作战，而是诸军兵种的联合行动；不仅是高技术兵器的对抗，更是敌我双方指挥员和士兵头智力的较量。因此，提高干部科学文化素质，就是要打牢军官合成指挥的基础，使各级指挥员都成为复合型的军事人才。从部队军官队伍的素质看，熟悉单一兵种知识的比较多，具有合成指挥能力的比较少；掌握传统作战指挥和管理方法的比较多，精通高技术条件下作战指挥的比较少；技术干部中懂业务的比较多，懂指挥和管理的比较少。扭转这种状况，首先要从院校抓起，把指挥和技术结合在一起；在院校中合成，做到学指挥的懂技术，学技术的懂指挥。其次，要广泛开展合成训练，在训练中合成。第三，在配班子时要注意合理配备，在班子中合成。成员中既有懂指挥的，又有懂技术的；既有熟悉步兵的，又有熟悉其他军兵种的。平时军官交流，也可以适当地搞一些军事干部与政工干部，指挥军官与技术军官，陆军军官与海空军军官的交流与训练。这既是岗位的轮换，也是知识的传递，可以起到达到互相激励、共同提高的作用。

落实《规划》 加强学习
努力提高自身素质

加强学习，是当前形势任务发展的必然要求。西方敌对势力加快了对我"西化"、"分化"的步伐，其霸权主义较之过去，具有更大的进攻性、侵略性、扩张性和冒险性；李登辉抛出所谓"两国论"，在搞分裂、搞台独的道路上越走越远。国内思想政治领域的矛盾和斗争十分尖锐复杂，对干部政治坚定和思想道德纯洁提出了严峻挑战，一些意志薄弱者成了敌人的俘虏。在参加"法轮功"的人员中，也有革命几十年的高中级干部。在建立社会主义市场经济体制中，由于经济成分和经济利益的多样化，社会生活方式的多样化，社会组织的多样化，社会岗位和就业形式的多样化，人民内部矛盾呈现出错综复杂的状况。还要看到，随着高科技的迅猛发展及其在军事领域的广泛应用，军队越来越成为知识密集、技术密集的集团，现代高技术战争越来越表现为科技战、知识战、人才战。在这种严峻的形势和任务面前，要保证部队"打得赢"、"不变质"，各级干部特别是高中级干部必须加强学习，把自身搞坚强。

加强学习，是提高干部队伍素质的迫切需要。当前部队"两个不够"的问题，即："各级干部指挥现代化战争的能力不够，部队打现代战争的能力不够"还没有从根本上得到解决。加强学习、提高干部队伍素质，已成为摆在我们面前的一个紧迫课题。一些干部的能力素质与日新月异的改革开放新形势、与飞速发展的现代科技相比，依然存在相当差距。许多同志理论水平还不能完全适应市场经济发展和改革开放的需要，科技知识还不能适应打赢高技术条件下局部战争的需要，领导能力还不能完全适应部队建设新情况新要求的需要，特别是理论水平比较低，工作中往往就事论事，不善于对实际问题进行理论思考，不注意从政治上和全局上观察事物，在重大原则问题上分不清是非，有的甚至跟着错误的东西跑。要解决这些问题，最根本的途径就是加强学习。

有的同志感到，平时工作这么忙，强调读这么多书，任务完不成。还有的感到，许多内容过去都学过，没有必要再重复。在职学习，工作忙是客观事实，但也不至于忙到连读书的时间都没有。战争年代，毛主席指挥打仗那么紧张，还读了大量古今中外的书籍。我们现在谁比当年毛主席忙？越忙越需要学习，关键是有没有学习的动力，有没有提高素质的紧迫感，有没有"挤"劲和"钻"劲。我们一定要养成自觉学习的好习惯，越忙越要挤时间学习。军队高中级干部学习《规划》规定的六个方面的知识，有些大家过去学过。现在又要求学，还有没有必要？我是这样看这个问题的，在《规划》规定学习的六门课程中，哲学、历史方面的有关内容，大家不同程度地学过；市场经济、法学知识、当代世界军事和中国国防、高科技知识等方面的内容，过去没有系统学过。即使过去学过的知识，也需要温故知新。学过了不等于掌握了，会背了不等于会用了。有些知识就是要通过反复学习，才能领会其精神实质，转化成工作能力。比如哲学和历史，就要反复学，才能掌握

其真谛,"悟"出自己的东西。毛主席曾经4次通读《二十
四史》,5次通读《红楼梦》,《资治通鉴》始终放在案头,
随时翻看。他正是在这种反复的研读中,才掌握了渊博的
知识,转化成了卓越的领导才能,对指导中国的革命和建
设发挥了重要作用。同时还要看到,形势和任务是不断发
展变化的,只有把学习与形势任务紧密结合起来,才会感
到常学常新、学而有用,保持不竭的学习动力。如果我们
不能通过新的学习和实践不断提高自己,就会落后于时代,
就有失去人民的信任和拥护的危险。这就从根本上讲清了
加强学习的极端重要性和放松学习的严重危害性。因此,
我们要紧密联系思想实际,澄清模糊认识,增强学习的紧
迫感,以饱满的热情投入到学习中去。

《规划》规定的学习内容,涵盖了政治、经济、军事、
历史、科技等领域,都是我们各级干部必需的知识。在短
短三年内完成好这任务,是很不容易的。这既需要顽强的
毅力,也需要科学的方法。概括起来,就是要增强"四
性":

一是增强学习的刻苦性。马克思曾经说过,在科学的
道路上没有平坦大道可走,只有不畏劳苦沿着陡峭山路攀
登的人,才有希望达到光辉的顶点。无论从事任何一项事
业,没有坚韧不拔的毅力、顽强拼搏的劲头、吃苦耐劳的
精神,是很难有所作为的。看书学习也是这样。中国历史
上有许多脍炙人口的故事,像"头悬梁"、"锥刺骨"、"映
雪读书"、"凿壁偷光"、"铁棒磨成针"等等,说的就是刻
苦读书的情景。古今中外,大凡有作为的人,都是读书不
怕吃苦的人。马克思为了写好《资本论》,通读了近万册书
籍,整理了大量资料卡片,历经40年才写成了这部宏篇巨

著。毛泽东、周恩来等老一辈无产阶级革命家，在刻苦读书方面都是我们学习的榜样。我们身边这样的典型也很多，炮兵某师师长张祁斌，从一个初中生，成长为研究生导师。许多同志坚持在职学习，获得了大学本科文凭；还有的坚持在职攻读研究生；有不少同志结合自己的业务，撰写了不少专著和有价值的研究文章。为什么在同样的条件下，有的学有所成，而有的却成效不大？究其原因，主要是学习的自觉性不一样，下的功夫不一样。凡学习好的，都有一种"挤"和"钻"的精神；凡学习不够的，主要是不够刻苦，思想懒惰，或者抗不住干扰。只有树立崇高的理想追求，有成就一番大事业的愿望，才能排除各种干扰，乐于吃读书之苦，受思考之累。再说，读书有苦也有乐，只要把书"读进去"了，就能苦尽甜来，真正体味到其中的乐趣。这就是古人讲的"朝闻道，夕死可矣"的道理。

二是增强学习的计划性。无论干什么工作都要有计划性，没有计划就是盲目，没有计划就没有落实。抓部队建设是这样，读书学习也是这样。有了好的学习计划，就会对自己有所约束，有所规范，有所引导。多年来，不管工作多么忙，我都坚持有计划地读点书。我体会，不怕水平低，就怕不学习；不怕没经验，就怕不实干；不怕没时间，就怕没计划。只有把学与干结合起来，学指导干，干促进学，就能有计划、按步骤地完成学习任务，就能不断提高，有所作为。

三是增强学习的系统性。《规划》规定学习的六门课程，是根据新时期高中级干部的知识结构来设置的，各个门类的知识既相对独立，又相互联系、相互贯通、相互补充，构成了一个有机整体，是高中级干部的共同必修课。

按照系统论的观点，必须把这六门课作为一个整体来对待，无论从事什么工作，都要认真学好。学哲学可以提高运用科学世界观、方法论观察和分析问题的能力；学经济学，可以加深对国家经济体制改革一系列重大举措的理解；学军事学，可以了解当代世界军事理论的最新发展，研究高技术条件下局部战争的特点和规律，提高军事谋略水平；学历史，可以正确把握历史发展的基本规律，加深对建设有中国特色社会主义道路的认识；学法学，可以了解中外法制建设的基本情况，增强依法治国、依法治军的意识和能力；学科技知识，可以深刻认识高科技对军事变革的巨大推动作用，增强贯彻科技强军、质量建军方针的责任感。在学习过程中，一定要全面系统地学习掌握，连贯起来进行思考。这样，才能提高学习的质量，缩短知识向能力转化的过程。

四是增强学习的针对性。在全面学习的基础上有所侧重，也是我们落实《规划》、搞好学习必须遵循的一个重要原则。由于大家所从事的工作不一样，担负的责任不一样，在学习上不能一线平推。要根据自己的工作实际和知识基础突出学习重点，对平时涉猎较少，不懂不会的内容，要确实下点功夫；对与本职工作联系紧密的学科知识，要学得更多一些，钻得更深一些。学习中要紧密结合实际，对一些重大理论观点，要坚持"四个想一想"：一要想一想是在什么背景下、针对什么问题讲的，有什么普遍指导意义和特指导意义；二要想一想在同一问题上，党的三代领导核心的一贯思想是什么，找到共性和个性，弄清继承了什么，发展了什么；三要想一想他们是如何提出问题、分析问题、解决问题的，在掌握立场、观点、方法上下功夫；

四要想一想部队的状况是什么，主要问题是什么，如何以理论为指导去研究解决的对策。

三、学以致用，在联系实际、解决问题上下功夫见成效

一是在坚定政治信仰上下功夫，见成效。坚定的政治信仰是我军的力量源泉，是共产党人的精神支柱。高中级干部的政治信仰坚定，更有特别重要的意义。当前，高中级干部坚定政治信仰主要表现在两个方面：一要坚信走建设有中国特色社会主义道路的信念，一要坚信对中国共产党的领导。要通过学习，掌握社会发展的客观规律，正确看待当前我国深化改革中遇到的矛盾和困难，认清我国社会主义建设事业的光明前景，积极投身于改革和建设的伟大实践中去。要通过学习和回顾改革开放的历史，充分认清没有共产党就没有新中国，没有改革开放就不会走向繁荣富强；相信党中央具有驾驭全局、处理和解决国际国内各种复杂问题的高超领导艺术，是经得起各种考验的坚强领导核心。

二是在加强思想道德修养上下功夫，见成效。加强思想道德修养，是我们通过学习要解决的一个重要问题。特别是在当前腐朽思想文化和"酒绿灯红"侵蚀影响比较严重的情况下，高中级干部加强思想道德修养、保持高尚的道德情操就显得尤为重要。有些人在"酒绿灯红"影响下摔了跟头，当了俘虏，其根本原因是放松了世界观改造。加强世界观改造是共产党人的毕生课题，任何人都不能满足，任何时候都不能放松。要活到老、学到老、改造到老，

慎独如初，防微杜渐，常怀律己之心，常排非分之想，常念为官之道，增强政治免疫力，自觉经受住权力、金钱和美色的考验。

三是在做好军事斗争准备上下功夫，见成效。要牢固确立"三个立足于"的思想，增强做好军事斗争准备的使命感紧迫感，随时准备带兵打仗。大力加强应急机动作战部队建设，锻造对敌斗争的过硬拳头，保证部队随时完成军委赋予的战略任务。高度重视和加强指挥自动化建设，使其真正在未来高技术战争中发挥应有的作用。扎扎实实开展科技大练兵活动，从高技术战争需要出发，增大训练内容、方法和手段的科技含量，提高训练质量和效益。

四是在探索治军特点规律上下功夫，见成效。一方面，要把研究探索的重点放在解决制约部队建设的突出问题上。当前部队建设中有许多突出问题需要我们研究解决，如体制编制调整之后，如何改进领导方法，增强工作指导的针对性、有效性？如何在西方敌对势力加紧对我"西化"、"分化"的情况下，坚持党对军队的绝对领导和高度集中统一？如何在复杂多变的国际国内形势面前，进一步强化官兵的精神支柱？如何适应士官制度改革的要求，加强对部队的教育管理？如何研究解决三军联勤后出现的新情况、新问题，使后勤保障更加有力？等等。只有紧紧围绕这些问题来进行研究探索，才能抓住重点和关键，推动部队全面建设。另一方面，要抓好研究成果的转化。现在有些研究探索成果没有进入决策、进入部队建设，只有上篇文章，没有下篇文章。这样搞研究是没有实际意义的。衡量和评价研究工作的成效，归根到底看是否真正解决了部队建设中存在的突出矛盾和问题，是否促进了部队战斗力的提高。

研究工作，既要注重"提出看法、拿出办法"，更要注重"改进工作、促进落实"，尽快使比较成熟的研究成果，转化为工作措施、转化为政策制度、转化为治军艺术，在部队建设实践中发挥应有的效益。

四、各级领导要真正负起组织落实《规划》的政治责任

落实《规划》是今后一个时期政治工作的重要任务，各级党委机关必须高度重视，切实加强组织领导。除集中轮训，提倡干部参加军队、地方院校的高等教育自学考试和全军宣传文化信息网开办的远程教育。经常了解学习情况，分析学习形势，解决学习中遇到的矛盾和问题。采取"党委议学、个人述学、集体评学、组织查学"等多种形式，促进学习落实和质量的提高。要建立良好的学习激励机制。大力表彰先进，鞭策后进，形成当学习先进"吃香"，向学习先进看齐的良好氛围，并把学习同评选先进党委、选拔使用干部挂起钩来。各级领导特别是主官，要带头读书学习，成为学习的模范。领导同志要比别人学得多一些，领会得深一些，用得好一些。坚持上级做给下级看，书记做给委员看，领导做给部队看，一级带一级，一级抓一级。这样，组织学习才有主动权，教育大家才有说服力，落实《规划》才能有保证。

青年工作干部大有可为

青年工作干部是做好青年工作的关键因素，是活跃青年工作的中坚力量。在新的形势下，要充分发挥广大青工干部在部队建设中的作用，很重要的是引导他们充分认识自己工作的意义和价值，全身心地投入这项党和人民寄予全部希望的事业中去。

一、要引导青工干部爱岗敬业，增强做青年工作的光荣感和责任感

据了解，现在有些青工干部对自己的岗位有一种自卑感。有的感到自己的工作无足轻重，在部队建设中处在可有可无的地位；有的认为自己是配角，唱不了主角戏，在这个岗位上很难有什么发展；也有的把做青年工作当成一种负担，觉得大干没实权，小干不起眼。克服这些片面认识，需要引导青工干部牢固树立三个观念：一是青工岗位任重道远。要引导青工干部充分认识，青年工作是协助党教育、培养青年一代的工作。要实现党的建设目标，迫切需要青工干部高标准地抓好团的组织建设，提高团员队伍的整体素质，源源不断地向党组织输送新鲜血液，真正使共青团成为名符其实的党的后备军；迫切需要青工干部把广大青年官兵凝聚在科学理论的伟大旗帜下，发挥聪明才

智，为实现国家和军队跨世纪的目标而奋斗。二是青工岗位受锻炼、出人才。要引导青工干部认识，在青年工作岗位上，可以学到许多在其他领域学不到的东西，受到许多在别的岗位难以得到的锻炼。做青年工作，经常配合中心搞活动，有助于养成协商办事的习惯，练就借台唱戏的功夫，培养甘于艰苦、勇于拼搏、敢于争先的精神，不仅能为转换新的岗位奠定基础，而且受益终生。三是青工岗位大有作为。要教育青工干部认识，青年工作是很富有创造力的。不少在全国产生广泛影响的群众性活动，像学雷锋活动、"五讲四美三热爱"活动、"四有三讲两不怕"活动、"希望工程"等，首先是从共青团系统发起的。军队成员的主体是青年官兵。青工干部面对着广阔的舞台，有着施展才能和抱负的独特优势，应满腔热情地投入到青年工作的各项创造性活动中去。

二、要引导青工干部紧紧围绕部队的中心任务开展工作，发挥青年工作应有的作用

这几年，常听到有些青工干部抱怨：青年工作在党委那里摆不上位，在领导那里挂不上号，很难开展。这种认识是片面的。青年工作的地位是客观的，但其作用发挥得如何，则要看青工干部的实际工作。经验证明，青年工作要发挥应有的作用，关键是结合部队的中心工作一道去做。这一方面要求党委、领导为青工干部参加中心工作创造条件；另一方面，也是最重要的，是引导青工干部树立服务意识，积极主动地为中心任务的完成作贡献。军事训练是部队经常性的中心工作。青工干部就应该在做好训练中的

政治工作上使劲。如组织青年官兵开展争当神枪手、神炮手、技术能手活动，搞一些小发明、小创造、小革新，激发青年官兵的训练热情，推动部队训练上水平、上质量。前几年，许多团组织把"当兵不习武，不算尽义务，武艺练不精，不算合格兵"的口号叫得很响，对于调动青年官兵的训练积极性，提高部队战斗力起到很大的作用。"双争"活动作为一项群众性的活动，要卓有成效地开展起来，坚持下去，很大程度上取决于青年官兵争先创优的积极性。要引导青工干部以基层团支部为依托，通过多种形式的配合活动，使更多的团员青年达到优秀士兵的要求。人才培养，是现代化建设的关键环节。青工干部应成为部队周末育才活动的组织者，成为团组织开展群众性学习竞赛的筹划者，成为青年官兵岗位成才的引路人。抵御腐朽思想文化侵蚀，净化军营风气，是新形势下加强部队思想政治建设的一项重要任务。青工干部要积极组织一些健康向上的活动，教育青年官兵不拉庸俗关系，矫正不良的生活陋习和不正当的交往行为，把主要心思和精力用在学现代化、干现代化上。部队每年都有一些大的任务，可能遇到一些突发事件和应急任务。这是青工干部发挥作用的机遇，也是实际的考验。要教育引导青工干部关键时刻能够站出来，组织青年官兵挑重担，打突击，哪里最困难、哪里最艰险，就出现在哪里，真正在完成任务中显身手、创业绩。

三、要引导青工干部不断提高素质，努力适应新形势对青年工作的新要求

在新的历史时期，青年工作干部主要应具备这样四种

能力：一是分析判断能力。有较高的马克思主义理论修养，善于运用辩证思维的方法，对青年官兵中出现的新情况新问题进行分析，准确把握主要矛盾和发展趋势，提出相应的解决办法和对策。二是宣传鼓动能力。善于用丰富、深刻的语言阐明道理，寓教育于生动形象的表达之中，力求宣传的内容和方式在青年心理上形成顺势，乐于接受。三是组织协调能力。善于围绕党委的意图和中心任务安排工作，筹划活动，协调关系，组织突击，使青年工作与党委的工作部署合拍合辙。四是改革创新能力。善于结合本单位的实际，探索新途径，研究新方法，创造新经验，推动青年工作的发展。要组织青工干部刻苦学习科学理论，学习现代科技特别是高科技知识，以及青年工作其他相关知识，努力达到理论知识比较系统、业务知识比较精通、综合知识比较熟悉的要求。要引导青工干部在实践中锤炼意志，在苦练中增长才干。要勤于动脑，善于思考，在总结中不断积累经验，在总结中把握规律，在总结中丰富和提高自己。

第七篇　自身修养

坚决抵制"酒绿灯红"侵蚀
自觉坚持正确的人生观

　　高度警惕"绿酒灯红"的侵蚀和影响，大力加强军队的思想政治建设，是永葆人民军队革命本色的可靠保证，必须把它摆在全军各项建设的首位。军区机关担负着领导部队建设的重大责任。要通过不断的教育，有针对性地解决人生观、价值观方面存在的突出问题，切实树好形象，做好样子，带好风气。

一、领导机关带头抵制"酒绿灯红"的侵蚀，是新形势下一个严峻而又现实的重大课题

　　我国在建立和发展社会主义市场经济的社会变革中，先进与落后、积极与消极、正确与错误等各种因素同时并存，相互冲击。人们的思想观念、价值取向和行为方式等都发生了许多新的变化，日益呈现出多样化的趋势。加之西方敌对势力对我国推行"西化"、"分化"战略，加紧进行腐朽思想文化的渗透，我们共产党人的人生观、价值观，遇到了新的挑战和考验。防止和抵制腐朽思想文化的侵蚀，既是一场硬仗，又是一场持久战。强调政治合格，要保持政治上的坚定性，还要保持思想道德的纯洁性，树立正确的人生观。

　　在这个考验和要求面前，应该说，绝大多数同志是作出了正确回答的，考试是合格的。在各个历史时期，无论执行什么任务，也无论形势怎样变化，能做到政治强、思想正、业务精、作风硬，出色地完成各项任务，涌现出一大批先进单位和个人，十几年、几十年如一日，忠于职守，淡泊名利，兢兢业业做好本职工作，忘我舍家，默默奉献，一心扑在工作上。不少同志身居要位，秉公用权，勤政廉洁，严格按政策规定办事。不少同志生活俭朴，品德高尚，老老实实干事，正正派派为人。还有一些已经退休、离休的老同志，仍在积极地工作。有的撰写历史，教育后人；有的总结经验，搞传帮带，培养新人。这都是非常可贵的。但是，新的历史条件为我们赋予了新的课题，每一名领导同志都应该清醒地看到这样三个现实问题：一个是，"酒绿灯红"的复杂环境是一种客观存在，人人都在其中，人人都回避不了。基层的同志回避不了，机关的同志也回避不了；一些管人管钱管物的部门回避不了，一些所谓的"清水衙门"也回避不了；一般干部回避不了，领导干部也回避不了，即使人生观、价值观解决得比较好的同志，也难免会遇到一些新的困惑。可以说，在新的历史条件下，"酒绿灯红"作为一种腐朽思想文化，已经成为滋生拜金主义、享乐主义、极端个人主义的土壤，成为诱发各种违法犯罪行为的重要根源。就其影响的广泛性、复杂性和危险性来讲，比新中国建立之初的"糖衣炮弹"还要严重得多。因为那时的"糖衣炮弹"主要来自资产阶级，阵线非常分明，而且革命队伍都保持着高度警惕。现在就不同了，我们有的同志往往是身在腐蚀中不知受腐蚀，有的甚至把被腐蚀看成是"思想解放"，认为是"改革创新"。这是非常危险和可怕的。另一个现实是，领导机关所处的地位、环境和工作的性质、特点，决定了它在权力、金钱、物质、生活等方面面临的考验更为突出。特别是军区机关身居省城闹市，处在沿海改革开放的重要地区，每年经手数以亿计的钱和物资，还掌握着干部晋升转业、转改士官、士兵提干和战士考学指标分配，就是抓典型、搞试点、评先进、总结推广经验等工作，也有一个往哪里倾斜、往哪里使劲的问题。新中国建立后的几十年来，军队的驻地基本上没有改变，与地方的各个方面关系都已比较熟悉，有的关系是正常的，必要的，而有的则是不正常的。特别是从中央计划经济向社会主义市场经济体制转换的过程中，各种思潮都会对我们部队有相当的冲击。有些应该建立的新观念要建立，但有些腐朽的、颓废的思想观念则要抵制，这是新情况下面临的艰巨的任务。如果没有正确的人生观、价值观作指导，稍有不慎，就很可能发生问题。当然，这并不是说现在我们已经有了多大问题，但谁也不敢说没有一点问题，谁也很难保证今后就不出问题。再一个现实是，这几年因受"酒绿灯红"侵蚀，人生观、价值观发生偏移而犯错误的干部，与过去相比有所增多。从犯错误的种类看，有编写贩卖坏书、书写张贴反动诗词、出卖机密情报的；有以权谋私、假公济私、滥用职权的；有参与走私贩私、私自到地方兼职捞外块的；有贪污公款侵占公物、化公为私的；有生活腐化、乱搞男女关系的；有渎职失职、失密泄密的；等等。这说明敌对势力的渗透和腐朽思想文化的侵蚀已经在个别人身上打开了缺口。问题还不仅仅在于有多少人受处分，也不仅仅在于已经发现的问题，更值得我们警惕的是，一些同志由于思想上受"酒绿灯红"的影响，人生观、价值观正在潜移默化中发生着偏差。比如，不重理想重实惠，不愿苦干图潇洒，不比贡献比得失，不靠组织靠关系，不琢磨工作琢磨人，等等，这些在社会上流行一时的东西，在部队也是有影响和表现的。过去，像名利、职务、待遇这些问题，很少有个人向组织张口伸手的，但现在有的人要起来脸不红、心不跳。还有，用公款吃喝送礼问题，总是屡禁不止，降不下温来，既浪费了时间，也耗费了精力。再就是，社会上人际关系商品化、庸俗化的倾向，在部队也有市场，用感情代替政策，拿原则作交易的现象还是存在的。另外，近年来，生活上互相攀比，追求豪华高档，也是一种不好的风气。对这些问题，不能看作是"生活小节"，习以为常，熟视无睹。如果不从人生观上加以解决，很容易误入歧途。在人生观教育中，每一个同志都应当充分认识接受教育的必要性、重要性和紧迫性，自觉克服"与已无关"、"横攀竖比"等思想障碍，积极主动地摆摆问题，亮亮思想，向组织交交心，在学习和反思中矫正自己的人生观、价值观。

二、领导机关带头抵制"酒绿灯红"的侵蚀，核心问题是要树立崇高的人生追求

人生观、价值观涉及到人生问题的方方面面。不同人员在不同的历史时期和不同的环境条件下，需要回答和解的问题也不尽相同。每个部门、每个同志都应从实际出发，有什么问题就解决什么问题，哪方面的问题突出就重点解决哪一个方面。但无论是什么人，也无论是解决哪方面的问题，最根本的是要解决好为谁活着、怎样做人的问题。

这是人生观、价值观的核心内容，也是人生道路上需要解决的根本问题。

（一）必须坚定理想、信念，防止忽视政治的倾向

理想、信念是我们共产党人的政治灵魂和精神支柱。我们的信念、理想就是搞共产主义。无论过去、现在和将来，自这都是我们的真正优势。没有这样的信念，就没有凝聚力，没有这样的信念就没有一切。在理想、信念问题上，我们大部分同志是坚定的，在改革中的利益关系调整面前也是对待比较好的。但有些同志尽管口头上也讲理想、信念，实际上，内心深处却存有这样那样的困惑，特别是在东欧剧变、苏联解体之后，一些同志对社会主义的科学性、优越性和发展前景，认识不那么清楚了，理想、信念的支柱不那么牢固了。随着我国改革开放的深入和经济体制的转换，新情况、新问题大量出现，一些同志感到理想、信念与有些现行政策合不上拍，对什么是社会主义的本质搞不大明白。这些问题不解决，很容易迷失政治方向，失去革命热情和政治责任感，发展下去，就会导致人生观、价值观的扭曲。领导是部队的领率，在理想、信念问题上，一定要有严肃的态度、坚定的立场和严格的纪律，旗帜鲜明地反对政治上的自由主义，理直气壮地用大道理管住小道理。从社会发展的基本规律和总趋势上，认清社会主义的强大生命力和广阔前景，自觉地把个人的理想前途融于建设中国特色社会主义的伟大事业之中。在前进的道路上，不管遇到多少困难，出现多少曲折，都不能忘记我军是一个执行革命政治任务的武装集团，不能忘记自己肩负的重大政治责任，不能忘记共产党人的崇高理想和远大目标，

任何时候都要在思想上和行动上与党中央保持高度一致，切实经受住各种政治风浪的考验。

（二）牢固树立敬业奉献精神，坚决反对追名逐利行为

一个称职的、优秀的领导干部，往往是在敬业奉献中成长和成熟起来的。一些发展提高不快的干部，缺的也就是这种精神。正是从这个意义上说，敬业奉献精神是干部的立身之本。在这方面要重点解决好三个问题，一个是正确对待职务问题，一个是思想要刻苦、工作要艰苦的问题，一个是工作的高标准、高效率问题。现在，有的同志对职务问题看得过重，到了任职最高年限提不了、调不了，就打不起精神。有的事业心责任心不强，工作应付、凑合，得过且过，工作多年也没有多大长进。有的工作拖拉疲沓，缺乏那种完不成任务吃不好、睡不着的劲头。这些问题与敬业奉献精神都是格格不入的。敬业奉献精神的实质，就是重事业，淡名利，多奉献，少索取。离开这一条，那是学不到真本事，派不上大用场的，也是没有出息的。干部真正成才，必须养成看书学习的习惯，养成调查研究的习惯，养成积累资料的习惯，养成思考问题的习惯，养成严于律己的习惯。弘扬敬业奉献精神，就要热爱本职、精通本行，对工作满腔热情、认真负责，就要不为名、不为利，扎扎实实、埋头苦干，靠德才、实绩和公论求得进步；就要积极进取，奋发有为，高标准地干好工作；就要正确认识自己，正确对待组织，正确看待别人，恰当把握人生价值的参照系。在敬业中创业，在奉献中进取，真正做到对上负责，使领导放心；对下负责，让群众满意；对自己负

责,终生无悔。

(三)始终坚持秉公用权,真心实意地为基层服务

对领导来说,履行全心全意为人民服务的宗旨,就是要体现在为提高部队战斗力服务、为基层服务、为士兵服务上。应该看到,有些同志秉公服务的思想树得还不是那么牢,用权不慎、越权办事,甚至以权谋私的现象还不同程度地存在。有的不给好处不办事,给了好处乱办事;有的利用职权插手基层热点敏感问题,使下边左右为难;有的部门工作指导思想不端正,喜欢搞那些形式主义的东西,基层很反感;还有的随意借调基层官兵,搞"倒服务",等等。对这类问题部队和机关的同志都是有反映的。每个部门、每个同志都应该认真地查一查、想一想,从人生观、价值观上挖一挖根源。对"有权不用,过期作废"等错误观念,要彻底摒弃,对机关业务工作中的不正之风要坚决纠正,切实把秉公用权、服务基层的思想牢固确立起来,体现在各项工作和实际行动之中。

(四)永远保持艰苦奋斗本色,克服贪图安逸的思想

现在人们的生活水平有了很大提高,生活条件越来越好,生活方式也发生了新的变化。在这种情况下,还要不要艰苦奋斗,艰苦奋斗还光荣不光荣?革命老前辈为我们作出了榜样,机关和部队的许多同志以实际行动作出了回答。赴老山地区作战的部队官兵,不仅经受住了生与死的考验,而且战胜了难以忍受的艰难困苦。在40多度的高温下,蹲在猫耳洞里,不顾污水浸泡、蚊虫叮咬,有70%的

同志烂裆、烂腋、烂脚，却没有一个叫苦退缩的，充分体现了"为了幸福十亿人，愿把天下苦吃尽"的崇高思想境界。我们一定要把这种艰苦奋斗的精神，奉为传家之宝、做人之道，变成人生的精神动力和自觉行动。在新的历史条件下，发扬艰苦奋斗的精神，需要有正确的生活态度，文明的生活方式，高尚的生活情趣，严肃的生活作风。如果丢掉了艰苦奋斗的传统，必然会思想颓废，斗志衰退。古往今来，玩物丧志、乐极生悲的事例是不少的。我国还是一个发展中国家，不少地方连温饱问题都没解决。目前，机关的工作和生活条件尽管还比较差，但与基层相比还是优越得多。有不少基层单位吃水、用电、洗澡、看病还比较困难，特别是那些驻在海岛、山沟的部队困难更多。但我们的同志却不看这些现实，只看比自己过得好的，因而生活期望值过高，盲目攀比，超前消费，把精打细算看成是"寒酸"、"小气"；把讲排场、摆阔气，看成是"大方"、"气派"。这些观念上的歪理和认识上的误区，必须清理和纠正。艰苦奋斗是我党我军的政治本色，勤俭建军，勤俭办一切事业，历来是我党我军的优良传统。我们共产党人的道德情操，应当始终是健康向上的。那种认为艰苦奋斗是"活得太累"，一味追求"潇洒人生"的生活态度是不可取的；那种利用公款超标准招待和装修，甚至沉湎于酒场、舞场，追求低级趣味的思想和行为，是对共产党人道德情操的玷污，也是对领导机关形象的败坏。我们机关的同志在抵制腐朽思想文化和"酒绿灯红"的侵蚀中，一定要强化"艰苦奋斗光荣，贪图享乐耻辱"的观念，真正使艰苦奋斗精神成为拒腐蚀、永不沾的强大法宝。

三、领导带头抵制"酒绿灯红"的侵蚀，关键是要在实践中培养和锤炼共产党人的人生观

"酒绿灯红"作为一种社会现象，贯穿于改革开放全过程。可以说，改革开放搞多久，抵制"酒绿灯红"的侵蚀就要持续多久。这就决定了我们在人生观、价值观方面所面临的考验是长期的，一时一刻也不可放松警惕。共产党人的人生观、价值观是一种崇高的思想境界，达到这个境界不是一朝一夕、一蹴而就的事情，也不是自然而然，嘴上说说就能奏效的。必须正视和置身于现实生活，坚持知与行的统一，在长期的实践中不断地改造和锤炼。作为领导机关的同志，应该有更高的标准，更严的要求，更自觉的行动。要做到这一点，很重要的是靠自我修养，靠传统哺育，靠监督约束，靠领导带头。

自我修养，是形成和确立共产党人人生观、价值观的内在因素。我们党一贯重视和倡导党员干部的自我修养、自我教育、自我改造。老一辈革命家历来把"活到老，学到老，改造到老"作为座右铭。领导机关的工作具有相对的独立性、自主性，单独执行任务的机会多，接触社会广，活动范围大，加强自我修养显得更为重要。自我修养重在自觉，贵在坚持。因此，在机关干部中应当大力倡导"慎独"精神，无论是集体活动还是单独活动，无论是对内办事还是对外交往，无论是在领导身边还是远离组织，都应该始终如一，表里如一，时时处处严格要求自己。越是在没人管着、没人看见、没人知道的情况下，越是要严于律己。自我修养主要包括理论修养、党性修养和道德修养。

对我们每个机关干部来说，政治理论学习不能间断，时事政策学习不能间断，道德规范学习不能间断，向英雄模范学习不能间断。尤其要坚持不懈地学好马克思主义基本理论，用建设有中国特色的社会主义理论武装头脑，从根本上打牢人生观、价值观的思想基础。除了向书本学习以外，还应该向实践学习，向人民群众学习，向基层官兵学习，从他们身上汲取丰富的政治思想和伦理道德营养。比如说，晚上加班的时候，想想战士们还在站岗放哨；工作累的时候，想想基层官兵在训练场上的拼搏精神；遇到家庭问题时，想想基层官兵舍小家为大家的崇高境界；在职务待遇问题上感到吃亏的时候，想想那些复员老兵不计名利、不计得失、站好最后一班岗的感人情景，一切都会迎刃而解。

传统哺育，是形成和确立共产党人人生观、价值观的主要途径。我党我军的优良传统，是革命人生观、价值观的集中体现和本质反映，是抵制各种腐朽思想文化侵蚀的"精神长城"，是拒腐防变的有力武器。我们一些同志之所以能够拒腐蚀永不沾，很重要的就在于传统力量的激励作用；有的人在人生观、价值观上发生偏移，也主要由于淡化甚至丢掉了传统。由此可见，正确人生观、价值观的形成和确立，离不开传统精神的哺育和熏陶；学习和实践我党我军的优良传统，应该成为我们每个同志的自觉行动。我们党三代领导集体的核心，都曾经用简洁生动的语言，对我党我军的优良传统作了许多集中概括。毛泽东提出的"唯一宗旨"、"两个务必"、"三大作风"等等，都是我党我军优良传统的精华。对这些，我们不但要经常学习，熟记于心，更要身体力行，照着去做，不断用传统精神来净化心灵，陶冶情操，指导言行。通过领导机关的带头示范，使优良传统在全区部队弘扬光大。

监督约束，是形成和确立共产党人人生观、价值观的重要保证。历史经验证明，没有监督制约的权力必然导致腐败；脱离监督约束的干部终究要犯错误。正确人生观、价值观的形成，固然需要主观努力，但外部的监督约束也是非常必要的。凡是被"酒绿灯红"俘虏的人，无非是两个原因，一个是本人放松世界观改造，不愿接受监督约束；一个是缺乏外部监督约束机制，管理不严，监督不力。因此，在倡导加强自我修养的同时，要不断建立和完善各种监督约束机制。监督约束主要来自三个方面：一是法纪的监督约束。现在，各种法律、纪律、规章制度已经不少了，提倡什么、反对什么，应该怎样做、不该怎样做，都规范得很明确、很具体，许多东西老老实实照着去办就行了。现在的问题是，我们学习得不够，熟悉得不够，做得更不够。今后必须强化法纪观念，维护政策规定的严肃性，不允许钻政策规定的空子，更不允许无视政策规定，搞"上有政策、下有对策"。二是组织的监督约束。机关各部门要严格按照德才兼备的标准选调使用干部，坚决纠正选人用人上的不正之风。特别是那些关键岗位，一定要严格把关，把最放心的人放在最不放心的岗位上去。各级党组织要切实坚持党管干部的原则，健全和落实组织生活制度，提高党内生活的质量。要积极开展批评与自我批评，对思想上有问题、行为上有不良苗头的党员干部，要及时提醒和制止；对违反纪律规定的人和事，要敢管敢抓，一抓到底。各部门的领导，既要管行政业务，又要抓思想作风，坚持两手抓、两手都要硬。每个机关干部都要自觉接受组织的教育、管理和监督，积极参加组织生活，经常向组织汇报思想。真正把自己置于组织之中、纪律之中和管理之中。三是群众的监督约束。在机关内部，要通过干部述职、报告工作、群众评议等方式，考察和识别干部，教育和帮助干部；在上下之间，要经常征求部队和基层的意见，倾听广大官兵的呼声，积极主动地接受下面的监督。干部相互之间也要互相监督，及时提醒。特别是处以上干部，更要自觉地置于群众的监督之中，善于把群众的意见、建议和经验、智慧，变为自己改造思想、改进工作的宝贵财富。

领导带头，是形成和确立共产党人人生观、价值观的最好导向。我们共产党人崇高的人生观、价值观，是一代一代传下来的，是一级一级带出来的。领导干部既要教育别人，又要改造自己；既要灌输好道理，又要树立好形象。光说不做、言行不一，再好的道理也是苍白无力的。领导一定要带头增强抵制"酒绿灯红"侵蚀的责任感和自觉性，积极参加、接受和组织好教育，切实把自己摆进去；一定要带头理直气壮地讲正理、驳歪理，旗帜鲜明地辩是非、划界限，大力营造有利于树立正确人生观的舆论氛围；一定要带头从自己做起，从现在做起，从具体事情做起，不能老是攀比地方、盯着别人、指责下面。要求别人做到的，自己首先要做到；不准别人去干的，自己首先不开口子。一级抓一级，一级带一级，躬行实践共产党人的人生观。

加强党性修养　保持政治本色

如何提高干部的素质？我认为最根本的是要加强党性锻炼，既要注重提高干部的马克思主义理论修养，更要增强干部的党性修养。只有这两个"修养"都做好了，才能获得理论素养和党性修养双丰收。

一、团以上干部的党性修养对于党的建设至关重要

首先，加强党性修养是加强党的建设的重要内容。什么是党性？列宁有句精辟的论述：党性是高度发展的阶级对立的结果和政治表现。党性是阶级性，是高度的政治表现。这个科学论断告诉我们，两个阶级的尖锐斗争必然要产生代表他们本阶级的政党。那么这个政党为本阶级利益进行长期斗争，就必然要有自己政治上的表现，统一的思想。这种把阶级斗争对立和政治上的表现集中起来，就形成了我们通常所讲的党性。一句话，党性就是高度阶级觉悟在我们党员身上的集中表现，是阶级性的最高表现。刘少奇同志对党性也作了一个科学的解释，他说：党性就是共产主义道德的最高表现，是无产阶级原则性的最高表现，是无产阶级意识形态的最高表现。这三个"最高表现"就是对党性的科学概括。一个共产党员，由一个幼稚的革命

者变成一个比较成熟的革命者必须经过长期的改造过程，也就是修养过程。共产党员的党性修养，就是指在这个过程中不断地刻苦学习提高，不断地经受实践锻炼，不断地用无产阶级思想克服非无产阶级思想。也就是用共产主义世界观同各种非无产阶级世界观作斗争的过程，用党的利益高于一切的原则和自己的个人主义作斗争的过程。通过东欧、苏联共产党的垮台，我们更加认清了共产党员的利益是和党的利益连在一起的，没有党的根本利益也就没有党员个人的利益。这个道理是很清楚的。我们每个党员都是附在党这张皮上的毛，"皮之不存、毛将焉附"？现在我们有的党员还在说党的怪话，在党遇到艰难的时候不体谅党，这算什么党员？党搞垮了你会有什么好处？党性修养与党的建设是十分密切的，因为党是由广大的党员和各级组织按照民主集中制建立起来的有机整体，只有一个个的党员，没有党的组织不能叫党。每个党员又是组织肌体中的一个细胞，只有我们每个党员的党性好，党员的质量高，党的肌体就健康，党的建设才有希望。如果我们党的细胞不健康，甚至有的党员成了党身上的癌细胞，那么他在哪个位置哪个位置就烂，如果这种癌细胞多了，那我们这个党也就会垮台。所以，我们每个党员都要成为最活跃、最健康的细胞，而不能成为一个不健康的、甚至无可救药的癌细胞。1941 年，党中央专门作了一个加强党性的决定，对全党高级干部加强党性修养起了很大的作用。延安整风当中，我们党集中解决"三风"，就是解决党性不纯的问题，为加强党性积累了经验。在以后革命和建设的关键时期，党中央一直把党性修养作为党的建设的一个重大问题来抓。老一辈无产阶级革命家就党性修养问题发表了一系列重要论述。毛泽东、刘少奇、周恩来等老一辈无产阶级革命家不但有精辟的论述，而且在党性修养上率先垂范。毛泽东同志、周恩来同志以身作则，严于律己，艰苦奋斗，几十年如一日，成为我党我军优良传统的化身。他们的感人事迹在全党全军全国人民当中发生了多么巨大、多么深刻的影响，不仅影响了我们这一代，而且还影响我们的子孙后代。

其次，加强党性修养是我们各级党的干部成为职业革命家的根本途径。建设一支职业革命家队伍，是列宁的一个重要思想，明确指出，没有这样一批职业革命家，事情就寸步难行。我们党在长期的革命斗争中，培养了一大批职业革命家，为中国革命和建设事业确实起了非常重要的作用。作为党员，干什么工作都要想到你是革命的，是为无产阶级奋斗的，否则，你是不清醒的，甚至是合格的。毛泽东在党的八届二中全会上指出，我们党有这样一套干部，有建党时期的，有北伐战争时期的，有土地革命战争时期的，有抗日战争时期的，有解放战争时期的，有全国解决以后的，他们都是我们国家的宝贵财富。东欧一些国家不很稳，一个重要原因，是他们没有这样一套干部。我们有不同时期经过考验的这样一套干部，就可以任凭风浪起，稳坐钓鱼台。毛主席的这段话，虽然是30多年前讲的，但至今仍有很强的针对性。东欧剧变不是偶然的，他们的江山是苏联帮助打下来的，他们的干部是苏联帮助培训的，出的一些动乱事情是苏联给他们镇压下去的，最后苏联垮了他们也就垮了。因为自己没有根。作为一个真正的共产党员，在大是大非面前什么时候都不能糊涂，一糊涂就不是合格党员。我们党的领导干部、特别是团以上干部，无论从事什么实际工作，从政治上要求都应该成为党的职业革命家。就是什么时候都要想着你不仅是一个工作者，尤其要想到你是个党员，不仅要想到你现在干什么，尤其要想到为共产主义奋斗。否则，你就不是一个合格的党员。

第三，加强党性修养是反渗透、不变质的迫切需要。加强团以上干部的党性修养是历史赋予我们的政治任务，是当前和今后一个时期反演变的根本保障。现在，国际上风云变幻，西方资本主义推行和平演变战略；东欧特别是苏联剧变以后，共产主义运动处于低潮；国内建设任务非常繁重，社会矛盾错综复杂。因此，加强领导干部的党性修养，增强政治敏感性是反渗透、不变质的迫切需要。作为党员特别是团以上干部，应该有这样一个觉悟，要从东欧、苏联演变中吸取深刻教训。苏联及东欧各国，尽管他们演变的形式不一样，有的是软弱无能，主动让权；有的是宽容了一些反动势力被夺了权；有的是被武装夺权、暴力夺权。但是有两点是一样的，一是对反动势力的渗透麻木不仁，任其发展把思想搞乱了；二是党的自身建设抓得不好，党员的素质比较差，党的领导干部特别是高级干部党性观念差。东欧剧变三步曲：攻心、夺权、演变。攻心，就是抓舆论。他们一直没有解决好把马克思主义与本国实际相结合的问题，一直没有解决好理论与实践相结合这个根本问题。在西方敌对势力的攻击面前，民主社会主义思想泛起，首先把人们的思想搞乱了，然后在组织上搞散了、搞垮了，最后国家改变颜色，就是这么个步骤。另外，党风严重不正，官僚主义盛行，以权谋私，个人专断，甚至家族统治，使他们的党严重地脱离了群众，也是一个重要原因。西方敌对势力对我们渗透、演变、颠覆仍在加紧进行，他们企图从我们部队中找他们的代理人。他们搞演变就一定要从军队入手。所以说，我们每一级党委都要成为反渗透、不变质的坚强领导核心，每一个党支部都要成为堡垒，每一个干部都应该是标杆，每一个党员都应该是先锋。只有加强党性修养，筑起牢不可破的思想防线，才能在这场斗争中，稳住阵脚，粉碎敌对势力的一切阴谋。

二、团以上干部加强党性修养应该重点解决的问题

团以上干部的党性修养内容是多方面的。要通过不断的修养，提高我们的理论水平，增强驾驭复杂局势的能力；提高思想水平，增强抗腐蚀的能力；提高政策水平，强化在政治上与党中央保持一致的能力；提高决策水平，增强创造性地执行上级指示的能力。具体地讲，就是要抓住以下五条不放。

一、学习理论，坚定信念。马克思主义理论是我们认识世界、改造世界的行动指南，是我们共产党员理想的精神支柱。坚定的信念植根于坚实的马克思主义理论基础之上。我们经常讲坚定信念，坚定在哪里？就是要坚定在马克思主义这个根上。对马克思主义的信仰也必须变成为共产主义奋斗的实际行动才算真正的信仰。我们现在有好多年轻的同志工作非常努力，非常熟悉业务，也非常聪明灵敏。但有一条，就是缺少点马克思主义的理论根底，所以总是进步不快、眼界不高。加强团以上干部的党性修养，首先是要学好马克思主义理论，信仰马列主义，坚定共产

主义的信念，信赖共产党的领导。这"三信"可以说是党性修养的三个支柱，少一个都不行。不信马克思主义不行，不信共产主义不行，不信共产党不行。这些都不信，还算什么共产党员？早在 1938 年，毛泽东就说过，如果我们党有一百个至几百个系统的而不是零碎的，实际的而不是空洞的懂得马克思主义的同志，就会大大地提高我们党的战斗力。1941 年在延安整风准备阶段的时候，中央组织部组织了 300 名高级干部学习、研究马克思主义的理论，对于提高我们党的马克思主义水平，在全党开展学哲学起到了重大作用。延安整风实际上是一次学习马克思主义的运动。几十年以后，在自由化泛滥的时候，陈云同志回顾这段历史时说：我在延安的时候，毛主席亲自给我谈，叫我学哲学，我认真地读了毛主席的几篇著作，收益甚大，真正管用。最后他就得出一个结论："学好哲学，终身受益"。正是通过延安整风，使党内大批干部养成了学哲学的习惯，自觉地在长期的革命生涯中学哲学用哲学，使许多人成了治学治国治军的栋梁之材。当时好多人文化也不高，识字不多，由于坚持学哲学用哲学，成了我国开国元勋。1949 年在进京前夕，中央政治局召开了一次会议，当时任弼时提出，全党要有几百个真正懂马克思主义的干部。毛泽东当时插话："按每县有一个，应当是三千个。有了这三千个掌握了马克思主义的干部，情况就大不一样了。"新中国建立以后，根据形势发展的要求，党中央多次号召全党学习马列著作，学习毛主席著作。毛泽东亲自为高级干部选定学习马克思主义的书目，要求大家真正弄通弄懂，并且还要求大家长期坚持必有所获，坚持数年必有好处。实践证明，统一全党全军全国人民的思想和意志，就是要靠马列主义、毛泽东思想，要靠中国特色的社会主义理论，要靠党中央的正确路线、方针和政策，别的都不行。团以上干部只有学习革命理论，才有崇高的理想，高尚的品德，科学的方法，才能在错综复杂的斗争中辩明方向，站稳立场，把握规律，驾驭全局，经受住政治风云变幻的考验。回顾一下一些老同志之所能自觉地为党的事业奋斗几十年，靠的是什么，靠的就是马克思主义的真理。相反，在实际工作中，有些同志政治上不敏感，在大是大非面前犹豫不决，有的在复杂的斗争中抓不住根本，把握不住全局，打不开局面，有的甚至不善于提出问题，分析问题，解决问题，都与马克思主义理论根底不厚有关。我个人在实践中也有这样的体会。一次总政考核班子给我出了这么一个题：你觉得高级干部如何在任何情况下能够辩明大是大非，驾驭全局，坚定阶级立场？我感到这里有几个想一想：在大是大非面前，首先，要想一想是否符合马克思主义的基本道理。比如说在社会上讲钱讲物的时候，我就不信什么大道理不如"大团结"，马克思主义不管用了；不信只有"大团结"才能调动人的积极性，政治工作就不管用了；什么时间"两个生活"都要讲，只讲物质不讲精神是错误的。再比如，社会上讲"松绑"的时候，我就不信你都能"松绑"，有的是要"松绑"，全都松了"绑"，国家还叫什么国家，军队松了"绑"还成什么军队。这不符合马克思主义。当社会上讲更新观念的时候，我们就坚信艰苦奋斗的观念不能改，为人民服务的观念不能改。还比如，让少数人先富起来这是对的，但你要靠正当劳动致富，不能搞歪门邪道致富。其次，要想一想是否符合我党我军的一些根本传统。我们的传统是发展的，但根本传统是不能变的。

比如，"毫不利己专门利人"，"一不怕苦二不怕死"等口号，前几年有人在那里批判，说这些口号是错误的。这就不符合我们的根本传统了。连封建阶级还提出天下为公，共产党讲"毫不利己专门利人"就错了？都自私自利还搞什么社会主义？"一不怕苦二不怕死"如果是错的，那么怕苦怕死就是正确的吗？这些人根本不懂我们的国家是怎么来的，根本不懂革命是怎么成功的，根本就不懂马克思主义的基本道理。再次，要想一想是否符合广大人民群众的根本利益。我们党是代表广大人民群众根本利益的，不是代表少数人的。正因为始终代表了多数，得到多数人的拥护，我们党才不会垮台。尤其是在大是大非面前，要善于运用马克思主义理论思考问题，按照党中央的方针政策思考问题，坚持从人民的根本利益出发思考问题，否则就会迷失方向。最后，还要想一想是否符合事物发展的客观规律，有没有生命力。赶时髦的东西随着时髦而起，随着时髦而散，是没有生命力的。这些问题都想通了，就会心明眼亮，就能在复杂的斗争中把握方向。只有马克思主义理论水平高了，我们才能做一个合格的党员，做一个合格的干部。

二、牢记宗旨，甘当公仆。恩格斯曾指出：无产阶级夺取政权之后，要防止国家机关由社会公仆变为社会的主人。这是马克思主义为了保证无产阶级政权不变性质的一个重要思想。我们党是马克思主义武装起来的政党，是全心全意为人民服务的党，除了代表人民群众的根本利益之外，没有自己的任何私利。毛泽东讲过，我们的权力是人民给的，人民给我们权力是要我们为人民服务的。周恩来也反复告诫我们：我们的国家干部是人民的公仆，应该同人民群众同甘苦，共命运，如果我们国家干部图享受、怕艰苦、走后门、搞特权，就会引起人民群众的共愤，失去群众的信任，就会导致我们党的灭亡。老一辈革命家不仅是这样讲的，也坚持这样做，他们讲的让人们信服，做的让人们佩服，成为全党的楷模，带动了社会良好风气的形成。各级党的干部和党员作人民的公仆，用手中的权力为人民服务，这是党性修养的一个核心问题，也是保持党不变质的一个关键问题。做一个合格的党员，就是要像老前辈那样，做到这么四点：一是积极工作，无愧于组织，不能把自己那个单位搞垮了；二是诚恳待人，无愧于同志，不论对上级对下级都要诚恳；三是尽职尽责，无愧于历史，既然干就要留下一点业绩；四是严格要求，无愧于自己，就是对自己的工作要问心无愧。

三、端正思想，实事求是。实事求是是我们党的思想路线，也是党性修养的根本问题。能否实事求是不仅关系到革命事业的成败，也是衡量党性纯不纯的重要标准。恩格斯讲，唯物主义的世界观不过是对世界本来面目的突出了解，不附加任何外来成分。什么是不附加外来成分？就是不能有任何主观随意性，客观事物是怎样就怎样，敢于如实反映情况，勇于坚持真理，不能讲情面，更不能看风向。真正做到这一点确实不容易，没有无产阶级的立场做不到，没有无私无畏的精神也做不到。有的不是不知道事实，而是不愿讲、不敢讲。实事求是说起来容易做起来难。起码有六种情况可以测量是不是唯物主义者。一是面临生死考验的时候，敢不敢坚持实事求是。夏明翰说："砍头不要紧，只要主义真，杀了夏明翰，还有后来人。"只有做到主义真、理想高、意志坚，才能够十八般雷霆打不倒，千难万险吓不倒，实事求是不动摇，这是一个关键的问题。二是当政治台风刮来的时候，能否坚持实事求是。当出现政治风云变幻的时候，要坚持实事求是，不能追风逐浪。在这方面老一辈无产阶级革命家给我们作出了榜样，他们有的坐了监狱，在监狱里坚持真理，有的被开除党籍也坚持真理。毛主席把坚持实事求是的精神概括为"五不怕"：不怕撤职，不怕开除党籍，不怕坐牢，不怕杀头，不怕老婆离婚。这是对坚持真理的生动表述。共产党员应该是民族的脊梁，不应该是软骨头。三是在党内受到委屈的时候能否坚持实事求是。这也是一个考验。象彭老总、黄克诚、张闻天等老一辈无产阶级革命家那样，正确对待个人恩怨，确实是我们的楷模。彭老总由一个贫苦人家的孩子成长为共和国的元帅，庐山会议上中央给他作出处分决定后，他表态：任何时候都决不会反党；不会自杀；请求回家种地，自食其力。临去世时还告诉后代，要把他的骨灰拿回家去，撒到地里喂一棵苹果树，长一个果子给人民吃。黄克诚同志平反出来工作后，在当时许多人不能正确评价毛主席的情况下，发表了一篇重要文章，科学地评价毛泽东思想和毛泽东的功绩。他并不因为毛泽东错误地处分了他而感到怨恨，否认毛泽东的功绩，而是实事求是地对待领袖，评价历史。坚持实事求是不能怕受委屈，也不能讲个人恩怨。讲个人恩怨，不是真正的共产党员。四是当别人说假话并且得到好处的时候，自己能不能坚持实事求是。现在部队中形式主义，报喜不报忧的情况相当突出。不少领导把主要精力放在开大会、搞形式、写材料、抓报道上。报喜得喜、报忧得忧的原因，有的是领导作风问题，有的是个党性觉悟问题。因此，我们每个干部特别是领导干部，都应做到：正正派派地做人，扎扎实实地工作，清清白白地为官，勤勤恳恳地学习。确实做到讲真话，听真话，不讲假话也不听假话。不听假话也是个本事。对下级要有一个正确的指导思想，揭露问题就是水平，解决问题就是政绩，汇报问题就是党性，掩盖问题就是失职。做任何事情都要经得住三个检验，即经得住历史检验，经得住上级的检验，经得住群众的检验。凡是经不住三个检验的就不要干。五是在处理上下关系时能否坚持实事求是。下面有困难，要求你帮助，有的同志却看对象。对有利于自己的，就热情相待；没有利的，就冷眼相待。同样一件事情，两个面孔，这叫什么唯物主义，叫什么党性？我们要始终坚持"不唯书，不唯上，只唯实"，坚持做到"交换、比较、反复"。陈云同志讲，不唯上，不是说不听上级的话；不唯书不是说不要读书；只唯实，就是要从实际出发，实事求是地研究解决问题。交换，就是互相交换意见；比较，就是上下左右对比；反复，不是反复无常，而是反复研究。坚持实事求是就要把陈云同志这十五个字记住，经常想一想，经常对照检查。

　　四、谦虚谨慎，团结同志。这是一个领导干部成熟的标志。凡是搞不好团结的人往往与不谦虚有关系，凡是不谦虚的人，往往搞不好团结。个人本事再大，离开集体，什么事情也办不成；个人本事虽然不大，熔化于集体之中，也能作出大的贡献。顾全团结就是大局，维护团结就是觉悟，搞好团结就是本事。我们有的同志本来是很聪明、很有作为的，但在班子里搞不好团结，到头来，不仅害了自己，而且把班子也搞坏了，成了害群之马。事业是团结的基础，原则是团结的生命，感情是团结的纽带，方法是团结的桥梁。在党委班子内，要坚决防止你议论我、我议论你的自由主义，坚持有话摆到桌面。坚决防止你亲我疏的小团体主义，坚持搞五湖四海。特别是在用人上要任人唯贤，不搞小圈子，搞小圈子长不了。什么是支持？把工作做好是最大的支持；坚决防止你猜疑我、我猜疑你的主观主义。有问题互相提醒，有优点互相学习，有思想互相吸收，有建议互相采纳，就不会伤感情，也不可能搞不好团结。林则徐写过一副对联：海纳百川有容乃大，壁立千仞无欲则刚。我们要有林则徐这个度量。朱老总也有一幅对联："腹中天地阔，长有渡船人"。我们要像朱老总那样，肚中能渡船，遇事能容人。老一辈革命家的自律精神很值得我们学习。作为每位班子成员都应自觉做到"三争三不争"：争集体的权威，不争个人的核心。凡是争个人核心的，没有说了算的。因为核心不是争的，是靠集中大家的智慧。争集体的荣誉，不争个人的面子。即使为了集体的荣誉丢点个人的面子也不要紧。争为部队作贡献，不争个人的功劳。像陈毅倡导的："第一想到不忘本，来自人民莫作恶；第二想到党培养，无党岂能有所为；第三想到衣食住，若无人民岂能活；第四想到虽有功，岂无过失应自愧。"陈毅这"四个想到"应成为我们青年干部自律的座右铭。

五、严格纪律，执行政策。团以上干部都掌握了一部分权力，都担负着党的一部分事业，能不能严格纪律，按政策办事，事关重大。要坚决做到"四个服从"，即要坚持局部利益服从全局利益，决不允许搞分散主义；坚持个人利益服从组织利益，决不允许以任何借口不服从组织；坚持眼前利益服从长远利益，决不允许搞破坏性开发；全党服从中央，决不能在政治上犯自由主义。我们要时刻把自己置于党的领导之下，置于纪律约束之中，置于群众监督之下。失去监督的组织就是腐败的组织，失去监督的个人就是腐败的个人。只有人人都在组织之中，人人都在纪律之中，人人都在监督之中，我们才能健康发展，否则就可能犯错误。同时，要严格按规定办事，不能各行其是，更不能我行我素。为什么违反规定乱施奖惩的屡禁不止？为什么私开证明每年都有？为什么私藏子弹和危险品屡查不绝？为什么越权批假问题相当突出？为什么打骂战士现象时有发生？这些问题恐怕与我们团以上干部政策观念薄弱、自身形象不好、党性觉悟不高、把关不严有关系。加强党性修养，就要实实在在把这些具体问题解决好，用我们的实际行动塑造好自身形象，维护好党的形象。

三、团以上干部加强党性修养要结合实际进行

无论是普通党员还是团以上干部的党性修养都不能脱离实际闭门思过，都应该结合思想和工作实际一同进行。

第一，要把功夫下在改造思想上，实现世界观的根本转变。毛主席曾经讲过：在社会主义建设过程中，人人需要改造。世界观的转变是根本转变。这就告诉我们，加强党性修养的过程从根本上讲，就是转变世界观的过程。而转变世界观是个长期的过程，不可能那么容易。那种认为团以上干部改造不改造，思想上出不了大错，似乎当了领导干部就进了保险柜的思想是完全错误的。这既不符合世界观的改造过程，也不符合客观实际的变化。因为人们的思想是受外界影响的，人们的世界观也是一个曲折前进的

过程，旧的矛盾解决了，还会产生新的矛盾。各种非无产阶级思想可能会在人们的头脑中留下这样那样的痕迹，事实也是这样。有的同志过去是很不错的，但是在新的历史环境中，因为不认真改造思想，结果犯了这样那样的错误；犯了错误后，认真吸取教训，抓紧学习又取得了新的进步。改造世界观，实现世界观的根本转变，重点是在"改造"和"转变"上下功夫。前几年在纠正"左"的过火的思想斗争以后，党内出现了思想斗争软弱的现象。改造思想，改造世界观在一段时间里讲得少了，批评与自我批评也不经常搞了，好好先生和自由主义有了市场。这对于加强党性锻炼是一个很大的阻力，对于党员队伍也是一种腐蚀剂。

第二，要自觉地克服非无产阶级思想，防止腐化蜕变。现在有些干部有点小名气就骄傲自满。有的一讲起来，就是任职多少年了，老了。而有的人在一个职务上干了十年二十年，也从来都没什么怨言。我们一些年轻同志过去进步快一点是形势逼上来的，领导拉上来的，是群众推上来的，并不是有多么了不起。现在进步慢一点，在这个岗位积累一点经验，增长一点才干也是形势需要，也不要有什么怨言。应该兢兢业业地工作，积累更多的经验。不怕位置不高，就怕能力与位置不相称。在这一点上千万要保持清醒。就是资历老一点，也要"老"出个样子来，"老"出个水平来，"老"出个好形象来。要自觉过好五关：政治上防演变，不能被演变过去；思想上防腐蚀，不能被腐化了；经济上防贪占，不能一切向钱看；工作上防松劲，不能混日子；生活上防特殊，不能贪图享受。同时也要注意在艰苦的环境中磨练自己，不断改造自己，只有把改造客观世界和改造主观世界两者结合起来，才能更好地增强党性修养。

第三，要勇于开展批评和自我批评，经常打扫思想卫生。加强团以上干部的思想修养，重要的一条是开展批评和自我批评。团以上干部大多处于领导地位，和普通党员不一样。谢觉哉讲："自律、自省、自责"。自己严格要求自己，经常反省自己，自己经常检查检查，自己跟自己打思想官司。这也是经验之谈。对于领导干部来讲，要勇于开展批评和自我批评，这是敢于负责的表现，也是严于律己的表现。特别是在发生问题的时候，能否推功揽过，能否承担责任，更能够衡量出一个干部的党性觉悟。周恩来就经常检查自己的错误，他经常在各种会议上通过检讨自己的错误，教育大家开展自我批评。他常讲，我是一个有缺点、犯过错误、目前也还有缺点和错误但仍在不断改正错误的人。彭老总要求别人严格，要求自己更严。他说："在某种意义上讲，认识自己比认识别人更难。我是每月反省一次自己，不管是工作多忙，每月我都抽出半天时间把自己作过的事情认真地检查一番，看哪些做对了，哪些做错了，以便少犯错误和不犯严重错误。"老一辈革命家在这方面感人的事迹很多，他们的自律体会很值得我们学习和铭记。

第四，要自觉接受监督，在组织和群众的监督中增强党性。一方面要通过党委组织生活，开展批评自我批评，因为上级和群众不可能经常监督我们。另一方面要经常参加小组生活，自觉汇报交流思想，接受党员监督。战争年代，陈毅军长所在的党支部开会，支部书记黄英看到陈毅连续几天几夜部署战斗没有休息，所以开党支部会议没有通知他。陈毅就把黄英找来："黄英同志，你不公道，开支部大会你怎么没通知我呢？我是军长，但我也是党员，我要接受大家的监督呀。"黄说，看到你连续几天这么忙，太劳累，所以没有叫你。陈毅说："忙，我也得请假，我不请假说明我是能来的。"每一次发展党员，改选支部，陈毅不管多么忙都要去参加，而且都要举手投上自己庄严的一票。党员接受监督，老一辈给我们做出了样子，我们要好好学习。

领导干部要牢固
树立正确的权力观

领导干部树立正确的权力观，是一个十分严肃而紧迫的问题，是巩固党的执政地位和确保国家长治久安的根本之策，是加强领导干部队伍思想建设的重大课题。各级领导干部一定要认真实践创新理论要求，不断加强世界观改造，正确对待和使用手中权力，切实为党和人民掌好权，用好权。

一、正确认识手中权力，打牢廉政勤政、秉公用权的思想基础

正确使用权力首先要正确认识权力。权力是什么？是职责范围内的支配力量。它是一把"双刃剑"，用好了可以为民造福，用不好则祸国殃民。是用它来为民造福，还是为个人或小集团谋取私利，归根结底是个世界观问题。世界观决定着权力观、地位观、利益观，决定着一个领导干部对自己职位和待遇的认识，决定着他在个人进退去留上是否接受党和人民的选择，决定着他能否始终保持同人民群众的血肉联系，用手中的权力全心全意为人民服务。按照共产党人权力观的基本要求，总结领导干部为官从政的经验教训，我认为，要正确对待手中权力，必须坚持做到

"五要五不要"。

一要站在党和国家前途命运的高度看待手中权力，不要把行使权力仅仅看成是一种个人行为。各级领导干部是我们党执政的骨干力量，代表党行使人民赋予的权力。领导干部能否用好手中权力，与党在人民群众中的形象息息相关，与巩固党的执政地位息息相关，与国家的长治久安和兴旺发达息息相关。前苏联和东欧一些国家的共产党，丧失执政地位的一个重要原因，就是他们的领导干部滥用权力，失去了人民的信任。值得警惕的是，我们极少数领导干部，也程度不同地存在类似问题，不仅不能为党分忧，反而对党的路线方针政策说三道四，犯政治上的自由主义，自觉不自觉地传播社会上一些消极的东西，这是极其错误和危险的。作为领导干部，作为掌权人，一定要与党同心同德、同舟共济。只有人人为党添彩，党才光彩；人人为党分忧，党才少忧；人人为党尽力，党才坚强有力。惟有这样，在掌权用权上，才能自觉做到识大体，明大义，守大节。

二要把职位作为为人民服务的平台，不要作为谋取私利的工具。这是共产党人权力观的核心内容和本质要求，也是领导干部为官从政必须遵循的基本准则。我们多数领导干部，能够把全心全意为人民服务作为行使权力的出发点和落脚点，勤政敬业，恪尽职守，秉公用权，不徇私情，为提高部队战斗力和纯洁部队风气做出了应有的贡献。有的同志长期管钱管物，能够严格按规章制度办事，一尘不染；有的同志家庭发生重大变故和不幸，仍然把心思用在工作上；不少同志在车子、房子、孩子问题上，从不向组织提额外要求，对亲属和身边人员管得也很严，不搞特殊，在官兵中树立了良好形象。但也不应否认，确有个别领导干部用权不公、徇私舞弊。比如，有的选人划圈子，用人看关系，干预干部的提升和入学；有的打电话、递条子，插手基层敏感问题；等等。这些都与共产党人的权力观格格不入的。实践证明，如果把职位作为光宗耀祖的招牌，把权力作为谋取私利的工具，把待遇作为追求享乐的资本，最终必然会摔跟头、跌跤子。领导同志要经受住执政和改革开放的严峻考验，一定要把职位看透，切实认清职位就是为人民服务的岗位，职位越高奉献应当越大，如果不能尽职尽责，职位越高，给部队建设带来的危害就会越重；一定要把权力看透，切实认清权力就是责任，权力越大肩负的责任越重，如果用不好手中权力，权力越大，造成的失误就会越多；一定要把待遇看透，切实认清待遇就是党和人民的关心，待遇越好越应该兢兢业业地工作，如果不注意艰苦奋斗，一味追求享受，待遇越好，精神和作风就会越颓废。

三要把为党和人民多做贡献作为人生追求，不把当官作为人生的唯一目标。从实际情况看，绝大多数领导同志能够重事业、淡名利。有不少同志德才优秀、政绩突出，但由于受岗位、专业、机遇等因素的制约，没有得到提升使用，他们不为名利所累，不为后路分心，不攀不比，无怨无悔，一心扑在工作上，成为大家学习的榜样。但也有少数同志把工作成绩作为向组织要官的筹码，做出点成绩得不到提升，就觉得组织对不住自己；有的甚至盯着位置做工作，掰着指头排顺序，掐着时间算提升，正像一些同志指出的那样，四年不提沉不住气，五年不提有怨气，六年不提就泄气。这样怎么能把心思和精力用在部队建设上？

这些问题的根子，就在于受"官本位"残余思想的影响，以官为贵，唯官是尊。我们应当认清，人生的价值不在于职位高低，而在于贡献大小。"要立志做大事，不要立志做大官。"在我国历史上，那些清官、好官之所以被后人广为传颂，并不是因为他们官职有多高，而是因为他们能够为民作主、惠及百姓。在我们党和军队的历史上，涌现出的焦裕禄、孔繁森、李国安、彭楚政等领导干部的楷模，也并不是因为他们职务高，而是因为他们人格高尚、贡献突出。实际上，不论职务高低，只要你把心血倾注到党的事业和部队建设上，做出了贡献，就能够赢得组织的信任、官兵的拥戴，就能够实现自己的人生价值，心里也就会感到坦然充实。如果整天琢磨怎样提升，既不现实，也影响工作，还会损害自己的身心健康。在对待职务问题上，应保持一颗平常心。

四要靠正道进步，不要靠歪门当官。怎样赢得进步，是领导干部经常面对的一个现实问题，也是当前权力观上的一个焦点问题。我们绝大多数同志是靠素质立身、靠政绩进步、靠群众支持、靠组织培养，一步一步走上领导岗位的。把这些同志提拔起来，组织放心、同事服气、群众拥护、单位受益，在部队和机关有号召力和凝聚力。但也不排除个别干部为了升官不择手段的情况。比如，有的走上层路线，到处跑官要官；有的为了在民主测评中入围，四处打电话拉选票；有的为了显示"政绩"，给自己提升铺路子，做表面文章，搞"形象工程"，甚至弄虚作假；有的怕别人提升挡了自己的路，对本单位的预提对象写信诬告，对友邻单位出了问题幸灾乐祸；有的为了达到升迁的目的，甚至要挟领导、恐吓组织。这样做，不仅丧失自己的人格，影响同志间的团结，也有损领导干部的形象。对这样的人，决不能提拔使用。当然，这种人多数升不了官，升了也当不好官。因为，他们那一套，有时能骗得了领导，却骗不了群众；能骗得了一时，骗不了长远，终究会露馅。正确的态度应当是，宁愿得不到提升让群众感到惋惜，也不能为了一官半职让群众骂娘。特别要看到，随着干部选拔任用制度改革的深化，想靠"跑、要、送、骗"提升的干部，将越来越没有市场。要想在更广阔的舞台上施展自己的才华，就必须刻苦学习、提高素质，扎实工作、干出政绩，赢得群众的公论、组织的公认，而决不能走歪门邪道。

五要奋发进取，不要碌碌无为。精神状态好，事业心责任感强，努力做一流工作，创一流佳绩，是领导干部队伍的主流。一些同志走到哪里就响到哪里，就在哪里打开局面，哪里就留下他们的政绩。即使退下来之后，群众还在学习他们的好品德、好作风、好经验。但也有少数同志有心当官、无心干事，在一个岗位多年没有什么建树，单位面貌依旧，个别的甚至敷衍塞责、失职渎职，受到了处分。有的同志说："当官一要干净，二要干事"。这话很对。我们每个领导干部一定要倍加珍惜党和人民赋予的权力、给予的信任，真正做到以食不甘味、寝不安席的精神，勤政优政，与时俱进，锐意进取，当一任领导，负几代责任。千万不能在其位不谋其政，有其职不尽其责，不思进取，甘居平庸。无论在什么职位、什么时候、有什么实际问题，都要把履行职责、干好工作放在第一位，力求有所作为，有所建树，与班子成员同心协力，争取建设一个好班子，培养一批好干部，营造一个好风气，留下一个好家底，带出一支好部队。这样才能做到上不愧党、下不愧兵，不辱使命、不负重托。

二、切实用好手中权力，真正把廉政勤政、秉公用权体现在领导工作的实践中

检验一个领导干部是不是真正树立起正确的权力观，最终是看能不能用好手中权力。作为一级党委领导需要关注和解决的问题很多，行使的权力涉及到部队的军事、政治、后勤和装备工作的方方面面。在行使这些权力的过程中，应以对党的事业和部队建设高度负责的精神，如履薄冰，如临深渊，慎重用权。从当前实际情况看，尤其要用好以下三个权力。

（一）用好人事权

古人讲，为政之要，在于用人。毛主席说过，领导干部的责任，一是出主意，二是用干部。实践证明，用人公，事业兴；用人歪，事业衰。一级党委、一名领导干部，人事权行使得好不好，不仅关系到自身的形象和威信，而且关系到单位的发展和风气。选拔任用干部一定要重视组织考核的结论，重视群众测评的结果，重视任前公示的反应。领导干部选拔任用制度改革，目的是为了使各级党委领导更好地行使人事权，把干部选准用好。应该说，我们在选人用人上还有不尽人意的地方，对个别干部也有看"走了眼"的时候，但总的看绝大多数干部用得是准的，上级是放心的，群众也是满意的。经验表明，用好人事权，走群众路线是基础。当前绝大多数领导同志，对选人用人走群

众路线的必要性重要性认识得越来越深刻，坚持得越来越自觉。但在少数同志中，也存在着一些思想障碍和工作偏差。比如，有的自恃在本单位工作时间长，与部属接触多，认为自己对干部最了解，感到选拔任用干部听群众意见没多大必要；有的虽然搞了民主测评，但对测评结果重视不够，在选拔任用干部的时候，群众意见没有起到应有的作用。对这些问题必须认真加以纠正。一定要看到，对干部的识别，群众最有发言权。领导干部工作、生活在群众当中，政治坚定不坚定，思想道德纯洁不纯洁，能力素质强不强，精神状态好不好，政绩突出不突出，该不该提升使用，群众看得最清楚。作为领导同志，不论在一个单位工作时间多长，情况多么熟悉，在对干部的考察识别上，都不能自以为是，要广泛听取群众意见。只有发动群众当"伯乐"，变"少数人相马"为"领导和群众一道相马"，变"暗箱操作"为"阳光操作"，才能有效地防止选人失察、用人失误。个别同志为了在民主测评中得高分，八面逢迎，四处讨好，该抓的不敢抓，该管的不敢管。这是很不应该的。正常情况下，群众对这样的干部是不会投赞成票的，群众真正赞赏的是那些敢抓敢管、扶正祛邪、一身正气的干部。走好群众路线，既要相信群众的判断力，更要注重为群众公论"保值"，切实把群众意见作为选拔任用干部的重要依据，真正使党委的决定充分体现群众的意见和愿望。可以说，为群众公论"保值"，就是为选准用好干部"保险"。用好人事权，严格程序是关键。程序就是规矩。严格按程序选拔任用干部，有利于端正用人风气，有利于保证用人质量。正像有些同志比喻的那样："电脑程序乱，系统就瘫痪；干部要选好，程序不能少"。为了规范选拔任用干部工作程序，要坚持"下级党委不推荐不研究、未经组织考核不研究、多数群众不赞成不研究、进本级班子两个'一把手'不共同认可不研究、常委酝酿不充分不研究"的规定。这"五个不研究"对于选准用好干部具有重要保证作用。我们讲严格按程序选拔任用干部，就是要不折不扣地按照"五个不研究"的规定办，切实把程序的每一个环节都搞得认认真真，扎扎实实，不挂空档，不走过场，使之真正落到实处、发挥作用。用好人事权，出以公心、坚持原则是根本。出以公心，就是在干部使用上，心要放得正，水要端得平，看德才，重政绩，凭党性，一把尺子量到底，不搞亲亲疏疏、团团伙伙。正像大家讲的，公平就是水平，合力就是能力。坚持原则，就是在干部使用上，腰要挺得直，关要把得严，抗得住干扰，顶得住压力，经得住诱惑，不看来头，不搞照顾。如果不看僧面看佛面，迁就照顾关系，用了一些不该用的人，势必把部队的风气搞坏了，把人心搞散了，到头来必然是群众有意见、上级不满意、部队难搞好，僧面佛面一起丢。有人说，现在顶住的站不住，站住的顶不住，我看顶住的也能站得住，关键是处理得正确不正确。应当说，不管哪一级领导，他们出于对党的事业和部队建设的负责与关心，向你推荐干部的主观愿望是好的，对那些符合标准条件、群众威信高、本人素质好的，经过党委集体讨论决定，可以提拔使用，党委和领导不会丢分；而对那些条件不过硬、排队不靠前、不能提拔使用的，只要说明一下情况，上级是会理解和支持的，党委和领导也不会丢分。

（二）用好财务权

在当前军费比较紧张、财务制度还不够完善、拜金主义有所滋长的情况下，用好财务权尤为重要。现在，在行使财务权上存在的主要问题是，有的单位经费投向有偏差，过多地把钱用在了改善机关办公条件、修建招待所和接待等方面，没有真正用在"刀刃"上；有的经费管理有漏洞，预算外经费管理不规范，有些开支超范围、超标准，设"小金库"、搞"账外账"、专款不专用、变相截留、虚报冒领、公款私报等现象还没有杜绝。这不仅造成了经费的流失和浪费，还成了个别干部腐败的温床。要用好财务权，真正把钱花到点子上，花出效益来，必须把好两个关口。一个是端正指导思想，把好经费预算关。这是从宏观上把经费投向管住、管好的前提。部队反映，最怕新官上任烧"三把火"的干部，怕搞所谓"政绩工程"的干部，怕"最后冲刺"的干部。这"三怕"，说到底是怕领导干部工作指导思想不端正，把部队有限的财力用歪了。各级党委领导在经费预算上一定要端正指导思想，立足当前、着眼长远，量力而行、尽力而为，集中财力办大事的原则，对经费投向搞好总体筹划，真正把有限的经费用在解决战备训练和基层建设的急难问题上，切实做到每投一笔经费，都能为部队解决问题，给基层送去温暖，使官兵受到鼓舞。一定不要搞"撒胡椒面"式的投入，把经费用散了；不要搞"门面工程"，把经费用偏了；不要搞"寅吃卯粮"，把经费用过了。另一个是实行"联审会签"，把好经费开支审核关。"联审会签"的好处就在于，变"一支笔审批"为"集体审批"，变"一人把关"为"大家把关"，能够有效地堵塞经费开支的漏洞。各级要站在讲党性的高度，把这一制度普遍推开，并不断加以完善，取得明显成效。

（三）用好工程建设权

部队每年用于修建营房、库房、公寓房、经济适用房、训练场地、道路等基础设施的投资很多。用好工程建设权，越来越成为各级党委领导的一项重要职责。行使好这一权力，关键要有把部队当"家"建的思想，切实把握好四个环节。一是要慎重立项规划。由于盲目上项目，造成几十万元、数百万元，甚至上千万元损失的情况是不少的。作为一级党委领导，对一项大的工程该不该上，什么时候上，搞多大规模，具备哪些功能，建在什么位置，一定要从部队建设是否真正需要，是否有利于优化营区布局，是否有这个承受能力等方面，组织有关领导、专家和群众共同论证，慎重决断，防止搞实际价值不大的"冤枉工程"、破坏营区布局的"杂乱工程"、前面建了后面拆的"累赘工程"、本届班子是"政绩"下届班子堵窟窿的"包袱工程"。在营区建设上，还要防止和克服一届班子一个规划的现象，保持建设的连续性。二是要实行公开招标。这是降低工程造价、防止"工程腐败"的有效办法。凡是进行大项工程建设，都要实行公开招标。公开招标一定要按照有关法规程序组织实施，防止搞明招暗不招或层层转包，使招标流于形式。要对工程造价进行科学预算，合理确定"标底"。要组织专家进行评标，防止盲目定标。领导同志尤其是主官，既要对招标履行好把关的责任，又要超脱些，排除各种关系、人情的干扰，决不能亲自招标，更不能暗箱操作，确保招标工作的公开、公平、公正。三是要抓好质量监督。

质量是工程建设的生命。"豆腐渣工程"地方有，部队也有。我们领导同志对工程质量千万不能麻痹大意，一定要高度重视，严格把关，发现问题坚决纠正。力求把每一项工程，都建成优质工程、样板工程。四是要严格工程审计。现在施工单位搞的工程结算，一般都有 20%～30% 的水分，有的甚至更高。要避免花这笔冤枉钱，没有别的办法，只能靠严格工程审计。我们一定要抓好这个环节，对工程的预算和结算，都要组织明白人逐项进行审计，坚决把里面的水分挤出来，把高出的造价卡下来，不算糊涂帐，不付糊涂钱，不吃糊涂亏。

用好人事权、财务权和工程建设权，用好部队建设其他各个方面的权，对党委班子和领导干部来说，很重要的是要增强决策的科学性。决策水平关乎党委和部队各项工作能否与时俱进，决策能力关乎部队建设能否不断上质量、上台阶。要增强决策的科学性，必须吃透上面的、摸清下面的、了解横向的、借鉴历史的、吸取大家的、形成自己的、变成群众的。吃透上面的，就是要坚持议事先议政，认真学习领会上级的有关政策规定和指示要求，把握精神实质，不仅要吃透，更要坚决贯彻执行，防止决策离谱走板。摸清下面的，就是要深入部队、深入实际，切实把有关底数摸清楚，把带倾向性的问题摸清楚，把广大官兵的愿望和呼声摸清楚，真正把决策建立在亲知、真知、深知的基础上，防止决策脱离实际。了解横向的，就是要注意学习兄弟单位和地方乃至外军的有益经验，善用他山之石攻己之玉，防止决策缺乏时代性。借鉴历史的，就是既要学习前人的经验，更要注重吸取前人的教训，防止决策犯类似的错误，交不该交的学费。吸取大家的，就是要虚怀若谷、从谏如流，善于集思广益、博采众长，真正把方方面面的意见和智慧集中起来，防止决策主观武断。形成自己的，就是要通过以上环节，最终形成既符合上级精神，又符合本单位实际的正确的思路和决策。变成群众的，就是要把党委的决策变成各级的共识和自觉行动，真正使决策落到实处。实践证明，只有遵循这样的途径和程序，作出的决策才科学，才能在实践中行得通。

三、自觉接受对权力的监督，为廉政勤政、秉公用权提供可靠的保证

用好党和人民赋予的权力，"教育是基础，制度是保证，监督是关键。"实践也一再证明，失去监督的权力必然导致腐败。我们领导干部要防止在用权上出偏差，必须自觉接受各方面的监督。

（一）要切实强化自我监督

为什么相同的环境，有的同志能够经受住金钱物质、酒绿灯红、亲情友情的考验，始终做到清正廉洁、秉公用权；有的却在这些考验面前心迷神乱、滥用职权，原因就在于是否注重自我监督。古人讲的"物必自腐，而后虫生"，揭示的就是这个道理。搞好自我监督，根本的是要不断加强理论学习，提高思想境界，"自重、自省、自警、自励"，常修为官之德，常怀律己之心，常排非分之想，常省自身之过，自觉做到慎初、慎微、慎独、慎友。慎初，就是要在面对"第一次"诱惑的时候把握住自己。人的思想变化往往是从"第一次"开始的。有了"第一次"就会对

看不惯的事情，渐渐习以为常，甚至孜孜以求；对原来不敢做的事情，渐渐敢做，甚至以身试法。重庆市丰都县国土局原局长黄发祥，从一名被誉为廉洁奉公的好干部，蜕变成侵吞1600多万元移民安家费的巨贪，被判处死刑，就是从为儿子报销一张550元的飞机票开始的。他在忏悔书中写道，"给儿子私报的550元飞机票，是自己由公仆成为死囚的转折点。正是这'第一次'，冲开了自己的思想防线，在侵占公款的罪恶道路上一发不可收拾。"我们每个同志都要引以为戒，在金钱、美色等诱惑面前，决不能抱有尝试心理、侥幸心理和"下不为例"心理，自觉做到不越雷池一步。慎微，就是要在小节上把握住自己。小节关乎大节，在小节上过不了关，在大节上就很难过得硬。成克杰、邵正忠、刘连昆等，都是从一些生活小节上开始堕落的。我们一定要克服小节无大害的麻痹心理，经常审视一下自己的思想，看看有没有不健康的苗头；经常审视一下自己的情趣，看看有没有庸俗的追求；经常审视一下自己的行为，看看有没有越轨的地方。切实做到防微杜渐，"勿以恶小而为之"。慎独，就是要在没人监督的时候把握住自己。领导同志独自活动和处理问题的空间大，许多时候组织和群众难以监督，做到慎独尤为重要。独自处理问题时要慎独，自觉按照有关规定和要求行使权力；"八小时"之外、军营之外、家庭之外要慎独，时时处处以"独善其身"的实际行动维护好党的形象，维护好军队的形象，维护好领导干部的形象。慎友，就是要在结交朋友上把握住自己。重友谊、交朋友，这是人之常情，领导同志也不例外。现在的问题是，有的同志对结交朋友很不慎重，同什么样的人都来往，结交了一些酒肉朋友、金钱朋友、不讲原则的朋友、相互利用的朋友。交这样的朋友,轻者会影响自己秉公用权,重者还会被这些所谓的"朋友"拉下水。因为交友不慎,导致滥用权力,走上犯罪道路的教训是不少的。朋友要交,但心中要有数。尤其在当前有些人交往动机庸俗化的情况下,我们更要清醒地看到,有的人靠近你、讨好你、结交你,看重的不是别的,就是你手中的权力,为的是让你用手中的权力为他办不该办的事。对于这样的人,我们一定要保持警觉,是地方的要远离他们,是自己的部属要批评教育他们。交朋友,就要交品格高尚的朋友,以提高自己的精神境界;交富有学识的朋友,以增长自己的聪明才干;交敢于提出批评意见的朋友,以保证自己行使权力少出偏差。

(二) 要诚心接受组织监督

对领导干部行使权力的监督,最大量、最经常、最重要的是靠组织监督。当前,在这方面既有个党内生活的原则性战斗性不强、组织监督乏力的问题,也有个接受组织监督不够自觉的问题。党内监督只能增强党的团结、促进风气建设,决不会影响团结、涣散斗志。领导干部要做到自觉接受组织监督,需要解决好两个问题。一是摆正位置。有些领导干部特别是单位主官,往往自觉不自觉地把行政职务带进党内生活中来,把自己视为特殊党员,凌驾于组织之上,不愿接受组织监督。必须明确,不论自己职务多高、资历多老,也不论是主官、还是副职,在党内都是普通一员,都应接受组织监督。要严格坚持民主集中制原则,过好双重组织生活,自觉向组织亮心扉、讲真话,虚心听取其他委员和群众党员的意见,始终把自己置于组织的监督之下。二是端正心态。不能把组织的监督看成是对自己不信任，把同志的批评帮助看成是和自己过不去。有的同志认为，班子中某一位成员对谁的行为和意见有看法，就是两人之间不团结。这种狭隘的思想必须消除，不然也影响组织监督的质量。实际上，组织的监督、同志的批评帮助，是对自己最大的关心和爱护。"良药苦口利于病，忠言逆耳利于行"。如果讳疾忌医，对组织的监督存有抵触心理，对同志的批评帮助听不进去，就会使小问题酿成大问题，甚至丢掉"乌纱"，断送自己的前程。前几年，一名副师职干部为了提升挪用公款送礼，组织上多次对他进行批评教育，他不仅不感谢组织的关心帮助，反而写信诬告所在单位的主要领导，在错误的道路上越滑越远，以致最后被判了刑，痛哭流涕，后悔莫及。这警示我们：不怕有错误，就怕不正视错误；不怕有教训，就怕不接受教训；不怕有监督，就怕不服从监督。只有诚心诚意地接受组织监督，才能更好地使用手中权力，更好地成长进步。

（三）要虚心接受群众监督

早在1945年，毛主席在延安同黄炎培先生谈话时指出，我们找到了一条防止权力腐败、跳出人亡政息历史周期率的路子，这就是实行民主，让人民群众来监督我们。对于我们整个党执政来说，离不开群众的监督；对于每一名领导干部行使手中权力来说，同样需要群众的监督。接受好群众的监督，很重要的是做到三点。一是要增强用权的透明度，让群众便于监督。各级党委领导要健全公开办事制度，进一步扩大群众的知情权、参与权、监督权。特别是对干部的选拔任用、士官选取、战士入学、技术学兵选调、经费分配、物资下拨等官兵关注的问题，只要不涉及泄密，都应把有关政策规定、标准条件、程序结果等予以公开；每个领导同志要利用半年或年终述职等时机，如实地向群众报告自己行使权力的情况。这样才能为群众对我们搞好监督创造条件。二是要有闻过则喜的精神，让群众敢于监督。现在一些官兵对领导干部不敢监督，主要是有顾虑，怕领导给自己找麻烦、"穿小鞋"。能否消除群众的顾虑，取决于我们对群众监督的态度。如果我们闻过则喜，群众就会知无不言；如果我们闻过则怒，群众就会闭口不言。群众给领导指出一个问题，就是一份关心；提出一个建议，就是一份贡献。如果群众不敢给你提意见了，你也就成为孤家寡人了。三是要拿出知错就改、有偏就纠的行动，让群众乐于监督。某师炮兵团对官兵提出的意见和建议件件有着落，事事有回音。数年来，坚持每季度组织一次民意测验，每次民意测验后都专门召开常委会，对群众反映的问题进行梳理，认真加以解决，有效地激发和保持了官兵对党委"一班人"进行监督的热情。这启示我们，接受群众监督，不能仅仅停留在口头上，关键要落实在行动上。只有真正把群众反映的问题解决了，把群众指出的缺点改正了，才能取信于群众，充分调动群众的监督积极性。

（四）要严格接受制度监督

这对于保证领导干部用好手中权力，更带有根本性。这些年来，党中央、中央军委为确保领导干部正确行使权力，制定了一系列法规制度。这些法规制度，科学总结了我们党执政的实践经验，揭示了领导干部正确行使权力的规律性要求，是我们廉政勤政、秉公用权的行为准则。但从实际情况看，有些法规制度并没有得到很好的落实，领导干部违规违纪的现象时有发生。这很值得我们深思。要改变这种状况，需要着力解决两个方面的问题。一个是解决对法规制度学习不够的问题。可以说，有些同志对法规制度的学习，欠帐是比较多的。有的认为自己长期从事领导工作，对应该怎么做、不该怎么做，心里有数，缺乏学习法规制度的自觉性。上级花了很大功夫搞的一些法规制度，到了他那里很少认真学习领会，要么粗枝大叶地翻一翻，要么连看都不看，就放到一边去了。长此以往，就会渐渐成为"法盲"，就难以依法用好手中权力，难以适应依法治军的要求。我们每个领导同志，一定要把学习法规制度作为提高自身素质和领导能力的一项重要任务来对待，不论工作多忙，都要挤出时间认真学习，努力把与自己行使权力相关的法规制度学习好、理解好、掌握好，切实为依法用权打好基础。另一个是解决执行法规制度不严的问题。与学习掌握法规制度不够相比，执行法规制度不严是一个更为突出、更为要害的问题。比如，有的领导同志执行法规制度标准不高，满足于不出大格过得去；有的处理问题不是看法规制度有什么要求，而是习惯于凭经验、按惯例办事；有的对法规制度采取实用主义的态度，符合自己意愿的就执行，不符合的就想着法子搞变通；有的在落实法规制度上走形式、做样子，应付上级，糊弄下级；有的为了个人或小集团的利益，钻法规制度的空子，打"擦边球"，甚至闯"红灯"。这些都是十分危险的。我们一定要清醒地看到，领导干部要正确行使手中权力，必须守住党性原则的防线、思想道德的防线和法规制度的防线。而法规制度这道防线，则是最后一道防线。这道防线一旦决口，后果将不堪设想。要牢牢守住这道防线，关键是要做到一个"严"字，自觉把法规制度作为行使权力的"红绿灯"。履行职责，要严格按照法规制度办事，坚决维护法规制度的权威性和严肃性；总结工作，要严格按照法规制度对照检查，发现问题及时纠正。这样才能养成依法行政、依法管理、依法决策的习惯，真正把行使手中权力严格置于法规制度的约束之中。

顶住干扰　秉公用权

权力是一把双刃剑，它能使人高尚，也能使人堕落。用好了，就是一个舞台，可以让你施展聪明才智和宏图大略，造福一方；用不好，就是一个坟墓，可以葬送你的前途乃至性命，贻害无穷。

在改革开放和发展社会主义市场经济的新形势下，每个共产党员都面临着三大考验，一是执政的考验，实际上就是权力的考验。二是利益的考验。三是腐朽思想文化侵蚀的考验。说到底，是始终保持艰苦奋斗的政治本色，还是追求享受，贪图安逸。对这些考验，不论是权力大的，还是权力小的，都要作出正确的回答，领导干部党员在这些考验面前尤其重要。上梁不正下梁歪，中梁不正倒下来。指的就是这一点。现在，社会上流行一种说法，叫作"有权不用、过期作废"，这是十分错误和有害的。对这条歪歪理，应当改一改，那就是"有权滥用，必然犯罪"。这是一条真理，也是被无数事实所证明了的一个规律。凡是以权谋私的，都要被押上历史的审判台。古往今来，概莫能外。

那么，怎样才能公正用权？我认为最基本的是要做到"四个公正"：一要公正地使用干部。这不正之风，那不正之风，用人不公是最大的不公。可以说，这是不良风气的"风源"。换句话说，选好用好干部，是各级领导最重要的职责。古人讲，得人者得天下，失人者失天下。诸葛亮在总结汉朝的历史时讲，前汉之所以兴旺，是因为近贤臣、疏小人；后汉之所以衰落，是因为近小人、疏贤臣。用人者要坚持公道正派，尽好用人之责。要有爱才之心、识才之眼、用才之道。用人公事业兴，用人歪事业衰。用好一个人，可以调动一大片人的积极性；反之，就会挫伤一大片人的积极性。用什么样的人，这是一种导向。用了请客送礼的，就会有人来请来送；用了跑官要官的，就会有人来跑来要。长此以往，极有可能使一个群体、一支队伍从根上被摧毁。从这个意义上说，用人不公是诸多腐败现象中是最大的腐败。用干部必须坚持组织有公道，领导有公平，群众有公论。领导公道正派是对部属的最大关心。使用干部就是要看政绩、量德才、重公论、按程序。教育干部老老实实地干工作，争创一流工作成绩，要相信组织，相信领导。那种在少数人中"得分"、在广大官兵面前"丢分"的事应为所有当权者所不齿。要坚持搞五湖四海，不能搞亲亲疏疏；要坚持德才兼备，不能重才疏德、重德轻才；要坚持按规定、按程序，不能随心所欲、有章不循。在用人问题上，上级是下级的榜样，一级做给一级看，不能说做不一。实践证明，凡是由于"照顾"才上去了的干部，你照顾他，他并不照顾你，他从心里根本就瞧不起你，最终影响的是党的形象和领导的威信。二要公正地实施奖惩。这是一个很重要的舆论导向。实施奖励一定要讲实绩，千万不能迁就照顾、搞平衡，要奖一个让大家服气一个，奖一个就立起一个。通过公正实施奖励，树标兵、立样板，正风气、鼓士气，同时由此展示党委机关自身的公道和权威。三要公正地发放钱物。该给谁的就给谁，不能讲关系、讲感情。要按照部队需要和轻重缓急，该发给谁就发给谁，要多多想想山沟、海岛和基层单位。四要公正地评价工作。不能以招待好坏论是非，不能以关系远近论长短。坚持上下一本账，成绩讲到当面，问题讲到当面。对一些专门在招待上用心思的人，要严肃批评。

领导干部特别是高级干部以身作则非常重要。群众对干部总是要听其言、观其行的。连长、指导员不以身作则，就带不出好兵来；领导干部不做出好样子，就带不出部队的好作风。现在有许多事情不是领导讲得不好，主要是做得不好。做任何事情，领导干部既要能讲出道理来，让人家信服；更能做出样子来，让人家佩服。有的时候即使讲不出来，但能够做出来，也能有同样的号召力。把心放正了，把水端平了，腰杆才能挺得直、挺得硬，才能将人民赋予的权力使用好，使其真正成为代表人民根本利益的利刃。公道正派使用权力，主要是要顶住"五个干扰"。一个是顶住歪歪理的干扰。不管这风那风，公道正派要始终不变，要经常想一想人民群众的利益，经常想一想我们党的传统，经常想一想群众是否满意，经常想一想党的政策法规。第二个是顶住各种关系的干扰。不管是谁来找，谁来说情，出格的事不能办。办了一件私事，就等于给自己套上一个枷锁。第三个是顶住亲属的干扰。不能让亲属当特殊公民，要让他们知道，人家尊重你的职务是一时的，尊重你的人格才是长期的。第四个是顶住身边人员的干扰。我们现在有一些领导干部，犯了这样那样的错误，有不少是身边人员给搞臭了，身边人员弄不好就会帮倒忙。第五个是顶住自我干扰。说到底，就是要战胜自己。

权力，对一心为人民服务的人来说，是个舞台；对一心为自己谋私利的人来说，是个坟墓；对平平庸庸的人来说，是个犯错误的温床。我们要经常想一想自己手中的权力是谁给的，深刻认识到职务就是担子，权力就是责任，待遇就是奉献。作为一名党员领导干部，只有埋头苦干的责任，没有讨价还价的权利。要坚持"四个普通"：一是和机关研究问题时，以普通干部的身分一起参加，谁说的对就按谁的办。二是下部队调查研究时，以普通战士的身分，当普通一兵。三是参加党小组生活时，当一名普通党员，认真汇报思想。四是在人民大众中时，做一名普通群众，和群众同甘共苦。只有这样，才能自觉做到正正派派地做人，清清白白地做官，公公正正地用权，扎扎实实地工作。

荐贤者贵自贤

举贤荐才是领导干部的一项重要任务。要履行好这项任务，领导者本身要具备知贤的学识和荐贤的美德。

打铁先得自身硬，荐贤先得会识才。常有这种情况，一些有真才实学的人才，由于不为领导者所识而不能发挥其应有的作用；一些有一技之长的人，由于领导的用非所长而被埋没，造成了人才的浪费，给工作带来了损失。有真知灼见的领导者，能够推荐出人才，目光短浅、无学无识的领导者，推荐出的则往往是庸才。足可见，是否能够做到人尽其才，才尽其用，领导者是否善于举贤荐才、是否有举贤荐才的能力学识，起着关键性的作用。

当一个合格的荐贤者，仅有学识能力还不够，自身还必须是一个贤者。往往有这种情形：一个很有事业心的干部，在工作上出力不小，贡献也大，有能力，有见识，但因某件事情做得不合领导的意图，或者说过某些话不合领导的口味，选拔干部时就被划在圈外。这说明，领导者倘若缺乏豁达大度宽以待人的美德，而抱着个人的成见去识才量才，势必要形成偏见，或者只看他们的一时一事，忽视了他们的全部历史；或者只盯住他们某一个短处，而不看其他方面的长处。因此，举贤荐才，领导者就要有"宰相"的肚量和"不以一眚掩大德"的辩证头脑。应当看到，部队中有着许多热心改革的人才，他们知识化专业化程度高，思想敏锐，才干出众，敢于从实际出发，发表不同意见，而不是看领导眼色办事。领导者如果对他们的这种"大德"缺乏正确认识，斤斤计较其言辞轻重，那就要成为"武大郎式的掌柜"，容不得高过自己的人了。多年的实践证明，照一般眼光看有点"刺儿"的干部，往往是有见识、能力强的干部。如果你不计较他的"刺儿"，大胆地加以使用，他会更加谨慎，工作中会加倍努力，领导会因此感到得力，群众也会从中受到教育。而对那些惟命是从，毫无主见，工作平庸的所谓"顺手"干部，用起来以后，工作打不开局面，却往往是本人为难群众不满，领导伤脑筋。领导干部作为党的事业的带头人，在举贤荐才问题上，如果持个人成见，不仅会埋没人才，挫伤锐气，而且还会影响党组织的威信。只有摒弃个人成见，善于从本质上认识人才的价值，才能成为当代的"伯乐"，新时期的鲍叔牙。如今，一些单位仍然有"大才不用用小才"的现象，善做机关工作的人进不了机关。"基层通"到不了基层，迟滞了部队的建设。原因之一，就是有个别领导干部私心杂念比较重。有的干部怀才不遇，望业兴叹，并不是领导没有发现他们，而恰恰是由于发现了他们。因为有些领导干部私心作祟，担心别人本事比自己大，怕提拔起来不好管而不予提拔甚至有意压制；还有的担心推荐了别人会挤掉了自己。这种对待人才的不良思想作风，是目光短、心胸狭窄的表现，如不克服，就会堵塞才路，埋没人才。

领导善于选贤任能，身边有一群能人，领导水平就会水涨船高；领导不善于用能人，身边只是会说"是"的人，领导水平就会受影响。有的领导同志往往感到能人有用不好用，庸人好用没有用。有作为的领导宁愿用不好用的人才，也不能用不管用的庸才。作为一个领导干部，要有不怕别人超过自己、甘为人梯的精神，不妨经常想一想自己给党组织推荐了多少有用的人才？在举贤荐才方面是否尽到了自己的责任？在自己所管辖的单位和部门，是不是还有优秀的人才没被推荐到部队建设所需要的岗位上来？荐贤者贵自贤。为了党的事业的兴旺发达，每个领导干部都应加强学习，胸怀大局，跳出个人的小圈子，出以公心，作风正派，做新时期举贤荐能的贤者。

学习姜升立先进事迹
躬行实践党的宗旨

在本职岗位躬行实践党的宗旨姜升立模范实践创新理论的先进事迹在军内外引起强烈反响，人们一致称赞他是学习实践创新理论的楷模，是新时期忠诚实践党的宗旨的优秀基层"党代表"。他的崇高精神值得广大官兵特别是各级领导干部好好学习，他的先进事迹给我们提供了许多有益的启示。

要躬行实践党的宗旨，必须树立正确的世界观、人生观、价值观，铸牢坚定的思想基础。姜升立平时立足本职敬业奉献、危急关头舍己救人，决非偶然，而是有着坚实的思想根基。这就是他时刻把党的宗旨牢记心中，对党的事业无限忠诚。正如他在笔记中所写的那样："求木之长者，必固其根；欲流之远者，必浚其源。根不固则木不长，源不深则流不远。什么是我们经得起漫长时间考验的力量源？这就是全心全意为人民服务的宗旨"。这种坚实的思想基础，使姜升立确立起坚定的理想信念和崇高的人生追求，以自己短暂的人生，为人们树立了在本职岗位上忠诚实践党的宗旨的榜样。从姜升立的成长轨迹中，可以清楚地看到，实践创新理论，核心是坚持全心全意为人民服务的宗旨。我们强调树立正确的世界观、人生观、价值观，归根结底是要把为人民服务作为"总开关"。在改革开放和发展社会主义市场经济的条件下，能不能把好这个"总开关"，对于每个共产党员来讲，无论职务高低，党龄长短，都面临着严峻的考验。如果淡化或者背离党的宗旨，就如同大厦失去了支柱，大坝动摇了基石，必然带来政治上的变质、道德上的堕落、生活上的腐化，保持先进性就无从谈起。现在有些党员干部出问题、犯错误，根源和教训也在这里。我们要经常想一想参加革命是为什么，现在当干部应该做什么，将来身后应该留点什么，始终把为人民服务作为为人处世、当官用权、思考身前身后的基本准则，切实做到无论形势怎么变，坚持党的宗旨不能变，真正像姜升立那样，学习理论用真功，坚持信念不动摇，改造思想不放松，把躬行实践党的宗旨建立在高度自觉的基础之上。

要躬行实践党的宗旨，必须强化士兵至上的观念，把全心全意为人民服务化作爱兵为兵的实际行动。姜升立有句名言："视战士高于自己，爱战士胜过自己，为战士不顾自己，学战士提高自己。"他的先进事迹所以具有动人心魄的力量，关键是他确立了这种"士兵至上"的崇高思想境界，并从点滴入手，用行动实践自己的诺言。他坚持以情带兵，对战士关怀备至，像"一盆火"，为他们传递慈母般的温暖：为了让患病的战士早日康复，他精心制作可口的病号饭；为了使处在青春期的战士保持生理卫生，他提议建立了"爱心小屋"。他把战士成长进步作为最大关爱，像"一盏灯"，为战士指引人生航向：战士有了思想问题，他循循善诱做工作；战士出现行为偏差，他用"递纸条"的办法及时给以校正。他竭尽全力满足战士求知的欲望，像"一座桥"，为他们架起成才之路。姜升立为战士所做的这一切，看似一些平平常常的小事，但小事里面含真情，小事里面有政治。战士们正是从这些小事中真正感受到了部队大家庭的温暖，进一步加深了对党的宗旨的认识，增进了对党的深厚感情。党中央反复强调，一定要牢记全心全意为人民服务的宗旨，进一步增强群众观念，始终保持党同群众的血肉联系，多为群众办实事好事。这是在新的历史条件下，对共产党员实践党的宗旨，保持党的先进性提出的新的要求。落实这一要求，作为部队来说，就是要坚持把"基层至上、士兵第一"的原则贯穿于部队的一切工作之中。否则，落实创新理论要求，实践党的宗旨，就是一句空话。值得注意的是，我们有些同志虽然身在群众之中，心里想的却不是群众的疾苦；有的对上级交办的事很认真，对群众的意见和呼声却不当回事；有的抓工作对能不能出名挂号、产生轰动效应想得很多，而对官兵需要不需要、部队建设有没有用则考虑较少，甚至干了一些图上级表扬、官兵不满意的事；有的迎来送往大手大脚，花多少钱都不心疼，而涉及到为基层办实事、解难题的时候，则往往叫苦喊穷。这些问题的症结，就在于思想和感情疏远了基层、脱离了官兵，忘了本、丢了根。坚持士兵至上，就要以姜升立为榜样，把官兵的呼声和意愿作为工作指导的"第一信号"。想问题、作决策要认真倾听群众的意见，搞活动、办事情要充分考虑官兵需要和基层承受能力，用干部、看政绩要注重群众公论。坚持士兵至上，就要以姜升立为榜样，把服务基层、服务官兵作为我们的重要职责。要常修爱兵之德，常思育兵之责，想官兵所想，办官兵所需，急官兵所急，始终把官兵的冷暖挂在心上，满腔热情地为官兵谋利益、办实事，特别要下大力解决好涉及官兵切身利益的"老大难"问题，千方百计为官兵成人成才营造良好环境、创造有利条件。坚持士兵至上，就要以姜升立为榜样，把士兵的评价作为衡量工作政绩的重要尺度。"政声人去后，功过自有评"；"金奖银奖，不如官兵夸奖"。我们的工作哪是政绩、哪是"败絮"，几分功劳、几分失误，基层看得最清楚，官兵评价最公道。每个同志都应真心实意为官兵说实话、报实情、办实事，真正成为官兵的代言人、贴心人、领路人，用爱兵为兵的实际行动，把兵心紧紧凝聚在党旗下。

要躬行实践党的宗旨，必须适应时代要求，不断提高素质，履行好党赋予我们的神圣使命。姜升立深深懂得，在新的历史条件下，只有具备很高的素质，掌握过硬的本领，才能更好地实践党的宗旨。他在笔记中写道："冲向理想的蓝天，需要腾飞的翅膀；践行党的宗旨，要有过硬的素质。部队建设和发展不仅仅需要一种精神，更需要知识和才干。"姜升立对学习求知像"深山探宝"一样执着痴迷，孜孜不倦，永不满足。他生前最爱去的地方是书店，最大的快事是得到几本好书；无论是野外驻训还是施工生产，他都随身携带"三件宝"：书籍、手电和蜡烛；他坚持抓紧自学，宿舍的灯光几乎每天都亮到深夜。他把政治工作当作一门学问来钻研，潜心探索带兵之道，用心搞活政治教育，尽心提供打赢动力。正是凭着这种时不我待、只争朝夕的刻苦精神和锐意进取、勇于开拓的创新意识，使他很快成为一名军政兼优、称职合格的优秀基层带兵人。当今时代，科学技术迅猛发展，知识更新日益加快。为迎接世界新军事革命的挑战，军委提出我军建设要实现"两个根本性转变"，加强质量建军、科技强军，加紧做好现实军事斗争准备。面对新的形势和任务，我们只有跟上时代的步伐，不断提高自身素质，才能真正肩负起党和人民赋予的神圣使命。这就要求我们像姜升立那样把学习作为第一需要，不断强化终生学习的观念，以锲而不舍的精神，努力学习新理论，汲取新知识，掌握新技能，力争成为高素质的新型军事人才；要像姜升立那样始终坚持工作高标准，勇于开拓，锐意创新，积极研究新情况，解决新问题，有所建树，有所作为，不负党和人民的重托。

要躬行实践党的宗旨，必须廉洁自律，经受住各种诱惑和考验，始终保持共产党人的政治本色。姜升立之所以赢得官兵高度的信赖和爱戴，成为优秀基层"党代表"，还在于他严于律己、一身正气，用高尚的人格、良好的形象，树起了实践党的宗旨的一面旗帜。他认为，党员的形象紧紧连着党的形象，官兵对党的认识，主要来自身边的党员干部，党员的良好形象，就是无形的力量、有形的导向。为此，他把自己的言行视作官兵认识党的"窗口"，时时处处从严要求自己，一举一动为党增光添彩。面对不良风气的影响，他洁身自好，严于律己，即使几元钱的费用也要自掏腰包，从不占公家一点便宜；家属来队自带锅碗瓢盆、油盐酱醋，决不侵占战士半点利益。面对基层艰苦环境的考验，他以苦为荣，以苦为乐，训练站前排，施工打头阵，以"把油门踩到底"的"极限精神"，殚精竭虑，忘我工作。面对家庭与事业的矛盾，他公而忘私，甘于奉献，舍小家顾大家，身在家门口也不恋小家，宁愿亲人受委屈，不让工作受影响，始终把党的事业放在第一位。古人云："高山仰止，景行行止。"姜升立虽然是一名普通的基层党员干部，但他却用自己人格的魅力，成为官兵仰慕的一座"高山"。当前，在市场经济的大潮中，受腐朽思想文化和

"酒绿灯红"的侵蚀影响，一些党员干部经受不住考验，发生了一些令人痛心的问题。有的利欲熏心，利用手中权力为个人谋取私利；有的追名逐利，把职位待遇看得高于一切；有的腐化堕落，沉迷于低级趣味；有的贪图安逸，革命斗志严重衰退，等等。这些行为，败坏了党的形象，损害了党的事业。新形势下，我们要经受住各种诱惑和考验，永葆共产党人的政治本色，就要学习姜升立维护党的形象胜过维护自己生命的高度政治责任感，任何时候都十分珍惜共产党员的光荣称号。要正确看待和使用手中的权力，保持公仆之心、秉公用权，常怀畏惧之心、慎重用权；要视名利淡如水，看事业重如山，在事业上保持进取心，在名利上保持平常心；要追求健康向上的生活情趣，培养高尚的道德情操，不为低级趣味所诱，不为生活和交往所累；要保持昂扬的精神状态，弘扬不懈奋斗的精神，按照创新理论的要求，更加自觉地实践的党的宗旨，为部队现代化建设做出新的贡献。

第八篇　学习研究

对邓小平南方谈话的
认识和理解

一、关于判断改革开放姓"社"姓"资"的标准问题

邓小平同志在谈话中指出：判断改革开放姓"社"姓"资"的标准，应该主要看是否有利于发展社会主义社会的生产力，是否有利于增强社会主义国家的综合国力，是否有利于提高人民的生活水平。理解邓小平同志的这个重要观点，要着重把握三点：

第一，"三个有利于"的标准体现了社会主义的本质要求。第一个"有利于"是从社会主义根本任务上讲的。我们说社会主义制度无比优越，最终要取代资本主义，就在于它能比资本主义更大限度地解放和发展生产力。否则，社会主义的优越性就难以体现出来，战胜资本主义就没有物质基础。特别是由于社会主义制度大都是在生产力不够发达的国家中建立起来的，因此社会主义国家最迫切、最根本的任务就是要不断解放生产力，尽可能迅速地发展生产力。第二个"有利于"是从国家利益的高度上讲的。从某种意义上讲，一个国家在国际上的地位，是同这个国家的综合国力成正比的。贫穷就要受欺，落后就要挨打。维护国家和民族的整体利益、长远利益，就不得不充分考虑

增强综合国力。第三个"有利于"是从社会主义生产目的上讲的。不断提高人民的生活水平，满足人们日益增长的物质文化需求，是社会主义的生产目的。离开了这个目的，就偏离了社会主义的轨道，就得不到人民群众的拥护和支持，就注定要垮台。可见，这"三个有利于"十分重要，放弃了哪一个，都将影响我国社会主义建设和社会发展。

第二，"三个有利于"与"十二条原则"是同性质不同范畴的两个标准。邓小平同志提出"三个有利于"的标准，是把它放在社会主义制度的前提之下，用来判断改革开放成败、改革开放性质的标准。党的十三届七中全会概括的建设有中国特色的社会主义理论和实践的十二条基本原则，是社会主义基本特征的具体化。没有基本特征就没有社会主义；没有"三个有利于"的标准，就不能推进改革开放健康发展，加快社会主义建设。这是相容的两个标准，我们不能人为地把它们对立起来；同时，不能把论述不同问题得出的结论相混淆。否则，就会产生理论和思想上的错乱。

第三，贯彻执行"三个有利于"标准的同时，要坚持原则性与灵活性、目的性与策略性的统一。当今的经济，是世界性的经济，我们不可避免的要同资本主义打交道，吸收和借鉴资本主义发达国家的先进技术和管理方法，发展自己，以赢得与资本主义相比较的优势。马克思曾说过，为了政治上的需要，我们甚至可以同魔鬼结成联盟。这就要求我们在对外经济活动中，必须坚持党一贯提倡的原则上的坚定性和策略上的灵活性。借鉴深圳的经验，具体讲，就是要做到"四变四不变"：一是同资本主义交往，方法变，立场不能变；二是引进外资只是手段，手段变，目的不能变；三是吸收外来的先进技术、管理经验和优秀文化成果，策略变，原则不能变；四是发展经济、贸易要与外商通力合作，但对外商的违法、违约、违章行为，必须进行有理、有利、有节的斗争，维护国家的利益和广大职工群众的利益，经济关系变，利益关系不能变。坚持"四变四不变"，是在这一领域坚持了"两个基本点"；坚持"四变四不变"，同外商打交道，就没有什么可担忧的。

二、关于中国要警惕右，但主要是防止"左"的问题

现在，有右的东西影响我们，也有"左"的东西影响我们，但根深蒂固的还是"左"的东西。右可以葬送社会主义，"左"也可以葬送社会主义。中国要警惕右，但主要是防止"左"。这是邓小平同志南方视察谈话中的又一重要观点。

在社会主义运动中，以及在改革开放过程中，始终存在着"左"和右两种错误倾向。就当前来讲，"左"的错误主要表现在思想僵化，不敢放开手脚，大胆地搞改革开放。这种错误倾向如果任其蔓延，就会阻碍我国社会生产力的发展，社会主义就难以获得活力，在同资本主义的竞争中就会败下阵来。正如邓小平同志所指出，不坚持社会主义，不改革开放，不发展经济，不改善人民生活，只能是死路一条。右的错误主要表现在资产阶级自由化思潮。这股思潮反对四项基本原则，妄图把中国引入资本主义，沦为西方帝国主义的附庸。可见，这两种错误倾向会从不同侧面瓦解社会主义，葬送社会主义。因此，我们必须坚持两条

战线的斗争，既要反右又要反"左"。

为什么主要是防止"左"呢？因为在我们党内，"左"的东西比右的东西更根深蒂固；新中国成立以来，我们党在一段时间内主要是犯了"左"的错误；"左"的东西在一些同志的思想观念中影响较深。具体来讲，有五个客观情况容易导致"左"的毛病：一是在经济基础比较差的条件下进行社会主义建设，赶队的意识比较强，容易急躁冒进。比如，1958年的"大跃进"、1978年的"洋冒进"，从上到下都想把经济建设搞得快一点，缩小与发达国家的差距，尽快赶上别人，不顾当时的客观条件，提出了过高的指标和速度。二是曾在"左"的模式下进行了几十年的社会主义建设，受旧的习惯势力和传统观念的束缚，总怕突破框框。有些同志对于改革开放和发展市场经济中出现的新事物，习惯于用老本本套，老本本里没有的，就以为偏离了马克思主义基本原则，偏离了社会主义原则。三是曾在帝国主义的包围下进行社会主义建设，人们的头脑始终紧绷着反"和平演变"斗争这根弦，害怕被演变了。不分方法、手段与本质属性，认为资本主义采取的东西我们就不能采用，甚至把改革开放说成是引进和发展资本主义。四是长期以来在人们的心目中形成了"左"是方法问题，右是立场问题，"左"比右好的思维定势。积习太深，改起来很难。五是"左"的东西往往装出马克思主义的面孔，带有"革命"的色彩，不容易被识别和纠正，有一定的欺骗性和危害性。一个好好的东西，一下子就被"左"的东西搞掉了。而右的东西则比较露骨，容易被识别和纠正。因此，当前，我们要警惕右，但主要是防止"左"。

我们强调，当前主要是防止"左"，"左"是主要危险，这是针对党和国家建设的全局来讲的，应当与具体单位区别开来。就某个单位来讲，不一定主要是防止"左"，应当从实际出发，有"左"反"左"，有右反右。反对"左"的干扰时，要防止用右反"左"，反对右的干扰时，要防止用"左"反右，防止一种倾向掩盖另一种倾向。不论是反"左"，还是反右，都要以"两个基本点"为准绳，以推进改革开放，发展生产力，建设有中国特色的社会主义为目的。

"左"、右是可知的，但也不是一下就能把握的。对"左"和右的认识程度，与我们的理论水平、思想水平世界观的改造、工作经验都有着直接的联系。作为领导干部，要想在工作指导上防止"左"和右的干扰，必须在以下五个方面努力：（1）要树立实事求是的唯物主义思想，一切以实践来检验；（2）要掌握辩证思维的科学方法，始终"讲两句话"、"两手抓"；（3）要坚持为大多数人谋利益的原则立场，跳出本位主义、个人主义等狭隘的小圈子；（4）要学习历史知识，以史为镜，学史明理；（5）要提高把握事物发展规律的驾驭能力，任凭风浪起，自有主心骨。只要做到了这五条，就能保持清醒的头脑，站稳立场，而不至于"左"右摇摆，犯大的错误。

三、关于学马列要精、要管用的问题

邓小平同志关于"学马列要精，要管用"的思想，提出了学习马克思主义理论的根本要求，阐明了学与用的关系。

所谓精，就是要精选内容，把握精神实质。马克思主义著作很多，我们一辈子也学不完，要有选择地学。选什么？就是要选经典著作。我们讲的精，并不是说学得越少越好。质的变化需要一定量的积累。那种不加区分，不问效果，不切实际地认为大本子读得越多越好的学风不对，但是，学得越少越好的说法也是不对的，都必须加以纠正。更重要的是，要注意学习和掌握马克思主义的基本原理，学习和掌握其立场、观点和方法，不能死啃本本，死搬本本，死套本本。

所谓管用，就是能与实践相结合，在指导改造主客观世界中取得成效。"管用"是指管大用，不是搞形式主义，也不是搞实用主义。当前，要注意防止和克服学习上的四重四轻：重时事政策的学习，轻基本理论的学习；重集体学习，轻个人自学；重急用先学，轻长期坚持；重改造客观世界，轻改造主观世界。那种把学马列用来装潢门目，作为吹牛的资本；专门用来照别人，而不改造自己；用来为搞"上有政策、下有对策"找借口，找依据，都是极其有害的，要特别警惕，一经发现，坚决纠正。

四、关于坚持党的基本路线一百年不动摇的问题

邓小平同志关于"基本路线要管一百年，动摇不得"的思想，指出了长期坚持、贯彻执行党的基本路线的极端重要性。党的基本路线经过实践检验是一条符合中国国情的正确的路线。十多年来，我国国民经济生产总值的增长速度，超过了我国历史上任何一个时期，在世界上也是增长最快的少数几个国家之一，在大国中则是增长最快的。

国家政治稳定，社会安定，经济发展，给人民群众带来了巨大实惠。党的基本路线适国情、得民心、顺民意。谁想变也变不了，变了人民不答应，变了也要变过来。党的基本路线是贯穿于整个社会主义初级阶段的路线，是根据我国社会主义初级阶段的具体实际制定的，目的就是要在这条路线的指引下，建设有中国特色的社会主义，最终把我国建设成为富强、民主、文明的社会主义现代化强国。完成这一伟大而艰巨的任务，需要一个相当长的历史过程，这个历史过程属于社会主义初级阶段，这段时间至少需要几十年、上百年。所以，这条基本路线就要坚持上百年。党的基本路线规定了社会主义方向，是我们抵制资产阶级腐朽思想、防止"和平演变"的锐利武器。敌对势力害怕我们坚持这条路线，政治坚定，经济发展，因而反对我们坚持这条路线，也希望我们改变这条路线，实现他们"和平演变"的企图。可见，这条路线关系到国家、民族的前途和命运，必须长期坚持，动摇不得。发展经济需要一个稳定的环境，而基本路线的稳定就是最大的稳定。"一变就人心不安"。党的基本路线提出来不容易，经过了几代人的艰苦探索，可以说，是在挫折中，是在同"左"和"右"的斗争中，找到的一条正确路线。既有立国之本，又有强国路线，不能一有风吹草动就怀疑这条路线，必须坚信，坚持，不动摇。

邓小平理论对新民主主义革命
理论的继承和发展

马克思列宁主义同中国实际相结合有两次历史性飞跃，产生了两大理论成果。这就是毛泽东思想和邓小平理论。毛泽东的新民主主义革命理论在毛泽东思想中占有重要地位。如果说，新民主主义革命理论是我们党的"建国"理论的话，那么邓小平理论则可以说是我们党在新时期的"治国"理论。这两个理论形成的历史条件不同，研究的具体内容不同。因此，弄清这两个理论成果的渊源关系，既有利于加深对毛泽东思想和中国特色的社会主义理论的理解，也有助于改进我们的思想方法和工作方法。

一、实事求是是新民主主义革命理论的精髓，也是中国特色的社会主义理论的精髓。毛泽东是坚持实事求是的典范，邓小平在坚持党的思想路线中开拓了马克思主义的新境界

马克思说过："人民最正直、最珍贵和看不见的精髓都集中在哲学思想里。"解放思想、实事求是中国特色的社会主义理论的精髓，也是马克思主义、列宁主义、毛泽东思想的精髓。正是依靠和运用这个精髓，才有马克思主义的

创立和发展，才有列宁主义的创立和发展，才有毛泽东思想、邓小平理论的创立和发展。

在中国这样一个半殖民半封建的东方大国领导革命，是前所未有的伟大事业。当时一些党内的所谓马克思主义者无视中国国情，把马克思主义教条化，把共产国际的指示神圣化，照搬俄国经验，眼睛盯着大城市，搞中心城市起义，几乎使中国革命走入绝境。善于进行独立思考的毛泽东，一开始就非常重视了解国情和民情，不迷信权威，不迷信书本，也不迷信别国经验。他从中国的具体国情出发，运用马克思主义基本理论，找到了以农村包围城市、最后夺取城市、武装夺取政权的独特道路，提出了既区别于资本主义、又区别于社会主义的新民主主义的政治纲领、军事纲领、经济纲领和文化纲领，得出了中国革命必须以无产阶级为领导、以农民为主力军的结论。他根据政治形势、阶级关系和实际情况及其变化制定了党的政策，提出了许多重要的战略和策略思想。他还依据马克思主义的国家学说，成功地解决了以农民为主要成分的革命军队如何建设成为一支无产阶级性质的、具有严格纪律的、同人民群众保持亲密联系的新型人民军队问题。在这些基本理论、基本道路、基本纲领和基本政策的指导下，我们党实现了马克思主义与中国实际相结合的第一次历史性飞跃，领导全国人民取得了新民主主义革命的胜利。可以说，实事求是是中国新民主主义革命兴衰成败的关键所在，是毛泽东新民主主义革命理论的基本点。毛泽东同志用实事求是精神培养教育了我们几代人。

在中国这样一个大国，领导社会主义建设和改革开放，同样是一个国外没经验、国内没做过的大事。邓小平同志以特有的政治勇气和理论勇气，坚持解放思想、实事求是的思想路线，开拓了马克思主义的新境界。在"文化大革命"结束后的艰难徘徊中，面对"两个凡是"的思想禁锢，他以非凡的胆略和科学态度，重新恢复和确立了我党实事求是的思想路线。在苏联、东欧发生剧变，国内发生政治风波的形势下，中国改革开放要不要继续向前推进，这是关系中国社会主义前途和命运的严峻问题。邓小平视察南方的谈话，站在时代的高度，深刻回答了长期以来困惑和束缚人们思想的许多重大问题，特别是把市场经济与社会主义制度有机地结合起来，明确提出了"三个有利于"的标准，推动了人们的思想解放，解决了"什么是社会主义、怎样建设社会主义"这一马克思主义的重大课题，从而加快了改革开放和现代化建设的进程。邓小平非常自豪地称自己是实事求是派，他说："我读的书并不多，就是一条，相信毛主席讲的实事求是。过去我们打仗靠这个，现在搞建设、搞改革也靠这个。"邓小平对党的实事求是思想路线进一步作了系统化、理论化的表述。一是确立了实事求是在马克思主义中的地位。他指出，实事求是，是无产阶级世界观的基础，是马克思主义的思想基础；实事求是，是毛泽东思想的出发点、根本点；实事求是是马克思主义的精髓。这就把实事求是从党的学风原则提到理论精髓的高度，使我们对马克思主义的理解更深入了，对毛泽东思想科学体系的把握也更准确了。二是赋予了实事求是以鲜明的时代精神。把解放思想与实事求是融为一体，完整地表达了党的思想路线的本质。邓小平说，解放思想，就是使思想和实际相符合，使主观和客观相符合，就是实事求是。实事求是，一切从实际出发，理论联系实际，坚持实践是检验真理的标准，这就是我们党的思想路线。这样，党的思想路线就形成了一个以"实事求是"为核心，以"解放思想"为先导，以"一切从实际出发"为前提，以"理论联系实际"为基本特征，以"实践是检验真理的唯一标准"为途径和手段的完整的有机统一体。三是遵循实事求是的思想路线解决一系列重大问题。可以说，没有解放思想、实事求是，就不能拨乱反正，全面否定"文化大革命"；就不能正确评价毛泽东和毛泽东思想的历史地位，就制定不出十一届三中全会以来我们党的路线、方针、政策；就没有新时期改革开放的历史进程，更没有今天现代化建设日新月异的崭新面貌。

二、群众路线是我们党的根本路线。毛泽东对这条路线作了创造性的概括和总结，邓小平理论深深扎根于群众之中，充分体现了人民性

我国新民主主义革命长期处于敌强我弱、艰难困苦的环境，这就决定了我们党要领导革命取得胜利，特别需要扎根于群众之中。毛泽东是做群众工作的典范，他搞过学生运动，组织过工人运动，举办过农民讲习所，发动过秋收起义，还搞过大量的农村工作调查，对群众工作最有发言权。正是在这样的历史条件下，以毛泽东为代表的共产党人摸索总结出群众路线这条党的根本路线。新民主主义革命时期的方针、政策和许多重大决策，都是坚持从群众中来，到群众中去，也就是从群众中集中起来，到群众中坚持下去而得来的。延安整风之后，毛泽东对群众路线作

了科学概括，把最密切的党群关系作为共产党人三大作风之一，作为区别于其他任何政党的"一个显著标志"。毛泽东还反复强调群众路线与政治路线的一致性，强调向人民负责和向党的领导机关负责的一致性，强调群众路线与辩证唯物主义认识论的一致性，并在革命实践中不折不扣地贯彻这些思想。战争年代那么艰苦、那么紧张，毛泽东没有忘记深入群众调查研究，没有忘记提醒各级领导关心群众生活、解决群众的柴米油盐等实际问题。当时我们党的干部之所以走到哪里都能很快打开局面，把群众发动起来，党领导的抗日战争和解放战争之所以能有那么广泛的人民群众参加和支持；我党我军之所以能够由小到大、由弱到强、由经过无数曲折斗争到走向彻底胜利，一个重要原因是因为党提出并正确贯彻了群众路线。新民主主义革命的胜利是党的群众路线、群众观点的胜利，是人民战争思想的胜利。

　　社会主义建设和改革同样是亿万人民群众参加的事业。我们靠什么取得这个伟大事业的胜利？邓小平时常告诫全党："群众是我们力量的源泉，群众路线和群众观点是我们的传家宝"。他曾无限深情地写道："我是中国人民的儿子，我深情地爱着我的祖国和人民。"他为了人民的利益忍辱负重，不计个人得失，奋斗终生；他为了人民的利益，顶住方方面面的压力，大胆创新，不怕被打倒。十一届三中全会以来，我们党和国家的许多重大决策，既坚持以人民利益为最高出发点，又注重集中人民的智慧，所以深受人民群众的拥护。党的几次代表大会、中央会议的重要文献的制定，在邓小平同志的指导下，都是几易其稿，数千人甚至数万人参加讨论修改，充分体现了群众的智慧，代表了人民的利益。小平同志把走社会主义道路的重大政治问题与广大人民的根本利益紧密结合在一起，强调只有社会主义制度才能从根本上解决摆脱贫穷的问题。他把人民的"拥护"、"赞成"、"高兴"和"答应"作为制定各项方针政策的重要标准，把人民生活水平的提高作为"三个有利于"的重要内容，从而使人民利益高于一切的原则更加具体化。他在推进社会主义现代化建设中强调最多的是改革、发展和富民，总是把人民的富裕作为强国安邦的重要方面来考虑。他善于从全局的高度，对群众实践、群众创造进行加工、升华和提炼，把尊重群众与指导群众紧密结合起来。他把我们党能在困难时期渡过重重难关的经验概括为三个字，同人民群众"一块苦"，对党内长期存在的官僚主义、以权谋私、干部特殊化等严重脱离群众，损害人民群众利益的倾向非常重视，认为如果不严重注意，确实要发生改变不改变面貌的问题，这不是危言耸听。在中国特色的社会主义理论中，"尊重实际"、"尊重实践"、"尊重生产力"与"尊重人民"这四个方面的内容是融为一体的；"实践标准"、"生产力标准"和"人民利益标准"是融为一体的；党的思想路线、政治路线和群众路线也是融为一体的。深深扎根于群众之中，是新民主主义革命理论和中国特色的社会主义理论的又一共同点。

三、独立自主是中国革命和建设的立足点。毛泽东强调中国革命胜利要靠中国同志了解中国情况，邓小平强调中国的事情要依靠中国人自己的力量来办

无产阶级革命是国际性的事业，需要各国相互支持。

但完成这个事业，首先需要立足本国实际，依靠本国革命力量。正是在这个意义上，毛泽东一贯强调，我们的方针要放在自己力量的基点上，依靠自己创造出适合我国国情的前进道路。早在 20 世纪 30 年代初，毛泽东就总结了党内发生严重错误的教训，作出了"中国革命斗争的胜利，要靠中国同志了解中国情况"的论断。他以大无畏的革命气概，以独立自主的革命精神，指出我们能够依靠自己组织的力量，打败一切中外反动派。毛泽东强调，独立自主的原则，应当贯彻到党的各方面的工作中去。比如，抗日战争时期在革命根据地的开辟和建立上，在建立之前不要国民党批准，建立以后坚决拒绝国民党派官员来插手，这就保持了根据地人民民主政权的性质；在武装斗争问题上，他提出并坚决执行了独立自主的山地游击战的新战略原则，拒绝国民党派遣他们的党员来当八路军干部的要求，坚持了中国共产党对人民武装的绝对领导；在统一战线问题上，他明确指出，统一战线中的独立自主原则的说明、实践和坚持，是把抗日民族革命战争引向胜利之途的中心一环，多次挫败国民党要消灭共产党和人民力量的种种图谋，发展壮大了革命力量。毛泽东还认为，我们是主张自力更生的。我们希望有外援，但是我们不能依赖它，我们依靠自己的努力，依靠全体军民的创造力。在他看来，主要依靠自力更生，同时不放弃争取外援，这才是正确的道路。建立新中国前夕，毛泽东又进一步把独立自主宣布为中华人民共和国的国策，之后又把它提到党的路线高度。在三年严重自然灾害和苏联逼债、发难的情况下，全国人民在党的领导下，勒紧裤腰带，艰苦奋斗，不仅渡过了难关，而且依靠自己的力量，掌握了"两弹一星"等先进技术，既打破了霸权主义的核垄断，也推动了我国工农业的全面发展。数十年来，无论环境多么艰苦，敌人多么强大，形势多么复杂，都没有动摇我们党独立自主、自力更生的决心，没有使我们在各种压力面前屈服。这充分表现了毛泽东和中国共产党大无畏的英雄气概。

邓小平同志在新的历史条件下，创造性地坚持了独立自主、自力更生的方针。他从理论与实践的结合上，给独立自主注入了崭新的内容，突出强调维护自己的主权，依靠自己的力量，依靠自己的发展，增强民族自尊心、自信心和自豪感。他反复强调，国家的主权、国家的安全要始终放在第一位。要更加珍惜自己经过长期奋斗而得来的独立自主权利。任何外国不要指望中国做他们的附庸，不要指望中国会吞下损害我国利益的苦果。他还强调，中国现在虽然还是一个穷国，为什么能在世界多极格局中占有一席之地？就是因为我们不是看别国的脸色行事，不是坐在别人的车子上，而是一个独立自主的大国。他在谈到香港问题时理直气壮地指出，主权问题不是一个可以讨论的问题，如果1997年后不收回香港，就意味着中国政府是晚清政府，中国领导人是李鸿章。他要求全党维护我们独立自主、不信邪、不怕鬼的形象，我们绝不能示弱。改革开放以来，我国各个方面都发生了巨大变化，既有学习外国先进经验的因素，但根本的还是靠我们独立自主，自力更生。特别是在1989年世界霸权主义多方制裁我们的情况下，我们站稳脚跟，不仅顶住了压力，而且保持了不断发展的好势头。从这些实践中可以看出，邓小平同毛泽东一样，腰杆硬、骨头硬，对祖国、对民族、对人民都非常热爱、非常自信。他把这种感情融于社会主义改革、建设和发展之中，为改革和建设提供了强大动力，形成了具有鲜明时代特色的当代中国的爱国主义。

实事求是、群众路线、独立自主有着内在的、必然的联系。实事求是是"精髓"，尊重群众、依靠群众、为了群众是"根本出发点和归宿"，独立自主是立足点，三者共同构成新民主主义革命理论和中国特色的社会主义理论的哲学基础。新民主主义革命理论以此为基础，继承并发展了马克思列宁主义；中国特色的社会主义理论以此为基础，继承并发展了毛泽东思想。我们学习两大理论成果，最重要的是学习掌握其基本立场、观点和方法，使之真正成为指导各项工作的思想武器。

消费不要超可能
需求切莫越阶段

　　市场经济的发展，给部队建设注入了新的生机。广大官兵的价值追求、物质利益观念、民主意识及消费方式等发生了较大变化，期待值也随之一下子被推到了前所未有的高峰。这种心态上的骤变，一方面激发了人们创造新生活和加速国防现代化建设的热情，但另一方面也由于军队特殊地位和基础条件的局限性，抑制了一时间膨胀起来的"需求热"。二律相背，军营内出现了骚动。因而，引导官兵把期待值建立在客观可能的基础上，已成为思想政治工作不容回避的一个重要课题。

一、物质利益的追求，要建立在现阶段的经济实力上，不能陷入脱离实际的超前消费之中

　　市场经济的到来，广大官兵最先遇到的是物质利益的观念问题。因为它改变了长期以来那种"重精神、轻物质"的传统思维模式，人们开始理直气壮地追求正当的物质利益，于是潜在的积极性得到极大的发挥。但另一方面人们追求实惠利益的私欲也随之膨胀起来。主要有四种表现：一是讲排场、比阔气。津贴低薄的战士也"抽烟讲高档，穿戴讲新潮"，向家里要钱的越来越多。二是恋安逸，图享

受。干部中普遍存在着"不愿离开机关，不愿扎根基层，不愿于艰苦工作"的倾向。还有个别干部，宁可不晋升也要转业过安逸生活。三是贪高求洋。不顾客观条件，盲目追求超前消费，变着花样搞"反映时代感的形式主义"，利用各种借口添置高档消费品，而且越贵越好，越洋越好。四是争级要职。有的干部不讲奉献、不讲成绩，一门心思争级要职，达不到目的就闹情绪，泄私愤。

上述问题集中反映了部分官兵不是把物质利益建立在国家、集体、个人三者统一的基础上，而只盯住了个人私利。之所以产生这些问题：一是因为交换意识的增强带来了对党的工作讨价还价的偏向。市场经济的繁荣，强化了人们平等交换的思想观念，这本身是市场经济的自然现象，得到的物质利益也应当多。得不到满足，就衰退战斗队意志，甚至不惜拿组织原则做交易，以权谋私、贪污腐化。二是竞争观念增强带来了盲目攀比的偏向。竞争是市场经济的最基本特性，特别是在市场经济建立之初，竞争在生活当中往往表观为人们相互间的攀比意识，社会上也形成了一股攀比风，并且吹进了军营。战士中出现了"抽烟比牌子、皮鞋比尖子、餐馆比名字"的现象；有的干部与地方大款比享受，与高工资者比待遇，与职务高的比提升，越比期待值越高，越比离现实越远，越比怨气越多。三是受社会性超前消费的影响。处在经济转轨时期，市场、价格、流通等运行机制还很不健全，一时间出现了通货膨胀、超前消费等不良观象，这本身也影响了官兵的消费观念。

如何解决上述问题呢？首先要端正思想，摆正"两个基本关系"。一是要处理好正当的物质利益与超前消费的关系。物质利益原则要求人们珍惜和创造物质财富，绝不是让人们去搞超前消费。超前消费是对物质利益的变态追求，不仅不利于物质利益原则的贯彻，相反会扰乱市场，影响生活，助长人们追求物质享受的不良习气。二是要摆正国家、集体、个人三者利益之间的关系。个人的利益离不开国家和集休的利益。"大河没水小河干"，只有国家富强了，集体和个的利益才能得到应有的满足。否则个人的期待值再高，也是枉然。这是社会主义市场经济关于物质利益原则的基本要求。

其次，要发扬艰苦奋斗的优良传统。我国现阶段的市场经济离不开艰苦奋斗精神。只有经过若干年的艰苦奋斗，才能使经济获得比较好的、持续的发展。所以，我们要广泛深入地开展艰苦奋斗教育，大力宣扬艰苦朴素，勤俭节约的好人好事。要让全体官兵明白：能不能保持艰苦奋斗的传统，关系到我们的民族精神，关系到军队的精神支柱；应当看到，部队中因盲目追求高消费，欠账、赊账的官兵仍不少，因而必须要坚决刹住吃喝风、攀比风、讲阔风。

二、精神情趣的追求，要建立在健康向上的基础上，不能陷入盲目的赶时髦、寻刺激之中

近几年，部队的文化生活改变了过去那种单一的色调，卡拉 OK、吉它弹唱、士兵集体舞及唱抒情歌曲已逐渐成为广大官兵的娱乐内容。这无疑是改革开放和市场经济带来的活力。但与此同时，一些腐朽的思想也传进了军营，使部分官兵在精神情趣的追求上发生了扭曲。大致有这么几种：一是热衷于欣赏低级庸俗的刊物，一些人把社会上流传的反映凶杀、暴力、武打、色情的非法刊物视为"热手

货"，不惜高价到书摊上购买，整日沉溺于离奇荒诞的情节之中，精神萎靡不振。二是盲目追求带刺激性的娱乐活动。有的战士不顾纪律规定，到地方舞厅跳舞，有的打麻将赌博，有的不愿唱连队教唱的歌，乐于哼格调低下的流行歌曲，等等。三是性意识不健康。战士中"早婚、早恋、早同居"的现象有所上升。有的战士见了女人打分、甚至调戏，还有的视法律于不顾，走上强奸犯罪道路。

这些问题严重腐蚀了我们的肌体，败坏了部队风气，损伤了军队形象。其原因：一方面伴随着对外文化技术的交流，有些腐朽的东西也渗透到了部队。市场经济的建立，人们精神生活上的内容一下子由"纯红色"转向了"多色调"、多层次。精神情趣的期待值也转向活泼多样。面对人们这种转换时期不够稳定的追求，社会上一些金钱至上的拜金主义者，为攫取钱财，把西方的"性解放"及我国早已绝迹的娼妓行为推出来大肆贩买。有的官兵中就经不住诱惑，被这种"糖弹"所击中。另五方面，思想政治工作没跟上。对于扑面而来的市场经济，我们过于乐观，缺乏应付消费的思想准备。对于市场经济带来的新问题，政治工作反应不灵敏，改进不及时，在人们思想观念发生较大变化的情况下，仍沿袭传统的工作方法。比如，"性道德"的问题，战士正值"青春危险期"，性意识的自控能力十分脆弱，一遇诱惑很容易越轨。而我们长期以来不重视，或不敢正视这方面的科学教育，甚至"谈性色变"，致使他们缺乏健康有益的精神武装，无力抵御腐朽思想的侵蚀。此外，对不健康精神追求的倾向重视不够，管理不严。对于蜂涌而来的各种新鲜东西，有的领导干部缺乏分辨是非的能力，对哪些该禁止，哪些该宣扬把握不住，因而有些事实上是腐蚀性的问题，得过且过、袖手旁观，造成恶劣深刻后果，则后悔不及。由此可见，新的历史条件下，部分官兵精神情趣扭曲的问题，不仅关系到个人的成长，更是关系到我们军队是否不变色的大问题。因此，我们一定要大力开展反腐蚀斗争。反腐蚀是市场经济形势下政治思想工作的一项长期而艰巨的任务，在任何情况下都不能掉以轻心。部队要把反腐蚀做为一项经常性任务坚持下去，决不让腐朽的东西在部队抬头。要加强婚恋观及性道德教育。随着文化的繁荣，战士的婚恋问题越来越突出，并由保密转向公开。因此，政治思想工作必须加大这方面的教育，帮助战士树立革命的婚恋观、人生观，培养他们高尚的道德情操，不断增强其对腐朽思想侵蚀的免疫力。在加强思想抓教育的同时，要改善文化生活，陶冶干部战士的情操。正视官兵对现代精神生活的新追求，部队各项文化建设要跟上时代的步伐。否则，我们就难以抗衡低级精神情趣对官兵的拉力，这是一个很严峻的现实。要因地制宜，因陋就简，利用多种渠道、采取多种手段，大力改善基层文化设施，创造符合军人情趣特点的新的文化环境。要使官兵的业余文化活动"有场地、项目多，乐趣浓"。同时，要广泛开展读好书活动，经常不断地为基层推荐、提供战士喜爱的健康有益的图书。积极搞好影视、书评活动，不断提高广大官兵的鉴赏力和思想格调。

三、民主意识的追求，要建立在集体统一的原则上，不能陷入绝对自由的极端之中

市场经济所固有的平等要求，激发了人们的平等观念，

强化了人们的民主意识。与此相同，部队官兵的参与欲望也越发强烈起来。部队建设离不开民主生活，广大官兵也需要有正当的民主权力，但军队更需要的是高度的集中统一，发育不良的民主，很容易导致极端民主化，进而涣散部队战斗力。当前，有三种倾向值得注意。一是讲民主，不要纪律。有的同志受地方上"自由化"影响，向往"绝对自由"，不讲组织原则，不要组织纪律，动辄上访告状或越级活动，并错误地认为这是自己的民主权力。二是讲参与，不要服从。有的同志片面强调对部队建设的参与管理权，不愿意接受上级否定自己意见的决定，以个人好恶兴趣论是非。三是议论多，建议少。热衷于对国家、军队建设空发议论，还有的散布小道消息，甚至恶语中伤，不去考虑解决问题的办法，不去提出正当的合理化建议。

政治、军事、经济三大民主是我军的优良传统，这方面我们有着丰富的经验。但市场经济条件下的民主生活如何开展，特别是面对广大官兵日益高涨起来的民主呼声，应当采取什么对策，我们还缺乏研究，因而对干部战士民主生活的诱导还是一个薄弱环节。在民主建设上，部队与地方有一定的区别，地方能实行的部队未必行的通。这是由军从的特殊性质和任务所决定的。对此，有的同志缺乏足够的认识。有的看到地方实行了任期制、选举制，就叫喊要"选连长，轮班长"，这显然脱离了军队的实际。

要解决上述问题，一是要引导官兵正确处理市场经济条件下民主与集中的关系。军队的民主建设，最基本的还是要发扬"三大民主"，具体的形式也要因时因情而变，但决不能照搬所谓的"民主新潮"，也不能照搬地主的一些民主方法。二是对官兵中出现的强烈参与意识，要采取疏导的办法。要在一定范围内，给他们提供讲话的机会，提意见的场合，不能压制甚至打击官兵的民主活动。三是要加强对市场经济条件下军队民主建设的研究。市场经济激发了广大官兵的民主政治热情，这是很有益的事情。它为我们在新形势下加强和改进民主建设创造了良好的前提，提供了良好的基础。因此，我们要借助这种积极性，不断研究出既反映市场经济要求，又符合军队特点的新的民主运行机制。

四、军人价值的追求，要建立在服从国家经济建设大局上，不能陷入个人利益的得失之中

自有市场经济起，价值就成了广为人们青睐的"热点"，对价值的追求反映了人们一种自强精神和向上的热情。我国市场经济起步不过十余年，人们的价值观念却发生了较大变化。特别是军队建设指导思想的战略性转变开始之后，有人便感到军人的价值仿佛在历史的天平上发生了倾斜，危机意识便出此而发：一是国家以经济建设为中心，部队似乎受到了冷落。二是地方上的"活票子"和军队的死津贴形成了"反差"，感到在部队吃亏。部队中"要想富，早退伍"的思想比较普遍。有的说："发展市场经济使部队成了富裕海洋中的孤岛"，于是失落感油然而生。三是转业干部的安置，职务一降再降，待遇也一跌再跌，从内心感到军人贬值了。有的同志说："辛辛苦苦干到营，转到地方等于零"。晚走不如早走的思想日趋严重，一时间部队出现了少有的"离心力"。一面是市场经济在激发着人们追求价值的强烈欲望，一面是"军队地位下降"的问题日

益突出，官兵的期待值与现实之间产生了新的距离。原因之一，对市场经济带来的利益调整缺乏思想准备。在长期的计划经济条件下，军人的经济待遇优于地方，人人都感到军人是最光彩的职业。市场经济的实行，改变了传统的分配模式，整个社会的经济利益发生了很大变化。国家把更多的财力集中到经济建设上，相比之下，军队处在从属地位，而对这种调整，有的人一下子接受不了，思想转不过弯来。其次，对"反差"的认识有偏差。只看"反差"，不看"顺差"，越比心中越不服气。除此之外，对政策也有一定误解。党和政府在经济利益上不是不关心军队，而是关心、照顾的程度要有一个认识、论证、实施的过程，这一点我们有些同志没有体谅到国家的难处。当前，首先要组织部队学习市场经济理论，增强服从国家经济建设大局的自觉性。一些官兵之所以气不顺，除物质利益受到触及外，最重要的还是缺乏对市场经济的认识。要教育官兵认清我国正处在社会主义初级阶段，市场经济发展还不平衡，加之多种分配制度并存，不可避免地会出现利益不均，分配不公的现象，这是市场经济发展不可逾越的阶段。我们要克服在军事共产主义和产品经济条件下形成的"吃大锅饭"的平均主义思想，坚定不移地服从大局，支持改革。二是要摆正国家改革与军队建设的关系。要教育官兵认识到，随着国力的增强，全国人民生活水平的提高，军队待遇也会"水涨船高"，军队的建设也会不断得到加强。我们不能忘记"国富才能强兵"这个基本道理。既要克服改革理想化的倾向，也要消除悲观情绪。三是加强当兵尽义务的教育。当前有些人产生吃亏感的一个重要认识根源，就是错误地把发展市场经济与当兵尽义务对立起来。我们要大力开展学雷锋活动。雷锋精神如今在美国西点军校成了激励人们上进的动力，而我们却讲的少了。要重新认识雷锋精神，重新学习和发扬雷锋精神，这是我们的优势所在。只有这样，才能真正追求到军人价值的真谛。

中国特色的社会主义与科学社会主义是一脉相承的科学体系

科学社会主义是关于无产阶级解放运动的条件和规律的学说，它的核心是：在揭示资本主义转变为社会主义的历史必然的基础上，阐明无产阶级作为资本主义掘墓人和社会主义社会创造者的历史使命。一部社会主义思想史，就是科学社会主义在两个不同时代（自由资本主义、帝国主义和无产阶级革命时代）三种不同类型的国家（西欧诸国、俄国、中国）的产生和发展，并从理论变为现实的历史。

科学社会主义在 20 世纪 80 年代末 90 年代初，由高潮进入低潮，苏联、东欧的社会主义改革发生逆转，最终导致苏联、东欧社会主义的垮台，世界社会主义运动遇到了前所未有的严重挫折。惟有中国的社会主义在经历了"六四"政治风波后仍朝气蓬勃地屹立在世界东方。这是因为中国有中国特色的社会主义理论的指引，搞清了什么是社会主义、怎样建设社会主义的基本问题，找到了一条在和平与发展时代，坚持社会主义、发展社会主义的新路。如果说社会主义救中国已是被证明了的真理，那么有中国特色的社会主义理论能够救社会主义也将被历史所证明。"根深叶茂，源深流急"。学习社会主义发展史可以看到，有中国特色的社会主义理论之树常青，是因为有科学社主义理论的深根；有中国特色的社会主义理论之水奔腾不息，是因为有科学社会主义理论之泉。沿流溯源，把握继承和发展的辩证关系，就能进一步加深对社会主义思想史的理解。

列宁说："在社会科学问题上有一种最可靠的方法……对于用科学眼光分析这个问题来说是最重要的，那就是不要忘记基本的历史联系，考察每个问题都要看某种现象在历史上怎样产生、在发展中经过了哪些主要阶段，并根据它的这种发展去考察这一事物现在是怎样的。"学习社会主义思想史，考察科学社会主义在历史上产生、发展的过程，看看社会主义在当代的命运，深深感到中国特色的社会主义理论是对科学社会主义理论的继承和发展，是一脉相承的科学体系。

第一，在思想路线上一脉相承

从马克思主义到中国特色的社会主义理论都贯穿一条实事求是的思想路线。实事求是不但是中国特色的社会主义理论的精髓，也是马克思主义、列宁主义、毛泽东思想的精髓。马克思、列宁、毛泽东、邓小平，他们所处的历史条件和国际背景不同，反映的是不同国家的不同情况，论述的是社会主义不同的发展阶段，针对的是问题的不同层次，因而形成了自己的理论特色。但实事求是的原则，一切以时间、地点、条件为转移，具体情况具体分析则是他们共有的活的灵魂。实事求是是唯物史观和唯物辩证法的形象概括。马克思恩格斯从剩余价值入手，揭露了资本家剥削工人的秘密，发现了资本主义社会的基本矛盾，又亲自参加了工人运动，才把空想社会主义变成了科学。从19世纪70年代后期开始，马克思恩格斯鉴于西欧各国社会主义运动的衰退和沉寂，把研究的重点转向了革命运动方兴未艾的东方国家，提出了俄国这一经济不发达的国家可以越过"卡夫丁峡谷"，直接走向共产主义的东方革命理论。他们强调研究俄国革命的前途，必须把理论运用到俄国的实际中去。尽管马克思恩格斯对俄国客观发展趋势的分析，既估计到了走向共产主义的可能性，又估计到了有可能发生民主革命，最后认定俄国还没有达到进行社会主义革命的程度，但当俄国的米海罗夫斯基把马克思关于西欧资本主义产生和发展道路的历史概述作为教条，并认定"一切民族不管他们所处的历史环境如何，都注定要走这条道路"才能实现共产主义时，马克思认为这是对自己的"侮辱"。恩格斯在同俄国女革命家查苏利奇研究俄国革命发展的问题时，强调指出，必须把马克思历史理论"应用于本国的经济条件和政治条件"。这都充分体现了实事求是的态度。

　　列宁通过研究马克思理论著作，研究俄国社会和亲自参加工人运动，全面发展了科学社会主义理论。列宁根据帝国主义"经济政治发展不平衡"这一规律，第一次提出了社会主义革命可以在少数国家甚至一国首先胜利的理论，解决了经济文化落后的国家的人民如何打破帝国主义链条的薄弱环节，去夺取社会主义革命胜利的问题，并亲自领导了俄国的十月革命，建立了世界上第一个社会主义国家。列宁是实事求是的典范，他说："在具体情况下，一切事情都有它个别的情况。如果从事实的全部总和、从事实的联系去掌握事实，那么，事实不仅是'胜于雄辩的东西'，而且是证据确凿的东西。"社会主义可以首先在一国数国胜利的理论给实事求是下了最好的注脚。

毛泽东把马克思列宁主义的普遍真理和中国革命的具体实践相结合，找到了一条适合中国国情的革命道路，这就是农村包围城市，武装夺取政权。为探求中国民主革命的道路，毛泽东重视应用马克思列宁主义基本原理调查研究中国社会的实际情况，"没有调查就没有发言权"是他的名言。他分析了中国社会各阶级的状况，考察了农民运动、工人运动，运用马克思主义的立场、观点、方法，科学地阐明了中国社会的性质和中国革命的基本特点与规律。毛泽东提倡实事求是，有的放矢地学习马克思主义，强调中国共产党人"要学会把马克思列宁主义的理论应用于中国的具体的环境"。可见毛泽东思想的根本点、出发点就是实事求是。

邓小平在新的历史时期，用"解放思想，实事求是"来概括党的思想路线，指出："一个党，一个国家，一个民族，如果一切从本本出发，思想僵化，迷信盛行，那它就不能前进，它的生机就停止了，就要亡党亡国。"他支持真理标准的讨论，冲破了"两个凡是"的束缚，提出"把马克思主义的普遍真理同我国的具体实践结合起来，走自己的路，建设有中国特色的社会主义"。邓小平同志运用马列主义毛泽东思想的基本原理，联系中国革命和建设的实际，从而创立了有中国特色的社会主义理论。这一理论自始至终贯彻着实事求是的原则。从标志着科学社会主义理论诞生的《共产党宣言》发表，到有中国特色的社会主义理论的提出，前后130多年，但实事求是把它们连在一起，越拉越近。没有实事求是就没有科学社会主义理论，就没有中国特色的社会主义理论。

第二，在对生产力的认识上一脉相承

　　马克思恩格斯创立唯物主义历史观，揭示了决定和推动人类社会向前发展的不是绝对精神，也不是天才人物的思想动机，而是社会的生产力和生产关系的矛盾运动。当生产力发展到一定阶段时，生产力与生产关系之间的矛盾就会激化起来。在阶级社会中，这种矛盾的激化就会引起激烈的阶级斗争，就会引起革命，从而引起生产关系、经济基础的变革。随着经济基础的变革，全部社会的上层建筑必定要或快或慢地变革，一种社会形态就会被更高的社会形态所代替。马克思恩格斯强调，生产力是最活跃、最革命的因素。马克思主义之所以要推翻资本主义制度，实行社会主义制度，就是因为"资本主义的垄断成了与这种垄断一起并在这种垄断之下繁盛起来的生产方式的桎梏。生产资料的集中和劳动的社会化，达到了同它的资本主义外壳不相容的地步"。社会主义制度就是能使现代社会生产力从资本主义桎梏下解放出来并使其获得发展的制度。《共产党宣言》有12处提到生产力，并强调指出，无产阶级取得政权后，必须尽可能快地增加生产力的总和。列宁十分重视发展生产力，把生产力的发展看作是从根本上战胜资本主义的条件，他倡导星期六义务劳动，制定新经济政策，明确提出，无产阶级夺取政权后，要把创造高于资本主义的社会结构的根本任务提到首要地位，这个根本任务就是：提高劳动生产率。毛泽东从领导闹革命开始，就非常重视发展生产力，提出了"发展经济、保障供给"。他认为西方在人类历史上已经实现了生产力的质的大飞跃，创造出了一种崭新的生产力，这就是大工业、大机器造成的生产力，而中国的生产力还处在原来的自给自足，一家一户的小农生产的自然经济的生产水平上，这是中国社会落后和贫弱不振的根本原因。因此，他强调指出，中国一切政党的政策及其实践在中国人民中所表现的作用的好坏、大小，归根到底，看它对于中国人民的生产力的发展是否有帮助及其帮助之大小，看它是束缚生产力的，还是解放生产力的。邓小平把经济建设放在突出位置，把发展生产力作为社会主义的本质和根本任务。指出，一个真正的马克思主义政党在执政以后，一定要致力于发展生产力，并在这个基础上逐步提高人民的生活水平。社会主义的本质是解放生产力、发展生产力、消灭剥削、消除两极分化，最终达到共同富裕。邓小平对生产力的论述是对马克思主义生产力观点的继承和发展。

第三，在对资本主义的态度上一脉相承

在利用资本主义发展社会主义的问题上，从马克思到邓小平态度都是一致的。马克思称资本主义像变魔术一样使社会生产力有了令人难以想象的发展。在马克思看来，社会主义是资本主义高度发展的、必然的和最后的产物，社会主义同资本主义具有内在的、必然的历史承继关系，社会主义由空想变成科学，就在于它在批判资本主义生产方式中要充分利用资本主义特别是利用在资本主义生产方式中发展起来的科学技术、社会生产力、先进的管理经验等等，吸取资本主义的一切"肯定成果"是科学社会主义

的内在要求。列宁领导俄国建立社会主义制度后开了利用资本主义、学习资本主义的先河。他去世前的"论粮食税"等五篇著作，形成了关于社会主义制度下利用资本主义的新思想。他从发展生产力增加产品角度来讲利用资本主义的重要性、必要性，把国家资本主义同贸易自由、商业、市场联系起来，把国家资本主义看作是利用、监督、限制并最终战胜资本主义的手段，强调要硬着头皮学习资本主义，指出不用资本主义武装起来就不是共产主义者。他针对"不向资产阶级学习，也可以建成社会主义"的观点，明确指出，"我认为这是中非居民的心理，我们不能设想，除了庞大的资本主义文化所获得的一切经验为基础的社会主义外，还有别的社会主义"。并提出了一个著名的公式：苏维埃政权十普鲁士的铁路秩序＋美国的技术和托拉斯组织＋美国的国民教育等等等等＋＋＝总和＝社会主义。

　　新中国成立后，毛泽东多次讲到向资本主义学习，学习西方的先进东西，真正好的东西。他说，对外国的科学、技术和文化，不加分析地一概排斥和前面所说的对外国东西不加分析地一概照搬，都不是马克思主义的态度，都对我们的事业不利。学习资本主义国家的先进科学技术和企业管理方法中合乎科学的方面。1956 年 12 月，毛泽东在约见民建、工商联负责人谈话时讲到，现在我国的自由市场、基本性质仍是资本主义的，虽然已经没有资本家。它与国家市场成双成对。可以消灭了资本主义又搞资本主义。改革开放以来，邓小平多次强调面向世界大胆地吸收借鉴人类一切文化成果，他说，无论是革命还是建设，都要注意学习和借鉴外国经验。社会主义要赢得与资本主义相比较的优势，就必须大胆吸收和借鉴人类社会创造的一切文明成果，吸收和借鉴当今世界各国包括资本主义发达国家一切反映现代化规律的先进经营方式、管理方法。改革开放的一个重要目的和内容，就是要把国外包括资本主义国家的一切好的、先进的东西学过来，为我所用。正是这种学习一切民族、一切国家的长处、学习一切真正好的东西的态度，才有了"三个有利于"的标准，才有了社会主义市场经济的建立。学习资本主义、利用资本主义来发展社会主义，并在学习利用的过程中取其精华，去其糟粕，抵制资本主义腐朽文化的侵蚀，是从马克思到邓小平的一贯思想。

第四，在社会主义的阶段论上一脉相承

马克思恩格斯依据资本主义社会发展的规律，以社会生产力为尺度，认为资本主义发达国家的无产阶级革命胜利以后，可以直接向社会主义过渡。社会发展将经历三个大阶段：（1）从资本主义社会到社会主义的过渡时期，（2）社会主义社会（即共产主义的第一阶段），（3）共产主义社会。这里，马克思恩格斯所划分的阶段是发达资本主义国家建立社会主义后所经历的阶段。列宁经过在经济落后的国家建立社会主义的初步实践，对社会主义的发展阶段有了进一步的认识，指出社会主义社会有一个多级发展过程，即大阶段中有小阶段。他先后使用过"初级形式的社会主义"、"没有稳固基础的社会主义"、"发达的社会主义"等概念，并第一次使用两个不同的名称来称呼共产主义社会发展的两个不同阶段，把第一阶段即低级阶段称为"社会主义"，高级阶段称为"共产主义"。这是对

马克思恩格斯阶段理论的发展，但只是从社会主义发展的趋势来看问题，还不是对不发达的国家进入社会主义所经历阶段的回答。

毛泽东在领导中国社会主义革命和建设中，对阶段问题进行了深入的探索，提出了社会主义社会是一个相当长的历史阶段的论述，是对马列主义社会主义阶段论的再认识，包含着丰富而深刻的内涵。毛泽东认为社会主义社会的发展阶段要划分两个阶段，第一个阶段是不发达的社会主义，第二个阶段是比较发达的社会主义。他指出社会主义社会的基本矛盾仍然是生产力同生产关系、经济基础同上层建筑的矛盾。要认识社会主义革命和社会主义建设的长期性、复杂性、艰巨性。要建设现代化的社会主义强国，赶上发达的资本主义国家，需要100年左右的时间。

建设有中国特色的社会主义理论认为，经济文化落后的国家在无产阶级革命胜利以后，不能直接过渡到发达的社会主义社会，而是要经历一个很长的社会主义初级阶段，才能成为发达的社会主义社会，由"不够格"的社会主义到"合格"的社会主义到共产主义，将历经四个大阶段：（1）过渡时期，（2）社会主义初级阶段，（3）发达的社会主义社会阶段，（4）共产主义社会。这是对马克思主义社会主义阶段理论的丰富和发展。中国特色的社会主义理论，是紧贴社会主义初级阶段实际的理论。社会主义初级阶段的提出为怎样建设社会主义找到了最好的发展战略，这就是逾越了资本主义的建成的社会主义，要补上生产力高度发展这一课。无疑这与科学社会主义提出的在高度发达的资本主义国家建成社会主义，实质是一样的。

第五，在开放的体系上一脉相承

马克思、列宁、毛泽东、邓小平都是彻底的唯物主义者，他们毫无顾忌地吸收前人的一切优秀成果，又不怕身后被人打得粉碎。马克思是德国人，他没有囿于德国。他吸收了全世界社会科学、自然科学的一切重大研究成果，创建了科学社会主义理论，为推动人类社会的进步提供了强大的思想武器。但马克思、恩格斯从来都认为，他们没有结束真理而为认识真理开辟了道路。从来也不想用自己的思想去束缚限制后人的思想。恩格斯在《反杜林论》中说过：将来有可能纠正我们错误的后代，会比我们现在以极为蔑视的态度对待我们错误的前辈多得多。19 世纪 60 年代，《资本论》快出版时，有人想从这本书中看到未来共产主义王国是什么模样，恩格斯批评说，谁期望得到这种愉快，谁就大错特错了。马克思现在是将来仍然是始终如一的革命家，并且在科学著作中没有像他那样毫不掩盖自己的这些观点。可是关于社会主义变革以后将怎样，他只是一般地谈到。考茨基曾经不止一次地要求马克思和恩格斯说一下未来社会的情景，得到的回答却是否定的。马克思不是算命先生，他通过开放的体系，发现了唯物史观和剩余价值，把实现社会主义的希望寄托在社会发展的规律的必然性和无产阶级的斗争上，使社会主义由空想变成科学。列宁从来都是把马克思主义当作指南，他在和各种思潮的论战中，广泛吸纳理论成果，全面发展了马克思主义。他多次批判把马克思主义当作教条的错误倾向，他说，我们决不能把马克思的理论看做某种一成不变的和神圣不可侵犯的东西，恰恰相反，我们深信：它只是给一种科学奠定了基础，社会主义者如果不愿落后于实际生活，就应当在各方面把这门科学向前推进。列宁主义的开放体系还体现在他把生活实践的观点作为认识的首要的和基本的观点。在十月革命刚刚胜利两个月，他就强调，现在一切都在于实践，现在已经到了这样一个历史关头：理论在变为实践，理论由实践赋予活力，由实践来修正，由实践来检验。正是从这一点出发，他承认了战时共产主义政策的错误和失败，提出了"新经济政策"，留下了一个"对社会主义整个看法根本改变了"的开放性命题。

毛泽东博览群书，躬身实践，他作为辩证法大师，思想极其活跃，创造出了从新民主主义革命到社会主义革命的一系列新理论。他针对教条主义的诘难，称自己是山沟里的马列主义。他指出，马克思主义一定要向前发展，要随着实践的发展而发展，不能停滞不前。停止了，老是那么一套，它就没有生命力。他反对称天才，不怕被打得粉碎，多次说对自己三七开就可以了。可见其革命性和开放性是多么彻底。

邓小平强调，学马列，要精要管用。面对和平与发展的新时代，面对资本主义本性未变、面貌全非的新情况，面对既不能僵化、又不能西化、也不能自由化的新的实际。他指出，解放思想，就是运用马列主义、毛泽东思想的基本原则，研究新情况，解决新问题。邓小平反对思想完人、政治完人，说自己对半开就行了，提出破除迷信，解放思想、大胆试验，大胆闯，不要怕犯错误，错了改过来就是了。他致力于思想创新、制度创新。批判旧的，创造新的，是邓小平开放思想的一大特色。正像恩格斯说得那样，马克思主义的整个世界观不是教条，而是方法。它提供的不是现成的教条，而是进一步研究的出发点和供这种研究使用的方法。正是有了从马克思到邓小平的开放体系，科学社会主义理论才能随着时代的发展而发展，并且永葆青春。

中国特色的社会主义理论与科学社会主义理论在科学体系上的一脉相承是多方面的。既有立场、观点、方法的继承与发展，又有具体理论的继承与发展；既有基本原理的坚持，又有对个别论断的扬弃；没有的添上了，陈旧的创新了。继承不拘泥，发展不离宗。正如江泽民指出的，在当代中国，马克思列宁主义、毛泽东思想、中国特色的社会主义理论，是一脉相承的统一的科学体系。中国特色的社会主义理论是当代中国的马克思主义，是马克思主义在中国发展的新阶段。没有继承，就谈不上发展。马克思列宁主义、毛泽东思想一定不能丢，丢了就丧失了根本。认识从科学社会主义到中国特色社会主义一脉相承的统一性，对我们坚定社会主义信念，坚持社会主义道路不动摇是至关重要的。我们要真信、真学、真用中国特色的社会主义理论，把有中国特色的社会主义事业全面推向新阶段。

从东欧剧变苏联解体
看我们应吸取的教训

历史进入20世纪80年代末和90年代初，社会主义遇到了前所未有的重大挫折。东欧剧变、苏联解体，使国际共产主义运动和社会主义力量大伤元气。这是20世纪末最重大最深刻的事件和变化。尤其是具有88年光辉历史的苏联共产党和74年光辉历史的苏维埃社会主义制度顷刻之间土崩瓦解，可以称之为"世纪之谜"，非常值得我们深思和研究。东欧剧变、苏联解体的原因是多方面的，既有内因，也有外因。外因是帝国主义国家多年来推行的"和平演变"战略以及各种错误思潮的影响和作用。内因则是这些国家的共产党内部思想、政治路线和组织路线的严重错误，使社会主义走上了绝路。这是最主要的也是最根本的原因。以邓小平为代表的中国共产党，正确地纠正了我国所犯"左"倾路线错误，毅然走上了建设有中国特色社会主义的康庄大道，在坚持社会主义方向的前提下，实行了以现代化经济建设为中心的改革开放政策，取得了举世注目的成就，并在这一伟大实践基础上形成了当代中国的马克思主义——建设有中国特色的社会主义理论，使社会主义产生了一次历史性飞跃。我们学习研究当代国外社会主义，一个重要的目的，就是要汲取他们的教训，避免走弯路。同时，加深对中国特色的社会主义理论和党中央一系列路线方针政策的理解，更加坚定建设有中国特色的社会主义的信念。东欧剧变、苏联解体，我们起码应从中汲取以下三个方面的教训。

一、一定要坚持实事求是的思想路线，坚持一切从实际出发，防止教条主义和思想僵化

马克思主义始终认为，任何理论都不是万古不变的教条，理论从实践中产生，又随着实践的变化而发展，实践赋予理论以生机和活力。苏联、东欧一些国家的共产党把马克思、恩格斯、列宁当初的一些设想，甚至把斯大林的一些观点和模式当作不可更改的教条，结果在实践中出现了抑制市场经济发展，搞阶级斗争扩大化，对外政策上的大国主义、霸权主义等失误，过于简单地全面推行公有化、搞平均主义、干部终身制等错误，而且长期以来对日益暴露出来的理论僵化、体制弊端和政策失误视而不见，一次次地贻误了纠正错误和锐意改革的时机，造成了积重难返的局面。在 20 世纪 80 年代的改革中，他们又从一个极端跳到另一个极端，由教条地对待马克思主义变为教条地照搬西方模式，逐步背弃了社会主义的基本原则，放弃了共产党的领导，迷失了改革的社会主义方向，甚至连社会主义的基本制度也抛弃了，结果导致了 1989 年到 1991 年的剧变，导致党垮台、国家解体或变质、人民遭殃。由此看出，苏联、东欧社会主义的失败并不是马克思义、科学社会主义的失败，而是背离马克思主义、科学社会主义基本原理的结果。我们汲取苏联、东欧剧变的教训，就要坚持马克思主义实事求是的思想路线，坚持马克思主义的普遍真理

同我国的具体实践相结合。一句话，就是要高举中国特色的社会主义理论的伟大旗帜，坚持走有中国特色的社会主义道路，一百年不动摇。

二、一定要坚持改革的社会主义方向，坚持社会主义公有制为主体，防止经济上的私有化

改革是社会主义发展的必由之路。只有对旧的束缚社会主义生产力发展的体制进行改革，努力克服传统体制的弊端和缺陷，才能更好地发挥社会主义的优越性。但改革必须坚持社会主义方向和原则，决不是动摇和改变社会主义制度。20 世纪的世界历史充分证明，社会主义制度是迄今为止人类社会最先进、最合理的社会制度。尽管它有过曲折和反复，但它仍然是一种充满生机和活力的社会制度。在科学社会主义理论的指导下，社会主义由空想到科学，由理论到实践，由一国现实到多国现实，由一国模式到多国模式，连社会主义的敌人也不得不承认，"二十世纪是社会主义的世纪"。从社会主义各国建设的初步实践来看，在经济增长的速度上，不仅大大超过本国的历史最高水平，而且也大大超过了发达资本主义国家的发展水平。如前苏联，十月革命前工业总产值只有美国的 6.9%。十月革命后，从 1929 年开始实行国民经济发展的第一个五年计划，到 1939 年，苏联工业总产值跃居欧洲第一位，世界第二位，仅次于美国，这与 20 年代末、30 年代初资本主义世界空前的经济危机、经济停滞和倒退的情形形成鲜明的对照。苏联从 1920 年到 1960 年工业生产增长了 40 倍，而美、德、英等发达资本主义国家工业增长 30 倍则用了 80~150 年的

时间。到 8 0 年代，苏联的工业总产值相当于美国的 80% 。中国从 1950 年～1977 年，工业总产值平均每年增长的速度是 13.5%，而同期美国为 4.5%，联邦德国为 6.9% ；农业总产值的增长速度，中国为 4.2%，美国为 1.9%，联邦德国为 1.8% ，东欧的罗马尼亚和南斯拉夫，1950～1980 年工业生产分别增长了 33 倍和 11 倍，而同期世界工业生产只增长 3～5 倍。总体看，到 20 世纪 80 年代，占世界人口总数 1/3 的原来经济基础大多比较落后的社会主义国家，工业总产值已占到世界工业总产值的 2/5，国民收入已占到世界国民收入总额的 1/3。这些充分说明了社会主义制度的先进性和优越性。然而，由于现实的社会主义国家大都是建立在经济文化比较落后的基础上，在生产社会化方面还不能跨越"卡夫丁峡谷"，必须像马克思要求的那样，努力吸取资本主义制度创造的一切文明成果，补好生产社会化不足这一课；也由于历史上苏联东欧各国的党和政府恰恰在这个问题上犯了超越社会发展阶段的错误，所以，最终导致了经济的畸形发展。特别是进入 8 0 年代以后，经济急剧滑坡，发展缓慢，人民生活提高不大甚至下降。在这种情况下，对社会主义制度的生产关系进行必要的调整和改革，无疑是正确的。但令人遗憾的是，苏联和东欧各国又在这个问题上犯下了严重的错误。首先是急于求成，追求高速，转而走向极端，搞私有化，偏离社会主义方向，结果葬送了社会主义。以苏联为例，戈尔巴乔夫 1985 年一上台，就提出了一条"加速社会经济发展战略"的政治路线，结果不仅没有使苏联的经济得到恢复，而且越来越糟。1986 年～1988 年国民收入的年平均增长率由 1981 年～1985 年的 3.2% 下降到了 2.8%，无情地宣告了"加速社会经济发展战略"的破产。但戈尔巴乔夫并没有认识到这条政治路线的真正错误之所在，反而错误地认为，"加速战略"之所以破产，是因为"同原有的政治体制发生了矛盾"，因此"必须实行政治改革"，又提出了一条以"人道的民主的社会主义"纲领为主要内容的政治路线，把以私有制为基础的市场经济作为经济体制改革的目标，拍卖工厂，发展私人企业，搞完全私有化，放弃了国家干预和宏观控制，实行"休克疗法"，从而否定了社会主义公有制的主体地位，瓦解了社会主义的经济基础，进而否定了整个的社会主义制度。这一教训告诉我们，改革只有在坚持社会主义制度特别是社会主义本质的前提下才会有出路，才能取得实实在在的成果。我们国家改革开放所取得的伟大成就，充分证明了我们党实行的改革开放政策是无比正确的。我们一定要倍加珍惜这来之不易的大好局面，更加坚决地贯彻执行党的十一届三中全会以来的方针路线，坚定不移地沿着社会主义道路走下去，夺取社会主义的全面胜利。

三、一定要坚持和加强共产党的领导，不断提高执政水平，防止政治上的自由化

东欧剧变、苏联解体的一个重要原因是这些国家的执政党没有搞好自身的建设，在思想建设、政治建设、组织建设、作风建设等方面都出现了严重问题，特别是他们严重脱离人民群众，腐败现象泛滥，导致人民的失望、不满和怨恨，直到最后被人民群众所唾弃。在思想建设方面，他们抛弃了马克思主义、列宁主义，把"人道的民主的社会主义"作为党的指导思想和理论基础，造成了人们思想

的混乱和意识形态的多元化。以波兰为例，全国有90%以上的人是天主教徒，波兰党从九大开始明确规定允许天主教徒加入党组织，致使波兰统一工人党有2/3是天主教徒，天主教报刊80多种，发行量达150多万份，超过党报党刊的发行量。在政治建设上，他们竭力推行政治多元化，实行多党制。苏联宪法取消了苏共领导地位的内容，并规定"苏联公民有权结成政党"，使党的领导遭到削弱，造成了党外有党，党内有派的局面。到1990年初，波兰的政治党派有近百个，匈牙利到1989年底，已经登记注册的政党就达50多个，东欧其他国家在剧变之前也大都实行了多党制。执政党内部不团结，甚至分裂为不同的派别，导致这些国家的执政党在党内外反对派的进攻面前，步步退让，一再妥协，不敢斗争或斗争不力，使反对党得寸进尺，最终丧失政权。在组织建设上，这些国家的党的领导人大多是集党、政、军权于一身，大搞个人专断和个人崇拜，听不进不同意见，而且把与他的观点不同的人当成敌人加以打击和消灭。苏联的斯大林、赫鲁晓夫、勃列日涅夫，罗马尼亚的齐奥塞斯库，南斯拉夫的铁托，阿尔巴尼亚的霍查都程度不同地犯过这样的错误。在作风建设上，存在着严重的腐败现象。滥用职权、贪污受贿、任人唯亲、欺压百姓等现象屡见不鲜、屡禁不止，严重破坏了党群关系，损坏了社会主义的声誉，引起了人民群众的强烈不满和怨恨，到最后是"自己毁了自己"。汲取这个教训，我们要更加坚信马克思主义、列宁主义，坚定走社会主义道路的信心；要更加严格地落实民主集中制这一根本原则，进一步加强党内团结，决不能搞一言堂、"家长制"，更不能像苏联、东欧那样搞"党中有党"，在党内搞"民主派"、"保守派"，不断增强党的凝聚力和战斗力；要进一步加强廉政建设，建立和健全党内外的民主监督机制和法制，防止和防治一切消极腐败现象，始终保持党同人民群众的血肉联系；还要进一步加强马克思主义理论的学习和各方面知识的学习，不断提高执政本领和领导社会主义建设事业的水平和能力，努力把党建设成善于领导国家建设和改革、深受人民群众拥护和依赖的党。

大力营造积极探索的风气

改革形势的发展，部队建设的推进，要求我们大力营造积极探索的风气，创造性地开展工作。一个单位要始终保持生机和活力，必须着眼于新的实践和新的发展，不断研究前进道路上遇到的新情况、新矛盾、新课题，创造出更多的新对策、新办法。近几年，各级在研究探索治军特点和规律方面做了很多工作，但对许多问题的研究探索还不够深入，对许多矛盾和困难还处于"有看法没办法"的状态。

营造探索研究的风气，首要的是解决好迎难而上的精神状态问题。应当承认，当前部队建设面临的机遇是难得的，也容易失去；面临的挑战和困难是严峻的，无法回避，也不应该回避。可以说是机遇和挑战并存，困难和希望同在。我们是在服从大局的条件下讲"有所作为"；是在部队武器装备处于劣势的情况下讲打赢高技术条件下的局部战争；是在人们利益观念日益增强的情况下讲"奉献精神"；是在"酒绿灯红"消极影响的环境中讲加强教育和管理；是在没有现成经验和固定模式的情况下推进部队质量建设等。如何对待这些矛盾和困难？一方面要看到，现在的许多困难，是前进中的困难，发展中的困难，随着国家建设的发展和军队改革的深入，解决困难的有利条件会越来越多。比如，军费投入每年都有所增加，军转干部安置政策在不断完善，基层官兵生活待遇有较大改善，部队干部队伍的稳定面也有明显回升。这些有利因素已经给部队建设带来新的生机和活力。另一方面也要看到，困难和解决困难的办法往往是同时产生的，只要思路对头，总能找到出路，办法总比困难多。许多问题没有得到有效解决，不是没有办法，而是没有积极去想办法；不是办法不管用，而是很多好办法没有认真去用。为什么在同样的客观环境、同样的政策条件下，部队的面貌会大不一样？根本原因在于精神状态不同。只要各级坚定信心，积极探索，就能有新的思路、新的举措，部队建设就能取得新的发展、新的成就。

营造积极探索的风气，最重要、最关键的是要解放思想、转变观念。我军有一个强大的政治优势，就是有科学理论作为信仰和指导，有优良传统的法宝；同时我们又面临一个风险，就是容易把自己信仰的真理僵化和教条化，把优良传统当作包袱背起来。利用好这个"优势"、避免这个"风险"，就需要坚信马列，面向实际，拿起"解放思想、实事求是"这个金钥匙，使我们的思想观念、思维方式有一个大的转变。观念一变天地宽。观念新了，就会用新视角看待新情况；就会用新思路解决新问题。比如，要解决随军干部家属问题，完全靠政府行为是不行的，很重要的是引导大家确立与市场场经济接轨的新的"择业观"；解决官兵的后路问题，总想依靠政策保护一包到底也是不行的，最重要的是教育大家树立"出路千万条，素质最重要"的观念；研究"特殊兵"的教育管理问题，也需要从转变观念入手，看他们要有新视角，带他们要有新办法，帮他们要有新本领。我们要清醒地认识自身的思想观念与改革形势要求、与部队建设实践要求上存在的差距，自觉把探索研究的过程，作为解放思想、转变和创新观念的过程，不断洗刷头脑中陈旧的思想观念。思想一经解放，观念一旦转变，探索研究就会进入一个豁然开朗的境界。

探索研究要取得实效，就要着力在解决难点、重点问题上求突破。部队建设需要研究解决的问题很多，关键是要突出重点，突破难点，克服弱点。一是要抓住中心工作搞探索，在重点工作落实上拿出新招；二是围绕部队的难点和棘手问题搞探索，在解决制约部队建设发展的关键环节上求突破；三是要针对薄弱环节搞探索，在谋求部队建设全面发展、整体提高上取得成效。也就是说，部队干什么，就要研究什么；遇到什么难题，就要探索什么。要在实践中发现问题，在学习中寻找答案，在探索中拿出对策，努力形成"实践、学习、研究、探索、总结、提高"的良性循环。许多经验说明，凡是抓住中心工作和重点难点问题集中攻关，研究探索，提出的看法和办法就管用，在部队建设中见到的成效就明显。一个班子、一届领导要打开局面，要取得政绩，很重要的就是要通过研究探索，在解决棘手问题上打开局面，在推进重要工作落实上取得政绩。

搞好探索研究，还要注重运用政策规范推动工作落实。部队建设存在的一些问题得不到有效解决，既有思想教育方面的原因，也有政策制度方面的原因。制度更带有稳定性、根本性和长期性。我们在新形势下加强部队建设，既要注意搞好理论指导、经验指导和典型指导，也要善于运用政策制度的力量推动工作。及时运用政策教育和激励官兵，使其更好地尽职尽责。同时，各级都要从实际出发，依据条令条例和上级的政策规定，大胆探索，把一些成功的做法、成熟的经验上升为制度规范。实践证明，完善制度规定是上下的共同责任，不能总是依赖上级。本级需要做又能够做到的，就要不等不靠，积极主动地做好总结完善的工作。对有些超出职权范围的，要通过正常渠道及时向上级反映。切实通过上下的共同努力逐步推进部队的制度化、法制化建设。

倡导积极探索的风气，贵在形成合力。研究探索，不仅要有各级领导的积极性，而且要有各级机关和基层官兵的共同参与。如果说部队是探索研究的舞台，那么基层就是一座熔炉，官兵的实践是一片沃土。探索的课题来自基层，对策和办法也来自基层。把上下两个积极性调动起来，坚持群策群力，探索研究就有了广泛的群众基础。广大官兵也会在探索研究的实践。

编　　后[*]

作为责任编辑，我有幸成为本书的第一读者。当我编完最后一篇文稿时，心情久久不能平静。书中所展示的作者坚定的理想信念、高尚的人品官德、精湛的领导艺术、深厚的同志情怀，以及作为我军一名高级领导干部对党的事业的无限忠诚，对军队建设崇高的使命感和责任感，深深地打动了我，教育了我。

张文台政委是我的老首长。20 年前，我曾在首长身边工作，直接接受首长的教育和帮助。20 年来，我经常在军内外报刊上拜读首长的文章，经常听到部队领导和战友们谈到张政委正派做人、清廉为官、严谨治学、科学领导的感人事迹。张政委在几十年的领导工作中，勤于学习，长于思考，善于总结，他的讲话和文稿深入浅出，富有哲理，每每给人以感悟，给人以启迪。近年来，不少同志建议张政委把这些文稿汇集成册，以便部队官兵和广大人民群众学习参考；作为出版工作者，我更希望老首长将其整理出版，以飨读者。所幸的是，首长答应了我的请求，并请军旅女作家王海鸽、秘书刘华亭完成了搜集、整理和前期加工工作。

正如书名所概括的，本书中的思想观点和领导艺术，来自实践，来自群众。有的是作者对某方面工作的

思路，且被实践证明是实在管用的思路；有的是作者和
机关人员一起调查研究的成果，相关同志为之付出了大
量心血；有的是作者学习研究的心得，思维辩证，见解
独到；有的是作者为人处事的深切体会，寓情于理，感
人至深。可以说，这是实践经验的总结，群众智慧的升
华，领导工作的助手，做人处事的良友。因此，该书对
部队官兵和地方领导干部都具有学习、借鉴和指导
意义。

李鹏青

2003 年 1 月

* 此为 2003 年 2 月军事科学出版社出版张文台将军著的《来自实践
　的领导艺术》一书的编后记。

总后记

在本套文丛付梓之际，总结过去，我发现我这一生不敢有半点懈怠之感，不敢有半点马虎之意，不敢有半点懒惰之心，每天都要读一点书、思考一点问题，写一点东西，日积月累也就汇集成了别人常说的所谓"著作"。可以说，从军半个多世纪，我经过各级领导岗位的磨砺和考验，也经过各种院校的培训和熏陶，还经历过国内外大量的实地调研和考察，特别是经过各级老首长教育和帮带，所以这套文丛的字里行间，表达的思想、总结的经验、凝聚的心血都是干出来的，而不是想出来的，是悟出来的，而不是憋出来的！在老前辈、老首长、老战友、老专家们的鼓励之下，编辑出版此文丛，以为祖国富强，民族振兴，人民富裕，国防强大，尽一点普通干部、普通党员、普通战士的微薄之心。

必须强调的是这套文丛是群众经验的升华，是集体智慧的结晶！这些思想和方法的来源既有老领导的口传心授，又有班子成员的经验积累，还有官兵的聪明才智，更有社会广大群众及各界有识之士给予的真诚帮助。因此，在文丛即将出版之时，回顾过去，忘不了老首长们对我的关心鼓励，忘不了同事们对我的帮助启发，忘不了官兵们对我的鼎力支持，忘不了广大人民群众的真知灼见，忘不了朋友们对我的真诚关怀，忘不了家人对我的包容理解，忘不了身边工作人员的日夜操劳。在此，向他们一并表示感谢：刘华清、张震、张万年、迟浩田、姜春云、杨汝岱、周克玉、曲格平、赵维臣、季羡林、文怀沙等老前辈、老首长、老领导、老专家都曾为作者的论著或题写书名或题词祝贺或作序鼓励；程宝山、高建国、张贡献、杨玉文、南兵军、张建华、于明松、李振领、王瑞成、梁本源、董玉麟、杨鸿问等老部下、老朋友给予了大力的支持和帮助；李鹏青、马清江、王志刚、薛惠锋、吴昀国、马芳亭、郭萍、黄承梁、李璜、许政、温和、秦清运、李庆田、张西立、苏作霖、孟凡刚、刘敬群、郭媛媛等同志为文丛的问世出谋划策做了不少工作；曾经和现在的身边工作人员刘华亭、范斌、李晓东、刘泉、谢永飞、于钦亮等同志也参与了大量的打印、整理、编辑、校对等工作。此外，还有许多领导师长、出版单位、专家学者、同志同仁以及我夫人闫桂香，女儿张晖、张洁也都付出了辛勤汗水和大量心血，在此就不一一列举，一并致以诚挚的谢意！

张文台

二〇一三年国庆节于北京

总编后

　　这套七卷本的文丛是从张文台上将近500万字的著述中精挑细选出来的佳作上品。本套文丛涉猎领域广泛，思想内涵深刻，人生体会颇佳，条理清晰明了，语言通俗易懂。在编辑这套文丛的过程中，编者的心头始终存有一种敬仰、一种钦佩、一种激情、一种收获，可以说是既诚惶诚恐，又如获至宝；既感慨万千，又唏嘘岁月。

　　在编辑这套文丛、接近作者本人的过程中，编者对作者的感觉是既亲切又敬畏。亲切不必多说，所有有幸接近作者的晚生后辈，都能感受到那种让人如沐春风的关爱，有循循善诱的师长形象。寻找编者对作者产生敬畏感的深层原因更有价值，他退出总后政委岗位之后，到全国人大环境与资源保护委员会之前，给军委首长写信表示："退而不休，发挥余热；老而不懈，严于律己；学而不厌，更新知识；为而不求，奉献社会。"这就告诉我们，一个人，不管他是将军还是士兵，不管他是官员还是平民，不管他是富贵还是贫穷，只要有这种忘我的精神，你能不敬畏他吗？这就不难理解为什么作者到全国人大环资委工作之后，竟能撰写出《生态文明十论》这样为各级政府和决策者提供理论高度和可操作性均为上乘的参考专著；不难理解作者何故"自带水杯，分文不取"，到国家行政学院、北京大学、清华大学、光大银行、招商银行、兰花集团、索普集团等党政机关、著名学府、大型国企，讲领导艺术，讲人才培养，讲企业管理，讲企业文化，讲道德修养，讲养生健康；也不难理解作者近千首诗所抒发的情怀，这种情怀与风花雪月无关、与无病呻吟无涉。这些诗呈现的是大志、是大气，是大爱，是大美！

可以说，这套文丛集中呈现了作者的抱负、使命、境界、情怀、智慧和才华。让世人透过这些文字认识到共和国上将所达到的那份无私情怀和治学精神。从文明史的角度看，这套文丛还让我们看到作者对老一代革命家思想与方法的传承，看到了中华文明中的优秀文化传统在一位当代中国高级将领身上的活力绽放。

由于编者水平所限，编辑工作难免疏漏，敬希读者批评指正！

本书编委会
二〇一四年元旦